高等学校经济与工商管理系列教材

资产评估学
——理论与实务

主编 林娟 王玲

清华大学出版社
北京交通大学出版社
·北京·

内 容 简 介

本书内容从理论到实践，由资产评估理论与实务两大部分构成，其中绪论介绍资产评估的产生和发展，以及资产评估的各项要素，是学习资产评估的基础。资产评估的基本方法是理论部分的核心，本书具体介绍了资产评估的三种方法和应用条件；实务部分则根据不同资产（流动资产、机器设备、房地产、无形资产、金融资产、企业价值和其他资产）的特点选取不同的评估方法分别讲解，并附有对应的案例，以便理解。

本书适合高等院校本科生、研究生使用，也适合资产评估中介机构、行业管理部门及企事业单位的注册资产评估师、管理人员阅读。

本书封面贴有清华大学出版社防伪标签，无标签者不得销售。
版权所有，侵权必究。侵权举报电话：010-62782989　13501256678　13801310933

图书在版编目（CIP）数据

资产评估学：理论与实务 / 林娟，王玲主编．—北京：北京交通大学出版社：清华大学出版社，2022.4
高等学校经济与工商管理系列教材
ISBN 978-7-5121-4589-4

Ⅰ．①资… Ⅱ．①林… ②王… Ⅲ．①资产评估–高等学校–教材 Ⅳ．①F20

中国版本图书馆 CIP 数据核字（2021）第 216013 号

资产评估学——理论与实务
ZICHAN PINGGUXUE——LILUN YU SHIWU

责任编辑：黎　丹
出版发行：清 华 大 学 出 版 社　　邮编：100084　电话：010-62776969　http://www.tup.com.cn
　　　　　北京交通大学出版社　　邮编：100044　电话：010-51686414　http://www.bjtup.com.cn
印 刷 者：北京鑫海金澳胶印有限公司
经　　销：全国新华书店
开　　本：185 mm×260 mm　　印张：19　字数：475 千字
版 印 次：2022 年 4 月第 1 版　2022 年 4 月第 1 次印刷
印　　数：1～2 000 册　　定价：49.00 元

本书如有质量问题，请向北京交通大学出版社质监组反映。对您的意见和批评，我们表示欢迎和感谢。
投诉电话：010-51686043，51686008；传真：010-62225406；E-mail：press@bjtu.edu.cn

前　言

资产评估课程是国内高等院校资产评估专业的核心课，也是会计学、财务管理、审计学、金融学、房地产估价等专业的选修课程。本书广泛吸收国内外优秀教材和相关学术研究成果，根据最新评估准则编写，着眼于我国资产评估实践需求，力求从实用出发，理论联系实际，既能让读者轻松理解资产评估的理论依据，又能解决资产评估领域的实际问题，是学习资产评估的入门教材。另外，本书依靠中国地质大学（北京）的学科优势，增加矿产资源资产评估和珠宝首饰评估等内容，系统介绍了相关资产的特性和评估方法。

本书力求全面系统地介绍和阐述资产评估的基本原理、技术思路和技术方法，并结合当前资产评估实践中资产的特点，较为详细地介绍了资产评估原理和技术在评估实务中的具体应用。同时，本书列举了大量例题和评估实例，以便读者正确理解和掌握。

本书由林娟和王玲担任主编，由多位老师合力编写。第1章（绪论）、第3章（流动资产评估）、第4章（机器设备评估）、第7章（金融资产评估）由王玲编写，林娟进行修订；第2章（资产评估的基本方法）、第5章（房地产评估）、第6章（无形资产评估）、第8章（企业价值评估）由王玲和林娟共同编写；第9章（其他资产评估）由李山梅、林娟和欧阳朝霞共同编写，曲梓瑞参与了校稿整理工作。

感谢中国地质大学（北京）经济管理学院周进生教授、土地科学技术学院张建军教授，中国矿业权评估师协会的杨雪松秘书长、北京中地大珠宝鉴定中心欧阳朝霞副主任在本书编写过程中提供的相关资料，以及在具体章节的写作中提出的中肯且富有启发性的建议；在编写和排版中得到了中国地质大学（北京）研究生张晓丽、时天慧、王泽、王雅婷、卢香宇、梁泽丰、李林霄、陈星全及本科生张菡芮、吕来全的帮助，在此一并表示感谢！

由于水平和时间有限，书中仍可能存在问题和不足之处，恳请各位专家、学者及读者批评指正，提出宝贵意见！

编　者
2022年1月

目 录

第1章 绪论 ... 1
- 1.1 资产评估产生和发展 ... 1
- 1.2 资产评估的概念及其特点 ... 4
- 1.3 资产评估的主体与客体 ... 9
- 1.4 资产评估的评估目的与价值类型 ... 11
- 1.5 资产评估假设与原则 ... 19
- 1.6 资产评估依据与程序 ... 22
- 练习题 ... 31

第2章 资产评估的基本方法 ... 33
- 2.1 市场法 ... 33
- 2.2 收益法 ... 37
- 2.3 成本法 ... 43
- 2.4 评估方法的选择 ... 53
- 练习题 ... 55

第3章 流动资产评估 ... 57
- 3.1 流动资产评估概述 ... 57
- 3.2 实物类流动资产的评估 ... 60
- 3.3 货币类流动资产与债权类流动资产的评估 ... 69
- 3.4 流动资产评估案例分析 ... 73
- 练习题 ... 75

第4章 机器设备评估 ... 77
- 4.1 机器设备概述 ... 77
- 4.2 机器设备评估概述 ... 81
- 4.3 机器设备评估的成本法 ... 84
- 4.4 机器设备评估的市场法 ... 98
- 4.5 机器设备评估的收益法 ... 103
- 4.6 机器设备评估案例分析——成本法 ... 104
- 练习题 ... 108

第5章 房地产评估 ... 110
- 5.1 房地产概述 ... 110
- 5.2 房地产评估基础 ... 118
- 5.3 房地产评估的成本法 ... 126

5.4　房地产评估的市场法 ··· 137
　5.5　房地产评估的收益法 ··· 144
　5.6　房地产评估的其他方法 ··· 149
　5.7　房地产评估案例分析 ··· 155
　练习题 ··· 158

第 6 章　无形资产评估 ·· 160
　6.1　无形资产评估概述 ··· 160
　6.2　无形资产评估方法 ··· 166
　6.3　专利权和非专利技术的评估 ··· 175
　6.4　商标权和著作权的评估 ··· 185
　6.5　商誉的评估 ··· 189
　6.6　无形资产评估案例分析——商标权的评估 ····························· 193
　练习题 ··· 195

第 7 章　金融资产评估 ·· 198
　7.1　金融资产评估概述 ··· 198
　7.2　债券评估 ··· 199
　7.3　股票评估 ··· 205
　7.4　金融资产评估案例分析——债券的评估 ································· 209
　练习题 ··· 210

第 8 章　企业价值评估 ·· 212
　8.1　企业价值评估概述 ··· 212
　8.2　成本法在企业价值评估中的应用 ··· 219
　8.3　收益法在企业价值评估中的应用 ··· 222
　8.4　市场法在企业价值评估中的应用 ··· 234
　8.5　企业价值评估方法的选择 ··· 240
　8.6　企业价值评估的案例分析——收益法 ····································· 242
　练习题 ··· 243

第 9 章　其他资产评估 ·· 246
　9.1　资源资产评估概述 ··· 246
　9.2　森林资源资产评估 ··· 248
　9.3　矿产资源资产评估 ··· 259
　9.4　珠宝首饰评估 ··· 271
　练习题 ··· 287

附录 A　复利系数表 ··· 289

第1章 绪 论

> **学习目标**
> - 掌握资产评估的基本概念和特点;
> - 掌握资产评估的基本要素;
> - 熟悉资产评估与会计、审计等学科的关系;
> - 了解资产评估的国内外发展状况及资产评估产生的客观必然性。
>
> **本章关键词**
> 　　资产　资产评估　资产评估的价值类型　资产评估的目的　资产评估的假设　资产评估的原则　资产评估的程序

1.1 资产评估产生和发展

资产评估是市场经济发展到一定历史阶段的产物。随着市场经济的发展,要素市场和产权交易市场日益迅猛发展起来。资产评估,作为一种促进生产要素优化配置的经济行为和现代管理技术,在现代市场经济中起着不可或缺的作用。

1.1.1 资产评估产生的客观必然性

企业或个人在发生产权交易或产权变动等经济行为时,往往要聘请专业资产评估师对其所拥有资产的价值进行评估,为确定资产的交易价格做准备,其原因就在于这些资产本身具有以下特点。

(1) 资产的专用性

有些资产具有较强的专用性,其他资产很难代替,而不同资产之间的交易价格又缺少可比性。专用性越强,资产的替代物越少,交易价格的确定就越困难。对于这样的资产,交易双方都希望在发生资产交易之前对资产价格的市场行情有一个了解,需要专业资产评估机构和评估人员对资产的市场价值提供有关咨询服务,资产评估成为一种客观需要。

(2) 交易频率低

企业拥有资产的目的,通常情况下是为创造更大的价值服务,特别是房地产、机器设备等固定资产及无形资产等资产项目,主要是作为生产手段参与生产过程。与一般商品的交易相比,这些资产的交易频率较低,只有在企业发生产权变动时才涉及。由于交易频率低,一次交易与上一次交易之间的时间间隔较长,市场因素往往发生变化,上次交易的成交价格难以作为本次交易的参考价格。由于相同或类似资产的交易价格可比性降低,所以每次发生资产交易时,都要重新进行评估,以确定资产在交易时点的市场价值。

（3）信息不完全

资产交易双方充分占有市场信息是资产能够顺利成交的基础，由于受客观条件的限制，交易双方往往对取得资产的历史价格比较了解，而对资产现行价格的信息掌握较少。另外，资产的专用性和交易的低频率等特点又使其他资产以往的交易事实难以作为待交易资产价格确定的依据。因此，需要一个掌握较多市场交易信息并能站在客观立场上具有一定的权威性的中介机构，用双方可以接受的程序和方法估算一个值，为交易双方确定成交价格提供参考。这种需求的不断增多，是资产评估业产生的客观前提。

（4）大宗交易的发生

资产交易的数额一般都比较大，对双方利益的影响也较大，双方都希望在理性的基础上进行交易，由此产生了对评估信息的需求。此外，交易额的增大使评估费用相对于资产价值的比率降低，委托方支付的评估费用远远低于在缺少评估信息情况下交易所带来的预期损失，资产评估成为一种能够支付得起的客观需求。

1.1.2 资产评估的形成

关于资产评估起源于何时，目前学术界尚有不同说法。

一种观点认为，资产评估起源于原始社会后期。这种观点认为，资产评估与人类社会资产交易行为同时产生。从原始社会后期剩余产品的出现和商品交换的开始，就产生了资产的交易行为，为了进行商品或资产的等价交换，具有直观性、偶然性、简单性、无偿性和非专业性特点的原始资产评估随之产生，并将资产评估划分为原始评估、经验评估和科学评估三个阶段。另一种观点认为，真正意义上的资产评估是从经验评估开始的，并且经历了从经验评估到科学评估的发展历程。第二种观点是评估的主流观点。

15世纪末16世纪初，新大陆的发现推进了资本主义发展的进程。世界范围内的商品贸易急剧增加，商品交易量的增加和市场的扩大，为资本主义手工工场的发展创造了市场和资本积累等条件，同时也极大地刺激了商业资本的发展。在这样的历史背景下，16世纪欧洲的安特卫普（现比利时）成立了世界上第一个商品和证券交易所，标志着经验评估阶段的开始。商品和证券交易所的成立，使得资产的交易行为越来越频繁，也为那些以提供商品或资本交易估价中介服务为主要工作的评估人员的发展提供了广阔的空间。评估人员由于长期从事资产交易估价服务，积累了较为丰富的评估经验，评估结果也往往容易被交易双方所接受，因此资产交易双方都愿意委托他们进行评估。这时的评估已经不再是偶然的、个别的行为，而成为一种经常性的、专业性的评估活动。我们把这种评估活动称为经验性评估，资产评估也成为市场上不可缺少的、独立的、有特色的中介行业。

经验评估主要有以下特点：一是评估是由具有一定评估经验和专业知识水平的人员进行的，评估业务也比较频繁；二是评估人员对资产评估业务进行有偿服务，并对评估结果承担一定的责任；三是评估结果的准确性主要取决于评估人员积累的评估经验。因此，处于经验评估阶段的资产评估，还是一种个体的、无组织约束的、凭个人经验的估价行为，是资产评估的雏形阶段。

随着社会经济的不断发展、现代科学技术的不断进步和管理水平的不断提高，同时以资产交易为主的资产业务急剧扩大，资产业务中的分工现象变得日益明显，作为中介机构的资产评估机构也逐渐产生和发展起来，资产评估行业应运而生。评估人员也不仅仅依靠自身所积累的经验来开展资产评估业务，而是把现代科学技术和管理方式引用到资产评估工作中，采用科学的方法和手段来对被评估资产进行评估。

1792年，英国测量师学会的成立是科学评估阶段的开始，代表着以专业评估机构和专职评估人员的出现为主要标志的科学评估逐渐形成。英国测量师学会是现在的英国皇家特许测量师学会（Royal Institute of Charted Surveyors，RICS）的前身，是目前世界上影响最大的评估行业专业组织之一，该组织于1881年由英国维多利亚女王授予"特许"状，并于1921年获得"皇家"荣誉。1896年，由美国的穆思·约翰和杨·威廉在美国威斯康星州密尔沃基市创建了世界上最早的专业评估机构——美国评值公司（American Appraisal Company），该公司目前仍然是国际上比较有影响力的资产评估专业机构。

科学评估阶段的资产评估主要具有以下特点：资产评估成为一种有组织的社会活动，资产评估业务是由从事资产评估的专业机构进行的；科学的评估手段和方法在资产评估工作中得到广泛运用，大大提高了资产评估的准确性和科学性；资产评估的范围得到拓展，资产评估的内容也越来越丰富，不仅包括个人财产、自然资源的评估，还涉及企业整体资产、无形资产等评估领域；资产评估活动向规范化、法制化方向发展。

1.1.3 资产评估的发展

人类社会进入20世纪以后，世界经济进入了高速发展阶段，特别是第二次世界大战后，西方一些资本主义国家的商品市场和资本市场得到了飞速发展。随着企业间竞争的进一步加剧，企业间资产的交易行为也越来越频繁，这为资产评估提供了广阔的发展空间。许多国家都成立了专门的评估机构，由专业评估人员开展评估工作，设立了专业资产评估协会或学会等组织，资产评估逐渐成为社会中一个独立完整的中介行业，在社会经济生活中发挥着不可替代的重要作用。随着资产评估的不断发展，资产评估作为一个独立的中介行业也开始逐渐被国际社会和各经济组织所认可，一些国际性评估组织也相继成立，为资产评估的国际化发展奠定了基础。

资产评估业务在英国发展较快，1834年又成立了土地测量师学会。目前，英国皇家特许测量师学会已拥有各类会员10万多人，其中有关土地专业的估价师级人员就有5.2万多人，他们是评估人员中的主要力量。

美国资产评估业也有约100多年的历史，是世界上发展较快的国家之一。最初的评估目的主要是财产保险、维护产权交易双方利益、资产抵押贷款、家庭财产分割等。随着资产评估行业的不断发展，评估者自发成立了若干个有较大影响力的综合及专业性的民间自律性评估组织，其中规模较大的有16个，这些组织均有自己的规章制度和评估标准。从规范资产评估业务与职业道德出发，美国几个主要协会自发成立了美国资产评估者协会（Appraisal Foundation，AF），并制定了统一行业标准——USPAP。目前，上述协会组织的会员有9万多人。

目前，资产评估发展较早的国家有英国、美国、澳大利亚、加拿大、新西兰、日本、韩国、德国、法国等，中国、俄罗斯及东欧国家起步虽然晚，但发展速度却非常快。纵观世界各国资产评估业的发展可以看到，资产评估可以分为两大体系：一是以不动产评估为主要内容的不动产评估体系，其主要代表是英国，资产评估业务主要是为房地产等不动产评估，有关评估的法规也以规范不动产评估为主要内容；二是以企业各项资产评估为主要内容的综合评估体系，其主要代表是美国，一些北美、南美及东欧国家的资产评估都倾向于综合评估。在综合评估体系国家中，资产评估业务不仅包括房地产等不动产评估，而且还涉及大量的企业价值评估、无形资产评估等领域，资产评估的范围较广，相关的法规制度也具有综合性。

1.2 资产评估的概念及其特点

1.2.1 资产评估的概念

资产评估的概念可以从资产评估的定义、基本要素和种类等几方面来认识。

1. 资产评估的定义

一般来说,资产评估是对资产某一时点的价值进行估计和判断。《中华人民共和国资产评估法》从资产评估执业的角度对资产评估进行了定义:"资产评估是指评估机构及其评估专业人员,根据委托对不动产、动产、无形资产、企业价值、资产损失或者其他经济权益进行评定、估算,并出具评估报告的专业服务行为。"

2. 资产评估的基本要素

资产评估具有八大基本要素,即评估主体、评估客体、评估依据、评估目的、评估原则、评估程序、评估价值类型和评估方法。

一般认为,资产评估应当包括以下基本要素。

(1) 评估主体

资产评估工作是由专门从事资产评估的机构和人员进行的。资产评估机构和人员是资产评估的主体,是开展资产评估工作的主导者,且必须是符合国家有关规定、具有从事资产评估资格的机构和人员。资产评估人员只有取得相应的评估执业资格,才能开展资产评估业务。

(2) 评估客体

资产评估是对拟发生产权交易或变动的资产进行的评估。客户委托评估的资产是资产评估的客体,它是资产评估的具体对象,也称为评估对象。

(3) 评估依据

资产评估是评估人员依据有关的法律、法规和在对被评估资产有关信息全面了解的基础上做出的价值判断。资产评估是由专业人员对被评估资产在某一时点的价值量大小所做的判断,但这种判断不是随意的估算,必须具有科学的依据。

(4) 评估目的

资产评估具有明确的目的。资产评估的目的是指资产业务引发的经济行为,如企业进行股份制改造、上市、资产抵押贷款等。资产评估目的反映了资产评估结果的具体用途,它直接决定和制约着资产评估价值类型与方法的选择。

(5) 评估原则

资产评估应当遵循一定的原则。资产评估的原则是资产评估的行为规范,是调节评估当事人各方关系、处理评估业务的行为准则,评估人员只有在一定的评估原则指导下做出评估结果,才具有可信性。

(6) 评估程序

资产评估的基本程序包括:明确业务基本事项;订立业务委托合同;编制资产评估计划;进行评估现场调查;收集、整理评估资料;评定、估算、形成结论;编制、出具评估报告;整理、归集评估档案。

资产评估机构及其资产评估专业人员应当根据资产评估业务的具体情况及重要性原则确定所履行各基本程序的繁简程度。资产评估机构及其资产评估专业人员不得随意减少资产评估基本程序。

（7）评估价值类型

即对评估价的质的规定，它对资产评估参数的选择具有约束性。

（8）评估方法

确定资产价值的评估方法包括市场法、收益法和成本法 3 种基本方法及其衍生方法。资产评估专业人员应当根据评估目的、评估对象、价值类型、资料收集等情况，分析上述 3 种基本方法的适用性，依法选择评估方法。

3. 资产评估的种类

由于资产种类的多样化和资产业务的多样性，资产评估也相应具有多种类型。通常，按照不同分类标准，可将资产评估分为下列几种形式。

① 按资产评估服务的对象、评估的内容和评估者承担的责任不同，资产评估可分为一般评估、评估复核和评估咨询。

一般评估是指正常情况下的资产评估，通常以资产发生产权变动、产权交易及资产保险、纳税或其他经济行为为前提，包括市场价值评估和市场价值以外的价值评估。例如，企业上市资产评估、组建合资企业资产评估、企业股份制改造资产评估、企业资产抵押贷款资产评估等。

评估复核是指在对被评估的资产已经出具评估报告的基础上，由其他评估机构和评估人员对同一被评估资产独立地进行评定和估算并出具报告的行为和过程。

评估咨询是一个较为宽泛的术语。确切地讲，评估咨询主要不是对评估标的物价值的估计和判断，它更侧重于评估标的物的利用价值、利用方式、利用效果的分析和研究，以及与此相关的市场分析、可行性研究等。

② 按资产评估面临的条件及执业过程中对准则的遵守程度不同，资产评估可分为完全评估和限制评估。

完全评估一般是指完全按照评估准则的要求进行资产评估，还适用准则中的背离条款。完全评估中的被评估资产通常不受某些方面的限制，评估人员可以按照评估准则和有关规定收集评估资料并对被评估资产的价值做出判断。

限制评估一般是指根据背离条款，或在允许的前提下未完全按照评估准则或规定进行的资产评估，评估结果受到某些特殊因素的影响。

③ 按资产评估对象的构成和获利能力不同，资产评估可分为单项资产评估和整体资产评估。

单项资产评估是指评估对象为单项可确指资产的评估。通常，机器设备评估、土地使用权评估、房屋建筑物评估、商标权评估、专利权评估等均为单项资产评估。由于单项资产评估的对象为某一类资产，不考虑其他资产的影响，所以通常由某一方面的专业评估人员参加即可完成资产评估任务。

整体资产评估是指以若干单项资产组成的资产综合体所具有的整体生产能力或获利能力为评估对象的资产评估。例如，以企业全部资产作为评估对象的企业整体价值评估（或称企业价值评估）、以企业某一部分或某一车间为评估对象的整体资产评估、以企业全部无形资产为评估对象的无形资产整体评估等。企业价值评估是整体资产评估最常见的形式。整体资产评估不同于单项资产评估的关键之处就在于：在整体资产评估工作中要以贡献原则为中心，考虑不同资产的相互作用及它们对企业整体生产能力或总体获利能力的影响。

1.2.2 资产评估的特点

资产评估是资产交易等资产业务的中介环节，它是市场经济条件下资产交易和相关资产业务顺利进行的基础。这种以提供资产价值判断为主要内容的经济活动与其他经济活动相比，具有以下鲜明的特点。

（1）市场性

资产评估是市场经济发展到一定阶段的产物，没有资产产权变动和资产交易的普遍进行，就不会有资产评估的存在。资产评估一般要估算的是资产的市场价值，因而资产评估专业人员必须凭借自己对资产性质、功能等的认识及市场经验，模拟市场对特定条件下的资产价值进行估计和判断，评估结果是否客观需要接受市场价格的检验。资产评估结论能否经得起市场检验是判断资产评估活动是否合理、规范，以及评估人员是否合格的根本标准。

（2）公正性

资产评估的公正性主要体现在资产评估是由交易双方以外的独立的第三者，站在客观公正的立场上对被评估资产所做的价值判断，评估结果具有公正性。资产评估的结果密切关系着资产业务有关各方的经济利益，如果背离客观公正的基本要求，就会使得资产业务的一方或几方蒙受不必要的损失，资产评估就失去了其存在的前提。

资产评估的公正性要求评估人员必须站在公正的立场，采取独立、公正、客观、中立的态度，不屈服于任何外来的压力和任何一方的片面要求，客观、公正地做出价值判断。对于资产评估机构而言，资产评估的公正性也是十分重要的，只有以客观公正的评估结果，为客户提供优质的服务，才能赢得客户的信任，逐步树立自己的品牌，评估机构才能不断得到发展，否则必将逐步丧失信誉，丧失市场，最终走向破产。

（3）专业性

资产评估人员在对被评估资产价值做出专业判断的过程中，需要依据大量的数据资料，经过复杂细致的技术性处理和必要的计算，不具备相应的专业知识就难以完成评估工作。例如在对厂房或有关建筑物进行评估时，需要对其进行测量，了解建筑构造、工程造价、使用磨损程度等情况，缺乏建筑专业基础知识则难以进行；对机器设备进行评估时，需要对被评估设备的有关技术性能、磨损程度、预计经济寿命等情况做出判断，这些都具有较强的专业技术性，不具备相关专业知识难以得出客观的评估结果。

资产评估的技术性要求评估人员应当由具备一定专业知识的专业技术人员构成，如建筑、土地、机电设备、经济、财务等。

（4）咨询性

资产评估结论是评估人员在评估时根据所收集到的数据资料，模拟市场对资产价值所做出的主观推论和判断。不论评估人员的评估依据有多么充分，评估结论仍然是评估人员的一种主观判断，而不是客观事实。因此，资产评估不是一种给资产定价的社会经济活动，它只是一种经济咨询或专家咨询活动。评估结果本身并没有强制执行的效力，评估人员只对评估结论的客观性负责，而不对资产交易价格的确定负责。评估结果只是为资产业务提供一个参考价值，最终的成交价格取决于交易双方在交易过程中的讨价还价能力。

1.2.3 资产评估与会计和审计的关系

1. 资产评估与会计的关系

由于资产评估产生于对资产价值进行估算的客观需要，资产评估所需要的数据资料有相当一部分是来源于企业的财务会计数据,而会计也涉及对资产价值进行计量的问题,因此有人认为,资产评估是现代会计发展到一定阶段后分离出来的一种社会经济活动,资产评估与会计计价有着密不可分的关系。从会计与资产评估自身的发展来看,二者确实存在许多相互联系,但它们之间也存在根本的区别,只有科学地认识它们之间的不同点,才能充分发挥资产评估和会计在社会经济中的不同作用。

1)资产评估与会计的联系

(1)资产评估的结论为会计计价提供依据

《中华人民共和国公司法》及相关法律法规规定,当投资方以非货币资产投资时,应当对非货币资产进行资产评估,以资产评估结果为依据,确定投资数额,并以此作为公司会计入账的重要依据。当企业进行联合、兼并、重组等产权变动经济行为时,也需要对拟发生产权变动的资产进行评估,评估结果可以作为产权变动后企业重新建账、调账的重要依据。

2006年2月15日,我国颁布了新的企业会计准则,与国际会计准则趋同,第一次全面地引入了公允价值的概念。在投资性房地产、长期股权投资、交易性金融资产、债务重组、非货币性资产交换、非同一控制下的企业合并、资产减值等具体准则中允许采用公允价值计量。引入公允价值模式计量强化了会计与资产评估之间的联系,以财务报告为目的的资产评估已经或正在受到广泛关注。

(2)资产评估结论的形成依赖于会计提供的有关数据资料

资产评估结论的形成需要大量的数据支持,评估中所依据的许多数据资料都来源于企业的会计资料和财务数据,特别是续用前提下的资产评估。例如,企业会计账簿中记录的取得资产的原始凭证是资产评估工作中确定资产产权和原始价值构成的重要证明资料;对固定资产修理和损耗情况的记录,是资产评估工作中判断其实际贬值、确定成新率指标的重要参考;资产评估工作中对资产的预期收益、预期风险的测算都离不开企业的财务会计数据。另外,由于资产评估结论的形成依赖于会计提供的有关数据资料,这些企业会计数据资料的准确程度在一定程度上也会对资产评估结果的质量产生影响。

不管是特定条件下会计计价利用资产评估的结果,还是资产评估需要参考会计数据资料,都说明资产评估与会计有着一定的联系,而且这种联系会随着投资者对企业披露资产现值要求的不断提高而更加广泛。

2)资产评估与会计的区别

尽管资产评估与会计计价之间存在某种密切的联系,但从本质上来说,二者属于不同的经济活动领域,有着明显的区别。

(1)基本职能不同

会计是一种以记账、算账、报账为基本手段,连续地、系统地反映和监督企业生产经营、财务收支及其成果的社会活动,是企业组织管理中的一个重要组成部分,其基本职能是对会计主体经济活动的反映和监督。而资产评估则是一种以提供资产价值判断为主要内容的咨询活动,是一种社会中介服务活动,评值和评价是其基本职能。

(2)目的不同

会计与资产评估虽然都要对资产的价值进行确认和计量,但二者的计价目的却不同。会计计价的总体目标是全面反映企业的历史和现实资产状况,是就资产论资产;而资产评估的总体目标则是为资产交易提供估值服务,是就资产论权益,资产评估价值反映资产的效用。

(3) 前提条件不同

会计计价是以企业会计主体不变和持续经营为假设前提，严格遵循历史成本原则。资产评估则是对于发生产权变动、会计主体变动或者企业生产经营活动中断、以持续经营为前提的资产计价无法反映企业资产价值时的估价行为。

(4) 确定资产价值的依据不同

会计账簿中为了能够清楚地反映资产的取得成本，主要是以历史成本为依据记录资产的价值，对于没有发生实际耗费的资产，通常情况下不予确认。而在资产评估中，判断一项资产是否有价值及价值的大小，则不能简单地以是否发生历史成本为标准，而必须以资产的效用和市场价值为依据。

2. 资产评估与审计的关系

1）资产评估与审计的联系

资产评估与审计都是通过专业机构和人员为社会提供中介服务，二者在业务上有一定的联系。从我国的实际情况来看，资产评估与审计的联系主要表现在以下几个方面。

(1) 二者使用的方法有相同之处

审计的主要工作之一是对反映企事业单位经济活动的财务资料及其相关资料的真实性、公允性、合理性等做出判断，属于"事实判断"的范畴，在资产评估的资产清查阶段，就其工作方法而言，有相当部分工作（包括核实与界定评估对象）采用了审计的方法。资产评估中很多方法是借鉴了审计的方法，特别是对流动资产与负债的价值评估。

(2) 二者在业务上有联系

二者服务于同一市场，在提供专业服务时均需利用会计记录等相关资料做出专业判断，都具有独立、客观、公正的社会属性。业务上，资产评估中采用的大量企业财务信息来自审计机构提供的审计报告资料，经审计的企业财务报表及相关数据可以作为企业价值评估的基础数据。而审计也需要关注资产评估报告提供的企业资产的公允价值意见。

2）资产评估与审计的区别

资产评估与审计虽同为专业服务性质的活动，它们的联系是客观存在的，但二者有着本质的区别，主要表现在以下几个方面。

(1) 专业属性不同

审计履行鉴证职能，要求如实反映企业财务状况及经营成果，是对企业经营活动的合规、合法、合理性做出事实判断。资产评估则主要履行咨询职能，需要就企业资产的获利能力做出价值判断，本质具有咨询属性。但评估结果一经政府认定或运用，就有了鉴证属性。

(2) 执行的专业原则不同

审计人员在执业过程中，要自始至终地贯彻公证、防护和建设三大专业原则，而资产评估人员在执业过程中则必须遵循供求、替代、贡献、预期等基本经济原则。

(3) 执业人员的专业基础不同

审计的主要工作是围绕着会计及相关法规进行的，开展审计工作所需的专业知识主要是会计学、税法及其他经济法规等知识基础。因此，审计人员主要由具有财务知识的人员构成；而开展资产评估工作所需的专业知识，除了经济学、法律、会计学等社会科学知识外，工程、技术等方面的自然科学知识也是其重要的组成部分，资产评估体现了专业知识的综合性。因此从总体上来看，资产评估人员不但要由具有财务知识的人员构成，而且还应当由具有建筑、设备、土地等方面知识的专业技术人员构成。

(4) 执业标准不同

审计主要是对财务报告的审查，与会计遵循同一的业务处理标准，而资产评估虽然与会计有着密切的联系，但在资产价值计量标准上却有很大区别，会计强调资产的历史成本，而资产评估则强调资产的现时价值，注重资产的重置成本、市场价值和未来收益的价值。

1.3 资产评估的主体与客体

1.3.1 资产评估的主体

资产评估主体是指具体从事资产评估工作的评估人员及其由评估人员组成的评估机构。按照现行的资产评估管理体制，资产评估主体具体是指获得国务院或省、自治区、直辖市人民政府相关行政主管部门颁发的执业资格证书，具有承担国有资产和非国有资产评估资格的资产评估操作机构。

从目前及发展的趋势来看，我国的资产评估主体大致可以从以下两个方面进行分类。

① 从评估主体执业范围的角度划分，可分为专营资产评估机构、专项资产评估机构和兼营性资产评估机构3种类型。

专营资产评估机构大都是专门从事资产评估，而不从事其他中介业务的资产评估事务所或资产评估公司。一般情况下，专营资产评估机构的评估业务范围比较广泛，评估人员比较固定，评估人员的素质相对较高。

专项资产评估机构大都是专门从事某一类或某一种资产的评估机构。例如，土地估价事务所、房地产估价事务所等。专项资产评估机构由于评估范围较窄，评估对象的性质、功能比较统一，专业性比较强，因而专业化程度和专业技术水平比较高，具有比较明显的专业优势。

兼营性资产评估机构是指那些开展多种中介服务活动的会计师事务所、审计师事务所、财务咨询公司等。这些中介机构把资产评估作为机构咨询执业的一项业务内容，同时开展财务审计、查账验资等业务活动。

② 从资产评估主体企业组织形式的角度划分，可分为合伙制资产评估机构和有限责任制资产评估机构。

合伙制资产评估机构，由发起人共同出资设立，共同经营，对合伙债务承担无限连带责任。

有限责任制资产评估机构，由发起人共同出资设立，评估机构以其全部财产对其债务承担责任。

从目前来看，我国的资产评估机构基本上是合伙制资产评估机构和有限责任制资产评估机构，在组织形式和管理体制上基本完成了与市场经济相适应、与国际惯例相衔接。

1.3.2 资产评估的客体——资产

资产评估的客体，是指被评估的资产，即资产评估的对象。资产是一个多角度、多层面的概念，既有经济学中的资产概念，也有会计学、法学中的概念。《企业会计准则——基本准则》中对资产的定义是："资产是指企业过去的交易或者事项形成的、由企业拥有或者控制的、预期会给企业带来经济利益的资源。"并且进一步规定：符合资产定义和资产确认条件的项目，应当列入资产负债表；符合资产定义但不符合资产确认条件的项目，不应当列入资产负债表。资产在经济学中比会计学中具有更广泛的含义，泛指特定经济主体拥有或控制的，能够给特定经济主体带来经济利益的经济资源。资产评估中的资产其内涵更接近于经济学中的资产。

1. 资产的特征

（1）资产必须是特定主体拥有或控制的

依法取得或控制资产的权利是特定主体能够拥有或支配相关资产的前提条件。对资产的拥有或控制主要体现在对资产产权的界定和保护上，资产的产权是基于所有权派生的一系列权利，通常包括对资产的占有权、使用权、收益权和处分权等。这些权利一方面可以表现为某项资产的完整产权；另一方面，还具有可分解性，可以从中分离设定不同类型的权利。不同的权利类型及组合构成了资产的具体产权形态，权利状态不同，为权利人带来的经济利益通常会存在差异，所对应的资产价值也不同。资产的所有权价值一般会高于使用权的价值。这也是资产评估中要求资产评估人员关注被评估资产的权利状况，重视权利状况对资产评估的约束和影响的原因。

在有些情况下，特定主体虽然不拥有经济资源，即不享有经济资源的所有权，但是可以控制这些经济资源，同样表明该特定主体能够从其控制的资源中获取经济利益，该经济资源仍可界定为该特定主体的资产。

（2）资产是能够给特定经济主体带来经济利益的经济资源

经济资源既可以是实体，也可以体现为无形的权利。其所具有的能够带来未来经济利益的潜在能力是特定主体愿意拥有或控制这种资源的主要原因。这种利益表现为两个方面：一是使用资产给特定主体带来的利益；二是通过资产所有权或控制权的变动给特定主体带来的利益。资产的价值取决于其能够带来的未来经济利益的能力，资产评估就是通过适当的方法量化这种能力，反映资产的价值。

2. 资产的分类

通常情况下，按照不同的标准，可将资产分为不同的种类。

（1）按会计报表项目，可将资产分为流动资产、长期投资、固定资产、无形资产及其他资产

目前在我国资产评估实务工作中，企业资产评估项目通常情况下是与企业会计报表相联系的，了解这些不同类型的资产，有利于合理组织和顺利完成企业整体资产评估项目，同时也便于被评估单位在评估对象发生产权变动后根据评估结果进行会计账务处理。

（2）按资产的存在形态，可将资产分为有形资产和无形资产

有形资产是指那些具有实体形态的资产，如机器设备、房屋建筑物、库存商品、材料等。由于这类资产具有不同的功能和特性，通常具有较强的专业性，在评估时应根据资产的不同特点分别进行。无形资产是指那些没有实物形态，但在很大程度上制约企业产品生产能力和生产质量，直接影响企业经济效益的资产，主要包括专利权、商标权、非专利技术、土地使用权、特许权、商誉等。无形资产通常具有较强的综合性，影响因素较复杂，评估难度也较大。

（3）按资产是否具有综合获利能力，可将资产分为单项资产和整体资产

单项资产是指单台、单件的资产，如一台设备、一栋房屋等。整体资产是指由一组单项资产组成的具有整体获利能力的资产综合体，如一个具有正常经营活动能力的企业的所有资产、一个独立的部门或车间等。在有些情况下，企业各单项资产之和并不一定等于企业的整体资产，也就是说，在企业整体资产中，有一部分资产无法以单项资产的形式存在。

在资产评估工作中，区分单项资产和整体资产有利于合理安排评估人员，顺利完成资产评估任务。

（4）按资产能否独立存在，可将资产分为可确指资产和不可确指资产

可确指资产是指能独立存在的资产，前面所列示的有形资产和无形资产，除商誉以外都是可确指的资产。不可确指资产是指不能脱离企业有形资产而单独存在的资产，如商誉。商誉是指企业基于地理位置优越、信誉卓著、生产经营出色、劳动效率高、历史悠久、经验丰富、技术先进等原因，所获得的投资收益率高于一般正常投资收益率所形成的超额收益资本化的结果。商誉是一种特殊的无形资产，它不能以独立的形式存在，通常表现为企业整体资产与各单项资产之和的差额。

（5）按资产与生产经营过程的关系，可将资产分为经营性资产和非经营性资产

经营性资产是指处于生产经营过程中的资产，如企业的机器设备、厂房、交通工具等。按是否对盈利产生贡献经营性资产又可分为有效资产和无效资产。区分有效资产和无效资产是开展资产评估工作的一项重要内容。非经营性资产是指处于生产经营过程以外的资产，如政府机关用房、办公设备等。

（6）按资产的法律意义，可将资产分为不动产、动产和合法权利

不动产是指不能离开原有固定位置而存在的资产，如自然资源、房地产等。动产是指能脱离原有位置而存在的资产，如各种流动资产、长期资产。合法权利是指受国家法律保护并能取得预期收益的特权，如专利权、商标权、特许经营权等。

1.4 资产评估的评估目的与价值类型

1.4.1 资产评估的评估目的

资产评估的目的是资产业务的基础，是资产评估业务对应的经济行为对资产评估结果的使用要求，或资产评估结论的具体用途。资产评估目的对评估结果的性质、价值类型等有重要影响；资产评估目的是界定评估对象的基础；资产评估目的对于资产评估的价值类型选择具有约束作用。常见的资产评估目的有以下几种。

1. 转让

转让是最常见的评估目的。转让行为所对应的评估目的是确定转让标的资产的价值，为转让定价提供参考。引发资产评估的转让行为主要包括资产的收购、转让、置换、抵债等。这类评估业务有些是国家法律法规规定的法定评估，还有一些是市场参与者自愿委托的非法定评估。

依据转让行为参与主体的特点，我国的资产或产权转让评估可分为：涉及国有资产的转让评估和不涉及国有资产的转让评估；涉及上市公司的转让评估和不涉及上市公司的转让评估。

国有产权转让、资产转让、资产置换、以非货币性资产偿还债务及收购非国有资产等都是国有资产管理法规规定的涉及国有资产的转让行为。涉及国有资产的转让行为中，由国有资产当事主体委托的资产评估需要满足国有资产评估的监管要求，在资产评估报告内容及披露方面除要满足《资产评估执业准则——资产评估报告》的要求外，还应当符合《企业国有

资产评估报告指南》或《金融企业国有资产评估报告指南》的规定。

涉及上市公司的转让评估，包括转让上市公司股权，上市公司法人资产的转让、置换、抵债及上市公司收购股权或其他资产等行为涉及的资产评估业务。涉及上市公司的转让行为及由上市公司委托的资产评估需要满足资本市场的监管规定和信息披露要求，执行相关资产评估业务的机构应当在国务院证券监督管理机构和国务院财政主管部门完成证券评估服务备案。

2. 抵（质）押

对抵（质）押的评估需求，主要包括以下3种情形。

（1）贷款发放前设定抵（质）押权的评估

单位或个人在向金融机构或者其他非金融机构融资时，金融机构或非金融机构需要获得借款人或担保人用于抵押或者质押资产的评估报告，目的是了解用于抵押或者质押资产的价值，以此作为确定发放贷款的参考依据。实务中最常见的这类评估包括：房地产抵押、知识产权质押、珠宝质押等评估。

（2）实现抵（质）押权的评估

当借款人到期不能偿还贷款时，贷款提供方作为抵（质）押权人可以依法要求将抵（质）押品拍卖或折价清偿债务，以实现抵（质）押权。这个环节资产评估的目的是确定抵（质）押品的价值，为抵（质）押品折价或变现提供参考。

（3）贷款存续期对抵（质）押品价值动态管理所要求的评估

通常由金融机构要求评估机构在规定时间及市场发生不利变化时对抵（质）押品进行价值评估，评估目的是监控抵（质）押品的价值变化，为贷款风险防范提供参考。

3. 公司设立、增资

根据《公司法》及国家企业登记注册管理部门颁布的相关法规规定，以下经济行为需要评估。

（1）非货币资产出资行为

以非货币资产出资设立公司是投资企业较为常见的形式，对出资资产进行评估是较常见的资产评估业务。非货币资产出资行为的评估目的是为确定可出资资产的价值提供参考。资产评估的评估结论用于揭示出资财产的市场价值，可以保障企业股东、债权人及社会公众的利益。

（2）企业增资扩股中确定股东出资金额和股权比例的评估

以货币或非货币资产对公司进行增资扩股时需要对被增资企业的股权价值进行评估，作为确定新老股东股权比例的依据。评估目的是为确定股东出资金额和股权比例提供参考。

按照国有资产评估管理规定，非上市公司国有股东的股权比例发生变动时，应当对该非上市公司的股东权益进行资产评估。

（3）发行股份购买资产

发行股份购买资产是指上市公司通过增发股份的方式购买资产。这种行为的实质是采用非货币资产对股份公司进行增资。评估目的是评估标的资产的价值，为上市公司确定资产购买价格和股票发行方案提供参考。

（4）债权转股权

根据《公司法》的规定，应当对拟转为股权的债权进行评估。被转股企业为国有非上市公司的，还应当按规定对其股权价值进行评估。此种经济行为的评估目的是为确定债权转股权金额和股份数额提供价值参考。

4. 企业整体或部分改建为有限公司或股份公司

企业进行公司制改建，或者由有限责任公司变更为股份有限公司，需要对改建、变更所涉及的整体或部分资产进行评估。

（1）公司制改建

公司制改建属于企业改制行为，是按照《公司法》要求将非公司制企业改建为有限责任公司或股份有限公司。

我国通常所说的企业改制主要是指国有企业的改制，要求通过资产评估合理确定国有资本金的价值。改制企业以企业的实物、知识产权、土地使用权等非货币财产折算为国有资本出资或者股份的，资产评估的目的是为确定国有资本出资额或者股份数额提供参考依据。

（2）有限责任公司变更为股份有限公司

企业采用有限责任公司经审计的净资产账面价值折股变更为股份有限公司时，需要对用于折股的净资产进行评估。这个评估的实质是评估有限责任公司用于折股资产的市场价值扣除负债价值后是否不低于其对应的审计后的净资产账面价值。评估目的是核实企业用于折股的审计后净资产的账面价值是否不低于其市场价值，防止虚折股权（股份）的情况发生。

在有限责任公司改建股份有限公司过程中，如果发生引进战略投资者等导致拟改建公司的国有股东股权比例发生变化的情况，还应根据国有资产监管要求，在上述股权比例变化的环节对拟改建公司的股东权益价值进行评估。评估目的是为确定股东出资金额和股权比例提供参考。

5. 财务报告

企业在编制财务报告时，可能需要对某些资产进行评估，这类资产评估属于服务于会计计量和财务报告编制的评估业务。服务于合并对价分摊、资产减值测试、投资性房地产和金融工具等资产的公允价值计量等评估业务，形成了我国资产评估行业为会计计量和财务报告编制服务的主要业务内容。

《企业会计准则第 3 号——投资性房地产》《企业会计准则第 8 号——资产减值》《企业会计准则第 11 号——股份支付》《企业会计准则第 20 号——企业合并》《企业会计准则第 22 号——金融工具确认和计量》《企业会计准则第 1 号——存货》《企业会计准则第 9 号——职工薪酬》《企业会计准则第 10 号——企业年金基金》《企业会计准则第 21 号——租赁》等都可能涉及会计计量和财务报告编制的评估。

在服务于会计计量和财务报告编制的资产评估中，评估目的是为会计核算和财务报表编制提供相关资产、资产组等评估对象的公允价值或可回收金额等特定价值的专业意见。

6. 税收

我国在核定税基、确定计税价格、关联交易转让定价等税收领域也对资产评估产生了需求。

（1）确定非货币资产投资的计税价值

按照税法规定，以非货币性资产对外出资，应当确认非货币性资产转让所得的，税收征管部门要求"企业应将股权投资合同或协议、对外投资的非货币性资产（明细）公允价值评估确认报告、非货币性资产（明细）计税基础的情况说明、被投资企业设立或变更的工商部门证明材料等资料留存备查"。这实际是要求企业取得用于投资的非货币性资产的资产评估报告。评估目的是为核定非货币资产计税申报价值的公允性提供资产价值参考。

（2）确定非货币资产持有或流转环节涉及税种的税基

非货币资产持有或流转可能会涉及流转税、所得税、财产税和土地增值税等税种。对纳税申报不合理、未制定计税价格标准且价值不易按照通常方法确定的非货币性资产，税收征管部门要求提供资产评估报告。评估目的是根据涉税情形，确定相关非货币性资产的应税流转额或所得额、财产价值或增值额，为税收征管部门确定相关计税基准提供参考。

与税务领域相关的业务还有抵税财物处置环节的资产评估。例如抵税财物的拍卖，按照规定，除有市场价或可依照通常方法确定价格之外的拍卖对象应当委托评估，评估目的是确定相关财物的价值，为确定拍卖保留价提供参考。

7. 司法

资产评估可以为涉案标的提供价值评估服务，评估结论是司法立案、审判、执行的重要依据。资产评估提供的司法服务内容如下：

（1）司法审判中揭示与诉讼标的相关的财产（权益）价值及侵权（损害）损失数额等

这类业务主要包括刑事案件定罪量刑中对相关损失的估算和民事诉讼中对诉讼标的财产（资产）价值、侵权损害损失额的评估。评估目的是揭示相关财产（权益）价值及侵权（损害）损失金额，为司法审判提供参考依据。

（2）民事判决执行中帮助确定拟拍卖、变卖执行标的物的处置价值

2018年8月28日发布的《最高人民法院关于人民法院确定财产处置参考价若干问题的规定》（法释〔2018〕15号）规定，人民法院确定财产处置参考价，可以采取当事人议价、定向询价、网络询价、委托评估等方式。法律、行政法规规定必须委托评估、双方当事人要求委托评估或者网络询价不能或不成的，人民法院应当委托评估机构进行评估。评估目的是确定涉案执行财产的价值，为人民法院在司法执行中确定财产处置参考价提供专业意见。

1.4.2　资产评估的价值类型

资产评估的价值类型是指资产评估结果的价值属性及其表现形式。不同的价值类型从不同的角度反映资产评估价值的属性和特征。不同属性的价值类型所代表的资产评估价值不仅在性质上是不同的，在数量上往往也存在较大差异。资产评估价值类型是影响和决定资产评估价值的重要因素，对资产评估方法的选择具有一定的影响。价值类型实际上是评估价值的一个具体标准，明确价值类型可以清楚地表达评估结论，避免评估委托人和其他报告使用人误用评估结论。

1. 价值类型的种类

目前国际和国内评估界对价值类型有不同的分类，中国资产评估协会发布的《资产评估价值类型指导意见》将价值类型分为市场价值类型和市场价值以外的价值类型。市场价值以外的价值类型包括投资价值类型、在用价值类型、清算价值类型、残余价值类型、其他价值类型等。

（1）市场价值类型

《国际评估准则》将市场价值定义如下：自愿买方与自愿卖方在评估基准日进行正常的市场营销之后，所达成的公平交易中某项资产应当进行交易的价值的估计数额，当事人双方应当各自精明、谨慎行事，不受任何强迫压制。

中国资产评估协会发布的《资产评估价值类型指导意见》中，市场价值是指自愿买方和自愿卖方在各自理性行事且未受任何强迫的情况下，评估对象在评估基准日进行正常公平交易的价值估计数额。

（2）投资价值类型

投资价值是指评估对象对于具有明确投资目标的特定投资者或者某一类投资者所具有的

价值估计数额，亦称特定投资者价值。

（3）在用价值类型

在用价值是指将评估对象作为企业、资产组组成部分或者要素资产按其正在使用方式和程度及其对所属企业、资产组的贡献的价值估计数额。

（4）清算价值类型

清算价值是指评估对象处于被迫出售、快速变现等非正常市场条件下的价值估计数额。

（5）残余价值类型

残余价值是指机器设备、房屋建筑物或者其他有形资产等的拆零变现价值估计数额。

（6）其他价值类型

某些特定评估业务评估结论的价值类型可能受到法律、行政法规或者合同的约束，这些评估业务的评估结论应当按照法律、行政法规或者合同的规定选择评估结论的价值类型。

特定评估业务包括：以抵（质）押为目的的评估业务、以税收为目的的评估业务、以保险为目的的评估业务、以财务报告为目的的评估业务等。这些目的下的资产评估可能需要考虑其他价值类型，评估人员只要确信其符合价值类型指导意见的基本要求，并在评估报告中披露就可以使用。

2. 价值类型的选择

法律、行政法规或者合同对价值类型有规定的，应当按其规定选择价值类型；没有规定的，可以根据实际情况选择市场价值或者市场价值以外的价值类型。

执行资产评估业务，选择和使用价值类型，应当充分考虑评估目的、市场条件、评估对象自身条件等因素。

（1）市场价值类型的选择

当评估目的、评估对象等资产评估基本要素满足市场价值定义的要求时，评估目的是为正常的交易提供价值参考依据时，一般选择市场价值作为评估结论的价值类型。

资产评估人员选择市场价值作为价值类型，应当知晓同一资产在不同市场的价值可能存在差异。当标的资产可以在多个市场上交易时，评估人员除需要在评估报告中恰当披露所选择的市场价值是哪个市场的市场价值外，还应该说明选择该交易市场的市场价值的理由。

【例1-1】某企业准备以一项专利作为出资在中国设立一家有限责任公司，需要将该专利进行评估，应该选择何种价值类型？

该案例是将标的资产用作出资，属于以非货币资产对外投资行为。出资视同交易，通常不设定特定的投资者，也就是不需要考虑特定的买方或者卖方的特性，也不需要考虑任何特定的交易附带条件，应该选择市场价值。另外，该案例是在中国设立有限责任公司，因此这个"交易"应该视为在中国发生，因此该市场价值应该设定为在中国关税区的市场价值。

【例1-2】某国内企业计划收购一家总部在加拿大的甲公司，应该如何选择价值类型？甲公司有一家注册在美国的全资子公司（乙公司），在评估甲公司价值时涉及评估乙公司的股权价值，应该如何选择乙公司价值所对应的市场？

该交易是国内的企业到加拿大收购当地公司的股权，属于资产收购行为。因为案例没有提及要考虑特定的买方与卖方的投资偏好或特定目标，应该选择市场价值。

该案例要评估乙公司的价值，但是标的资产（甲公司）是加拿大的公司。评估甲公司时应该选择甲公司所在的加拿大市场，但是这并不一定代表评估乙公司的市场价值时也一定要选择加拿大市场。因为乙公司是在美国注册的公司，从理论上说，可以在美国市场转让其股权，也可以在加拿大市场转让其股权，并且这两种转让方式都存在可能性。因此，在评估乙公司的市场价值时，应该选择乙公司在美国市场和在加拿大市场中的最有利市场，也就是说，应该评估乙公司在美国市场和加拿大市场中最有利市场的市场价值。

【例1-3】国内的A上市公司以发行股份购买资产的方式收购国内B公司在开曼群岛注册的子公司X，现需要对X公司进行评估，应该如何选择价值类型？

国内上市的A公司采用发行股份购买资产的方式收购境外企业，实质是X公司的母公司（B公司）以X公司的股权向A上市公司增资，可视为B公司以非货币资产对外投资。由于未说明需要考虑特定的市场参与者的投资偏好或特定目标，因此也应当选择市场价值。另外，B公司将其持有的X公司股权"拿到"国内来转让给A上市公司，这种交易目前要按照我国的法律法规进行。因此，评估时应该选择国内产权交易市场的市场价值。

（2）投资价值类型的选择

当评估业务针对的是特定投资者或者某一类投资者，并在评估业务执行过程中充分考虑并使用了仅适用于特定投资者或者某一类投资者的特定评估资料和经济技术参数时，通常选择投资价值作为评估结论的价值类型。

特定市场参与者的目标和偏好可能表现为其自身已拥有的资产与标的资产之间形成协同效应，可以获得超额收益；也可能体现为因自身偏好而可以接受的一般市场参与者无法接受的交易价值。例如，甲企业拥有一个海滨酒店，乙企业拥有一个海滨浴场，两个企业位置相邻，现在甲企业要收购乙企业。显然海滨酒店与海滨浴场存在经营层面的协同，这种"酒店+浴场"的经营模式显然更容易吸引顾客，因此甲企业收购乙企业存在协同效应，并且这种协同属于经营协同。对于这种明显存在协同效应的评估，如果需要考虑协同效应对股权收购价值的影响，则应当选择投资价值。但在评估业务中是否要选择投资价值，评估人员需要与委托人协商明确具体委托诉求后才能确定。

（3）在用价值类型的选择

当评估对象是企业或者整体资产中的要素资产，并在评估业务执行过程中只考虑了该要素资产正在使用的方式和贡献程度，没有考虑该资产作为独立资产所具有的效用及在公开市场上交易等对评估结论的影响，通常选择在用价值作为评估结论的价值类型。

《企业会计准则第8号——资产减值》中，资产减值是指资产的可收回金额低于其账面价值，可收回金额应当根据资产的公允价值减去处置费用后的净额与资产预计未来现金流量的现值两者之间较高者确定。其中"资产预计未来现金流量的现值"就是标的资产在该企业未来的经营活动中可以获得的预期收益的现值。这里的预期收益的现值，是该标的资产按照企业目前经营方式或模式持续经营下的在用价值。

（4）清算价值类型的选择

当评估对象面临被迫出售、快速变现或者评估对象具有潜在被迫出售、快速变现等情况时，通常选择清算价值作为评估结论的价值类型。

当选择清算价值时，评估对象一般都是处于强制清算过程中。所谓强制清算，是指该清算行为已经不在资产所有者控制之下进行，这种清算可能受法院或者法院指定的清算组控制，或者由债权人控制等,处理资产所需的时间较为急迫。这种评估一般需要选择清算价值。

(5) 残余价值类型的选择

当评估对象无法使用或者不宜整体使用时,通常考虑评估对象的拆零变现,并选择残余价值作为评估结论的价值类型。

比较典型的案例是国家规定的发电机组"上大压小"政策,即小规模的发电机组必须强制淘汰,因此对于将要淘汰的发电机组,从整体上看已经不具有再继续使用的价值,但是如果改变其计量单元,将评估对象,即一个发电机组拆分成一些零部件,则可能存在可以继续使用的零部件,这时评估人员可以选择残余价值类型对其进行评估。

1.4.3 评估业务类型

按照资产评估业务类型,资产评估可以划分为估值类业务和非估值类业务。这样划分的目的在于促进我国资产评估行业逐步由价值发现、价值鉴证向价值管理、价值运营扩展。估值类业务包括单项资产、公司制改建整体资产、企业并购、产权变动、上市公司并购重组、司法鉴证、服务于会计核算、海外并购/投资、PE/VC、生态/环境和税基等评估业务,评估对象涉及企业价值、动产、不动产、无形资产、其他权益等评估领域。而非估值类业务中,评审评价类业务包括财政资金评价、企业绩效评价和企业内部控制评价等业务;管理咨询类业务涉及政府部门、企业日常经营、企业特定经济行为和其他领域等(见表1-1)。

表1-1 资产评估业务类型

业务类型	业务名称	序号	经济行为
估值类业务	单项资产评估业务	1	资产转让
		2	资产拍卖
		3	资产偿债
		4	资产租赁
		5	资产抵押/质押
		6	资产重组
		7	资产捐赠
		8	资产补偿
		9	资产涉讼
		10	认定报关价格
		11	对外投资
		12	接受投资
		13	接受抵债资产
		14	债务重组及其他
	公司制改建整体资产评估业务	15	公司制改建
	企业并购评估业务	16	企业合并
		17	企业分立
		18	企业破产
		19	企业清算
		20	企业解散

续表

业务类型	业务名称	序号	经济行为
估值类业务	产权变动评估业务	21	增资扩股
		22	IPO评估
		23	股权转让
		24	债转股
	上市公司并购重组评估业务	25	重大资产重组
		26	上市公司收购
		27	资产置换
		28	发行股份购买资产
		29	定向增发
		30	借壳上市
	司法鉴证评估业务	31	资产损害赔偿鉴定评估
		32	债务纠纷涉及的资产拍卖（变卖）价值鉴定评估
		33	民事案件涉诉标的价值的估算
		34	刑事案件定罪量刑中相关损失的估算
	服务于会计核算的评估业务	35	资产或资产组减值测试评估
		36	非货币性资产公允价值评估
		37	金融工具公允价值评估
		38	合并对价分摊评估
	海外并购/投资评估业务	39	海外并购
		40	海外投资
	PE/VC评估业务	41	PE评估
		42	VC评估
	生态/环境评估业务	43	碳排放权评估
		44	生态补偿价值评估
		45	环境损失评估
		46	森林生态价值评估
	税基评估业务	47	计税价格评估
非估值类业务	评审评价类	财政资金评价业务	48	财政资金绩效评价
			49	国有资本经营预算支出项目绩效评价
			50	中小企业发展专项资金评审
		企业绩效评价业务	51	企业绩效评价
			52	金融企业绩效评价
			53	现代服务业综合试点工作绩效评价
			54	上市公司业绩评价
		企业内部控制评价业务	55	企业内部控制评价

续表

业务类型	业务名称	序号	经济行为
非估值类业务	为政府及其职能部门提供的管理咨询业务	56	质量信用评估
		57	社会组织评估
		58	预算绩效管理咨询
		59	证券公司合规性评估
	为企业日常经营提供的管理咨询业务	60	投资项目可行性研究评估、决策分析
		61	品牌评价及管理
		62	资产管理
		63	人力资源管理咨询
		64	激励约束机制设计及评价
		65	流程重构/重整
		66	风险管理
		67	价值管理
		68	战略管理
		69	尽职调查
	为企业特定经济行为提供的管理咨询业务	70	并购重组的交易结构、路径、方案等咨询业务
		71	并购重组的税收问题咨询
		72	破产顾问服务、托管人与接管人服务
		73	破产诉讼与赔偿管理咨询
		74	企业争端分析与调查
	为其他领域提供的管理咨询业务	75	为农村集体经济组织提供管理咨询
		76	工程造价咨询业务
		77	个人理财业务
		78	安全评估

1.5 资产评估假设与原则

1.5.1 资产评估假设

由于认识客体的无限变化和认识主体有限能力的矛盾，人们不得不依据已掌握的数据资料对某一事物的某些特征或全部事实做出合乎逻辑的推断。这种依据有限事实，通过一系列推理，对所研究的事物做出合乎逻辑的假定说明就称为假设。假设必须依据充分的事实，运用已有的科学知识，通过推理（包括演绎、归纳和类比）而形成。当然，无论多么严密的假设都带有推测，甚至是主观猜想的成分。但是，只要假设是合乎逻辑、合乎情理的，那么它对科学研究就是有重大意义的。资产评估与其他学科一样，其理论体系和方法体系的确立也是建立在一系列假设基础之上的，其中交易假设、公开市场假设、持续使用假设和清算假设是资产评估中的基本前提假设。

（1）交易假设

交易假设是资产评估得以进行的一个最基本的前提假设。交易假设是假定所有被估资产已经处在交易过程中，评估人员根据待评估资产的交易条件等模拟市场进行估价。众所周知，资产评估其实是在资产实施交易之前进行的一项专业服务活动，而资产评估的最终结果又属于资产的交换价值范畴。为了发挥资产评估在资产实际交易之前为委托人提供资产交易底价的专家判断的作用，同时又能够使资产评估得以进行，利用交易假设将被评估资产置于"交易"中，模拟市场进行评估是十分必要的。

交易假设一方面为资产评估得以进行"创造"了条件，另一方面它明确限定了资产评估外部环境，即资产是被置于市场交易之中的，资产评估不能脱离市场条件而孤立地进行。

（2）公开市场假设

公开市场假设是对资产拟进入的市场的条件，以及资产在这样的市场条件下接受何种影响的一种假定说明或限定。公开市场假设的关键在于认识和把握公开市场的实质和内涵。就资产评估而言，公开市场是指充分发达与完善的市场条件，指一个有自愿的买者和卖者的竞争性市场。在这个市场上，买者和卖者的地位是平等的，彼此都有获取足够市场信息的机会和时间，买卖双方的交易行为都是在自愿的、理智的。事实上，现实中的市场条件未必真能达到上述公开市场的完善程度。公开市场假设就是假定较完善的公开市场存在，被评估资产将在这样一种公开市场中进行交易。当然，公开市场假设也是基于市场客观存在的现实，即以资产在市场上可以公开买卖这样一种客观事实为基础的。

由于公开市场假设假定市场是一个充分竞争的市场，资产在公开市场上实现的交换价值隐含着市场对该资产在当时条件下有效使用的社会认同。当然，在资产评估中，市场是有范围的，它可以是地区性市场，也可以是国内市场，还可以是国际市场。关于资产在公开市场上实现的交换价值所隐含的对资产效用有效发挥的社会认同也是有范围的，它可以是区域性的、全国性的或国际性的。

公开市场假设旨在说明一种充分竞争的市场条件，在这种条件下，资产的交换价值受市场机制的制约并由市场行情决定，而不是由个别交易决定。

公开市场假设是资产评估中的一个重要假设，其他假设都是以公开市场假设为基本参照。公开市场假设也是资产评估中使用频率较高的一种假设，凡是能在公开市场上交易、用途较广泛或通用性较强的资产，都可以考虑按公开市场假设前提进行评估。

（3）持续使用假设

持续使用假设也是对资产拟进入的市场的条件，以及在这样的市场条件下的资产状态的一种假定性描述或说明。该假设首先设定被评估资产正处于使用状态，包括正在使用中的资产和备用的资产；其次根据有关数据和信息，推断这些处于使用状态的资产还将继续使用下去。持续使用假设既说明了被评估资产面临的市场条件或市场环境，同时着重说明了资产的存续状态。通常，持续使用假设又细分为3种具体情况：一是在用续用；二是转用续用；三是移地续用。在用续用指的是处于使用中的被评估资产在产权发生变动或资产业务发生后，将按其现行正在使用的用途及方式继续使用下去。转用续用则是指被评估资产将在产权发生变动后或资产业务发生后，改变资产现在的使用用途，调换新的用途继续使用下去。移地续用则是指被评估资产在产权变动发生后或资产业务发生后，改变资产现在的空间位置，转移到其他空间位置上继续使用。

持续使用假设是在一定市场条件下对被评估资产使用状态的一种假定说明，在持续使用假设前提下的资产评估及其结果的适用范围常常是有限制的。在许多场合下评估结果并没有充分考虑资产用途替换，它只对特定的买者和卖者是公平合理的。

持续使用假设也是资产评估中一个非常重要的假设。尤其在我国，经济体制处于转轨时期，市场发育尚未完善，资产评估活动大多与老企业的存量资产产权变动有关。因此，被评估对象经常处于或被限定在持续使用的假设前提之下。充分认识和掌握持续使用假设的内涵和实质，对于我国的资产评估有着重要意义。

（4）清算假设

清算假设是对资产拟进入的市场条件的一种假定说明或限定。具体而言，是对资产在非公开市场条件下被迫出售或快速变现条件的假定说明。清算假设首先是基于被评估资产面临清算或具有潜在的被清算的事实或可能性，再根据相应数据资料推定被评估资产处于被迫出售或快速变现的状态。由于清算假设假定被评估资产处于被迫出售或快速变现条件之下，被评估资产的评估值通常要低于在公开市场假设前提下或持续使用假设前提下同样资产的评估值。因此，在清算假设前提下的资产评估结果的适用范围是非常有限的。当然，清算假设本身的使用也是较为特殊的。

1.5.2 资产评估的原则

资产评估原则是调节资产评估委托者、评估业务承担者及资产业务有关权益各方在资产评估中的相互关系，规范评估行为和业务的准则。资产评估原则包括两个层次的内容：资产评估的工作原则和资产评估的经济技术原则。

1. 资产评估的工作原则

《中华人民共和国资产评估法》明确指出："评估机构及其评估专业人员开展业务应当遵守法律、行政法规和评估准则，遵循独立、客观、公正的原则。"

（1）独立性原则

资产评估中的独立性原则包含两层含义：一是资产评估机构本身应该是一个独立的、不依附于他人的社会公正性中介组织（法人），在利益及利害关系上与资产业务的各当事人没有任何联系；二是评估机构人员在执业过程中，应当始终坚持独立的第三者地位，评估工作不受委托人及外界的影响，进行独立公正的评估。

（2）客观性原则

客观性原则是指评估结果应以充分的事实为依据，资产评估人员要从实际出发，认真进行调查研究。排除人为因素的干扰，具有客观公正的态度，采用科学的方法，评估的指标具有客观性，评估过程中的预测、推理和逻辑判断等建立在市场和现实的基础资料上，这样的评估才有意义。

（3）公正性原则

公正性原则要求资产评估机构及其评估人员在评估工作中要做到不偏不倚，不能为了偏袒一方的利益而损害他方的利益。资产评估结果是评估人员认真调查，通过合乎逻辑的分析推理得出的，具有客观公正性。

2. 资产评估的经济技术原则

资产评估的经济技术原则是指在资产评估执业过程中的一些技术规范和业务准则，它们为评估人员在执业过程中的专业判断提供技术依据和保证。

（1）预期收益原则

预期收益原则是以技术原则的形式概括出资产及其资产价值的最基本的决定因素。资产之所以有价值是因为它能为其拥有者或控制者带来未来经济利益，资产价值的高低主要取决于它能为其所有者或控制者带来的预期收益的多少。预期收益原则是评估人员判断资产价值的最基本的依据。

（2）供求原则

供求原则是经济学中关于供求关系影响商品价格原理的概括：在其他条件不变的前提下，商品的价格随着需求的增长而上升，随着供给的增加而下降。尽管商品价格随着供求变化不成固定比例的变化，但变化的方向带有规律性。供求规律对商品价格形成的作用力同样适用于资产价值的评估，评估人员在判断资产价值时应充分考虑和依据供求原则。

（3）贡献原则

从一定意义上讲，贡献原则是预期收益原则的一种具体化原则，它也要求资产价值的高低要由该资产的贡献度来决定。贡献原则主要适用于确定构成某整体资产的各组成要素资产的贡献，或者当整体资产缺少该项要素资产将蒙受的损失。

（4）替代原则

作为一种市场规律，在同一市场上，具有相同使用价值和质量的商品，应有大致相同的交换价值。如果具有相同使用价值和质量的商品，具有不同的交换价值或价格，买者会选择价格较低者。当然，作为卖者，如果可以将商品卖到更高的价格水平，他会在较高的价位上出售商品。在资产评估中存在评估数据、评估方法等的合理替代问题，正确运用替代原则是公正进行资产评估的重要保证。

（5）估价日期原则

市场是变化的，资产的价值会随着市场条件的变化而不断改变。为了使资产评估得以操作，同时又能保证资产评估结果可以被市场检验，在资产评估时必须假定市场条件固定在某一时点，这一时点就是评估基准日或称估价日期，它为资产评估提供了一个时间基准。资产评估的估价日期原则要求资产评估必须有评估基准日，而且评估值就是评估基准日的资产价值。

1.6 资产评估依据与程序

1.6.1 资产评估依据

评估事项不同，所需的评估依据也不相同。资产评估依据虽然多种多样，但大致可以分为四大类：行为依据、法规依据、产权依据和取价依据。

（1）行为依据

行为依据是指评估委托人和评估人员据以从事资产评估活动的依据，如公司董事会关于进行资产评估的决议、评估委托人与评估机构签订的资产评估业务约定书、有关部门（如法院）对评估机构的资产评估委托书等。资产评估机构或评估人员只有在取得资产评估行为依据后，才能正式开展资产评估工作。

（2）法规依据

法规依据是指从事资产评估工作应遵循的有关法律、法规依据（如《公司法》《国有资产评估管理办法》等），以及财政部与中国资产评估协会颁发的评估准则、评估指南、评估指导意见等。

（3）产权依据

产权依据是指能证明被评估资产权属的依据，如《国有土地使用证》《房屋所有权证》等。在资产评估中，被评估的资产必须是资产占用方拥有或控制的资产，这就要求评估委托人必须提供、评估人员必须收集被评估资产的产权依据。

（4）取价依据

取价依据是指评估人员确定被评估资产价值的依据。这类依据包括两部分：一部分是由评估委托人提供的相关资料（如会计核算资料、工程结算资料等；另一部分是由评估人员收集的市场价格资料、统计资料、技术标准资料及其他参数资料等）。

以上是从事一般资产评估工作的依据。如果从事特殊类型的资产评估，还可能涉及评估项目中采用的特殊依据，这要视具体情况而定，评估人员应在评估报告中加以披露。

1.6.2 资产评估的基本程序

《中华人民共和国资产评估法》《资产评估基本准则》都有专门章节对资产评估程序加以规范。中国资产评估协会还在此基础上制定了《资产评估执业准则——资产评估程序》。《资产评估执业准则——资产评估程序》第 5 条规定，开展资产评估业务，需要履行八项基本评估程序：明确业务基本事项；订立业务委托合同；编制资产评估计划；进行评估现场调查；收集整理评估资料；评定估算形成结论；编制出具评估报告；整理归集评估档案。

资产评估机构受理资产评估业务前，应当明确资产评估业务基本事项。其目的是对评估业务的背景、基本情况、委托要求、可能的工作条件等进行必要的了解，为确定是否承接相关业务提供依据。

1. 明确业务基本事项

1）明确委托人、产权持有人和委托人以外的其他评估报告使用人

（1）明确委托人及产权持有人的基本情况

一般包括：委托人及产权持有人全称；委托人及产权持有人类型、所属行业、注册地址和注册资本；委托人和产权持有人所属行业、经营范围等。

（2）明确评估报告使用人

由于资产评估报告具有特定的使用群体。在可能的情况下，评估机构洽谈人员应当要求委托人明确资产评估报告的使用人或使用人范围及资产评估报告的使用方式。评估机构应当了解除委托人和国家法律、法规规定的评估报告使用人外，是否还存在其他的评估报告使用人等情况。

（3）了解委托人与相关当事人之间的关系

一般情况下，委托人与产权持有人之间存在某种关系，比如委托人为被评估企业或被评估资产的股东、投资方、融资银行、债权人、管理层等。评估机构洽谈人员应当了解委托人与产权持有人、委托人与其他评估报告使用人、产权持有人与评估报告使用人之间的关系。

2）评估目的

了解与评估业务相关的经济行为，并明确评估目的和报告用途，是项目洽谈双方需要沟通确定的重要内容。评估机构洽谈人员应当详细了解委托人的具体评估目的及与评估目的相关的事项。

3）评估对象和评估范围

评估机构洽谈人员应当与委托人沟通，了解委托人拟委托评估的评估对象和评估范围，

并结合评估目的理解评估对象和评估范围,同时考虑评估对象和评估范围与经济行为的匹配性,对评估对象和评估范围予以界定。通过了解和确认,为判断资产评估可能的工作量、复杂程度和评估机构及评估人员的胜任能力,进行评估服务报价和风险评价提供必要的参考。

4)价值类型

评估机构洽谈人员应当根据对评估目的的理解,结合资产评估基本准则,选择恰当的价值类型,并就价值类型的选择、定义及对应的假设与委托人达成一致。目的是让委托人认识到资产评估专业人员拟出具的资产评估报告是在双方已明确的评估目的下,按照何种标准体现资产价值的,以利于委托人合理理解评估结论。

5)评估基准日

委托人需要确定一个评估基准日。评估机构洽谈人员应当了解委托人选择的评估基准日,并从有效服务评估目的和满足其对资产评估报告使用要求的角度,对评估基准日的确定提供专业建议。评估基准日确定后,应当作为委托条件之一,反映在资产评估委托合同中。

6)资产评估项目所涉及经济行为的审批情况

评估机构洽谈人员应当了解委托事项将要发生经济行为所涉及的审批文件名称、文号、内容、审批单位、审批时间等,以明确委托事项评估目的的可靠性。

7)资产评估报告的使用范围

资产评估报告的使用范围包括评估报告使用人、目的及用途、使用时效、报告的摘抄引用或披露等事项。评估机构洽谈人员在前期洽商时,应与委托人就评估报告的使用范围加以沟通。

8)评估报告提交期限和方式

资产评估报告提交时间受多方面因素的限制与约束,如预计的评估工作量、委托人和相关当事人的配合力度、评估所依据和引用的专业或单项资产评估报告的出具时间等。评估机构洽谈人员应了解委托人实现评估所服务的经济行为的时间计划,根据对上述限制与约束因素的预计和把握,与委托人约定提交报告的时间和方式,并在资产评估委托合同中加以明确。资产评估报告的提交时间不宜确定为具体日期,一般为开始现场工作、委托人提供必要资料后的一定期限内。

9)评估服务费及支付方式

评估机构洽谈人员根据对委托事项了解的情况提出评估收费标准及报价,并与委托人就评估费用、支付时间和方式进行沟通。委托人需要了解评估机构报价确定的依据和口径,除专业服务费以外,差旅及食宿费用、现场办公费用等是否也在预计数额内及如何负担等,应在双方达成一致后体现在资产评估委托合同中。

10)委托人、其他相关当事人、其他需要明确的重要事项

评估机构洽谈人员应当根据评估业务具体情况与委托人沟通,明确委托人与资产评估专业人员工作配合和协助等其他需要明确的重要事项。具体包括:落实资产清查申报、提供资料、配合现场及市场调查、协调与相关中介机构的对接和交流等。当委托人不是评估对象的产权持有人时,需约定委托人协调产权持有人协助配合评估工作的责任。其目的是在资产评估委托合同签订之前将一切可能需委托人尽责的事项沟通明确,为在资产评估委托合同中形成约束性条款做好准备。

2. 订立业务委托合同

资产评估机构在决定承接评估业务之后,应当与委托人订立资产评估委托合同。《资产评估执业准则——资产评估委托合同》中所称资产评估委托合同是指评估机构与委托人订立的,明确评估业务基本事项,约定评估机构和委托人权利、义务、违约责任和争议解决等内容的

书面合同。

1) 资产评估委托合同的内容

《资产评估执业准则——资产评估委托合同》规定资产评估委托合同通常应包括下列内容：

① 资产评估机构和委托人的名称、住所、联系人及联系方式；
② 评估目的；
③ 评估对象和评估范围；
④ 评估基准日；
⑤ 资产评估报告使用范围；
⑥ 资产评估报告提交期限和方式；
⑦ 评估服务费总额或支付标准、支付时间及支付方式；
⑧ 资产评估机构和委托人的其他权利和义务；
⑨ 违约责任和争议解决；
⑩ 合同当事人签字或者盖章的时间；
⑪ 合同当事人签字或者盖章的地点。

订立资产评估委托合同时尚未明确的内容，资产评估委托合同当事人可以采取订立补充合同或者法律允许的其他形式做出后续约定。

2) 资产评估委托合同的订立

《资产评估执业准则——资产评估委托合同》规定，资产评估机构受理评估业务应当要求委托人依法订立评估委托合同。评估委托合同应当由资产评估机构的法定代表人（或者执行合伙事务合伙人）签字并加盖资产评估机构印章。资产评估机构和资产评估专业人员应关注未及时订立资产评估委托合同开展资产评估业务可能产生的风险。如果因委托人等原因导致无法及时订立资产评估委托合同，资产评估机构和资产评估专业人员应当采取措施保护自身的合法权益。

3) 资产评估委托合同的补充或变更

资产评估委托合同签订后，发现相关事项存在遗漏、约定不明确，或者合同履行中约定内容发生变化的，如评估目的、评估对象、评估基准日发生变化等，资产评估机构可以要求与委托人订立补充委托合同或者重新订立资产评估委托合同，或者以法律允许的其他方式，如传真、电子邮件等形式，对资产评估委托合同的相关条款进行变更。

4) 资产评估委托合同提前终止及解除

由于人为或客观原因，可能出现提前终止、解除资产评估委托合同的情形。

为保证资产评估机构和资产评估专业人员独立、客观、公正地开展资产评估业务，《中华人民共和国资产评估法》第18条和第19条分别赋予了资产评估机构在法定情形下可以拒绝履行或单方解除资产评估委托合同的权利，资产评估机构可以在洽商、订立资产评估委托合同时依法要求体现相关约定。

3. 编制资产评估计划

《资产评估执业准则——资产评估程序》第11条规定，资产评估专业人员应当根据资产评估业务具体情况编制资产评估计划，并合理确定资产评估计划的繁简程度。

资产评估计划是资产评估机构和资产评估专业人员为执行资产评估业务，拟订的资产评估工作思路和实施方案。它对于合理安排工作量、工作进度、人员调配、按时保质完成资产评估业务具有重要的意义。资产评估专业人员在了解资产评估业务基本事项的基础上，依据委托合同相关内容，即可安排编制评估计划，为正式实施评估工作做准备。计划编制应当根据资产评估业务的具体情况合理地确定繁简程度。

1）资产评估计划的主要内容

资产评估计划包括资产评估业务实施的主要过程及时间进度、人员安排等。

资产评估业务实施的主要过程计划安排应当涵盖现场调查、收集评估资料、评定估算、编制和提交资产评估报告等具体内容。应当结合资产评估报告提交期限、评估业务实施主要过程的具体步骤、业务实施的重点和难点等来安排评估业务实施的进度。

应当根据评估项目的资产规模、资产分布、资产专业结构、业务风险因素等情况及评估方法、评估业务实施过程的主要步骤、业务实施的时间安排、费用预算等，综合考虑评估业务实施对评估专业人员的工作经验、技术水平、专业分工、人员数量等配置要求来组建项目团队。

资产评估项目的执行是一个复杂、动态的过程，如果编制的资产评估计划不能适应项目要求，资产评估机构应当对资产评估计划进行调整。资产评估机构通常会通过内部控制制度和流程对资产评估计划的编制、审核、批准及调整进行规范。

2）编制资产评估计划需考虑的主要因素

资产评估专业人员在编制资产评估计划的过程中，应当同委托人及相关当事人就评估事项的相关问题进行充分沟通，以保证资产评估计划的可操作性。编制资产评估计划时，应当考虑以下因素：

① 资产评估目的及相关管理部门对资产评估开展过程中的管理规定；

② 评估业务风险、评估项目的规模和复杂程度；

③ 评估对象及法律、经济、技术、物理等因素；

④ 评估项目所涉及的资产的结构、类别、数量及分布状况；

⑤ 委托人及相关当事人的配合程度；

⑥ 相关资料收集状况；

⑦ 委托人、评估对象产权持有人（或被评估单位）过去委托资产评估的情况、诚信状况及其提供资料的可靠性、完整性和相关性；

⑧ 资产评估专业人员的专业能力、经验及人员配备情况；

⑨ 与其他中介机构的合作、配合情况。

4. 进行评估现场调查

《资产评估执业准则——资产评估程序》第12条规定，执行资产评估业务，应当对评估对象进行现场调查，获取评估业务需要的资料。

1）进行评估现场调查的内容

（1）了解评估对象现状

一是核实评估对象的存在性和完整性。所谓存在性，是指委托人委托评估的评估对象是否真实存在；所谓完整性，是指评估对象要符合相关经济行为对资产范围的要求，能够有效实现其预定功能。资产评估专业人员核实资产完整性时，既要关注资产物理意义上的完整性，也要关注资产功能上的完整性。

二是了解评估对象的现实状况。对于不同的资产，其价值的影响因素是不同的，因此资产评估专业人员要根据评估对象的类型和特点，判断资产价值的影响因素，进而确定资产状况现场调查的具体内容。

（2）关注评估对象的法律权属

资产的法律权属，包括所有权、使用权及其他财产权利。资产之所以能为其产权持有人带来价值，是因为资产产权持有人拥有对资产占有、使用、收益、处分的权利，从某种意义上讲，对资产的评估也就是对资产权利的评估。资产的权属状态会影响资产的价值，资产的权属状态不同，资产的价值通常也不相同。

资产评估专业人员在现场调查时，应针对不同类别的评估对象，取得评估对象的权属证明，并根据《中华人民共和国资产评估法》的相关规定，对取得的权属证明进行核查验证，包括但不限于采用与原件核对、向有关登记管理部门查阅登记记录等方式。

2）进行评估现场调查的手段和方式

（1）现场调查的手段

现场调查的手段通常包括询问、访谈、核对、监盘、勘查等。

询问通常是指资产评估专业人员在阅读、分析评估申报资料的基础上，与评估对象的相关人员进行沟通，以全面了解评估对象的有关具体信息。

访谈通常是指针对无法通过书面资料说明或证明的，涉及多个专业或部门、具有较大不确定性的综合项目或事项，通过对特定人员或者相关人员访谈，及时获得全面的、综合性的信息，从而对评估对象的状况做出合理判断。

核对通常是指对委托人申报评估的资产进行账表核对、账实核实及将申报内容与相关权证、文件载明的信息核对等，了解资产的存在及法律权属，如果存在盘盈、盘亏等现象，还需要调查原因。

监盘是指运用较多的核实方法，即参与企业组织的现金、存货等资产的清查核对工作，主要对清查实施方案、人员安排、清查方式、清查结果等进行了解，判断清查结果能否反映实际状况，并根据清查结果对资产数量、质量、金额等做出恰当的判断。

勘查主要是指对实物资产的数量、质量、分布、运行和利用情况（经营情况）等进行的调查，对相关技术检测结果的收集、观察，对其运行记录和定期专业检测报告的收集和分析等工作。在评估实务中，对特殊资产实施勘查可以聘请行业专家协助开展工作，但应当采取必要措施确保专家工作的合理性。

（2）现场调查的方式

资产评估专业人员可以根据重要性原则采取逐项或者抽样的方式进行现场调查。

逐项调查是指对纳入评估范围的所有资产及负债进行逐项核实，并进行相应的勘查和法律权属资料核实。当存在下述两种情形之一时，资产评估专业人员应当考虑进行逐项调查：评估范围内资产数量少、单项资产的价值量大；资产存在管理不善等风险，产权持有人或被评估单位提供的相关资料无法反映资产的实际状况，并且从其他途径也无法获取充分、恰当的评估证据。

抽样调查是指当无法或不宜对评估范围内所有资产、负债等有关内容进行逐项调查时，采用抽样调查方式进行的现场调查。它是按一定程序从评估对象的全体（总体）中抽取一部分单位（样本）进行调查或观察获取数据，并以此对总体做出推断。抽样调查的基本方法包括简单随机抽样、分层抽样、系统抽样、整群抽样、不等概率抽样、多阶段抽样、重点项目抽样等。如果采用抽样调查方式，在制订评估计划时应考虑抽样风险，要保证由抽样调查形成的调查结论合理，能够基本反映资产的实际状况，抽样误差要适度。另外，选择抽样调查方式的理由要形成评估工作底稿。

3）现场调查工作受限及其处理

现场调查评估受限是指因客观原因无法进行实地勘查的情形，也就是现场调查程序受到了限制。当遇到评估受限无法实施现场调查程序时，资产评估专业人员应当重点考虑以下因素，判断是否继续执行或中止评估业务：一是所受限制是否对评估结论造成重大影响或者无法判断其影响程度；二是能否采取必要措施弥补不能实施调查程序的缺失。

如果无法采取替代措施对评估对象进行现场调查，或者即使实施替代程序，也无法消除其对评估结论产生重大影响的事实，资产评估机构应当终止评估业务。如果通过实施替代程序，受限事项并不会对评估结论产生重大影响，资产评估机构可以继续执行评估业务，但是资产评估专业人员应当在工作底稿中予以说明，分析其对评估结论的影响程度，并在资产评估报告中以恰当方式说明所受限制的情况，所采取的替代程序的合理性及其对评估结论合理性的影响。

5. 收集整理评估资料

《资产评估执业准则——资产评估程序》第13条规定，资产评估专业人员应当根据资产评估业务的具体情况收集资产评估业务需要的资料。

1）收集评估资料

收集评估资料是指资产评估专业人员根据评估项目的具体情况收集评定估算所需要的相关资料的过程。

（1）从委托人、产权持有人等相关当事人获取资料

资产评估专业人员从委托人、产权持有人等相关当事人获取的资料，主要是对资产价值进行评定估算的资料。例如，评估对象和评估范围涉及的资产评估明细资料、资产最可能的持续使用方式、企业经营模式、收益预测等。而来源于委托人、产权持有人等相关当事人的与资产状况相关的资料，如资产权属证明、反映资产现状的资料等，通常是评估专业人员通过现场调查程序取得的。

资产评估专业人员应当要求委托人、产权持有人等相关当事人对其提供的评估资料以签字、盖章及法律允许的其他方式等进行确认。

（2）从政府部门、各类专业机构和其他相关部门获取资料

① 政府部门。政府部门的资料包括宏观经济信息、产业统计数据等，这些数据对资产评估中宏观经济分析、行业及产业状况分析非常重要。许多与企业相关的信息也可以通过查看各级政府部门的资料来获取，如各级市场监督管理部门都存有注册公司的基本登记信息。

② 证券交易机构。有关上市公司的资料可在证券交易所查询。例如，上市公司对外公布的财务信息（年度报告和中期报告）一般要接受注册会计师审计，反映的情况相对而言比较可靠，资产评估专业人员收集这些信息也比较方便。利用这些信息资产评估专业人员不仅可以了解资产所有者的状况，也可以了解其竞争对手状况及其所处行业的情况。对于未上市的公司，也可以从上市公司中挑选可比的对象作为参照物，进行类比分析。

③ 金融信息服务提供商。准确、便捷地应用收益法、市场法，需要借助金融信息服务商提供的上市公司或者交易案例的相关信息。随着金融信息服务行业的快速发展，一批信息质量高、时效性强、数据翔实的信息服务商或数据提供商涌现出来，成为获取评估资料的重要来源。

④ 媒体。媒体一般包括报纸、网站、杂志等。媒体的信息不仅包含原始信息，而且通常有一些分析信息，这些信息不仅能有助于资产评估专业人员加深对所需资料的理解，而且还能节约分析时间。

⑤ 行业协会或管理机构及其出版物。资产评估专业人员通常可以从行业协会得到有关产业结构与发展情况、市场竞争情况等信息，有时也能咨询到有关专家的意见。行业协会或管

理机构出版的该行业的专业刊物和书籍等，也是了解该行业情况的重要资料来源。

⑥ 学术出版物。已出版的有关国内外资产评估和经济分析的学术文章和书籍，也是评估所需资料和信息的重要来源。

(3) 直接从公开市场独立获取资料

公开市场是资产评估专业人员获取评估资料的主要来源，市场信息具有公开性、直接性、易获得性等特点。其具体包括：证券交易所公布的股票交易信息、上市公司公开披露的财务信息、各类资产交易所公布的交易信息、各类资产买卖市场的成交信息等。资产评估专业人员应当积极掌握必要的市场信息渠道，在日常工作中注意收集必要的市场信息，并积累形成市场信息库。

2) 核查验证评估资料

根据《中华人民共和国资产评估法》的规定，资产评估专业人员应当对收集的权属证明、财务会计信息和其他资料进行核查和验证，并应当根据各类资料的特点，确定核查验证的重点和方式。

(1) 各类资料的核查验证

对评估资料进行核查验证的方式通常包括观察、询问、书面审查、实地调查、查询、函证、复核等。

① 权属证明的核查验证。由于资产类别不同，权属证明也不同，资产评估专业人员对不同类别的资产可通过书面审查、查询、函证、复核等适用的方式进行不同权属证明的核查验证。

② 财务会计信息的核查验证。财务会计信息通常由委托人、产权持有人及其他相关当事人提供。对此类资料，主要采用询问、书面审查、实地调查、查询、函证、复核等方式进行核查验证。

③ 其他相关资料的核查验证。例如，通过公开市场获取的询价资料、交易案例等；检查记录、鉴定报告等；行业资讯、政府文件等；来自专业中介机构的专业报告等。对于这些不同类型的资料，可通过各自适用的实地调查、询问、书面审查、查询、复核等方式进行核查验证。

资产评估专业人员对评估资料进行核查验证，可以在其力所能及的条件下，剔除不具有可靠来源和不合理的资料。

(2) 评估报告的引用和核实

由于我国的资产评估行业（资产评估、房地产估价、保险公估、机动车评估等）按专业领域实行分类管理体制，为满足监管要求，评估实务中会发生引用其他专业领域评估报告的情形。在这种情形下，就要求资产评估专业人员在引用其他专业领域评估报告之前，对相关的专业评估报告实施书面审查、查询、复核等核查验证程序。

(3) 核查验证程序受限的处理

对于超出资产评估专业人员专业能力范围的核查验证事项，资产评估专业人员应当委托或要求委托人委托其他专业机构或者专家出具意见。资产评估专业人员对引用意见经过核查验证后，在资产评估报告中进行披露。

对于因法律法规规定、客观条件限制无法实施核查和验证的事项，资产评估专业人员应当在工作底稿中予以说明，并分析其对评估结果的影响程度。如果无法核查验证的资料是评估结论的重要依据，该资料的不确定性将较大限度地影响评估结论的合理性或者无法判断其影响程度，资产评估机构不得出具资产评估报告。如果无法验证的资料对评估结论的影响不大，资产评估机构可以出具资产评估报告，但需在评估报告中予以披露，并提请报告使用人关注。

3）分析整理评估资料

在实施了核查验证程序后，资产评估专业人员需要对从各个渠道收集的评估资料进行分析、归纳和整理，形成评定估算的依据。

对评估资料的分析，就是根据资产价值评定估算、评估报告编制及信息披露对资料的使用要求，对已收集资料的相关性、逻辑性进行分析和甄别。相关性，就是分析资料与评估需要解决问题的相关性和适用性；逻辑性，就是梳理评估资料之间所存在的相互支持、印证等的逻辑关联性。对评估资料的整理，就是在分析的基础上，通过归集、加工和分类使评估资料成为支持评定估算和信息披露的基础信息与支持依据，以便后续评估流程使用。

6. 评定估算形成结论

资产评估专业人员在收集整理评估资料的基础上，进入评定估算形成结论程序。该程序主要包括恰当选择评估方法、形成初步评估结论、综合分析确定资产评估结论等具体工作。

根据《资产评估基本准则》，资产评估方法包括收益法、市场法和成本法3种基本方法及其衍生方法。资产评估专业人员应当根据评估目的、评估对象、价值类型、资料收集等情况恰当选择评定估算的具体方法。

在选定好具体的评定估算方法后，资产评估专业人员还需要合理选择技术参数，应用评估模型等，以形成初步评估结论，并判断采用该种评估方法形成的评估结论的合理性。一是应当对评估资料的充分性、有效性、客观性及评估参数的合理性、评估模型推算和应用的正确性进行判断；二是对评估结论与评估目的、价值类型、评估方法的适应性进行分析；三是对评估增减值进行分析，确定资产评估增值或者减值的原因，并判断其合理性；四是通过对类似资产交易案例的分析，对评估结论的合理性做出判断。

当采用两种或两种以上评估方法时，资产评估专业人员应当对采用各种方法评估形成的初步结论进行分析比较，对所使用评估资料、数据、参数的数量和质量等进行分析。在此基础上，分析不同方法评估结论的合理性及不同方法评估结论出现差异的原因，综合考虑评估目的、价值类型、评估对象现实状况等因素，确定最终的评估结论。

7. 编制出具评估报告

资产评估机构及其评估专业人员在评定估算形成评估结论后，应当编制、审核和出具资产评估报告。《资产评估执业准则——资产评估报告》《企业国有资产评估报告指规定南》《金融企业国有资产评估报告指南》等对资产评估报告的内容和编制都有具体的要求。

1）资产评估报告的内部审核

资产评估专业人员完成初步评估报告编制后，资产评估机构应当根据相关法律、行政法规、资产评估基本准则的规定和资产评估机构内部质量控制制度的要求，对资产评估报告进行必要的内部审核。资产评估机构应当根据内部制度安排，合理设计评估项目的质量审核制度。质量审核通常包括项目团队内部相关层级的审核和独立于项目团队之外的质量控制部门或其他审核人员的审核。必要时，也可引入外部审核资源。

资产评估机构的内部审核，一般采取两级或三级审核制度。

2）与委托人或者相关当事人沟通

资产评估机构及其评估专业人员提交正式评估报告前，就评估的初步结果，可以在不影响对最终评估结论进行独立判断的前提下，与委托人或者委托人许可的相关当事人就资产评估报告有关内容进行必要沟通。沟通内容主要包括：是否存在与评估对象实际情况不一致的情形；是否完成了资产评估委托合同约定的内容；评估方法的适用性、参数选取的合理性、模型计算的正确性和评估方法的匹配性等；资产评估报告披露信息的正确性和恰当性。

在沟通过程中，如果发现差错或疏漏，资产评估专业人员可以同意对相关内容进行查证、核实。沟通导致资产评估专业人员修改评估结论或者评估报告的，需要详细说明理由，并实施必要的报告内部审核程序。

3）提交资产评估报告

按照约定的时间和方式向委托人提交资产评估报告，是资产评估机构履行资产评估委托合同约定责任的要求。资产评估机构应当以资产评估委托合同约定的方式向委托人提交资产评估报告。

对于涉及企业国有资产管理部门、金融企业国有资产管理部门和文化企业国有资产管理部门等管理的国有资产评估项目，在资产评估机构提交资产评估报告后，相关管理部门按国家有关规定需要组织专家对资产评估报告进行外部审核。资产评估机构及其评估专业人员应当对外部审核意见进行分析，形成意见回复，并根据需要对资产评估报告的相关内容进行补充或修改。资产评估报告如有修改，应按资产评估机构内部的审核要求实施审核程序，重新出具资产评估报告，并按规定提交给资产评估报告委托人。

8. 整理归集评估档案

《资产评估执业准则——资产评估档案》规定：资产评估档案是指资产评估机构开展资产评估业务形成的，反映资产评估程序实施情况、支持评估结论的工作底稿、资产评估报告及其他相关资料。

评估档案是评价、考核资产评估专业人员专业能力和工作业绩的依据，是判断资产评估机构和承办评估业务的资产评估专业人员执业责任的重要证据，也是维护资产评估机构及其评估专业人员合法权益的重要依据。评估档案的整理归集是资产评估程序的重要组成部分。《资产评估执业准则——资产评估档案》规定，资产评估机构应当按照法律、行政法规和本准则的规定建立健全资产评估档案管理制度并妥善管理资产评估档案。

《资产评估执业准则——资产评估档案》第 15 条规定，资产评估专业人员通常应当在资产评估报告日后 90 日内将工作底稿、资产评估报告及其他相关资料归集形成资产评估档案，并在归档目录中注明文档介质形式。重大或者特殊项目的归档时限为评估结论使用有效期届满后 30 日内。

《资产评估执业准则——资产评估档案》第 17 条规定，资产评估机构应当在法定保存期内妥善保存资产评估档案，保证资产评估档案安全和持续使用。资产评估档案自资产评估报告日起保存期限不少于 15 年；属于法定资产评估业务的，不少于 30 年。资产评估档案应当由资产评估机构集中统一管理，不得由原制作人单独分散保存。

《资产评估执业准则——资产评估档案》第 19 条规定，资产评估档案的管理应当严格执行保密制度。除下列情形外，资产评估档案不得对外提供：国家机关依法调阅的；资产评估协会依法依规调阅的；其他依法依规查阅的。

练 习 题

一、单项选择题

1.（　　）是资产评估业务的基础，决定了资产价值类型的选择，并在一定程度上制约着评估途径的选择。

A. 评估目的　　　　　B. 评估方法　　　　C. 评估规程　　　　D. 评估对象
2. 按存在形态可以将资产分为（　　）。
   A. 可确指资产和不可确指资产　　　　B. 固定资产和流动资产
   C. 有形资产和无形资产　　　　　　　D. 单项资产和整体资产
3. 资产评估的工作原则是（　　）。
   A. 贡献原则　　　B. 真实性原则　　　C. 替代原则　　　D. 激励原则
4. 不可确指资产是指（　　）。
   A. 那些没有物质实体的某些特权
   B. 具有获利能力的资产综合体
   C. 不能独立于有形资产之外而独立存在的资产
   D. 除有形资产以外的所有资产
5. 资产评估的主体是指（　　）。
   A. 被评估资产占有人　　　　　　B. 被评估资产
   C. 资产评估委托人　　　　　　　D. 从事资产评估的机构和人员
6. 资产评估的（　　），是指资产评估的行为服务于资产业务的需要，而不是服务于资产业务当事人的任何一方的需要。
   A. 公平性　　　　B. 市场性　　　　C. 咨询性　　　　D. 专业性
7. 资产评估的基本作用是（　　）。
   A. 评估资产价格　　　　　　　　B. 稳定市场关系
   C. 反映和揭示资产的价值　　　　D. 缓解通货膨胀
8. （　　）是资产评估得以进行的一个最基本的前提假设。
   A. 公开市场假设　B. 交易假设　　　C. 清算假设　　　D. 在用续用假设

二、多项选择题

1. 资产评估的特点主要有（　　）。
   A. 市场性　　　B. 强制性　　　C. 公正性
   D. 咨询性　　　E. 行政性
2. 根据被评估资产能否独立存在分类，资产可分为（　　）。
   A. 整体资产　　B. 可确指资产　　C. 单项资产
   D. 不可确指资产　E. 有形资产
3. 下列原则中，属于资产评估工作原则的有（　　）。
   A. 科学性原则　B. 真实性原则　　C. 可行性原则
   D. 贡献性原则　E. 替代原则
4. 资产评估的经济技术原则包括（　　）。
   A. 贡献原则　　　　　　　　B. 预期（收益）原则
   C. 替代原则　　　　　　　　D. 供求原则
   E. 独立性原则

三、简答题

1. 什么是资产评估？它由哪些基本要素组成？
2. 资产评估的价值类型包括哪些？
3. 资产评估的业务类型具体涉及的种类是什么？
4. 如何理解评估目的决定价值类型、价值类型决定评估方法？

第 2 章 资产评估的基本方法

> **学习目标**
> - 掌握资产评估 3 种基本方法的基本原理、内容和各项参数指标的确定方法；
> - 熟悉资产评估方法选择的基本依据；
> - 了解各种评估方法之间的关系；
> - 能够运用 3 种基本方法对常见的资产进行评估。
>
> **本章关键词**
>   市场法　收益法　成本法

2.1 市 场 法

2.1.1 基本概念和理论依据

市场法是指通过比较被评估资产与最近售出类似资产的异同，并将类似资产的市场价格进行调整，从而确定被评估资产价值的资产评估方法。市场法以类似资产的近期交易价格为基础来判断资产的评估价值。任何一个正常的投资者在购置某项资产时，他所愿意支付的价格不会高于市场上有相同用途的替代品的现行市价。

采用市场法对资产进行评估的理论依据是：在市场经济条件下，商品（资产）的价格受供求规律的影响。具体来说，当宏观经济中总需求大于总供给时，资产的市场价格会上升；反之，资产的市场价格会下降。同样的道理，任何时点的商品（资产）的价格反映了当时市场的供求状况。所以，按照同类资产的市场价格判断被评估资产的价值，能够充分考虑市场供求规律对资产价格的影响，易于被资产交易双方接受。

2.1.2 市场法应用的前提条件

应用市场法进行资产评估，必须具备以下前提条件。

（1）有一个充分活跃的资产市场

在市场经济条件下，市场交易的商品种类很多，资产作为商品，是市场发育的重要方面。在资产市场上，资产交易越频繁，与被评估资产相类似资产的价格越容易获得。

（2）参照物及其与被评估资产可比较的指标、技术参数等资料是可收集到的

运用市场法进行资产评估，重要的是能够找到与被评估资产相同或相类似的参照物。但与被评估资产完全相同的资产是很难找到的，这就要求对类似资产参照物进行调整。有关调整的指标、技术参数能否获取是决定市场法运用与否的关键。

2.1.3 操作程序

运用市场法评估资产时,一般按以下程序进行。

(1) 选择参照物

选择参照物是运用市场法进行评估的重要环节。对参照物的要求是具有可比性,包括功能、市场条件及成交时间等。另外,就是参照物的数量。不论参照物与评估对象怎样相似,通常参照物应选择 3 个以上。因为运用市场法评估资产价值,被评估资产的评估值高低取决于参照物成交价格水平,而参照物成交价不仅仅是参照物功能自身的市场体现,同时还受买卖双方交易地位、交易动机、交易时限等因素的影响。为了避免某个参照物交易中特殊因素和偶然因素对成交价及评估值的影响,运用市场法评估资产时应尽量选择多个参照物。

(2) 在评估对象与参照物之间选择比较因素

不论何种资产,影响其价值的因素基本相同,如资产的性质、市场条件等。但具体到每一种资产时,影响资产价值的因素又各有侧重。例如,房地产主要受地理位置因素的影响,而机器设备则受技术水平的影响。根据不同种类资产价值形成的特点,选择对资产价值影响较大的因素作为对比指标,在参照物与评估对象之间进行比较。

(3) 指标对比、量化差异

根据所选定的对比指标,在参照物及评估对象之间进行比较,并将两者的差异进行量化。例如,资产功能指标,参照物与评估对象尽管用途、功能相同或相近,但是在生产能力上、在生产产品的质量方面,以及在资产运营过程中的能耗、物耗和人工消耗等方面都会有不同程度的差异。将参照物与评估对象对比指标之间的差异数量化、货币化是运用市场法的重要环节。

(4) 调整已经量化的对比指标差异

市场法是以参照物的成交价格作为估算评估对象价值的基础的。在此基础上将已经量化的参照物与评估对象对比指标差异进行调增或调减,就能得到以每个参照物为基础的评估对象的初评结果。初评结果的数量取决于所选择的参照物个数。

(5) 综合分析确定评估结果

运用市场法通常应选择 3 个以上参照物,也就是说在通常情况下,运用市场法评估的初评结果也在 3 个以上。按照资产评估一般惯例的要求,正式的评估结果只能是一个,评估人员可以对若干个初评结果进行分析,剔除异常值,对其他较为接近的初评结果可以采用加权平均法、简单平均法等计算出平均值作为最终的评估结果。评估人员也可以根据经验判断、确定评估值的区间。

2.1.4 市场法常用评估方法

1. 基本参数的确定

通常,参照物的主要差异因素有以下几种。

(1) 时间因素

时间因素是指参照物交易时间与被评估资产评估基准日不一致所导致的差异。由于大多数资产的交易价格总是处于波动之中,不同时间条件下,资产的价格会有所不同,在评估时必须考虑时间差异。一般情况下,应当根据参照物价格变动指数将参照物实际成交价格调整为评估基准日交易价格。

如果评估对象与参照物之间只有时间因素的影响,被评估资产的价值可表示为

$$评估值=参照物价格×交易时间差异修正系数$$

（2）区域因素

区域因素是指资产所在地区或地段条件对资产价格的影响差异。区域因素对房地产价格的影响尤为突出。当评估对象与参照物之间只有区域因素的影响时，被评估资产的价值可表示为

$$评估值=参照物价格×区域因素修正系数$$

（3）功能因素

功能因素是指资产实体功能过剩或不足对价格的影响。例如一栋房屋、一台机器、一条生产线，就其特定资产实体来说效能很高、用途广泛，但购买者未来使用中不需要这样高的效能和这样广泛的用途，形成的剩余不能在交易中得到买方认可，因而只能按低于其功能价值的价格来交易。通常情况下效能高，卖价就高，但买方未来若不能充分使用特定资产的效能，就不愿意多花钱去购买这项资产；效能低，卖价也就低，因为买方在购买后其效能不能满足要求，就要追加投资进行必要的技术改造，这时买方就要考虑花较少的钱购买才是经济合理的。

当评估对象与参照物之间只有功能因素的差异时，被评估资产的价值可表示为

$$评估值=参照物价格×功能差异修正系数$$

（4）交易情况

交易情况主要包括市场条件和交易条件。市场条件主要是指参照物成交时的市场条件与评估时的市场条件是属于公开市场或非公开市场及市场供求状况。在通常情况下，供不应求时，价格偏高；供过于求时，价格偏低。市场条件上的差异对资产价值的影响很大。交易条件主要包括交易批量、动机、时间等。交易批量不同，交易对象的价格就会不同；交易动机也对资产交易价格有影响；在不同时间交易，资产的交易价格也会有所不同。

当评估对象与参照物之间只有交易情况的差异时，被评估资产的价值可表示为

$$评估值=参照物价格×交易情况修正系数$$

（5）个别因素

个别因素主要包括资产的实体特征和质量。资产的实体特征主要是指资产的外观、结构、规格型号等。资产的质量主要是指资产本身的建造或制造的工艺水平。

当评估对象与参照物之间只有个别因素的差异时，被评估资产的价值可表示为

$$评估值=参照物价格×个别因素修正系数$$

2. 具体方法

按照参照物与评估对象的差异程度及需要调整的范围，市场法可以分为直接比较法和类比调整法。

1）直接比较法

直接比较法是指直接利用参照物价格或利用参照物的某一基本特征与评估对象的同一特征进行比较而判断评估对象价值的各种具体的评估技术方法。具体计算公式为

$$评估值 = 参照物成交价格 \times 单一因素修正系数$$

(1) 现行市价法

当评估对象本身具有现行市场价格或与评估对象基本相同的参照物具有现行市场价格时,可以直接利用评估对象或参照物在评估基准日的现行市场价格作为评估对象的评估价值。例如,可上市流通的股票和债券可按其在评估基准日的收盘价作为评估价值;批量生产的设备、汽车等可按同品牌、同型号、同规格、同厂家、同批量的现行市场价格作为评估价值。其计算公式为

$$评估值 = 参照物成交价格$$

(2) 价格指数调整法

价格指数调整法(时间因素调整)是以参照物成交价格为基础,考虑参照物的成交时间与评估对象的评估基准日之间的时间间隔对资产价值的影响,利用与资产有关的价格变动指数,调整估算被评估资产价值的方法。其计算公式为

$$评估值 = 参照物价格 \times 交易时间差异修正系数 = 参照物价格 \times (1+物价变动指数)$$

【例2-1】与评估对象完全相同的参照资产4个月前的成交价为30万元,4个月内该类资产的价格上涨了5%,则该评估对象的评估值是多少?

解　　　　　　　　评估值$=30 \times (1+5\%) = 31.5$(万元)

(3) 功能价值类比法

功能价值类比法(功能因素调整)是以参照物的成交价格为基础,对参照物与评估对象之间的功能差异进行调整,来估算评估对象价值的方法。根据资产的功能与其价值之间的线性关系和指数关系的区别,功能价值类比法又可分为以下两种类型。

① 资产价值与其功能呈线性关系的情况,通常被称为生产能力比例法。其计算公式为

$$评估值 = 参照物价格 \times 功能差异修正系数$$
$$= 参照物价格 \times (评估对象生产能力/参照物生产能力)$$

功能价值类比法不仅表现为资产的生产能力这一项指标上,它还可以通过对参照物与评估对象的其他功能指标进行对比,利用参照物成交价格推算出评估对象价值。

【例2-2】评估一台机器设备,其年生产能力为250 t,所选取的参照机器设备的年生产能力为350 t,评估时点参照资产的市场价格为80万元,试确定被评估资产的价值。

解　　　　　　　　评估值$=80 \times (250/350) = 57.14$(万元)

② 资产价值与其功能呈指数关系的情况,通常被称为规模经济效益指数法。其计算公式为

$$评估值 = 参照物价格 \times 功能差异修正系数$$
$$= 参照物价格 \times (评估对象生产能力/参照物生产能力)^x$$

式中,x为规模经济效益指数。

【例2-3】 被评估资产年生产能力为250 t，参照资产的年生产能力为350 t，评估时点参照资产的市场价格为70万元，该类资产的功能价值指数为0.7，试确定被评估资产的价值。

解 评估值=70×（250/350）$^{0.7}$=55.31（万元）

（4）市价折扣法

市价折扣法（交易情况因素调整）是以参照物成交价为基础，考虑到评估对象在销售条件、销售时限等方面的不利因素，凭评估人员的经验或有关部门的规定，设定一个价格折扣率来估算评估对象价值的方法。其计算公式为

$$评估值=参照物价格×交易情况修正系数$$
$$=参照物价格×（1-价格折扣率）$$

【例2-4】 待估资产为一台快速变现的设备，评估时与其完全相同的设备的正常价格为30万元，评估人员经分析认为该类设备快速变现的折扣率为30%，试确定被评估资产的价值。

解 评估值=30×（1-30%）=21（万元）

2）类比调整法

类比调整法是指在公开市场上无法找到与被评估资产完全相同的参照物，可以选择若干个类似资产的交易案例作为参照物，通过分析比较评估对象与各个参照物成交案例的因素差异，并对参照物的价格进行差异调整，来确定被评估资产价值的方法。这种方法在资产交易频繁、市场发育较好的地区得到广泛应用。因为在资产评估过程中，完全相同的参照物几乎是不存在的，即使是一个工厂生产的相同规格、型号的设备，在不同企业中使用，由于维护保养条件、操作使用水平及利用率高低等多种因素的作用，其实体损耗也不可能是同步的。更多情况下获得的是相类似的参照物价格，只能通过类比调整来确定被评估资产的价值。运用类比调整法的关键是通过严格筛选，找到最适合的参照物，并进行差异调整。类比调整法的基本计算公式为

$$被评估资产价值=参照物价格×（1+调整率）$$

如果评估对象与参照物之间存在上述各种差异，则其计算公式可表示为

$$评估值=参照物价格×交易时间差异修正系数×区域因素修正系数×$$
$$功能差异修正系数×交易情况修正系数×个别因素修正系数$$

2.2 收益法

2.2.1 基本概念与理论依据

收益法是指通过估测被评估资产未来预期收益并折算成现值，借以确定被评估资产价值的评估方法。收益法是基于"现值"规律，即任何资产的价值等于其预期未来收益的现值之

和。一个理智的投资者在购置或投资于某一资产时,他所愿意支付或投资的货币数额不会高于他所购置或投资的资产在未来能给他带来的回报。

采用收益法对资产进行评估的理论依据是效用价值论:收益决定资产的价值,收益越高,资产的价值越大。资产的收益通常表现为一定时期内的收益流,而收益有时间价值,因此为了估算资产的现时价值,需要把未来一定时期内的收益折算为现值,这就是资产的评估值。

2.2.2 收益法应用的前提条件

运用收益法需要具备以下前提条件。

① 被评估资产能够继续使用。资产只有在继续使用中才能带来预期收益。

② 资产的未来收益可以测算。在正常情况下,投入使用中的资产总是会给所有者或控制者带来收益。但是,有的资产可以单独产生收益,收益易于测算,如一辆单独运营的汽车;而有的资产却必须与其他资产结合使用才能产生收益,收益不易于测算,如一台普通机床。因此,采用收益法时,要考虑被评估资产的未来收益是否可以单独进行测算。

③ 资产的预期获利年限是可以预测的产生收益的年限。资产的预期获利年限是指资产在使用中可以产生收益的年限。

④ 资产拥有者获得预期收益所承担的风险是可以预测的。所谓风险,通俗地讲,就是指遭受损失的可能性。许多因素都可能对资产的获利能力产生负面影响,这种负面影响就是风险。风险的大小直接影响到资产的预期收益。

2.2.3 操作程序

运用收益法评估资产时,一般按以下程序进行。

① 收益预测。收益预测是指对被评估资产未来预期收益进行预测。未来预期收益可以是有限期的收益,也可以是无限期的收益,在预测时要做一定的假设。

② 确定折现率或资本化率。折现率或资本化率是将未来预期收益折算成现值所采用的比率,是运用收益法时不可缺少的一个指标。在资产评估中,折现率与资本化率有相同之处,即它们的实质是一种预期投资报酬率;也有不同之处,折现率是指将未来有限期预期收益折算成现值的比率,资本化率则是指将未来无限期预期收益折算成现值的比率。

③ 将被评估资产的未来收益通过折现率或资本化率折算成现值,该现值即为被评估资产的评估值。

2.2.4 收益法常用评估方法

1. 基本参数的确定

运用收益法进行评估涉及许多经济技术参数,其中最主要的参数有3个:收益额、折现率或资本化率和收益期限。

(1) 收益额

收益额是用收益法评估资产价值的基本参数之一。

在资产评估中,资产的收益额是指根据投资回报的原理,资产在正常情况下所能得到的归其产权主体的所得额。资产评估中的收益额有两个比较明确的特点:其一,收益额是资产未来预期收益额,而不是资产的历史收益额或现实收益额;其二,在一般情况下,用于资产评估的收益额是资产的客观收益或正常收益,而并不一定是资产的实际收益。因为在一般情况下，资产评估要求评估资产的市场价值，资产的收益额应该是资产的正常收益额或客观收益额。如果收益额使用的是资产的实际收益额或其他非正常收益额，则评估结果的价值类型可能就不是市场价值，而是非市场价值中的某一种具体价值表现形式了。收益额的上述两个特点是非常重要的，评估人员在执业过程中应密切关注收益额的特点，以便合理运用收益法来估测资产的价值。资产种类的较多，不同种类的资产，其收益额的表现形式亦不完全相同，如企业的收益额通常表现为净利润或净现金流量，而房地产的收益额则通常表现为纯收益等。关于收益额预测将在以后各章结合各类资产的具体情况分别介绍。

（2）折现率或资本化率

从本质上讲，折现率是一种期望投资报酬率，是投资者在投资风险一定的情况下，对投资所期望的回报率。折现率就其构成而言，是由无风险报酬率和风险报酬率组成的。无风险报酬率一般是采用同期国库券利率或银行利率。风险报酬率是指超过无风险报酬率以上部分的投资回报率。在资产评估中，因资产的行业分布、种类、市场条件等不同，其折现率亦不相同。资本化率与折现率在本质上是相同的。习惯上，人们把将未来有限期预期收益折算成现值的比率称为折现率，而把将未来永续性预期收益折算成现值的比率称为资本化率。

至于资本化率与折现率在量上是否相等，主要取决于同一资产在未来不同时期所面临的风险是否相同。确定折现率，首先应该明确折现的内涵。折现作为一个时间优先的概念，认为将来的收益或利益低于现在的同样收益或利益，并且随着收益时间向将来推迟的程度而有序地降低价值。另外，折现作为一个算术过程，是把一个特定比率应用于一个预期的收益流，从而得出当前的价值。

（3）收益期限

收益期限是指资产具有获利能力持续的时间，通常以年为时间单位。它由评估人员根据被评估资产自身效能及相关条件，以及有关法律、法规、契约、合同等加以测定。

2. 具体方法

收益法实际上是在预期收益还原思路下若干具体方法的集合。从大的方面来看，收益法中的具体方法可以分为若干类：一是针对评估对象未来预期收益有无限期的情况，分为有限期的评估方法和无限期的评估方法；二是针对评估对象预期收益额的情况，分为等额收益评估方法、非等额收益评估方法等。

1）四种基本情况

在实际中，收益额与未来期限存在以下4种情况：

① 每年收益相同，未来年期无限；
② 每年收益相同，未来年期有限；
③ 每年收益不同，未来年期无限；
④ 每年收益不同，未来年期有限。

为了便于学习收益法中的具体方法，先对这些具体方法中所用的字符做统一的定义：P——评估值；t——年序号；P_n——未来第n年的评估值；A——年金；R_t——未来第t年的预期收益；r——折现率或资本化率；n——有确定收益的预期年限；N——收益总年限。

（1）每年收益相同，未来年期无限

在这种假设情况下，基本计算公式为

$$资产评估值 = \frac{每年收益额}{资本化率}$$

或

$$P = \frac{A}{r}$$

【例2-5】假设某企业将持续经营下去,现拟转让,聘请评估人员估算其价值。经预测,该企业每年的预期收益为1 200万元,资本化率为4%。请估算该企业的价值。

解　　　　　评估值=A/r=1 200/4%=30 000（万元）

（2）每年收益相同,未来年期有限

在这种假设情况下,基本计算公式为

$$资产评估值=每年收益额×年金现值系数$$

或

$$P=A×（P/A,\ r,\ n）$$

【例2-6】某企业尚能继续经营6年,营业终止后用于冲抵债务,现拟转让。经预测得出6年预期收益均为900万元,折现率为8%,请估算该企业的评估值。

解　P=A×（P/A, r, n）=900×（P/A, 8%, 6）=900×4.622 9=4 160.61（万元）

（3）每年收益不同,未来年期无限

在假设未来年期无限的情况下,测算每年不同的收益额实际上是做不到的。因此,通常采用一种变通的方法——分段法,来对未来收益进行预测。所谓分段,是指先对未来若干有限年内的各年收益额进行预测,然后假设从该有限期的最后一年起,以后各年的预期收益额均相同,对这两部分收益额分别进行折现。其基本计算公式为

$$资产评估值=\sum（前期各年收益额×各年复利现值系数）+（后期每年收益额/资本化率）×前期最后一年的复利现值系数$$

或

$$P = \sum_{t=1}^{n} \frac{R_t}{(1+r)^t} + \frac{A}{r(1+r)^n}$$

【例2-7】某收益性资产预计未来5年的收益额分别是12万元、15万元、13万元、11万元和14万元。假定从第6年开始,以后各年的收益额均为14万元,确定的折现率和资本化率为10%。试确定该收益性资产在永续经营条件下的评估值。

解　首先,确定未来5年收益额的现值。

$$\sum_{t=1}^{n}\frac{R_t}{(1+r)^t}=\frac{12}{(1+10\%)^1}+\frac{15}{(1+10\%)^2}+\frac{13}{(1+10\%)^3}+\frac{11}{(1+10\%)^4}+\frac{14}{(1+10\%)^5}=49.277\ 7（万元）$$

其中,现值系数可以从复利现值表中查得。

其次，确定第 6 年以后的收益额现值。

$$\frac{A}{r(1+r)^n} = \frac{14}{10\%(1+10\%)^5} = 86.926（万元）$$

最后，确定该资产评估值。

$$P = \sum_{t=1}^{n}\frac{R_t}{(1+r)^t} + \frac{A}{r(1+r)^n} = 49.2777 + 86.926 = 136.2037（万元）$$

（4）每年收益不同，未来年期有限

这种情况下的基本计算公式为

$$资产评估值 = \sum（每年收益额 \times 复利现值系数）$$

或

$$P = \sum_{t=1}^{n}\frac{R_t}{(1+r)^n}$$

【例 2-8】 设某收益性资产预期收益期为 5 年，每年预期收益额分别为 160 万元、150 万元、130 万元、125 万元和 145 万元，确定折现率为 5%。试确定该收益性资产的评估值。

解
$$评估值 = \sum_{t=1}^{n}\frac{R_t}{(1+r)^n} = \frac{160}{(1+5\%)^1} + \frac{150}{(1+5\%)^2} + \frac{130}{(1+5\%)^3} + \frac{125}{(1+5\%)^4} + \frac{145}{(1+5\%)^5} = 617.173（万元）$$

若有限年较长，也可采用分段法，基本计算公式为

$$资产评估值 = \sum（前期各年收益额 \times 各年复利现值系数）+（后期每年收益额 \times$$
$$后期若干年的年金现值系数）\times 前期最后一年的复利现值系数$$

或

$$P = \sum_{t=1}^{n}\frac{R_t}{(1+r)^t} + \frac{A \times (P/A, r, N-n)}{(1+r)^n}$$

接例 2-8，若该收益性资产预计未来期为 50 年，假定从第 6 年开始，以后每年收益额均为 145 万元，其他条件不变，则其评估值为

$$P = \sum_{t=1}^{n}\frac{R_t}{(1+r)^t} + \frac{A \times (P/A, r, N-n)}{(1+r)^n} = 617.173 + \frac{145 \times (P/A, 5\%, 45)}{(1+5\%)^5}$$
$$= 617.173 + 2074.007 = 2691.18（万元）$$

2）收益额按等差级数递增或者递减

（1）收益额按等差级数递增情况

用 b 表示收益按等差级数递增的数额，如纯收益第一年为 a，则第二年为 $a+b$，第三年为 $a+2b$，第 n 年为 $a+(n-1)b$。假设前提是：纯收益按等差级数递增；r 每年不变且大于零；年期有限为 n，则计算公式为

$$P = \left(\frac{a}{r} + \frac{b}{r^2}\right)\left[1 - \frac{1}{(1+r)^n}\right] - \frac{b}{r} \times \frac{n}{(1+r)^n}$$

当 n 趋于无穷大时，上面的公式变为

$$P = \frac{a}{r} + \frac{b}{r^2}$$

【例 2-9】对某企业某宗不动产进行评估，未来第一年的纯收益为 20 万元，预计此后各年的纯收益会在上一年的基础上增加 2 万元，该类不动产的收益率为 8%，该不动产的收益价格是多少？

解
$$P = \frac{20}{8\%} + \frac{2}{(8\%)^2} = 250 + 312.5 = 562.5 \text{（万元）}$$

（2）收益额按等差级数递减

用 b 表示收益按等差级数递减的数额，如纯收益第一年为 a，则第二年为 a-b，第三年为 a-2b，第 n 年为 a-(n-1)b。假设前提是：收益按等差级数递减；r 每年不变且大于零；年期有限为 n，则计算公式为

$$P = \left(\frac{a}{r} - \frac{b}{r^2}\right)\left[1 - \frac{1}{(1+r)^n}\right] + \frac{b}{r} \times \frac{n}{(1+r)^n}$$

当 n 趋于无穷大时，上面的公式变为

$$V = \frac{a}{r} - \frac{b}{r^2}$$

【例 2-10】对某企业某宗不动产进行评估，未来第一年的收益为 2 000 万元，预计此后各年的纯收益会在上一年的基础上少 2 万元，该类不动产的收益率为 8%，该不动产的收益价格是多少？

解
$$P = \frac{2\,000}{8\%} - \frac{2}{(8\%)^2} = 25\,000 - 312.5 = 24\,687.5 \text{（万元）}$$

3）收益额按等比级数递增或者递减

（1）收益额按等比级数递增

用 s 表示收益逐年递增的比率，如果收益第一年为 a，则第二年为 a(1+s)，第三年为 $a(1+s)^2$，第 n 年为 $a(1+s)^{n-1}$。假设前提是：纯收益按等比级数递减；r 每年不变且大于 s；年期有限为 n，则计算公式为

$$P = \frac{a}{r-s}\left[1 - \left(\frac{1+s}{1+r}\right)^n\right]$$

当 n 趋于无穷大时，上面的公式变成为

$$P = \frac{a}{r-s}$$

【例2-11】 某出租的房地产，未来第1年的纯收益为16万元，预计此后各年的纯收益会在上一年的基础上增长2%，该类不动产的收益率为9%，另外，该不动产是在政府有偿出让土地使用权的地块上建造的，当时获得的土地使用权年限为50年，现已使用了6年，则该不动产的收益价格是多少？

解 $P = \dfrac{16}{9\%-2\%}\left[1-\left(\dfrac{1+2\%}{1+9\%}\right)^{50-6}\right] = 228.6 \times 0.946 = 216.3$（万元）

（2）收益额按等比级数递减

用 s 表示纯收益逐年递减的比率，如果第一年收益为 a，则第二年为 $a(1-s)$，第三年为 $a(1-s)^2$，第 n 年为 $a(1-s)^{n-1}$。假设前提是：收益按等比级数递减；r 每年不变且大于零；年期有限为 n，则计算公式为

$$P = \frac{a}{r+s}\left[1-\left(\frac{1-s}{1+r}\right)^n\right]$$

当 n 趋于无穷大时，上面的公式变为

$$P = \frac{a}{r+s}$$

【例2-12】 评估某不动产价格，未来第一年的纯收益为15万元，预计此后各年的纯收益会在上一年的基础上降低2%，该类不动产的收益率为9%，则该不动产的收益价格是多少？

解 $P = \dfrac{15}{9\%+2\%} = 136.36$（万元）

2.3 成 本 法

2.3.1 基本概念与理论依据

成本法是指通过估算被评估资产的重置成本，扣除从资产形成并开始投入使用至评估基准日这段时间内的损耗，从而得到资产评估价值的评估方法。它是从成本取得和成本构成的角度对被评估资产的价值进行分析和判断，即在条件允许的情况下，任何一个潜在的投资者在决定投资某项资产时他所愿意支付的价格不会超过购建该项资产的现行购建成本。

采用成本法对资产进行评估的理论依据如下。

1. 资产的价值取决于资产的成本

资产的原始成本越高，资产的原始价值越大；反之则小，二者在质和量的内涵上是一致的。根据这一原理，采用成本法时必须首先确定资产的重置成本。重置成本是指按在现行市场条件下重新购建一项全新资产所支付的全部货币总额，它与原始成本的内容构成是相同的，但二者反映的物价水平是不同的，前者反映的是资产评估基准日的市场物价水平，后者反映的是当初购建资产时的物价水平。当其他条件既定时，资产的重置成本越高，其重置价值越大。

2. 资产的价值是一个变量

资产的价值随资产本身的运动和其他因素的变化而相应变化。资产的价值损耗主要来自以下3个方面。

① 资产投入使用后，由于使用磨损和自然力的作用，其物理性能会不断下降，价值会逐渐减少。这种损耗一般称为资产的物理损耗或有形损耗，也称实体性贬值。由于被评估对象大多都不是全新状态的资产，通常情况下都会存在实体性贬值。

② 新技术的推广和运用，使得企业原有资产与社会上普遍推广和运用的资产相比，在技术上明显落后、性能降低，从而使企业投入的费用相对增加、效益相对下降，其价值也就相应减少。这就是原有的资产相对于更新的资产所发生的功能性损耗，也称功能性贬值。

③ 由于资产以外的外部环境因素（包括政治因素、宏观经济政策因素等）变化，导致资产价值降低、收益额减少。这种损耗一般称为资产的经济性损耗，也称经济性贬值。

2.3.2 成本法应用的前提条件

1. 被评估资产能够继续使用

被评估资产能够继续使用，说明能为其所有者或控制者带来预期收益，这样用资产的重置成本估算被评估资产的价值才有意义，也易被他人理解和接受。

2. 某些情况下需要借助历史成本资料

由于成本法主要是采用重置成本来估算资产的价值，因此一般来讲，成本法与历史成本无关。但某些情况下（如采用物价指数法）评估资产价值时，则需要借助历史成本资料。

2.3.3 操作程序

运用成本法评估资产一般按下列步骤进行。
① 确定被评估资产，收集与被评估资产有关的重置成本资料和历史成本资料。
② 根据收集的有关资料确定被评估资产的重置成本。
③ 确定被评估资产的使用年限（包括资产的实际已使用年限、尚可使用年限及总使用年限）。
④ 估算被评估资产的损耗或贬值，包括实体性贬值、功能性贬值和经济性贬值。
⑤ 确定被评估资产的成新率。
⑥ 计算确定被评估资产的价值。

2.3.4 成本法的参数

运用成本法涉及4个基本参数，即资产的重置成本、资产的实体性贬值、资产的功能性贬值和资产的经济性贬值。

1. **资产的重置成本**

简单地说,资产的重置成本就是资产的现行再取得成本。具体来说,重置成本又分为复原重置成本和更新重置成本两种。

复原重置成本是指采用与评估对象相同的材料、建筑或制造标准、设计、规格及技术等,以现时价格水平重新购建与评估对象相同的全新资产所发生的费用。

更新重置成本是指采用与评估对象不完全相同,通常是更为新式的材料、建筑或制造标准、设计、规格和技术等,以现行价格水平购建与评估对象具有同等功能的全新资产所需的费用。

更新重置成本和复原重置成本的相同之处在于采用的都是资产的现时价格,不同之处在于技术、设计、标准方面的差异。对于某些资产,其设计、耗费常年不变,更新重置成本与复原重置成本是一样的。应该注意的是,无论是更新重置成本还是复原重置成本,最关键的是资产本身的功能不变。

选择重置成本时,在同时可获得复原重置成本和更新重置成本的情况下,应选择更新重置成本,在无更新重置成本时可采用复原重置成本。一般来说,复原重置成本大于更新重置成本,原因是复原重置成本大于更新重置成本的这种差别反映了由于技术和材料方面的进步导致替代资产购建成本的减少,也就是反映了被评估资产要求投入较多的购置成本造成的自身陈旧性贬值。之所以选择更新重置成本,一方面是因为随着科学技术的进步,劳动生产率的提高,新工艺、新设计被社会普遍接受,与购建资产相关的材料及技术标准也会不断更新;另一方面是因为新型设计、工艺制造的资产无论是使用性能方面还是成本耗用方面都会优于旧的资产。

2. **资产的实体性贬值**

资产的实体性贬值亦称有形损耗,是指资产由于使用及自然力的作用导致的物理性能的损耗或下降而引起的资产的价值损失。资产的实体性贬值通常采用相对数计量,即

$$资产实体性贬值率 = (资产实体性贬值额 / 资产重置成本) \times 100\%$$

一般来说,实体性贬值的决定因素有以下 4 个。

① 使用时间。资产的已使用时间越长,其实体性贬值就越大,剩余价值也就越小。

② 使用率。使用率越高,资产的实体性贬值就越大。不过也有例外,有些资产闲置的时间越长,实体性贬值反而越大。

③ 资产本身的质量。资产本身的质量越好,在相同的使用时间和使用强度之下,实体性贬值也越小。

④ 维修保养程度。资产在使用过程中保养得越好,其实体性贬值就越小,但是要注意把日常维修保养与技术改造区分开来。技术改造属于再投资,应采用投资年限法进行估算。

3. **资产的功能性贬值**

资产的功能性贬值是指由于技术进步引起的资产功能相对落后而造成的资产价值损失,包括新工艺、新材料和新技术的采用等而使原有资产的建造成本超过现行建造成本的超支额,以及原有资产的运营成本的超支额。估算功能性贬值,主要根据资产的效用,生产能力、工耗、物耗、能耗等功能方面的差异造成的成本增加和效益降低,相应确定功能性贬值额。同时还要重视技术进步因素,注意替代设备、替代技术、替代产品的影响,以及行业技术装备水平现状和资产更新换代的速度。

4. 资产的经济性贬值

资产的经济性贬值是指由于被评估资产外部经济环境（包括宏观经济政策、市场供求、市场竞争、通货膨胀、环境保护）引起的达不到原设计获利能力的资产贬值，而且这种贬值往往会影响整个企业的评估结果，并非只对某一项或某一组资产的评估结果产生影响。计算经济性贬值时，主要是根据由于产品销售困难而开工不足或停止生产，形成的闲置资产得不到实现等因素，确定其贬值额。

资产评估中所涉及的经济性贬值也是无形损耗的一种，是由资产以外的各种因素所造成的贬值。影响经济性贬值的因素很多，通常只能从经济性贬值所造成的结果来考察。经济性贬值造成的结果有两个：一是使运营成本上升或收益减少；二是导致开工率不足而使生产能力下降。

2.3.5 成本法常用评估方法

1. 具体方法

通过成本法评估资产的价值不可避免地要涉及被评估资产的重置成本、实体性贬值、功能性贬值和经济性贬值四大参数。成本法中的各种技术方法实际上都是在成本法总的评估思路基础上，围绕着四大参数采用不同的方法测算形成的。

1）重置成本的估算方法

重置成本的估算一般可以采用下列方法。

（1）重置核算法

重置核算法又称细节分析法，它是利用成本核算的原理，根据重新购建资产所应发生的成本项目逐项计算并加以汇总，从而估算出资产的重置成本的评估方法。

重置核算法一般适用于对建筑物、大中型机器设备等的评估。建筑物的特点是市场上参照物较少，大中型机器设备的特点是有较多的附属及配套设施。基于此，采用成本法对这些资产进行评估较为适宜。

对于采用购买方式重置的资产，其重置成本包括买价、运杂费、安装调试费及其他必要的费用等。将这些因素按现行市价测算，便可估算出资产的重置成本。

对于采用自行建造方式重置的资产，其重置成本包括重新建造资产所应消耗的料、工、费等的全部支出。将这些支出逐项加总，便可估算出资产的重置成本。

【例 2-13】某台设备于 5 年前购入，已知现行市价为 60 万元/台，运杂费为 3 万元，直接安装成本（费）为 6 万元，其中原材料费为 3 万元，人工成本为 3 万元，经测算间接成本占直接成本的 6%，试计算该设备的重置成本。

解 根据已知可得

$$直接成本 = 60 + 3 + 6 = 69（万元）$$
$$间接成本 = 69 \times 6\% = 4.14（万元）$$
$$重置成本 = 69 + 4.14 = 73.14（万元）$$

（2）物价指数法

物价指数是反映各个时期商品价格水平变动情况的指数。根据物价指数估算资产重置成

本的具体评估方法称为物价指数法。物价指数法的一般计算公式为

$$重置成本=被评估资产的账面原值\times 适用的物价变动指数$$

物价变动指数包括定基物价指数和环比物价指数。

定基物价指数是以某一年份的物价为基数确定的物价指数。定基物价指数下的物价指数法的计算公式为

$$被评估资产的重置成本=被评估资产账面原值\times 定基物价指数$$

环比物价指数是指逐年与前一年相比的物价指数。环比物价指数下的物价指数法的计算公式为

$$被评估资产的重置成本=被评估资产账面原值\times 环比物价指数$$
$$环比物价指数=(1+a_1)\times(1+a_2)\times(1+a_3)\times\cdots\times(1+a_n)\times 100\%$$

式中：a_n 为第 n 年环比物价变动指数，$n=1,2,3,\cdots$。

【例 2-14】某机器设备购置于 2014 年，账面原值为 20 万元。该机器设备适用的物价指数：2014 年为 100%，评估基准日时为 130%。试计算该机器设备的重置成本。

解　　$$重置成本=20\times\frac{130\%}{100\%}=26（万元）$$

【例 2-15】某机器设备，账面原值为 100 万元，购置于 2009 年，2015 年进行评估。该机器设备适用的环比物价指数分别为：2010 年为 2.9%，2011 年为 3.1%，2012 年为 4.3%，2013 年为 3.7%，2014 年为 5.8%，2015 年为 4.7%。试计算该机器设备的重置成本。

解　　重置成本=100×（1+2.9%）×（1+3.1%）×（1+4.3%）×（1+3.7%）×
　　　　（1+5.8%）×（1+4.7%）=127.107（万元）

物价指数法与重置核算法是重置成本估算常用的方法，但二者也有明显的区别。

① 物价指数法估算的重置成本仅考虑了价格变动因素，因而确定的是复原重置成本；而重置核算法既考虑了价格因素，也考虑了生产技术进步和劳动生产率的变化因素，因而可以估算复原重置成本和更新重置成本。

② 物价指数法建立在不同时期的某一种或某类甚至全部资产的物价变动水平上；而重置核算法建立在现行价格水平与购建成本费用核算的基础上。

一项技术进步较快的资产，采用物价指数法估算的重置成本往往会偏高。物价指数法一般适用于数量多、价值低的大宗资产的评估。

（3）功能价值类比法

这种方法是通过选择同类功能的资产作参照物，根据资产功能与成本之间的内在关系，估算被评估资产的重置成本。当资产的功能变化与其价格或成本的变化呈线性关系时，功能价值类比法可以称为生产能力比例法；当资产的功能变化与其价格或成本的变化呈指数关系时，功能价值类比法则可以称为规模经济效益指数法。

① 生产能力比例法。这种方法运用的前提条件是资产的成本与其生产能力呈线性关系，

生产能力越大,成本越高,而且是成正比例变化。应用这种方法估算重置成本时,首先应分析资产成本与生产能力之间是否存在线性关系。只有两者之间存在线性关系时,才能采用这种方法估算资产的重置成本。在这种情况下其计算公式为

$$被评估资产重置成本 = 参照物重置成本 \times \frac{被评估资产年产量}{参照物年产量}$$

【例2-16】某被评估设备的年产量为8万件。现查知市场上全新参照物的价格为120万元,年产量为10万件,则被评估设备的重置成本是多少?

解 被评估设备重置成本 $= 120 \times \dfrac{8}{10} = 96$(万元)

② 规模经济效益指数法。一项资产的生产能力的大小与其制造成本并不是一种线性关系,而是一种指数关系,这是规模经济效益作用的结果。在这种情况下其计算公式为

$$被评估资产重置成本 = 参照物重置成本 \times \left(\frac{被评估资产年产量}{参照物年产量}\right)^x$$

式中的 x 通常被称为规模经济效益指数,是一个经验数据。在美国,这个经验数据一般为 0.4~1,如加工行业一般为 0.7,房地产行业一般为 0.9。我国目前尚未有统一的规模经济效益指数数据,因此评估过程中要谨慎使用这种方法。公式中参照物一般可选择同类资产中的标准资产。

【例2-17】参照物资产重置成本为5万元,生产能力为年产3 000件;被评估资产生产能力为年产6 000件,该类设备规模经济效益指数为0.7,则被评估资产的重置成本是多少?

解 被评估设备重置成本 $= 5 \times \left(\dfrac{0.6}{0.3}\right)^{0.7} = 8.122\ 5$(万元)

(4)统计分析法

在对企业整体资产及某一相同类型资产进行评估时,为了简化评估业务、节省评估时间,还可以采用统计分析法确定某类资产的重置成本。这种方法的步骤如下。

① 在核实资产数量的基础上,把全部资产按照适当标准划分为若干类别,如房屋建筑物按结构划分为钢结构、钢筋混凝土结构等;机器设备按有关规定划分为专用设备、通用设备、运输设备、仪器、仪表等。

② 在各类资产中抽样选取适量具有代表性资产,应用重置核算法、物价指数法、生产能力比例法或规模经济效益指数法等估算其重置成本。

③ 依据分类抽样估算资产的重置成本额与账面历史成本,计算出分类资产的调整系数,其计算公式为

$$K = \frac{R'}{R}$$

式中，K 为资产重置成本与账面历史成本的调整系数；R' 为某类抽样资产的重置成本；R 为某类抽样资产的账面历史成本。

④ 根据调整系数估算被评估资产的重置成本，计算公式为

$$被评估资产重置成本 = \sum (某类资产账面历史成本 \times K)$$

【例 2-18】 评估某企业 150 台同类型设备。经过抽样选取具有代表性的 30 台设备作为样本并进行估算，其重置成本之和为 900 万元，而该 30 台具有代表性设备的账面历史成本之和为 750 万元，该 150 台机床账面历史成本之和为 9 000 万元，则全部设备的重置成本是多少？

解

$$K = 900/150 = 1.2$$

$$被评估设备重置成本 = 9\,000 \times 1.2 = 10\,800（万元）$$

2）实体性贬值的估算方法

实体性贬值的估算，一般可以采取以下几种方法。

（1）观察法

观察法是指具有专业知识和丰富经验的工程技术人员，通过对资产实体各主要部位的观察及用仪器测量等方式进行技术鉴定，再与同类或相似的全新资产进行比较，判断被评估资产的成新率来估算其有形损耗的方法。其计算公式为

$$实体性贬值额 = 重置成本 \times （1 - 成新率）$$

【例 2-19】 现有一台设备要出售，该设备购置于 2015 年，按照技术人员的鉴定，确定该设备的成新率为 90%，重置成本为 800 万元，试计算该设备的实体性贬值额。

解

$$设备的实体性贬值额 = 800 \times （1 - 90\%） = 80（万元）$$

（2）使用年限法

使用年限法是指通过确定被评估资产的已使用年限与总使用年限来估算其实体性贬值程度的评估方法。其计算公式为

$$实体性贬值额 = 重置成本 \times \frac{已使用年限}{总使用年限}$$

公式中，总使用年限指的是实际已使用年限与尚可使用年限之和。其计算公式为

$$总使用年限 = 已使用年限 + 尚可使用年限$$

尚可使用年限是指根据资产的有形损耗因素预计的资产继续使用年限。

公式中，已使用年限又分为名义已使用年限和实际已使用年限。名义已使用年限是指从被评估资产投入使用之日起到评估基准日所经历的年限。实际已使用年限是考虑了资产利用率后的使用年限，即

$$实际已使用年限 = 名义已使用年限 \times 资产利用率$$

公式中，资产利用率的计算公式为

$$资产利用率 = \frac{截至评估基准日资产累计实际利用时间}{截至评估基准日资产累计标准利用时间}$$

当资产利用率＞1时，表示资产超负荷运转，资产实际已使用年限比名义已使用年限长；当资产利用率=1时，表示资产满负荷运转，资产实际已使用年限等于名义已使用年限；当资产利用率＜1时，表示开工不足，资产实际已使用年限小于名义已使用年限。

【例2-20】 某设备于2010年3月1日投入使用，评估基准日为2018年3月1日。按照该设备的技术指标，该设备每天正常工作时间为8 h。但据了解，该设备实际每天工作时间为12 h。试计算该设备实际已使用年限（每年按360天计算）。

解 　　　　实际已使用时间 $= 8 \times \dfrac{12 \times 360}{8 \times 360} = 8 \times 150\% = 12$（年）

（3）修复费用估算法

修复费用估算法是指通过确定被评估资产恢复原有的精度和功能所需要的费用来直接确定该项资产的实体性贬值。修复费用包括资产主要零部件的更换或者修复、改造、停工损失等费用支出。当资产通过修复恢复到其全新状态时，该资产的实体性贬值等于其修复费用。

使用该方法时，特别要注意区分有形损耗的可修复部分与不可修复部分。可修复部分的有形损耗是技术上可以修复而且经济上划算；不可修复部分的有形损耗则是技术上不能修复，或者技术上可以修复，但经济上不划算。对于可修复部分的有形损耗可依据直接支出的金额来估算；对于不可修复的有形损耗，则可运用观察法或使用年限法来确定。可修复部分的有形损耗与不可修复部分的有形损耗之和构成被评估资产的全部有形损耗。

3）功能性贬值的估算方法

资产的功能性贬值是指由于技术落后造成的相对贬值。估算功能性贬值主要是根据资产的效用、生产能力、工耗、物耗、能耗等方面的差异造成的成本增加或效益降低，具体有以下两种计算方法。

（1）超额运营成本形成的功能性贬值的估算

超额运营成本是指新型资产的运营成本与原有资产的运营成本之间的差额。资产的运营成本包括人工耗费、物料耗费和能源耗费等。新型资产的投入使用，将使各种耗费降低，从而导致原有资产的相对价值贬值。这种贬值实际上是原有资产的运营成本超过新型资产的运营成本的差额部分，这个差额被称为超额运营成本。超额运营成本形成的功能性贬值是指在产量相等的情况下，由于被评估资产的运营成本高于同类型技术先进的资产而导致的功能性贬值。

被评估资产由于超额运营成本而形成的贬值额的计算公式为

$$功能性贬值 = \sum（被评估资产年净超额运营成本 \times 折现系数）$$

【例2-21】 某技术先进的设备比原有的技术陈旧的设备生产效率高，且节约工资费用，有关资料见表2-1。试计算该设备的功能性贬值。

解 计算结果见表2-1。

表2-1 某设备的相关资料及计算结果

项　目	技术先进设备	技术陈旧设备
月产量	10 000 件	10 000 件
单件工资	1.6 元	2.1 元
月工资成本	16 000 元	21 000 元
月差异额	—	5 000 元
年工资成本超支额	—	60 000 元
减：所得税（税率25%）	—	15 000 元
扣除所得税后年超额工资	—	45 000 元
资产剩余使用年限	—	5 年
折现率为10%，年限为5年的年金现值系数	—	3.790 8
功能性贬值额	—	170 586 元

（2）超额投资成本形成的功能性贬值的估算

超额投资成本形成的功能性贬值是指由于新工艺、新材料和新技术的采用，使得生产相同的资产所需要的社会必要劳动时间减少，技术先进资产的现行建造成本降低而导致的功能性贬值。超额投资成本是指由于技术进步和采用新型材料等原因，具有同等功能的新资产的制造成本低于原有资产的制造成本而形成的原有资产的价值贬值额。因此，超额投资成本实质上是复原重置成本与更新重置成本之间的差额。

4）经济性贬值的估算方法

资产的经济性贬值是由于外部经济和外部环境变化而引起的，主要表现为：一是运营中的资产利用率下降；二是资产闲置，并由此引起资产的运营收益减少。资产的经济性贬值可根据生产能力的变化加以确定，经济性贬值额的计算可以采用直接法和间接法。

（1）直接法

直接法可以按下列步骤进行：① 计算出被评估资产由于生产能力下降而减少的年收益；② 扣除所得税的影响，计算减少的年收益；③ 将每年减少的年净收益在剩余寿命期内进行折现，折现值之和即为经济性贬值额。经济性贬值额的计算公式为

$$经济性贬值额 = 资产年收益损失额 \times (1 - 所得税税率) \times (P/A, r, n)$$

式中，$(P/A, r, n)$为年金现值系数。

【例2-22】某企业的一条生产线，设计年生产能力为20万件。因市场需求变化，评估基准日时的年产量为14万件。假设该生产线尚可使用5年，每年减少6万件，产品的单位利润为100元，所得税税率为25%，折现率为8%。试计算该生产线的经济性贬值额。

解　经济性贬值额 $= 6 \times 100 \times (1 - 25\%) \times (P/A, 8\%, 5)$
$= 600 \times 75\% \times 3.992\ 7 = 1\ 796.72$（万元）

(2) 间接法

间接法可按下列步骤进行：① 计算经济性贬值率；② 经济性贬值率与被评估资产重置成本的乘积即为经济性贬值。

经济性贬值率的计算公式为

$$\text{经济性贬值率} = \left[1 - \left(\frac{\text{资产在评估基准日的生产能力}}{\text{资产的设计生产能力}}\right)^x\right] \times 100\%$$

式中，x 为生产规模经济效益指数。当存在为经济性贬值时，其指数应小于 1，具体取值应视情况而定。

经济性贬值额的计算公式

$$\text{经济性贬值额} = \sum(\text{被评估资产年收益净损失额} \times \text{折现系数})$$

【例 2-23】某企业一条生产线，设计年生产能力为 20 万件。因市场需求变化，评估基准日时的年产量为 14 万件，生产规模效益指数取 0.6。试计算该生产线的经济性贬值率。

解 $\text{经济性贬值率} = \left[1 - \left(\dfrac{14}{20}\right)^{0.6}\right] \times 100\% = 19.27\%$

2.3.6 成本法评估应注意的问题

① 在技术进步的情况下，复原重置是没有意义的。因为以更新重置的方式建造设备（工厂），可以得到成本更低、性能更高的产品。

② 对于大多数通用设备，资产评估专业人员一般按其市场售价作为确定重置成本的基础。被评估设备的现行市场价格反映设备的更新重置成本，了解设备的市场价格信息是资产评估专业人员确定设备更新重置成本的途径之一。机器设备的更新换代速度较快，对于购买时间较长的设备，生产厂家可能已不再生产，市场也不再出售，资产评估专业人员也很难找到与被评估对象完全相同的参照物，往往需要使用替代产品的市场价格作为评估对象的更新重置成本。

③ 根据市场价格得到的更新重置成本一般低于设备的复原重置成本，但根据替代产品的价格确定的更新重置成本有时并不低于复原重置成本，甚至还要高。在这种情况下，替代产品与原设备相比，可能会有性能提高、使用寿命延长或能源消耗大幅度降低等，其综合表现为性能价格比的提高。此时资产评估专业人员还应考虑设备的功能性贬值问题。

④ 替代产品的价格，既有重置因素又有升级因素，新产品在性能上一般都会比老产品有所提高。资产评估专业人员在使用更新重置成本时，需要分析新、老设备的性能差异，不可忽视功能性贬值因素。

⑤ 用物价指数法调整得到的重置成本是复原重置成本，因为物价指数没有考虑技术进步因素，它只反映物价水平的变化。资产评估专业人员如果使用物价指数法计算重置成本，首先要确定该设备是否存在因技术进步而引起的功能性贬值，如果存在应使用更新重置成本或在贬值中考虑功能性贬值。

2.4 评估方法的选择

2.4.1 资产评估方法之间的关系

资产评估方法之间的关系是指资产评估方法之间的替代性问题，也就是说，对某个评估对象，能否采用两种以上的方法同时进行评估，比如在以交易为目的的房地产评估过程中，既可以用市场法，也可以用成本法，而且最终的评估结果相差不大。

由于资产评估方法受评估目的、评估假设和评估对象等制约，不同的评估会采用不同的评估方法。当确定评估目的、评估假设、评估对象后，评估方法及其评估思路也随之确定。即使有多种评估方法可供选择，一般来说，只有一种是相对最合理的评估方法。通过这种评估方法评估出来的结果，理论上是最合理的评估结果。但由于每种评估方法都有其局限性，评估人员可以应用其他的评估方法进行评估，当出现两个或两个以上的结果时，评估人员通过对这些结果进行分析，根据评估价值类型及评估结果对市场的适用性判断选择最终评估结论。

2.4.2 资产评估方法的区别

（1）成本法

成本法是站在买方的角度，在现时价格水平下重新购置或建造相同功能和用途的被评估资产的耗费来确定其价值。在实际操作中，成本法从被评估资产的历史数据出发，通过财务清点和资产成新率的确定，评定估算出被评估资产按照成本价格标准计价的评估值。

（2）市场法

市场法是站在卖方的角度，根据市场上该项资产或类似资产的交易价格，经过直接比较或类比分析来确定被评估资产的价值；在实际操作中，市场法从相关资产的市场数据出发，通过对一些影响因素的分析和修正，评定估算出被评估资产按照现行市价标准计价的评估值。

（3）收益法

收益法是站在资产效用的角度，分析、判断被评估资产的价值，它所考虑的是被评估对象未来能给其控制者带来多少收益，利用投资回报和收益折现等手段，把被评估对象的预期获利能力作为评估标的来估测被评估对象的价值。在实际操作中，收益法从被评估资产的历史数据出发，通过对被评估资产收益的预测和折现，结合被评估资产的成新率的确定，评定估算被评估资产按照收益现值标准计价的评估值。

3 种基本方法最根本的区别在于评估技术思路、技术路线不同，原因是资产评估所应用的条件和适用范围不同。表 2-2 是资产评估三大方法的对比。

表 2-2 资产评估三大方法的对比

评估方法	主要适用范围	优点	缺点
成本法	被评估资产处于继续使用状态；应当具备可利用的历史成本资料；形成资产价值的耗费是必需的	① 使用范围广泛； ② 充分考虑资产各种损耗，评估结果趋于公平、合理； ③ 对于那些不易计算资产未来收益、无法重置的特殊资产及难以取得市场参照物的资产的评估可使用此方法	① 必须获得资产历史资料； ② 计算复杂、工作量大； ③ 各种贬值，尤其是经济性贬值不易计算，从而影响评估结果的准确性

续表

评估方法	主要适用范围	优点	缺点
市场法	需要一个充分发育、活跃的资产市场；公开市场上有可比的资产及能取得近期交易活动价格；参照物与评估对象在功能、市场条件上有可比性；参照物成交时间与评估基准日时间间隔不能过长	① 客观反映资产目前的市场情况，其评估的参数、指标直接从市场获得，评估值能反映市场现实价格；② 评估结果易于被各方理解和接受	① 需要有公开活跃的市场做基础；② 进行因素比较、差异调整时，受评估人员主观因素的影响较大；③ 参照资产难寻找
收益法	被评估资产能够继续使用，被评估资产未来预期收益可预测并可以用货币计量；资产拥有者获得预期收益所承担的风险也可以预测，被评估资产预期获利年限可以预测	① 考虑资产未来收益和货币时间价值，真实反映资产的价值；② 与投资决策相结合，结果较准确，评估结果易于被买卖双方接受	① 资产未来收益额及风险报酬率的预测难度较大；② 易受主观判断和未来不可预见因素的影响

2.4.3 资产评估方法考虑因素

① 资产评估方法必须与资产评估价值类型相适应。资产评估价值类型与评估方法是两个不同层次的概念。价值类型说明评估什么，是评估价值质的规定，具有排他性和对评估方法的约束性；评估方法是说明如何评，是确定评估价值量的规定，具有多样性和替代性，且服务于评估价值类型。要明确资产评估价值类型与评估方法这两个概念的相互关系，否则就会影响资产的权益和资产评估有关当事人的利益。价值类型的准确性、评估方法的科学性及两者是否匹配是资产评估价值科学有效的保证。

② 资产评估方法必须与评估对象相适应，即单项资产、整体资产、有形资产、无形资产等不同的评估对象要采用不同的评估方法，评估人员总是在寻找最简单、最能客观地反映资产价值的方法对资产进行评估。

资产评估对象的状态不同，所采用的评估方法也不同。从评估对象看，如果评估对象能满足评估方法的诸要素，则成本法、收益法和市场法均可使用。当资产评估的价值类型为市场价值时，可以按照市场法、收益法和成本法的顺序进行评估。

③ 评估方法的选择受数据和信息资料是否可以收集到的因素的制约。

各种方法的运用都要根据一系列数据、资料进行分析、处理和转换，资产评估过程实际上就是收集资料的过程。从评估对象来分析资产评估方法的适用问题，事实上就是在评估中要根据已有的资料和经过努力可获得相关数据资料的能力寻求相应的评估方法，有哪种参数比较容易获得，就可采用相适应的评估方法。在评估方法中，西方发达国家，评估机构更多地采用市场法。在我国由于受市场发育不完善的限制，市场法的应用远远落后于成熟市场经济国家。

资产评估存在的客观经济条件决定了资产评估经济活动的存在，也就为各种评估方法的运用提供了各种必备条件。资产评估方法都具有各自适用的条件和一定的局限性，为了弥补某种方法在评估实践中的局限性，可以在保证实现评估目的、遵循评估前提假设和确保各种有关评估参数可取性的基础上，考虑将资产评估的各种方法配合使用，以便得到更加充分和准确的评估结论。

练 习 题

一、单项选择题

1. 资产评估中最基础的评估方法是（　　）。
   A. 收益法　　　　B. 成本法　　　　C. 回归法　　　　D. 市场法

2. 参照资产 A 与评估对象 B 之间仅在时间因素方面存在差异，参照资产 A 在 2021 年 1 月初的正常交易价格为 10 万元，A 在 2021 年 1—6 月的环比价格指数分别为 102.3%、98.6%、104.8%、101.5%、102.9%、103.7%，运用价格指数法，则评估对象 B 的评估价值为（　　）万元。
   A. 10.57　　　　B. 10.73　　　　C. 11.04　　　　D. 11.45

3. 运用市场法评估资产时应尽可能选择多个参照物的目的是（　　）。
   A. 便于计算
   B. 使参照物具有可比性
   C. 避免某个参照物个别交易中的特殊因素和偶然因素对成交价及评估值的影响
   D. 避免主观判断误差

4. 评估对象已使用 2 年，预计尚可使用 4 年，参照资产已经使用 3 年，预计尚可使用 3 年，评估基准日参照资产的市场价格为 40 万元，由此确定的评估对象的价值为（　　）万元。
   A. 53.34　　　　B. 40　　　　C. 80　　　　D. 26.66

5. 用市场法评估资产的市场价值时，确定评估对象价值的基础是（　　）。
   A. 可比参照物的历史成本　　　　B. 可比参照物的市场价格
   C. 可比参照物的清算价格　　　　D. 可比参照物的收益现值

6. 有一项年金，前 2 年无流入，后 5 年每年年初流入 1 000 万元，假设年利率为 10%，其现值为（　　）万元。已知：$(P/A, 10\%, 5) = 3.7908$，$(P/F, 10\%, 1) = 0.9091$，$(P/A, 10\%, 4) = 3.1699$，$(P/F, 10\%, 2) = 0.8264$。
   A. 2 756.97　　　　B. 2 506.17　　　　C. 3 446.22　　　　D. 2 278.42

7. 甲公司某资产年净收益额为 1 000 万元，剩余使用年限是 20 年，假定折现率为 10%，则其评估值为（　　）万元。
   A. 5 803.47　　　　B. 8 513.56　　　　C. 8 520.69　　　　D. 7 380.35

二、多项选择题

1. 应用市场法进行资产评估必须具备的前提条件有（　　）。
   A. 需要一个充分发育、活跃的资产市场
   B. 必须具有参照物
   C. 能收集到被评估资产与参照物可以比较的指标和技术参数
   D. 必须有与被评估资产相同或者类似的全新资产
   E. 参照物与被评估资产的功能相同

2. 运用市场法评估任何单项资产都应考虑的可比因素有（　　）。
   A. 资产的功能　　　　　　　　B. 市场条件
   C. 交易条件　　　　　　　　　D. 资产的实体特征和质量

E. 资产所处的地理位置
3. 构成折现率的因素包括（　　）。
   A. 超额收益率　　　　　　　　B. 无风险报酬率
   C. 风险报酬率　　　　　　　　D. 价格变动率
   E. 平均收益率
4. 收益法涉及的基本要素包括（　　）。
   A. 被评估资产的实际收益　　　B. 被评估资产的预期收益
   C. 折现率或者资本化率　　　　D. 被评估资产的总使用年限
   E. 被评估资产的预期获利年限
5. 运用收益法评估资产价值时，要求资产的收益额应该是资产的（　　）。
   A. 历史收益额　　　　　　　　B. 未来预期收益额
   C. 现实收益额　　　　　　　　D. 实际收益额
   E. 客观收益额
6. 成本法涉及的基本要素包括（　　）。
   A. 资产的重置成本　　　　　　B. 资产的有形损耗
   C. 资产的功能性贬值　　　　　D. 资产的经济性贬值
   E. 资产的获利年限

三、评估题

1. 已知资产的价值与功能之间存在线性关系，参照物与评估对象仅在功能方面存在差异，参照物的年生产能力为1 200件，成交价格为1 500元，评估对象的年生产能力为1 000件，则评估对象的价值为多少？

2. 评估对象在未来5年内的预期收益分别为20万元、22万元、24万元、25万元、26万元，资产从第6年到第10年每年的收益均保持在27万元，第10年末资产拟转让，变现价约为120万元，假设折现率为10%，试用收益法估测资产的价值。

3. 评估对象为某企业2018年购进的一条生产线，账面原值为150万元，2021年进行评估。经调查，该生产线的价格每年比上一年增长10%，据估计该生产线还可使用6年。目前市场上已经出现功能更先进的生产线，并被普遍应用，新生产线与评估对象相比，可节省3人，每人的月工资为6 500元。此外，由于市场竞争加剧，致使该生产线开工不足，由此造成收益损失额每年为20万元（该企业所得税税率为25%，假定折现率为10%）。根据上述资料，采用成本法对该生产线进行评估。

第 3 章　流动资产评估

> **学习目标**
> - 熟悉流动资产的构成、分类及特点；
> - 熟悉流动资产评估的程序及特点；
> - 熟练掌握实物类流动资产的内容与评估方法；
> - 熟练掌握债权类流动资产的内容与评估方法。
>
> **本章关键词**
> 流动资产评估　实物类流动资产　货币类流动资产　债权类流动资产

3.1　流动资产评估概述

3.1.1　流动资产概述

1. 流动资产及其构成

流动资产是指企业在生产经营活动中，在一年或超过一年的一个经营周期内变现或耗用的资产。流动资产包括货币资金、短期投资、应收及预付款项、存货及其他流动资产等。

（1）货币资金

货币资金包括现金、银行存款及其他货币资金。现金是指企业的库存现金，包括企业内部各部门用于周转使用的备用金。银行存款是指企业的各种不同类型的存款。其他货币资金是指除现金和银行存款以外的其他货币资金，包括外埠存款、银行本票存款、银行汇票存款、存出投资款、信用卡存款、信用证保证金存款等。

（2）短期投资

短期投资是指企业购入的能够随时变现、持有时间不超过一年（含一年）的各项投资，包括股票、债券、基金等。

（3）应收及预付款项

企业的应收及预付款项包括应收账款、应收票据、其他应收款及预付账款。应收账款是指企业因销售商品、提供劳务等应向购货单位或受益单位收取的款项，是购货单位所欠的短期债务。预付账款是指企业按照购货合同规定预付给供货单位的购货订金或部分货款。

（4）存货

存货主要是指企业的库存材料、产成品、在产品、库存商品、包装物、低值易耗品等。

（5）其他流动资产

其他流动资产是指企业除上述资产以外的流动资产，如一年内到期的长期投资。

2. 流动资产的分类

从资产评估的角度，一般将企业的流动资产按照其存在形态分为实物类流动资产、货币类流动资产、债权类流动资产 3 种类型。

（1）实物类流动资产

实物类流动资产是指企业在生产经营过程中为销售或使用而准备的具有实物形态的流动资产，包括库存材料、在产品、产成品、库存商品、低值易耗品等。

（2）货币类流动资产

货币类流动资产是指企业持有的货币资金及各项具有现金等价物性质的流动资产，包括现金、银行存款、短期投资等。

（3）债权类流动资产

债权类流动资产是指企业持有的不具有实物形态的具有债权性质的流动资产，包括应收账款、应收票据、其他应收款及预付账款。

3. 流动资产的特点

相对固定资产而言，企业的流动资产主要存在以下 3 个显著特点。

（1）周转速度快

流动资产的实物形态一般只经历一个生产周期（包装物和低值易耗品除外），便会改变原有的实物形态，其价值转移到产品价值中，构成产品成本的重要组成部分，在产品销售后回收。周转速度快是流动资产的一个显著特征，并且流动资产的每一次周转都会给企业带来增值。

（2）形态多样化

流动资产的存在形式多种多样，在企业的一个生产周期中，流动资产相继经过购买、生产和销售 3 个阶段，相应地也就依次由货币形态转换为储备形态、生产形态、成品形态，最后又变为货币形态，不断地循环往复于企业生产经营的各个阶段。

（3）变现能力强

变现能力强是流动资产的又一重要特征。各种形态的流动资产都可以在较短的时间内变卖或出售，是企业对外支付和偿还债务的重要保证。但是由于存在形态的不同，导致各项流动资产的变现速度也不相同。其变现能力由强到弱依次是：货币形态的流动资产、短期内可出售的存货和近期可变现的债权类资产、生产过程中的在产品及准备耗用的物资。一个企业拥有的流动资产越多，其对外支付和偿债的能力就越强，企业面临的财务风险也就越小。

（4）存量波动大

由于企业总是不断地购买和出售流动资产，致使流动资产的存量和结构呈现较大的波动性。其影响因素主要是市场供求和生产消费的季节性变化。此外，还可能受到外部经济环境、经济秩序等因素的制约。

3.1.2 流动资产评估的定义和特点

1. 流动资产评估的定义

流动资产评估包括实物类流动资产评估和非实物类流动资产评估。前者一般包括材料、在产品、产成品及库存商品的评估，后者一般包括货币性资产的评估、应收账款及预付账款的评估、应收票据的评估、待摊费用和预付费用的评估等。

2. 流动资产评估的特点

流动资产自身的特点决定了其价值评估的特点。由于流动资产的周转速度快、变现能力强、其账面价值与市场价格较为接近，导致流动资产价值评估与其他资产价值评估相比，具有不同的特点。

（1）流动资产评估通常是单项资产评估

对流动资产的评估主要是以单项资产作为对象进行价值评估，因此不需要以其综合获利能力进行综合性价值评估。

（2）合理选择评估基准日

由于流动资产具有流动性强和波动性大的特点，其存量和形态总是不断发生变化的，而对流动资产的评估是确定其在某一时点的价值，所以评估人员必须选择合理的评估基准时间。通常，评估基准日应尽可能选在会计期末，这样可以充分利用企业会计核算资料，提高评估的准确性和评估工作的效率。同时要求评估人员必须在规定的时点进行资产清查、登记和确定流动资产的数量和账面价值，避免重复和遗漏的现象发生。

（3）既要认真进行资产清查，同时又要分清主次、掌握重点

由于流动资产具有数量大、种类多的特点，清查工作量大，所以流动资产清查应考虑评估的时间要求和评估成本。对流动资产评估往往需要根据不同企业的生产经营特点和流动资产分布的情况，分清主和次、重点和一般，选择不同的方法进行清查和评估，做到突出重点、兼顾一般。清查采用的方法有抽查、重点清查和全面检查。当抽查核实中发现原始资料或清查盘点工作可靠性较差时，应扩大抽查面，直至核查全部流动资产。

（4）流动资产的账面价值基本可以反映其现值

由于流动资产周转速度快、变现能力强，在物价水平相对稳定的情况下，流动资产的账面价值基本可以反映其现值，所以一般不需要考虑功能性贬值，其有形损耗的计算只适用于低值易耗品和呆滞资产的评估。在特定情况下，可以采用历史成本作为其评估值。

（5）对企业会计核算资料依赖程度高

企业在生产经营过程中，流动资产处于周转循环状态，其评估会影响企业的正常运转。同样，不断周转循环的流动资产又会影响评估的结果。因此，通常需要企业的配合，在相对静止状态下进行清查盘点和检测。另外，由于流动资产种类繁多，许多价格要素要通过会计资料获得。在特定的情况下，流动资产较适合采用历史成本法进行评估，这就必然使流动资产的评估对企业会计核算资料的依赖程度较高。

3.1.3 流动资产评估的程序

1. 确定评估对象和评估范围

进行流动资产评估前，首先要确定被评估资产的对象和范围，这是保证评估质量的重要条件之一。被评估对象和评估范围应依据企业经济活动所涉及的资产范围而定，这一环节需要评估人员做好以下工作。

（1）明确流动资产的范围

进行流动资产评估，首先应当明确待评估流动资产的范围，分清流动资产与非流动资产的界限。既要防止将非流动资产的机器设备等划入评估范围，又要防止将属于流动资产的低值易耗品等作为非流动资产，以免重复和漏评。

（2）核查待评估流动资产的产权

在对企业的流动资产进行评估前，首先应当核实该资产的产权。存放在被评估企业的外单位委托加工材料、代为保管的材料物资等，尽管存放于该企业中，但由于其产权不属于该

企业，故不应将其记入流动资产的评估范围。

（3）抽查核实被评估流动资产

评估人员应对被评估流动资产进行抽查核实，验证基础资料，必要时要进行全面清查，确保流动资产清单的记录数量与库存实际数量一致。

2. 对具有实物形态的流动资产进行质量检测和技术鉴定

对企业需要评估的材料、半成品、产成品等流动资产进行质量检测和技术鉴定，目的是了解这部分资产的质量情况，以便确定其是否还具有使用价值，并核对其技术情况的等级与被评估资产清单的记录是否一致。对待评估流动资产的检测鉴定工作可由被评估企业的有关技术人员、管理人员与评估人员合作完成，也可参考独立第三方的专业报告，再由评估人员进行专业判断。

3. 对企业的债权情况进行分析

对于应收账款、应收票据和其他应收款等债权类流动资产，评估人员应当调查被评估企业的债务人在双方经济活动中的资信情况，以了解每项债权类资产的经济内容、发生时间及未清理原因等，综合分析、确定各项债权回收的可能性、回收时间、回收费用和相关风险。

4. 合理选择评估方法

评估方法的选择：一是根据评估目的；二是根据不同种类流动资产的特点。对于实物类流动资产，通常采用市场法或成本法。对于存货类流动资产，如果其价格变动较大，则以市场价格为基础；对购入价格较低的存货，按现行市价进行调整；对购入价格较高的存货，除了考虑现行市场价格外，还要分析最终产品价格是否能够相应提高或存货本身是否具有按现行市价出售的可能性。对货币类流动资产，其清查核实后的账面价值本身就是现值，无须采用特殊方法进行评估，只是对外币存款应按评估基准日的外汇汇率进行折算。对于债权类流动资产，应采用可变现净值进行价值评估。对于其他流动资产，应区别不同情况，采用不同的评估方法。其中，有物质实体的流动资产，则应视其价值情形，采用与机器设备等相同或相似的方法进行评估。

5. 进行评定估算，出具评估结论

经过上述评估程序对有关流动资产进行评估后，即可得出相应的评估结论，评估人员应完成评估报告的撰写工作。在流动资产评估说明中，应对流动资产的清查程度和流动资产评估中的价格依据情况予以说明。

3.2 实物类流动资产的评估

实物类流动资产包括各种库存材料、在产品、产成品、库存商品、包装物、低值易耗品等，实物类流动资产评估是流动资产评估中的重要内容。

3.2.1 库存材料的评估

1. 库存材料的内容

企业中的材料，可以分为库存材料和在用材料两种。由于在用材料在生产过程中已经形成产成品或半成品，不再作为单独的材料存在，故材料评估主要是对企业库存材料的评估。库存材料包括各种主要材料、辅助材料、燃料、修理用备件、外购半成品等。

2. 库存材料评估的步骤

库存材料具有品种多、金额大、性质各异，以及计量单位、购进时间、自然损耗各不相同等特点。根据这些特点，在对库存材料评估时，应按下列步骤进行。

① 进行实物盘点，确认账实是否相符。在进行材料价值评估时，首先要进行实地清查，做到账实相符。另外，还应查明有无霉烂变质、损毁、呆滞等情况。

② 根据不同评估目的和待估材料的特点，选择恰当的评估方法。因为材料类流动资产属于生产过程中的消费性资产，其功能高低取决于自身特点，所以更多的是采用成本法或市场法。就这两种方法来说，当某种材料存在活跃市场、供求基本平衡的情况下，成本法和市场法可以相互替代使用。当不具备上述条件时，应分析使用。

③ 运用存货管理的 ABC 方法，突出重点。由于企业的材料品种繁多、性质各异，所以在进行评估时，应按照一定的目的和要求，运用 ABC 分析法对材料进行排队，分清主次、抓住重点，着重对重点材料进行评估。

3. 库存材料评估的方法

由于库存材料购进的时间不同，所以在对库存材料进行价值评估时，应根据材料的购进情况采用与之相适应的评估方法。

（1）近期购进材料的评估

近期购进的材料由于库存时间较短，在市场价格变化不大的情况下，其账面价值与现行市价基本接近，可以取原账面成本作为评估值，即可以采用成本法。由于这部分材料的价格波动小，也可以采用市场法。

【例 3–1】 某企业对库存 A 材料进行价值评估，有关资料如下：该材料是一个月前从外地购进，材料明细账的记载为：数量 2 000 kg，单价 500 元/kg，运杂费 1 000 元。根据材料消耗的原始记录和清查盘点，评估时尚有库存 A 材料 900 kg。经质量检测和技术鉴定，材料质量没有发生变化。试计算该材料的评估值。

解 根据上述材料，可以确定该材料的评估值如下。

$$A 材料的评估值 = 900 \times (500 + 1\,000 / 2\,000) = 450\,450（元）$$

当运杂费数额较大时，评估时应将由被评估材料分担的运杂费计入评估值；当运杂费数额较小时，评估时可以不考虑运杂费。

本例中，材料质量没有发生变化，如果因管理不善等原因导致材料变质，在计算评估值时相应地要考虑材料的贬值，此时材料的评估值为扣除材料失效、变质等相应的贬值额后的价值。假设加入条件：因保管等原因造成 A 材料的贬值率为 3%，则 A 材料的评估值 = 900 × (500 + 1 000 / 2 000) × (1 – 3%) = 436 936.5（元）。

（2）购进批次间隔时间长、价格变化较大材料的评估

对于这类材料，在评估时可以直接以市场价格计算评估值，也可以采用最接近市场价格的账面成本为基础计算其评估值。

【例 3–2】 某企业对库存 B 材料进行价值评估，有关资料如下：本年 7 月 1 日对 B 材料进行价值评估。据材料明细账记载，该材料分两批购进：第一批购进时间为上年 9 月，购进

7 000 kg，单价为 2 500 元/kg；第二批购进时间为本年 6 月，购进 4 500 kg，单价为 3 100 元/kg。经盘点核实，B 材料尚有 800 kg 库存，且未发生变质。试计算 B 材料的评估值。

解   B 材料的评估值=800×3 100=2 480 000（元）

  本例中，因评估基准日 7 月 1 日与本年 6 月购进时间较近，因而直接采用 6 月份购进材料价格作为评估值。如果近期内该材料价格变动很大，或者评估基准日与最近一次购进时间间隔期较长，其价格变动较大时，应采用评估基准日的市价。另外，由于材料分期购进，且购进价格各不相同，企业采用的存货计价方法不同，如先进先出法、加权平均法等，其账面余额也就不同。但需要注意：存货计价方法的差异不应影响评估结果，评估时关键是核查库存材料的实际数量，并按最接近市场的价格计算确定其评估值。

  （3）购进时间早、市场已脱销、无可供参考市场价格材料的评估

  企业库存的某些材料可能由于购进的时间早，市场已经脱销，评估时无明确的市价可供参考或者使用。对这类材料的评估，可以通过以下方法进行：一是寻找替代品的价格变动资料来修正材料价格；二是在分析市场供需的基础上，确定该材料的供需关系，以此修正材料价格；三是通过市场同类商品的平均物价指数进行评估。

  【例 3-3】某企业 2021 年 1 月购进原材料 A 共 500 t，单价为 2 000 元/t。由于当时该材料已经紧俏，价格较高，而且供应存在明显的季节性，2021 年 9 月进行评估时，市场上已经脱销。经清查核实，该材料的库存尚存 60 t，因保管等原因造成的减值因素占材料原值的 3%。根据以下情况分别确定 A 材料的评估值。

  解 ① 市场上有另一种材料 B 与材料 A 的功能相似，可作为替代品，材料 B 的现行市价为 1 200 元/t，根据历史数据可知材料 B 与材料 A 的价格之比是 0.6:1。

    材料 A 的评估值=60×1 200×1/0.6−60×2 000×3%=116 400（元）

  ② 通过分析市场供求趋势，材料 A 价格目前基本稳定，但需求略有下降，价格被拉低了 2% 左右。

    材料 A 的评估值=60×2 000×（1−2%）−60×2 000×3%=114 000（元）

  ③ 按照同类商品的物价指数进行评估。据调查，同类商品的物价指数 2021 年 1 月为 100%，2021 年 9 月为 101.5%，即原材料 A 的价格上升了 1.5% 左右。

    材料 A 的评估值=60×2 000×101.5% / 100%−60×2 000×3%=118 200（元）

  （4）呆滞材料的评估

  呆滞材料是指从企业库存材料中清理出来，需要进行处理的材料。这部分材料积压时间较长，可能会因为自然力作用或保管不善等原因造成使用价值下降。所以对这类材料进行评估时，首先要对其数量和质量进行核实和鉴定，然后区别不同情况进行评估。对其中失效、变质、残损、报废和无用的，应通过分析计算，扣除相应贬值数额后确定评估值。

  （5）破产企业材料的评估

  破产企业材料的评估一般采用清算价格法。对于破产企业尚有使用价值的库存材料，

其评估值的确定主要以材料拍卖时的变现价格为依据。材料的变现价格评估,首先要通过与市场售价做比较,评估出材料的评估价值,然后与交易双方协商,共同确定成交价格。一般情况下,成交价格要低于评估价格。

3.2.2 在产品的评估

在产品包括生产过程中尚未加工完毕的在制品和已加工完毕但不能单独对外销售的半成品(可对外销售的半成品视同产成品评估)。对在产品的评估一般可以采用成本法或市场法。

1. 成本法

成本法是根据技术鉴定和质量检测的结果,按评估时的相关市场价格及费用水平重置同等级在产品及半成品所需投入的合理的料、工、费计算评估值。这种评估方法主要适用于生产周期较长的在产品的评估。对于生产周期较短的在产品,主要以其实际发生的成本作为价值评估的依据。在没有变现风险的情况下,可根据其账面值进行调整。具体方法如下,可根据具体情况选择使用。

(1)根据价格变动系数调整原成本

这种方法主要适用于生产经营正常、会计核算水平较高、成本核算资料基本可靠的企业。根据价格变动系数调整原成本主要是以实际发生的原始成本为基础,根据评估日的市场价格调整成重置成本,具体步骤如下。

① 对被评估在产品进行技术鉴定,从总成本中剔除不合格在产品的成本。

② 分析原账面成本的构成,从总成本中剔除不合理的费用。

③ 分析原成本中材料成本从生产准备开始到评估基准日为止的市场价格变动情况,并测算出价格变动系数。

④ 分析原成本中的工资、制造费用等从生产开始到评估基准日有无大的变动,是否需要进行调整,如需调整,测算出调整系数。

⑤ 根据技术鉴定、原始成本构成的分析及价值变动系数的测算,调整成本,确定评估值,必要时从变现的角度修正评估值。

评估值基本计算公式为

$$在产品评估值=原合理材料成本\times(1+价格变动系数)+原合理工资、费用\times(1+合理工资、费用变动系数)$$

需要说明的是,在产品成本包括直接材料、直接人工和制造费用三部分。制造费用属于间接费用,直接人工尽管是直接费用,但也同间接费用一样较难测算,因此评估时可将直接人工和制造费用合并为一项费用进行测算。

(2)按社会平均消耗定额和现行市价计算评估值

这种方法主要适用于定额成本资料齐全、可靠的企业。该方法是按重置同类资产的社会平均成本确定被评估资产的价值。采用此种方法对在产品进行评估时需要掌握以下资料。

① 被评估在产品的完工程度。
② 被评估在产品有关工序的工艺定额。
③ 被评估在产品耗用物料的近期市价。
④ 被评估在产品在正常生产经营情况下的合理工时及单位工时的费用标准。

评估值基本计算公式为

在产品评估值=在产品实有数量×(该工序单件材料工艺定额×单位材料现行市价+
　　　　　　该工序单件工时定额×正常工资费用)

对于工艺定额的选取,有行业平均物料消耗标准的,可按行业标准计算;没有行业统一标准的,按企业现行的工艺定额计算。

【例 3-4】某企业处于某一生产阶段的在产品 300 件,已知每件在产品铝材消耗量为 400 kg,铝材单价为 5 元/ kg;在产品累计单位工时定额 70 小时,每小时的燃料和动力费定额 0.8 元、工资及附加费定额 15 元、车间经费定额 3 元、企业管理费用定额 6 元。根据以上资料评估该在产品的价值。

解　　原材料成本=300×400×5=600 000(元)
　　　　工资成本=300×70×15=315 000(元)
　　　　燃料和动力成本=300×70×0.8=16 800(元)
　　　　费用成本=300×70×(3+6)=189 000(元)
　　　　该项在产品的评估值=600 000+315 000+16 800+189 000=1 120 800(元)

---

(3) 按在产品的完工程度计算评估值

因为在产品的最高形式为产成品,因此可以在计算产成品重置成本的基础上,按在产品完工程度计算确定在产品的评估值。评估值基本计算公式为

在产品约当产量=在产品数量×在产品完工程度
某道工序在产品完工程度=[(上道工序的累计单位工时定额+该道工序的单位
　　　　　　　　　　工时定额×50%)/在产品单位工时定额]×100%
在产品评估值=产成品重置成本×在产品约当产量

在产品约当产量、完工率可以根据其完成工序与全部工序比例、生产完成时间与生产周期比例确定。当然,确定时应分析完成工序、完成时间与其成本耗费的关系。另外,采用约当产量评估在产品价值时,需要注意在产品的材料成本。一般来说,许多工业企业的主要原料往往都是在生产过程的第一道工序一次投入,所以材料成本也就是按照在产品的实际数量计算而不是按约当产量计算。若在产品的原材料不是一次投入,而是随着生产过程陆续投入,则应将原材料成本调整为约当产量进行计算。

【例 3-5】某企业有 A 在产品 500 件。该在产品的材料已投入 70%,完工程度为 50%,该产品的单位定额成本资料为:材料定额 3 000 元,工资定额 2 500 元,制造费用定额 1 800 元。试计算 A 在产品的评估值。

解　　在产品材料的约当产量=500×70%=350(件)
　　　　在产品工资和制造费用的约当产量=500×50%=250(件)
　　　　A 在产品评估值=350×3 000+250×(2 500+1 800)=2 125 000(元)

---

2. 市场法

市场法是按同类在产品或半成品的市价,扣除销售过程中预计发生的费用后计算评估值。一般情况下,如果被评估在产品的通用性能好,能作为产成品的部件或用于维修更换,

其评估值会比较高。

此类在产品评估值的计算公式为

在产品评估值=在产品实有数量×市场可接受的不含税的单价−预计销售过程中发生的费用

如果在调剂过程中有一定的变现风险,还要考虑风险调整系数。

对既不能继续用于生产,又无法通过市场调剂出去的专用配件等,则只能按废料回收价格进行评估。

此类在产品评估值的计算公式为

在产品评估值=可回收废料的重量×单位重量现行的回收价格

【例3-6】某企业因产品技术落后而全面停产,准备与X公司合并,现对该企业的在产品进行评估。经盘查,按其在产品的状态和通用性可分为三类:第一类,各车间已经领用但尚未进行加工的原材料;第二类,已加工成部件,可通过市场销售且流动性较好的在产品;第三类,加工成的部件无法销售,又不能继续加工,只能报废处理的在产品。

对于第一类,可以根据实有数量、技术鉴定情况、现行市价计算其评估值;对于第二类,可以根据市场同类产品的现行价格、调剂过程中的费用、调剂的风险确定其评估值;对于第三类,则只能按废料的回收价格计算评估值。

解 根据评估资料可以计算各类在产品的评估值,具体如表3−1、表3−2、表3−3所示。

表3−1 尚未加工的原材料　　　　　　　　　　　　　　　　　　　单位:元

材料名称	编号	计量单位	实有数量	现行单位市价	按市价计算的资产价值
甲材料	A001	t	800	450	360 000
乙材料	A002	t	650	135	87 750
丙材料	A003	kg	1 300	70.5	91 650
合计					539 400

表3−2 可直接销售的在产品　　　　　　　　　　　　　　　　　　单位:元

部件名称	编号	计量单位	实有数量	现行单位市价	按市价计算的资产价值
A	B001	件	2 400	36	86 400
B	B002	件	1 600	125	200 000
C	B003	件	750	73	54 750
D	B004	台	800	160	128 000
合计					469 150

表3−3 报废在产品　　　　　　　　　　　　　　　　　　　　　　单位:元

在产品名称	计量单位	实有数量	可收回废料/(kg/件)	可收回废料数量/kg	收回价格/(元/kg)	评估值
G001	件	500	84	42 000	0.85	35 700
G002	件	1 500	35	52 500	0.6	31 500
合计						67 200

在产品评估值=539 400+469 150+67 200=1 075 750(元)

3.2.3 产成品和库存商品的评估

产成品是指企业已完工入库和虽未办理入库手续但已完工并经过质量检验合格的产品。库存商品主要是指商品流通企业购入但尚未销售的商品。对此类存货应依据其变现能力和市场可接受的价格进行评估,通常采用成本法和市场法。

1. 成本法

采用成本法对生产及加工工业的产成品进行评估,主要根据生产该项产成品全过程所发生的成本、费用确定其评估值。具体应用过程中,可分以下两种情况进行。

(1) 评估基准日与产成品完工时间接近

当评估基准日与产成品完工时间较接近,成本变化不大时,可以直接按产成品的账面成本确定其评估值。其计算公式为

$$产成品评估值 = 产成品数量 \times 产成品单位成本$$

(2) 评估基准日与产成品完工时间间隔较长

当评估基准日与产成品完工时间相距较远,产成品的成本变化较大时,产成品评估值可按以下两种方法计算。

① 以合理的消耗定额和料、工、费的现行市价计算。

$$产成品评估值 = 产成品实有数量 \times (合理材料工艺定额 \times 单位材料现行价格 + \\ 合理工时定额 \times 单位小时合理工时工资、费用)$$

② 以物价变动系数对实际成本进行调整。

$$产成品评估值 = 产成品实际成本 \times (材料成本比例 \times 材料综合调整系数 + \\ 工资、费用成本比例 \times 工资、费用综合调整系数)$$

【例3-7】某资产评估事务所对甲企业进行资产评估。经核查,该企业产成品实有数量为2 000件,根据该企业的成本资料,结合同行业成本耗用资料分析,合理材料工艺定额为400 kg/件,合理工时定额为8 h。评估时,生产该产品的材料价格上涨,由原来的120元/kg涨至135元/kg,单位小时合理工资、费用标准为25元/h。

解 根据上述有关资料分析,可以确定甲企业产成品的评估值为

$$产成品评估值 = 2\ 000 \times (400 \times 135 + 8 \times 25) = 108\ 400\ 000 (元)$$

【例3-8】某企业产成品实有数量为80台,每台实际成本为1 600元,根据会计核算资料,生产该产品的材料费用与工资、其他费用的比例为6∶4。根据目前价格变动情况和其他相关资料,确定材料综合调整系数为1.05,工资、费用综合调整系数为1.18。

解 可以计算该产成品的评估值为

$$产成品评估值 = 80 \times 1\ 600 \times (60\% \times 1.05 + 40\% \times 1.18) = 141\ 056 (元)$$

---

2. 市场法

市场法是指按不含价外税的可接受市场价格扣除相关费用后评估产成品价值的评估方

法。在选择市场价格时,应考虑以下几个因素。

① 产成品的使用价值。评估人员应根据对产品的质量考察、技术鉴定,确认产成品是否具有使用价值及产成品的实际等级,以便选择合理的市场价格。

② 分析市场供需状况和被评估产成品的前景。

③ 应选择公开市场的近期交易价格,非正常交易价格不能作为评估依据。

④ 对存在不同程度残缺的产成品,可根据其损坏程度,通过调整系数予以调整。

采用市场法对产成品进行评估,在确定扣除成本、费用时,要注意如何处理产成品中待实现的利润和税金。对待实现的利润、税金的处理是一个不可忽视的问题,对这一问题要具体情况具体分析,视产成品评估的特定目的和评估性质而定。

如果评估的目的是出售,则以现行市价作为评估值,而无须考虑扣除其销售费用和税金,因为任何低于市场价格的评估值对于卖方都是不可接受的。另外,缴纳增值税的产成品的销项税额尽管是向买方收取,但并不构成产成品的价格,而买方支付给卖方的销项税额是其本身的进项税额,在其将买进的产品再卖出时,所实际支付的税额是销项税和进项税的差额,本身就意味着税款的扣除。

如果是以投资为目的对产成品进行评估,则应从市价中扣除各项税金和利润后作为其评估值,因为产成品作为投资者权益,是分配收益的依据。另外,产成品在新的企业按市价销售后,流转税和所得税将流出企业,追加的销售费用应得到补偿。

在实际评估中,应根据产成品的市场销售状况分别处理。对于十分畅销的产成品,根据其出厂价减去销售费用和全部税金确定评估值;对于正常销售的产成品,根据其出厂价减去销售费用、全部税金和适当数额的税后净利润确定评估值;对于勉强能销售出去的产成品,根据其出厂价减去销售费用、全部税金和税后净利润确定评估值;对于滞销、积压、降价销售的产成品,应根据其可收回净收益确定评估值。具体计算公式如下:

畅销类产成品的评估值计算公式为

产成品评估值=产成品实有数量×(不含税出厂价−销售税金及附加−销售费用−所得税)

正常销售产成品的评估值计算公式为

产成品评估值=产成品实有数量×(不含税出厂价−销售税金及附加−销售费用−所得税−
适当税后净利润)

勉强能销售产成品的评估值计算公式为

产成品评估值=产成品实有数量×(不含税出厂价−销售税金及附加−销售费用−所得税−
税后净利润)

滞销、积压、降价销售产成品的评估值计算公式为

产成品评估值=产成品实有数量×不含税出厂价×(1−折扣率)

【例3−9】甲企业的A产品近年来销售势头较好,属畅销类产品。现对A产品进行评估,评估基准日的账面价值是90 048元。经评估人员核查,评估基准日A产品库存26 800件,单位成本为3.36元/件,出厂价格为4.68元/件(含增值税),增值税税率为17%,A产品的销售费率为3%,销售税金及附加占销售收入的比例为1.6%,利润率为20%,所得税税率为

25%，试计算 A 产品的评估值。

解 A 产品的评估值 $=26\,800\times\dfrac{4.68}{1.17}\times(1-3\%-1.6\%-20\%\times25\%)=96\,908.8$（元）

3.2.4 低值易耗品的评估

1. 低值易耗品的概念及分类

低值易耗品是指单项价值在规定限额以下或使用期限不满一年，但能多次使用且实物形态基本保持不变的劳动工具。不同行业对固定资产和低值易耗品的划分标准是不完全相同的，因此在评估过程中判断劳动资料是否为低值易耗品，原则上视其在企业中的作用而定，一般可遵循企业原来的划分标准。同时，低值易耗品又是特殊流动资产，与典型流动资产相比，它具有周转时间长、不构成产品实体等特点。掌握低值易耗品的特点，是做好低值易耗品评估的前提。低值易耗品种类较多，为了准确评估其价值，可以对其进行必要的分类。一般按其用途和使用情况进行分类。

（1）按低值易耗品用途分类

按其用途，可将低值易耗品分为一般工具、专用工具、替换设备、管理用具和劳动保护品等。这种分类的目的在于可以按大类进行评估，以简化评估工作。

（2）按低值易耗品使用情况分类

按照使用情况，可将低值易耗品分为在库低值易耗品和在用低值易耗品两类。这种分类是考虑了低值易耗品使用的具体情况，直接影响评估方法的选用。

2. 低值易耗品的评估方法

（1）在库低值易耗品的评估

对于在库低值易耗品，可以根据具体情况，采用与库存材料、库存商品评估相同的方法。

（2）在用低值易耗品的评估

对于在用低值易耗品，一般采用成本法进行价值评估。其本计算公式为

$$在用低值易耗品评估值=全新低值易耗品的成本价值\times成新率$$

对于全新低值易耗品的评估价值，在价格变动不大时，可以直接采用账面价值，也可以采用现行市价；在价格变动较大时，可以在账面价值基础上乘以物价变动指数。

由于低值易耗品的使用期限较短，所以一般不考虑其功能性损耗和经济性损耗。其成新率计算公式为

$$成新率=\left(1-\dfrac{低值易耗品实际已使用月数}{低值易耗品预计使用月数}\right)\times100\%$$

企业在进行会计核算时，出于计算成本、费用的需要，对低值易耗品采用了较为简化的摊销方法，其摊销情况并不能真实反映低值易耗品的真实耗损程度。因此，在确定低值易耗品的成新率时，应根据实际耗损程度确定，而不能完全按照其摊销方法确定。

【例3-10】甲企业对某项低值易耗品进行价值评估。资料显示，该项低值易耗品原价1 400

元,预计使用一年,现已使用 8 个月,该低值易耗品现行市价为 1 800 元,试计算其评估值。

低值易耗品评估值=1 800×(1-8/12)=600(元)

3.3 货币类流动资产与债权类流动资产的评估

3.3.1 货币类流动资产的评估

1. 现金和各项存款的评估

对于现金和各类存款而言,并不会因为时间的变化而发生差异。因此,对现金和各项存款的评估主要是对现金的清查和盘点,并与现金日记账和现金总账核对,实现账实相符,对各项银行存款进行清查确认,核实银行存款的实有数额,最后以核实后的实有数额作为评估值。如有外币存款,应按评估基准日的外汇汇率折算成等值人民币。在对现金和各项存款进行审核时应注意是否存在"白条抵库"、企业编制的"银行存款余额调节表"是否准确及"未达账项"的未达时间等问题。

2. 短期投资评估

短期投资是指企业购入的、持有期限不超过一年(含一年)、能够随时变现的各种有价证券,包括股票、债券、基金等。短期投资中的有价证券,大多数是在证券市场上公开挂牌交易的,对这部分有价证券,可按评估基准日的收盘价计算确定其评估值;对于不公开上市交易的有价证券,可按本金与持有期间的利息之和计算其评估值。

3.3.2 债权类流动资产的评估

1. 应收账款及预付账款的评估

企业的应收账款是指企业因销售商品、提供劳务等发生的应向有关债务人收取的款项。预付账款是指企业因采购货物预先支付给有关单位的款项。应收账款的收取对象是现金,预付账款的收取对象是有关货物。由于这部分资产存在一定的回收风险,因此在对其进行估算时,一般应从两方面进行:一是清查核实有关款项的账面数额;二是估计可能发生的坏账损失额。应收账款评估值的基本计算公式为

应收(预付)账款评估值=应收(预付)账款账面价值-已确定的坏账损失-
预计可能发生的坏账损失

具体评估程序如下。

(1)确定应收(预付)账款的账面价值

在对企业的应收账款进行评估时,除了进行账证核对、账表核对外,还应尽可能要求被评估单位按客户名单发函核对,查明每笔应收账款发生的时间、金额、债务人的基本情况,并进行详细记录,作为预计坏账损失的重要依据。另外,对机构内部独立核算单位之间的账务往来必须进行双向核对,以避免重复和漏记。

(2)确认已发生的坏账损失

已发生的坏账损失是指评估基准日债务人已经死亡或破产,以及有足够证据表明确实

无法收回的应收账款。对于已确认的坏账损失,在评估其价值时应从应收账款价值中扣除。

(3) 预计可能发生的坏账损失

预计可能发生的坏账损失是指根据被评估企业应收账款收回的可能性进行判断,预计可能发生的坏账损失。在评估工作中,可以根据企业与债务人的业务往来和债务人的信用情况将应收账款分为以下几类,按类分析坏账损失发生的可能性及数额,从而计算应收账款的评估值。

① 业务往来较多,债务人结算信用好。这类账款通常能够如期收回。

② 业务往来较少,债务人结算信用一般。这类账款收回的可能性很大,但收回时间不能完全确定。

③ 偶然发生业务往来,债务人结算信用不明。这类账款可能只收回一部分。

④ 有业务往来,但债务人结算信用差,有长期拖欠的不良记录。这类账款一般无法收回。

以上分类方法既是对应收账款发生坏账损失可能性的判断,又是定量分析预计坏账损失的基础。对预计坏账损失的估计方法主要有坏账比例法和账龄分析法。

① 坏账比例法是按坏账占全部应收账款的比例来判断不可收回的坏账损失数额。坏账比例通常根据企业前若干年(一般为 3~5 年)的实际坏账损失额与相应的应收账款的发生额之比来确定。计算公式为

坏账比例=(评估前若干年发生的坏账数额 / 评估前若干年应收账款余额)×100%

预计坏账损失额=评估基准日应收账款账面余额×坏账比例

【例 3-11】 某企业截至评估基准日,应收账款经核实后的账面余额为 763 500 元。资料显示,评估前 5 年的应收账款余额合计为 6 400 000 元,实际发生的坏账损失合计为 384 000 元,试计算应收账款的评估值。

解 坏账比例=384 000 / 6 400 000×100%=6%

预计坏账损失额=763 500×6%=45 810(元)

应收账款评估值=763 500-45 810=717 690(元)

② 账龄分析法是根据应收账款入账时间的长短,分析应收账款可收回的金额及坏账损失的数额。一般来说,应收账款账龄越长,发生坏账损失的可能性就越大。因此,可将应收账款按账龄的长短分成不同的组别,按组估计发生坏账损失的可能性,进而估计坏账损失的金额。

【例 3-12】 对某企业进行资产评估,经核实,应收账款实有数额为 689 400 元,相关数据见表 3-4,试计算该企业应收账款的评估值。

表 3-4 坏账分析计算表

单位:元

拖欠时间	应收金额	预计坏账率/%	坏账金额
未到期	397 000	1	3 970
半年	106 500	7	7 455
一年	87 600	15	13 140
两年	64 300	35	22 505
三年及以上	34 000	80	27 200
合计	689 400	—	74 270

解 根据表 3-4 中数额计算可得

$$应收账款评估值=689\ 400-74\ 270=615\ 130（元）$$

除了坏账损失外，应收账款的评估还应考虑相关的费用。需要注意的是，评估完成后，"坏账准备"科目的值应为零。因为"坏账准备"是应收账款的备抵账户，是企业按照《企业会计制度》的规定，根据应收账款发生坏账损失的可能性采用一定方法计提的。而对应收账款进行评估时，是按照实际可收回的可能性进行的，所以在评估结果中不再考虑坏账准备的数额。

2. 应收票据的评估

票据是由付款人或收款人签发，由付款人承兑，到期无条件付款的一种书面凭证。应收票据是企业因销售商品、提供劳务而收到的尚未兑现的各种票据，是指企业持有的经债务人书面承诺，具有法定形式和已确定收款期限的债权凭证。目前我国企业所使用的应收票据主要是商业汇票，按承兑人的不同可分为商业承兑汇票和银行承兑汇票。商业汇票可依法背书转让，也可以向银行申请贴现。票据贴现，是指票据持有人在票据到期前向银行申请贴付一定利息，把票据债权转让给银行的信用活动。按是否带息，商业汇票可分为带息和不带息两种。不带息票据的评估值等于其票面金额；带息票据的评估值等于本金（票面金额）加利息。

对应收票据的评估可以采用以下两种方法。

（1）按应收票据的贴现值计算

在票据单独转让的情况下，应收票据的评估值为按评估基准日到银行申请贴现的贴现值。其基本计算公式为

$$应收票据评估值=票据到期价值-贴现息$$

$$贴现息=票据到期价值\times 贴现率\times 贴现期$$

【例 3-13】 A 企业向甲企业销售一批商品，货款金额为 900 万元，采用商业汇票结算，付款期限为 6 个月。A 企业于 3 月 10 日开出汇票，并经甲企业承兑。汇票到期日为 9 月 10 日。现对 A 企业进行评估，基准日为 6 月 10 日。由此确定贴现期为 90 天，贴现率按月息 6‰ 计算。试计算 A 企业应收票据的评估值。

解 $$贴现息=900\times 6‰\times \frac{90}{30}=16.2（万元）$$

$$应收票据评估值=900-16.2=883.8（万元）$$

（2）按票据的本利和计算

在采用加和法评估企业价值的情况下，应收票据应按照票据的面值加上应计的利息作为评估值。基本计算公式为

$$应收票据评估值=本金\times（1+利息率\times 时间）$$

【例 3-14】 某企业拥有一张付款期限为 3 个月的商业汇票，出票日期为 2021 年 4 月 10 日，本金 80 万元，月息为 10‰。评估基准日为 2021 年 6 月 10 日。试计算应收票据的评估值。

解 应收票据评估值 $= 80 \times \left(1 + 10\% \times \dfrac{60}{30}\right) = 81.6$（万元）

以上是计算应收票据评估值的常用方法。但是如果被评估的应收票据是在规定期限内尚未收回的票据，由于会计处理上已将不能如期收回的应收票据转入应收账款账户，所以对这部分应收票据的评估应按照应收账款的评估方法进行。

3. 待摊费用和预付费用的评估

（1）待摊费用的评估

待摊费用是企业已经支付或发生，但应由本月和以后各月份负担的费用。待摊费用主要包括以下几类。

① 属于预付费用性质的，如预付保险费用和租金等。

② 属于均衡成本性质的，如一次大量领用的低值易耗品，按受益期摊销。

③ 属于无形资产性质的，如职工技术培训费用，因为无相应的无形资产科目，也反映在待摊费用中。

④ 属于特殊性质的，如融资租赁费用，要分期摊入成本。

待摊费用本身不是资产，而是已耗用资产的反映。它的支出可以形成一定形态的有形资产、无形资产或享受某些服务的权利。因此，对于待摊费用的评估，实际上是确定其实体资产或权益的价值，而不能只考虑其账面金额。如果实体资产或权益已不存在，无论该项待摊费用账面价值多大，其评估值也应为零。

也就是说，对待摊费用的评估，原则上应按其形成的具体资产的价值来确定。例如，某企业的待摊费用中，发生待摊修理费用 2 万元，但是在机器设备评估时，已经考虑到进行大修理会延长设备的使用寿命，从而使机器的评估值增大。也就是说，2 万元待摊修理费用已经在机器设备的评估值中得以体现，因此这部分反映在待摊费用中的价值就无须体现。需要注意的是，只有在采用加和法评估企业价值时，才涉及对待摊费用的评估。

（2）预付费用的评估

预付费用是企业在评估日之前已经支付，但在评估日之后才能产生效益的款项，如预付的保险金和租金、预付的报纸杂志订阅费等。因此，可以将预付费用看作是未来取得服务的权利。预付费用的评估主要依据其未来可产生效益的时间来进行。如果预付费用的效益已在评估日前全部体现，只因发生数额过大而采用分期摊销的方法，那么这部分预付费用就不应在评估中作价。只有那些在评估日之后仍能发挥作用的预付费用，才是评估的对象。

【例3-15】某评估公司于 2022 年 3 月 31 日对甲企业的待摊费用和预付费用进行单项评估。相关资料如下。

① 预付一年的保险金 24 万元，已摊销 6 万元。

② 待摊销的低值易耗品 16.8 万元，现行市价为 21 万元。

③ 预付房租 60 万元，已摊销 24 万元，租约的起止时间为 2020 年 3 月 31 日到 2025 年 3 月 31 日。

④ 以前年度应结转但因成本过高而未转的费用 74 万元。

根据上述材料，确定甲企业的待摊、预付费用的评估值。

解 ① 预付保险金的评估值。

$$每月应摊销数额=\frac{24}{12}=2（万元）$$

$$剩余保险金评估值=2×9=18（万元）$$

② 未摊销的低值易耗品按现行市场价格确定评估值为 21 万元。

③ 预付租金的评估值。

$$每年应摊销租金=\frac{60}{5}=12（万元）$$

$$剩余租金评估值=12×3=36（万元）$$

④ 以前年度应转未转的费用，因为已经不能再产生效益，故其评估值为零。评估结果为

$$18+21+36=75（万元）$$

3.4 流动资产评估案例分析

3.4.1 流动资产评估案例一

资产评估报告——对××市金钟制药厂部分流动资产价值的评估
XYZ 评字（2021）第 15 号

××市国有资产管理局：

根据贵局 2021 年 5 月 26 日资评立字 13 号资产评估立项通知书和厂方的委托，本会计师事务所已于 2021 年 6 月 1 日对该厂申报评估的部分流动资产价值实施了评估。现将评估结果报告如下。

1. 评估目的

××市金钟制药厂（甲方）拟与××市蓝天制药厂（乙方）合并，经主管部门批准，乙方被甲方兼并，对乙方投入合并经营企业的部分流动资产价值进行评估。

2. 评估基准日

2021 年 6 月 1 日。

3. 评估方法

乙方投入甲方的流动资产如下。

① 库存现金 87 500 元。其中白条抵库 3 500 元，由于原负责人已调离而无法追回，另有无法追回的职工欠款 27 000 元。

② 银行存款 115 800 元。

③ 产成品账面价值 276 000 元，库存商品 350 000 元。经评估人员调查检测，该产成品和库存商品的价格无重大变化，质量没有发生损坏。

④ 应收账款余额 178 500 元。经调查核实，已有 1 户债务人下落不明，欠款共计 31 500 元，另有欠款逾期超过 3 年的债务人 2 户，金额共计 67 000 元。

流动资产账面价值合计 1 007 800 元。

乙方投入甲方的流动资产采用市场法和账龄分析法进行价值评估。

分析计算：

① 库存现金 87 500 元中，白条抵库和工人欠款因无法追回，应视为坏账损失，从库存现金中扣除。库存现金评估值=87 500－3 500－27 000=57 000（元）。

② 银行存款不做调整，评估值为 115 800 元。

③ 由于产成品和库存商品的价格和质量没有发生变化，所以采用原账面价值作为评估值，即 276 000+350 000=626 000（元）。

④ 应收账款 178 500 元中，下落不明及欠款逾期 3 年以上的企业所欠货款，应视为坏账损失，从应收账款余额中扣除。应收账款评估值=178 500－31 500－67 000=80 000（元）。

⑤ 乙方投入甲方流动资产评估值=57 000+115 800+626 000+80 000=878 800（元）。

4. 评估结果

乙方投入甲方的流动资产价值为 878 800 元，比原账面价值减少 129 000 元，降值率为 12.8%。

3.4.2　流动资产评估案例二

资产评估报告——对××市××区天河公司部分流动资产价值的评估
ABC 评字（2021）第 15 号

××市××区国有资产管理办公室：

根据贵局 2021 年 12 月 20 日资评立字 08 号资产评估立项通知书和企业的委托，本资产评估有限公司已于 2021 年 12 月 31 日对该企业申报评估的部分流动资产价值实施评估。现将资产评估情况及评估结果报告如下。

1. 评估目的

因为天河公司拟与连华服装厂联合经营，对天河公司投入联营企业的部分流动资产价值进行评估。

2. 评估基准日

2021 年 12 月 31 日。

3. 评估方法

天河公司投入联营企业的流动资产包括：库存商品 1 000 件，购入时单价 170 元，记为 170 000 元，原材料 50 t，购入时单价 2 400 元，记为 120 000 元，合计 290 000 元。

对天河公司投入联营企业的流动资产采用市场法进行评估。

经评估人员市场调查确定，评估基准日库存商品每件的单价为 200 元，单位价格上涨 17.65%，原材料每吨 2 100 元，单位价格下降 12.5%。

经计算：

库存商品评估值=1 000×200=200 000（元）

原材料评估值=50×2 100=105 000（元）

投入联营企业的流动资产总值为 305 000 元。

经评估人员质量检查和技术鉴定，上述流动资产没有发生质量变化，其价格可以按照现行市价计算确定。

4. 评估结果

天河公司投入联营企业的流动资产价值为 305 000 元，比账面价值增加 15 000 元，增值率为 5.17%，其中库存商品价值增加 30 000 元，增值率为 17.65%，原材料价值减少 15 000 元，降值率为 12.5%。

练 习 题

一、单项选择题

1. 对上市有价证券进行评估时，一般按评估基准日该有价证券的（　　）计算评估值。
   A. 最高价　　　　B. 最低价　　　　C. 收盘价　　　　D. 中间价

2. 将外币存款折算为人民币时，应按（　　）折算。
   A. 评估基准日外汇牌价　　　　B. 当年最低外汇牌价
   C. 当月平均外汇牌价　　　　　D. 当年平均外汇牌价

3. 对某企业的应收账款进行评估。截至评估基准日，该企业的应收账款余额为 1 650 000 元，该企业前 5 年的应收账款累计余额为 8 730 000 元，处理坏账累计额为 1 309 500 元。按坏账比例法确定该企业预计坏账损失的评估值为（　　）元。
   A. 165 000　　　B. 247 500　　　C. 470 000　　　D. 250 000

4. 计算应收账款评估值的基本公式是：应收账款评估值=（　　）。
   A. 应收账款账面余额－已确定坏账损失－预计坏账损失
   B. 应收账款账面余额－坏账准备－预计坏账损失
   C. 应收账款账面余额－已确定坏账损失－坏账损失
   D. 应收账款账面余额－坏账损失－坏账准备

5. 存货评估，（　　）是保证评估满足对应经济行为需要的重要前提条件之一。
   A. 确定评估基准日　　　　　　B. 确定评估人员
   C. 确定评估方法　　　　　　　D. 确定评估范围，界定评估对象

6. 已知被评估企业在用低值易耗品 A 产品的账面原值为 1 800 元，评估基准日低值易耗品 A 产品的市场价格为 2 000 元，低值易耗品 A 产品的预计总使用时间为 1 年，到评估基准日已使用了 3 个月。据此，低值易耗品 A 产品的评估值为（　　）。
   A. 450 元　　　　B. 500 元　　　　C. 1 500 元　　　　D. 1 350 元

二、多项选择题

1. 产成品及库存商品的评估方法主要有（　　）。
   A. 成本法　　　　B. 市场法　　　　C. 年金法　　　　D. 分段法

2. 评估库存材料的变现价值要考虑的因素有（　　）。
   A. 被评估材料的变现风险　　　　B. 被评估材料的变现费用
   C. 被评估材料的成本　　　　　　D. 市场价格的选择

3. 对购进时间长、市场已脱销、没有准确市场现价的库存材料进行评估，可以（　　）。
   A. 在市场供需分析的基础上，确定该材料的供需关系，并以此修正账面价值得到其评估值
   B. 以材料的账面价值作为评估值
   C. 通过市场同类商品的平均物价指数对账面价值进行调整得到其评估值
   D. 利用替代品的价格资料调整分析其评估价值

4. 关于流动资产的评估，下列说法正确的有（　　）。
   A. 通常情况下，货币类流动资产以账面原值作为评估值最为合理
   B. 债权类流动资产按可变现净值进行评估
   C. 评估流动资产一般不需要考虑资产的功能性贬值因素
   D. 实物类流动资产的评估方法通常采用成本法和市场法
5. 企业流动资产评估的内容包括（　　）。
   A. 外埠存款　　　　　　　　B. 库存的外单位委托加工的材料
   C. 处在生产过程中的在产品　　D. 代为其他企业保管的材料物资

三、评估题

1. 现对某企业的在产品进行评估，资料如下：该在产品账面总成本为 600 万元，经评估人员质量检查和技术鉴定后，发现该系列在产品中 A 类在产品有 500 件废品，账面单位成本为 50 元，估计可回收的废料价值共计 3 000 元。该系列在产品的成本中，材料成本占 70%，生产所用材料的价格自生产准备日起到评估基准日止上涨了 12%。试计算该系列在产品的价值。

2. 某企业评估化工类库存材料，经核实材料库存量为 100 t，原始购入成本为 300 万元，根据进货情况，材料的平均库存期为 3 个月。经技术鉴定，其中的一种材料已全部报废，数量为 5 t，购进单价为 3 万元，无回收价值。此外，根据该企业生产用该类材料的实际月耗量计算，库存的该材料有 20% 为超额储存，这部分超储的材料比其他材料多支付利息费用、占地租金费用、保管费用等平均每吨 500 元。根据有关权威部门公布的信息，该类材料每月价格上涨系数为 2%。试确定该类化工材料的评估值。

3. 对 A 企业的产成品进行评估。该产成品实有数量 100 台，单位成本 45 元。根据 A 企业会计核算资料，生产该产品的材料费用与工资、其他费用的比例为 70∶30。根据目前市场价格变动情况和其他相关资料，确定材料综合调整系数为 1.05，工资、费用综合调整系数为 1.12。试计算评估该产成品的价值。

4. 对某公司的应收账款进行评估：经查明，未到期的有 60 万元，拖欠 1 年以内的有 30 万元，拖欠 1～2 年的有 20 万元，拖欠两年以上的有 10 万元。根据企业的历史资料和经营经验，确定坏账比例如下：未到期的坏账率为 1%，拖欠 1 年以内的坏账率为 10%，拖欠 1～2 年的坏账率为 20%，拖欠两年以上的坏账率为 30%。预计收款费用为 2 万元。试评估该应收账款的价值。

第4章 机器设备评估

学习目标
- 了解机器设备的特点、类型及其对评估的影响;
- 掌握机器设备评估的程序;
- 重点掌握成本法在机器设备评估中的应用,掌握机器设备的重置成本、实体性贬值、功能性贬值、经济性贬值的估算方法;
- 掌握机器设备市场比较法评估中有关比较指标的修正系数的确定;
- 掌握收益法在租赁设备中的应用。

本章关键词
机器设备　复原重置成本　更新重置成本　实体性贬值　功能性贬值　经济性贬值　成新率

4.1 机器设备概述

4.1.1 机器设备的概念

从技术角度看,机器设备有3个基本特征:由零件组成;零部件之间有确定的相对运动;由能量转换。

从会计的角度看,机器设备是指符合固定资产条件(即"使用年限超过一年,单位价值在规定标准以上,并且在使用过程中保持原有物质形态")的机器、设备、装置、仪器、工具或器皿等。

从资产评估的角度看,除单台设备外,还包括为了实现特定的功能,由若干独立单台设备组成的设备组合,如生产线、车间等;机器设备是指人类利用机械原理及其他科学原理制造的、特定主体拥有或者控制的有形资产,包括机器、仪器、器械、装置、附属的特殊建筑物等。

4.1.2 机器设备的分类

在评估中对机器设备进行分类,其目的有:一是考虑到机器设备的技术特点,为评估中的专业技术检测创造条件;二是有利于收集市场和其他方面的相关资料,有效地选择参照物;三是适应评估委托方的要求,与财务会计处理的惯例相适应;四是便于评估人员合理分工、专业化协作,提高评估工作的质量和效益。机器设备种类繁多,出于设计、制造、使用、管理等不同需要,可选择不同标准对机器设备进行分类:

1. 按国家固定资产分类标准分类

国家质量监督检验检疫总局、国家标准化管理委员会在 2011 年 1 月 10 日颁布了《固定资产分类标准与代码》(GB/T 14885—2010),规定了我国现行的机器设备分类国家标准,分为:土地、房屋及构筑物;通用设备;专用设备;文物和陈列品;图书、档案;家具、用具、装具及动植物。该标准中对上述 6 类设备都列出了详细目录。

2. 按经济用途和使用情况综合分类

我国会计实务中按经济用途和使用情况将固定资产分为 6 种类型,对机器设备而言有以下几种。

① 生产经营用机器设备。指直接参与生产过程的机器设备,如动力设备、起重运输设备、测试仪器和其他生产用具等。

② 非生产经营用机器设备。主要包括在教育和科研等部门使用的设备。

③ 租出机器设备。指按照合同约定出租给外单位使用的机器设备。

④ 未使用机器设备。指尚未投入使用的新设备和正在改造、尚未验收投产的设备等。

⑤ 不需用机器设备。指不适合本单位使用,并已报请上级部门等待处理的机器设备。

⑥ 融资租入机器设备。指企业以融资租赁方式租入的机器设备。

3. 按机器设备的组合程度分类

机器设备在使用中通常将不同功用的设备进行分配组合,以完成某种生产工艺活动。按其组合方式和程度划分,可分为:单台设备(独立设备);机组,如组合机床、柴油发电机组等;成套设备(包括生产线),由若干不同设备按生产工艺过程,依次排序联结,形成一个完成全部或主要生产过程的机器体系,如合成氨成套设备、胶合板生产线等。

4. 按机器设备的来源分类

机器设备按来源划分,通常可分为自制设备和外购设备两种。外购设备中又有国内购置设备和国外引进设备之分。

5. 按机器设备价值大小分类

机器设备价值大小是一个相对的概念,在不同的企业标准是不一样的,这里仅是一个参考值。

① A 类设备。一般每台价值大于 50 000 元的机器设备。

② B 类设备。一般每台价值在 5 000～50 000 元的机器设备。

③ C 类设备。一般每台价值在 5 000 元以下的机器设备。

机器设备的上述分类并不是独立的,各种分类之间可以有不同程度的关联。例如,成套设备中,可能部分是外购的,部分是自制的。在资产评估中,评估人员应该根据评估的目的、评估的要求和评估对象的特点,选择不同的分类方法,灵活进行分类处理。例如,按机器设备在生产中的作用或工程技术特点分类,有利于对有关专业人员进行分工,选择相应的评估方法,采用适当的技术检测手段,选择适当的评估比较参照物。不论在资产评估中采用什么分类标准进行分类,最后都要按评估结果汇总的要求进行统计。在评估时既可按生产车间进行清查评估,也可按通用设备、专用设备等分类清查评估,还可按自制设备、外购设备、国内设备和进口设备分类清查评估等,完成这些工作后再进行分类汇总。

4.1.3 机器设备相关知识

1. 机器设备的磨损与补偿

机器设备在使用或闲置过程中,由于物理或技术进步的原因会逐渐发生磨损而降低价值。

机器设备的磨损分为有形磨损和无形磨损两种形式。

（1）有形磨损

有形磨损是指设备在实物形态上的磨损。按产生原因的不同，有形磨损可分为以下两种。

① 在使用过程中，设备的零件由于摩擦、振动、腐蚀和疲劳等产生磨损。这种磨损通常表现为机器设备零部件的原始尺寸、形状发生变化，性质改变，精度降低及零部件损坏等。这种磨损与使用时间和使用强度有关。

② 设备在闲置过程中，由于自然力的作用而腐蚀，或由于管理不善和缺乏必要的维护而自然丧失精度和工作能力，使设备遭受有形磨损。这种磨损在一定程度上与闲置时间和保管条件有关。

（2）无形磨损

无形磨损是指由于科学技术进步而不断出现性能更加完善、生产效率更高的设备，致使原有设备价值降低；或者是生产相同结构的设备，由于工艺改进或生产规模扩大等，其重置价值不断降低，导致原有设备贬值。无形磨损也可分为以下两种形式。

① 由于相同结构设备重置价值的降低而带来的原有设备价值的贬值，这种类型的设备技术结构和经济性能并未改变，设备尚可继续使用，一般不需要更新。

② 由于不断出现性能更完善、效率更高的设备而使原有设备在技术上显得陈旧和落后所产生的无形磨损。由于出现了生产率更高、经济性能更好的设备，原设备经济效果降低。这种经济效果的降低，实际上反映了原设备使用价值的部分或全部丧失，当设备的贬值达到一定程度时，就需要用新设备来代替原有设备或对原有设备进行技术改造。

机器设备遭受磨损以后，应当进行适当的补偿。例如当机器设备的有形磨损是由零件磨损造成时，一般可以通过修理和更换磨损零件，使磨损得到补偿；当设备产生了不可修复的磨损时，则需要进行更新；当设备遭受无形磨损时，可采用更新、更先进的设备，或对原有设备进行技术改造。

2. 机器设备利用率

机器设备利用率，是指每年设备实际使用时间占计划使用时间的百分比，是反映设备工作状态及生产效率的技术经济指标。常用的设备利用率指标有时间利用率和能力利用率。

（1）时间利用率

设备时间的利用好坏将直接影响生产能力的发挥，从而影响设备的效率。常用的有计划工作时间和实际工作时间。

$$计划时间利用率=（实际工作时间/计划工作时间）\times 100\%$$

实际工作时间是指从计划工作时间中扣除因事故、材料供应、电力供应等原因造成的停工时间后的工作时间。

（2）能力利用率

产品的实际生产量不随着设备使用时间的增加而增加，通常采用设备能力利用率来反映生产设备能力的利用情况。其计算公式为

$$设备能力利用率=（单位时间内平均实际产量/单位时间内最大可能产量）\times 100\%$$

最大可能产量是按设备设计能力计算的，如果设备改进或生产技术提高，则最大可能产量就应根据改进后设备的生产能力来计算；如果企业时间利用率过低，则评估专业人员应当关注其原因。比如，是否因故障率高、使用状态不佳而需要耗费大量时间进行维护保养，或

因市场原因导致开工不足。

3. 机器设备维护、设备检查、设备修理、设备更新与技术改造、设备报废

（1）设备维护

设备维护是指设备维修与保养的结合，是为了防止设备性能劣化或者降低设备失效的概率，按照事先规定的计划和相应技术条件的规定进行的技术管理措施，包括清扫、润滑、紧固、堵漏以及补充能源、燃料等消耗品等，有事后维护、预防维护、生产维护等方式。

（2）设备检查

设备检查是指全面检查和掌握设备技术状态的变化、运行情况、工作性能和磨损情况，以便提高修理质量和缩短修理时间。设备检查按时间可分为日常检查和定期检查，按技术可分为精度检查和机能检查等。

（3）设备修理

设备修理是指为保持、恢复及提升设备技术状态进行的技术活动，包括各类计划修理和计划外的故障修理及事故修理。设备修理的方法主要有标准修理法、定期修理法、检查后修理法。根据修理范围的大小、修理间隔期长短、修理费用多少，可分为小修理、中修理和大修理。小修理通常只需修复、更换部分磨损较快和使用期限等于或小于修理间隔期的零件，调整设备的局部机构，以保证设备能正常运转到计划修理时间。中修理是对设备进行部分解体，修理或更换部分主要零部件和其他磨损件，校正机器设备的基准，使之恢复并达到要求的技术标准。大修理是指全面修理恢复设备的原有精度、性能及效率，以达到设备出厂时的水平。

（4）设备更新与技术改造

设备更新是指用效率性能更高、更经济合理的新设备来代替原有的技术效率落后、经济不合理的旧设备。设备技术改造，是指应用先进的技术成就和经验，根据生产的需要对旧设备进行局部改造，换上新部件、新装置等使设备达到先进水平，更好地适应生产需求。设备技术改造是补偿第二种无形磨损的重要方法。

（5）设备报废

设备报废是指设备超过自然寿命或者由于磨损或技术落后等其他原因而不能继续使用而废弃。设备报废大多数是因为长期使用造成设备的严重磨损，不能满足生产的要求，也没有修理或技术改造价值；也有的是因为人为事故或自然损害而报废；也有的是因为国家要求强制淘汰的高耗能设备，严重污染环境、影响安全的设备。

根据《中华人民共和国节约能源法》和《中华人民共和国环境保护法》，国家实行淘汰能耗高的老旧技术、工艺、设备和材料的政策，不符合的机器设备应立即报废或限期报废。许多在用设备因不符合能源、环保要求而报废或在一定时间内退出使用，甚至包括一些没有出库的新设备。

4.1.4 机器设备寿命

机器设备寿命是指机器设备从开始使用到被淘汰所经历的时间期限，可分为自然寿命、经济寿命和技术寿命。

1. 自然寿命

自然寿命是指设备从开始使用到因自然磨损不能正常使用所经历的时间。设备在存放和使用过程中，自然力侵蚀、摩擦、振动和疲劳等均可产生自然磨损。其磨损形式往往不是以单一形式表现出来，而是同时作用于机器设备。

2. 经济寿命

经济寿命是指机器设备从开始使用到因遭受有形磨损和无形磨损，继续使用在经济上已不合适而被淘汰所经历的时间期限。关于机器设备经济寿命的基本观点有两种：一种认为设备的经济寿命是指设备从开始使用到其年均费用最小的年限，使用年限超过设备经济寿命，设备的年均费用将上升，所以设备使用到其经济寿命年限就进行更新最为经济；另一种则认为，对生产设备来说，衡量设备经济寿命的长短不能单看年均费用的高低，而是要以使用设备时所获得的总收益的大小来决定，要在经济寿命这段很有限的时间内获得最大的收益。

3. 技术寿命

技术寿命是指机器设备从开始使用到因技术进步导致其功能落后被淘汰所经历的时间期限。机器设备的技术寿命主要是由其无形磨损决定的，它一般要短于自然寿命，而且科学技术进步越快，技术寿命越短。在经济可行的条件下，通过实施现代化改造也可延长设备的技术寿命。

4.2 机器设备评估概述

4.2.1 机器设备评估的概念

我国《资产评估执业准则——机器设备》（2017）中对机器设备评估的定义是："本准则所称机器设备评估，是指资产评估机构及其资产评估专业人员遵守法律、行政法规和资产评估准则，根据委托对评估基准日特定目的下单独的机器设备、资产组合或者作为企业资产组成部分的机器设备价值进行评定和估算，并出具资产评估报告的专业服务行为。"

4.2.2 机器设备评估的特点

（1）以单台、单件为评估对象

由于机器设备单位价值大、规格型号多、情况差异大，为了保证评估的准确性，如实反映被评估机器设备的现实价格，客观上要求把机器设备作为单项独立评估对象进行评估，一般来说，应该逐台、逐件进行评估。

（2）以技术检测为评估基础

机器设备本身就是一类技术含量很高的资产，机器设备自身的技术含量多少本身就直接决定了机器设备评估价值的高低，技术检测是确定机器设备技术含量的重要手段。另外，由于机器设备使用时间长，工程技术性强，且又处于不断磨损过程中，其磨损程度的大小，又因机器设备使用、维修、保养等状况的不同而造成一定的差异。因此，在评定机器设备的实物和价值状况时，往往需要通过技术检测来判断机器设备的磨损状况以评定机器设备的技术水平、实物状况和评估价值。

（3）针对不同设备特性采用不同的评估方法

由于作为固定资产的机器设备多次反复地进入生产过程，实物状态与功能都在发生变化，从而影响评估的因素十分复杂。物价、费用、尚可使用年限、成新率、国家经济政策、市场供需情况等都会对评估价值产生一定的影响。企业机器设备的种类多，各类设备的单项价值、经济寿命、性能等差别较大，因此在评估实践中不可能采用单一的计价方法，而应该针对不同的机器设备，选用不同的方法进行评估。即使是对同一设备，必要时也可选用几种不同的方法进行评估，以验证评估结果的准确程度。

（4）机器设备在评估时的存在形式和使用方式将影响机器设备的评估价值

被评估机器设备在评估时是以单台、单件作为评估对象还是以整体资产中的要素资产作为评估对象，是按机器设备在评估基准日正在使用的方式继续使用下去，还是改变目前的使用方式换作其他方式继续使用下去,或是将机器设备移到异地继续使用,将直接影响机器设备的评估价值。

(5) 机器设备所包含的技术性无形资产应酌情考虑统一评估或分别评估

比较复杂或先进的机器设备,特别是成套设备、机组、检测设备等,其功能的正常发挥还需要有专利、专有技术或计算机软件等技术类无形资产的支持。一般来说,在单台设备及无法将该设备中包含的无形资产严格区分的情况下,可以将这些无形资产含在设备价值中一起评估。而成套设备、机组和复杂的检测设备中含有的可分离的专用无形资产,也可考虑将设备与无形资产分开评估。

(6) 与土地及建筑物不可分离的机器设备的评估

与土地及建筑物不可分离的机器设备,即分离机器设备会严重影响土地及建筑物使用价值和价值的,可将机器设备放到土地、建筑物中一并进行评估,如建筑物中的电梯、水、电、气、通信等机器设备。

(7) 要正确估算机器设备的贬值

机器设备的贬值因素比较复杂,包括实体性贬值、功能性贬值和经济性贬值。这些贬值因素在评估中要考虑,准确地予以计量。技术的更新换代,国家有关的能源、环保政策,市场经济的状况等都可能影响机器设备的评估值。

机器设备评估的上述特点,给评估工作提出了较高的要求,即要在机器设备存在的实物状态和参考账面原值的基础上,充分考虑机器设备的技术特点、价值特点及影响因素,合理地评估机器设备的价值。

4.2.3 机器设备评估的基本程序

机器设备评估的程序是指机器设备评估的过程或步骤。在对机器设备的价值评定估算之前,应该做好评估准备、明确评估基本事项、现场勘察等基础工作。

1. 评估准备

评估师应该做好机器设备评估的各项准备工作,评估准备工作主要有以下几个方面。

(1) 要求委托方提供资产评估的基础资料

评估师首先要求委托方对委托评估的机器设备进行自查,查实机器设备的数量,做到账实相符。在此基础上,填写机器设备评估申报表,提供租出及融资租赁机器设备的合同、证明,提供新购设备、重点设备的购货合同、发票及运输、安装调试费用的收据,以及提供其他必要的经济技术资料。

(2) 制订具体的评估工作计划

根据委托方提供的有关资料,明确评估范围和评估重点后,应制订合理的评估作业计划,包括设计主要机器设备的评估思路、落实评估人员、聘请有关专家、安排评估进度、规定评估作业完成时间等,以此保证评估工作的顺利进行。

(3) 收集评估中所需数据资料

机器设备评估除委托方提供的资料外,在评估准备阶段还应广泛地收集与评估工作有关的数据资料,包括机器设备的成本资料、市场价格资料、技术资料,对机器设备价格产生影响的利率、税率、汇率等资料,这对于提高评估工作的效率是非常重要的。有的资料通过市场调查获得,有的资料通过评估人员现场勘察获得。

2. 明确评估基本事项

(1) 明确评估目的

机器设备评估大体可分为两种形式:一种是机器设备作为独立的评估对象评估;另一种

是机器设备与企业的其他资产一起评估。机器设备单独评估的评估目的有：机器设备转让（包括出售、继承、赠予、抵债等）、机器设备抵押、机器设备保险、机器设备投资、处理机器设备纠纷和有关法律诉讼等；机器设备与企业的其他资产一起评估的目的有：企业合资、合作，企业兼并、分立，企业出售，企业租赁经营，企业承包经营，企业改制，企业上市，企业破产清算等。因此，在受理机器设备评估业务时，必须明确评估目的，并明确地写在资产评估委托协议中和资产评估报告中。

（2）明确评估基准日

机器设备评估基准日通常由委托方提出，评估机构与委托方协商确定。机器设备评估基准日的确定应根据评估的特定目的，遵循与评估目的实现日期相接近的原则。

（3）明确评估对象

主要是明确机器设备的类别和范围。由于机器设备涉及的专业比较广、工程技术性强、种类繁多，评估时必须明确评估对象的类别，以便有效地收集评估资料和合理地安排评估人员。在资产评估中不仅需要根据机器设备的分类标准明确评估对象的类别，还需要根据评估的特定目的，明确评估对象的具体范围，如评估对象中是否包含租出和融资租入机器设备、是否包含房地产中的有关机器设备等，以避免重复评估或者遗漏评估。

（4）明确评估价值类型

机器设备评估的价值类型一般分为市场价值和非市场价值（或称市场外价值）两类。机器设备价值评估要考虑机器设备评估的目的、评估时的市场条件、评估对象自身的性质和状况，选择相适应的评估价值类型。

3. 现场勘察

现场勘察工作的主要任务是清查核实评估对象，对待评估机器设备进行技术鉴定，以测定机器设备的各种技术参数。

（1）清查核实评估对象

清查核实评估对象应根据委托方提供的机器设备评估申报表，通过核对企业的账面记录和盘点实物两个方面对评估对象进行核对，要尽可能对所有申报评估的机器设备逐台核实。对数量较多的成批同型号设备可采用抽查的办法，以落实评估对象。要特别注意对未进账的机器设备、已摊销完设备、租入和租出设备、建筑物附属设备的清查核实，避免重复评估或者漏评。

（2）对机器设备进行勘察和技术鉴定

对机器设备进行勘察和技术鉴定是机器设备评估现场工作的核心。勘察和技术鉴定的内容如下。

① 对机器设备所在整个生产系统、生产环境、生产强度及生产系统的产品结构、产品市场需求状况进行总体鉴定和评价，以此为单台、单件机器设备的技术鉴定提供背景资料。

② 对机器设备的使用状况，包括机器设备的购建时间、已使用年限、利用率及运行负荷的大小、完好率、技术改造、大修理情况进行勘察和技术鉴定。

③ 对机器设备的技术状况，包括设备的类别、规格型号、制造厂家、生产能力、加工精度、设备实际所处状况等进行分析和鉴定。对机器设备进行勘察和技术鉴定时，应注意向操作工人、技术人员、维修管理人员调查了解设备的使用、维护、修理情况，向财务人员了解资金发生和使用情况。对于大型、复杂、高精尖设备，应由多名专业技术人员组成专家组进行勘察和技术鉴定。

4. 确定单台设备的估价数据与参数

确定单台设备的估价数据与参数是评估结果是否科学合理的关键。一方面，评估人员应对收集到的数据进行筛选、分析和整理,确定本次评估的估价数据,如同类设备现行市场购买价格、价格指数、现行有关费用标准、关税税率、利率、汇率等;另一方面,根据现场勘察和技术鉴定所掌握的资料,测定各种技术参数,如设备磨损系数、完好率、尚可使用年限、有形损耗率、成新率等。如果经分析,判定机器设备存在功能性贬值或经济性贬值,还应测定超额运营成本、设备收益损失额、规模效益指数、折现率或资本化率等有关数据和参数。如果评估机器设备的变现价格,还应分析、确定设备的变现时间、变现风险和变现费用等。

5. 评定估算与撰写评估报告

在完成上述工作后,评估人员就可以本着客观、公正的原则对机器设备进行评定估算,估测每台设备的重置价值,并对单台设备的评估值进行汇总,得出总的评估结果。具体的估算过程可通过填写机器设备评估作业分析表、机器设备评估明细表、机器设备评估汇总表来完成。评估机构在机器设备评定估算工作基本完成后,还要进行自查,对设备的估价依据和参数再进行一次全面的核对。在重新核对无误的基础上,就可以编写评估说明或机器设备评估部分报告。

4.3 机器设备评估的成本法

成本法是机器设备评估的最基本和最常用的方法。机器设备评估的成本法是根据被评估机器设备全新状态下的重置成本,扣减实体性贬值、功能性贬值和经济性贬值,将所得差额作为机器设备评估值的一种方法。

成本法的计算公式为

$$P = C_R - D_p - D_f - D_e$$

式中:P——评估值;

C_R——重置成本;

D_p——实体性贬值;

D_f——功能性贬值;

D_e——经济性贬值。

4.3.1 重置成本的计算

1. 机器设备重置成本的定义

机器设备的重置成本通常是指按现行价格购建与被评估机器设备相同或相似的全新设备所需的成本。

机器设备的重置成本可分为复原重置成本和更新重置成本两种。复原重置成本是指按现行的价格购建一台实际上完全相同的设备所需的成本;更新重置成本是指按现行的价格购建一台不论何种类型,但能提供同样服务和功能的新设备替代现有设备所需的成本。

2. 机器设备重置成本要素

机器设备一般以继续使用为假设前提,因此机器设备的重置成本应包括设备处于在用状态下发生的全部成本,包括直接费用和间接费用。

机器设备的直接费用包括设备的购置价或建造价、运杂费、安装调试费、必要的配套费,以及进口设备的关税、增值税、银行手续费等。

机器设备的间接费用通常包括为购置、建造设备而发生的各种管理费用，总体设计制图费用，资金成本，以及人员培训费用等。如果被评估设备是企业闲置的拟转让设备，则需从设备变现的角度评估其价值，即变现价减去变现成本。

3. 机器设备重置成本构成

如果企业的技术和生产到位可以自制研发机器设备，也可以外购标准化产品，外购渠道可以是从国内购买，也可以是从国外进口。机器设备取得的方式和渠道不同，重置成本的构成项目也不一致，具体如下。

（1）自制设备重置成本构成项目

① 制造费用；② 安装调试费；③ 大型设备合理的资金成本；④ 合理利润；⑤ 其他必要的合理费用，如设计费、制图费等。

（2）外购进口设备重置成本构成项目

① 国际市场价格（离岸价格 FOB）；② 境外途中保险费；③ 海运费；④ 进口关税；⑤ 增值税；⑥ 银行手续费和公司手续费；⑦ 国内运杂费；⑧ 安装调试费；⑨ 基础费；⑩ 大型进口设备资金成本。

（3）外购国产设备重置成本构成项目

① 设备自身购置价格；② 设备运杂费；③ 设备安装调试费；④ 大型设备一定期限内的资金成本；⑤ 其他费用，如手续费、验车费、牌照费等。

4. 机器设备重置成本计算方法

机器设备的重置成本包括设备净价、运杂费、设备安装费、基础费，具体的评估方法如下。

1）设备净价

设备净价是指设备本身的价格，不包括运输、安装等费用。对于通用设备一般按现行市场销售价格确定；对于自制设备一般按当前的价格标准计算建造成本，包括直接材料费、燃料动力费、直接人工费、制造费用、期间费用分摊、利润、税金及非标准设备的设计费等。

（1）直接法

直接法是根据市场交易数据直接确定设备净价的方法。使用这种方法的关键是获得市场价格资料，对于大部分通用设备，市场价格资料的取得是比较容易的；而非标准、专用设备的价格资料往往很难从市场上直接取得。获得市场价格的渠道包括以下几种。

① 市场询价。

有公开市场价格的设备，大多数可以通过市场询价来确定设备的现行价格，即评估人员直接从市场了解相同产品的现行市场销售价格。设备的市场价格，制造商与销售商或者不同销售商之间的售价可能是不同的。根据替代性原则，在同等条件下，评估人员应该选择可能获得的最低售价。一些专用设备和特殊设备，由于只有少数厂家生产，市场交易也很少，一般没有公开的市场价格。确定这些设备的现行市场价格，需要向生产厂家直接询价。由于市场透明度较差，生产厂家的报价和实际成交价往往存在较大的差异。评估人员应谨慎使用报价，一般应该向近期购买该厂同类产品的其他客户了解实际成交价。

② 使用价格资料。

价格资料是获得设备市场价格的重要渠道，包括生产厂家提供的产品目录或价格表、经销商提供的价格目录、报纸杂志上的广告、出版的机电产品价格目录、机电产品价格数据库等。在使用上述价格资料时，数据的时效性和可靠性是至关重要的。

（2）物价指数法

物价指数法是指以被评估设备的原始购买价格为基础，根据同类设备的价格变动指数，按现行价格水平来确定机器设备的净价。对于二手设备，历史成本是最初使用者的账面原值，而非当前设备使用者的购置成本。物价指数可分为定基物价指数和环比物价指数，具体的计算如下。

① 定基物价指数。

定基物价指数是以固定时期为基期的指数，通常用百分比来表示。以 100%为基础，当物价指数大于 100%时，表明物价上涨；当物价指数在 100%以下时，表明物价下跌。表 4-1 为某类设备的定基物价指数。

表 4-1 某类设备的定基物价指数

年份	2015	2016	2017	2018	2019	2020	2021
物价指数/%	100	104	106	108	111	113	115

采用定基物价指数计算设备当前重置成本的公式为

$$重置成本 = 历史成本 \times \frac{当前年份指数}{基年指数}$$

【例 4-1】某企业 2017 年购置某设备，原始成本为 30 000 元，定基物价指数如表 4-1 所示，计算 2021 年该设备的重置成本。

$$2021 年该设备的重置成本 = 30\,000 \times \frac{115}{106} = 32\,547（元）$$

② 环比物价指数。

环比物价指数是以上期为基期的指数。如果环比期以年为单位，则环比物价指数表示该类产品当年较上年的价格变动幅度。该指数通常也用百分比表示。表 4-1 的定基物价指数可用环比物价指数表示，具体如表 4-2 所示。

表 4-2 环比物价指数

年份	2015	2016	2017	2018	2019	2020	2021
物价指数/%	—	104	101.9	101.9	102.8	101.8	101.8

用环比物价指数计算设备重置成本的公式为

$$设备重置成本 = 历史成本 \times (P_1 \times P_2 \times \cdots \times P_n)$$

式中，P_n 为 n 年对 $n-1$ 年的环比物价指数。

【例 4-2】某企业 2018 年购置某设备，原始成本为 30 000 元，环比物价指数如表 4-2 所示，计算 2021 年该设备的重置成本。

$$2021 年该设备的重置成本 = 30\,000 \times (101.9\% \times 102.8\% \times 101.8\% \times 101.8\%) = 32\,567（元）$$

注意：在机器设备评估中，对于一些难以获得市场价格的机器设备，经常采用物价指数法。选取的物价指数应与评估对象相配比，一般采用某类产品的分类物价指数，不可采用综合物价指数。企业账面的设备历史成本一般还包括运杂费、安装费、基础费及其他费用。上述费用的物价变化指数与设备价格变化指数往往是不同的,应分别计算。物价指数法只能用于确定设备的复原重置成本,不能用于确定更新重置成本。

(3) 重置核算法

重置核算法是通过分别测算设备的各项成本费用来确定设备净价的方法。该方法常用于确定非标准、自制设备的重置成本。

设备的重置成本由生产成本、销售费用、利润、税金组成。在常见的估价方法中,根据设备的性质特点,有依据设备材料费来确定设备重置成本的方法,也有依据设备人工费用来确定设备重置成本的估价方法。

【例4-3】 某设备的现行市价为150 000元,运杂费为20 000元,安装调试费中原材料费为13 000元,人工费为17 000元。按照同类设备安装调试的间接费用分配,间接费为人工费的60%,计算该设备的重置成本。

该设备的重置成本=重置直接成本+重置间接成本

重置直接成本=150 000+20 000+13 000+17 000=200 000(元)

重置间接成本=17 000×60%=10 200(元)

该设备的重置成本=200 000+10 200=210 200(元)

(4) 综合估价法

综合估价法是根据设备的主材费用和主要外购件费用与设备成本费用有一定的比例关系,通过确定设备的主材费用和主要外购件费用,计算出设备的完全制造成本,并考虑企业利润、税金和设计费用,确定设备的重置成本。其计算公式为

$$C_R = (M_{rm}/K_m + M_{pm}) \times (1+K_p) \times (1+K_d/n) \times (1+K_t)$$

式中:C_R——设备本体的重置成本;

M_{rm}——主材费用;

K_m——成本主材费用率;

M_{pm}——主要外购件费用;

K_p——成本利润率;

K_t——综合税率;

K_d——非标准设备的设计费用率;

n——非标准设备的生产数量。

① 主材费用。主要材料是指在设备中所占的重量和价值比例较大的一种或几种材料。可按图纸分别计算出各种主材的净消耗量,然后根据各种主材的利用率求出它们的总消耗量,并按材料的市场价格计算每一种主材的材料费用。

② 主要外购件费用。主要外购件如果价值比重很小,可以综合在成本主材费用中考虑,而不再单列为主要外购件。外购件的价格按不含税市场价格计算。

③ 综合税率。综合税率包括增值税税率、城市维护建设税税率和教育附加费率等。

该方法只需依据设备的总图,计算出主要材料消耗量,并根据成本主材费用率即可估算出设备的售价,是机械工业概算中估算通用非标准设备时经常使用的方法。

【例 4-4】 某悬链式水幕喷漆室为非标准设备，购建日为 2018 年 12 月，评估基准日为 2022 年 9 月 30 日。计算该悬链式水幕喷漆室的重置成本。

解 根据设计图纸，该设备主材为钢材，主材的净消耗量为 25.5 t，评估基准日钢材不含税市场价为 3 500 元/t。另外，所需主要外购件不含税费用为 55 680 元。主材费用率为 90%，成本主材费用率为 55%，成本利润率为 15%，设计费用率为 16%，产量为 1 台。

首先确定设备的主材费用，该设备的主材费用率为 90%，则主材费用为

$$25.5/90\% \times 3\,500 = 99\,167（元）$$

若增值税税率为 13%，城市维护建设税税率为 7%，教育附加费率为 3%，则综合税率为

$$13\% \times (1+7\%+3\%) = 14.3\%$$

则该设备的重置成本为

$$(99\,167/55\% + 55\,680) \times (1+15\%) \times (1+16\%/1) \times (1+14.3\%) \approx 359\,818.88（元）$$

（5）重量估价法

重量估价法，是假设人工费、车间经费、企业管理费及设计费是设备材料费的线性函数，根据相似设备的统计资料计算出单位重量的综合费率，以设备的重量乘以综合费率，并考虑利润和税金，根据设备的复杂系数进行适当调整后，确定设备本体的重置成本。其计算公式为

$$S = \frac{W \times R_W \times K \times (1+r_p)}{1-r_t}$$

式中：S——非标设备价格；

W——设备的净重；

R_W——综合费率；

K——调整系数；

r_p——利润率；

r_t——综合税率。

该方法简单，计算速度快，适用于材料单一、制造简单、技术含量低的设备本体重置成本的计算。

2）运杂费

（1）国产设备运杂费

国产设备运杂费是从生产厂家到安装使用地点所发生的装卸、运输、采购、保管、保险及其他有关费用。设备运杂费的计算方法之一是根据设备的生产地点、使用地点及重量、体积、运输方式，根据铁路、公路、航运、航空等部门的运输计费标准计算。还有一种方法是按设备原价的一定比率作为设备的运杂费率，以此来计算设备的运杂费。其计算公式为

国产设备运杂费 = 国产设备原价 × 国产设备运杂费率

（2）进口设备国内运杂费

进口设备国内运杂费是指进口设备从出口国运抵我国后，从所到达的港口、车站、机场等地，将设备运至目的地现场所发生的港口费用、装卸费用、运输费用、保管费用、国内运

输保险费用等各项运杂费,不包括在运输超限设备时发生的特殊措施费。其计算公式为

$$进口设备国内运杂费=进口设备到岸价×进口设备国内运杂费率$$

其中,运杂费率分为海运方式和陆运方式两种。

3)设备安装费

设备的安装工程范围包括以下几部分。

① 所有机器设备、电子设备、电气设备的装配、安装工程。
② 锅炉及其他各种工业锅窑的砌筑工程。
③ 设备附属设施的安装工程。
④ 设备附属管线的铺设。
⑤ 设备及附属设施、管线的绝缘、防腐、油漆、保温等工程。
⑥ 为测定安装工作质量进行的单机试运转和系统联动无负荷试运转。

设备安装费包括上述工程所发生的所有人工费、材料费、机械费及全部取费。设备安装费可以用设备的安装费率计算。

(1)国产设备安装费

国产设备安装费的计算公式为

$$国产设备安装费=设备原价×设备安装费率$$

(2)进口设备安装费

进口设备安装费的计算公式为

$$进口设备安装费=相似国产设备原价×国产设备安装费率$$

或

$$进口设备安装费=进口设备到岸价×进口设备安装费率$$

由于进口设备原价较高,进口设备的安装费率一般低于国产设备的安装费率。机械行业建设项目概算指标中规定:进口设备的安装费率可按相同类型国产设备的 30%~70%选取,进口设备的机械化、自动化程度越高,取值越低;反之越高。特殊情况,如设备的价格很高,而安装很简单时,应低于该指标;设备的价格很低,而安装较复杂时,应高于该指标。

4)基础费

设备基础费是指建造设备基础所发生的人工费、材料费、机械费及全部取费。有些特殊设备的基础列入构筑物范围,不按设备基础计算。国产设备基础费的计算公式为

$$国产设备基础费=国产设备原价×国产设备基础费率$$

式中,设备的基础费率按所在行业颁布的概算指标中规定的标准取值。行业标准中没有包括的特殊设备的基础费率,应自行测算。

进口设备基础费的计算公式为

$$进口设备基础费=相似国产设备原价×国产设备基础费率$$

或

$$进口设备基础费=进口设备到岸价×进口设备基础费率$$

进口设备基础费率一般低于国产设备的基础费率。机械行业建设项目概算指标中规定：进口设备的基础费率可按国产设备基础费率的30%～70%选取，进口设备机械化、自动化程度越高，取值越低；反之越高。特殊情况，如进口设备的价格高而基础简单的，应低于该标准；设备价格低而基础复杂的，应高于该标准。

5）进口设备从属费用

进口设备的从属费用包括国外运费、国外运输保险费、关税、消费税、增值税、银行财务费、外贸手续费，对车辆还包括车辆购置税等。

① 国外运费可按设备的重量、体积及海运公司的收费标准计算，也可按一定比例计取，计税基数为设备离岸价，计算公式为

$$海运费 = 设备离岸价 \times 海运费费率$$

其中，海运费费率：远洋一般取5%～8%，近洋一般取3%～4%。

② 国外运输保险费的计费基数为设备离岸价+海运费，计算公式为

$$国外运输保险费 = \frac{(设备离岸价 + 海运费) \times 保险费费率}{1 - 保险费费率}$$

保险费费率可根据保险公司费率表确定，一般在0.4%左右。

③ 关税的计税基数为设备到岸价（CIF），计算公式为

$$关税 = 到岸价 \times 关税税率$$

关税税率按国家发布的进口关税税率表确定。

④ 消费税的计税基数为关税完税价+关税，计算公式为

$$消费税 = \frac{(关税完税价 + 关税) \times 消费税税率}{1 - 消费税税率}$$

消费税税率按国家发布的消费税税率表确定。

⑤ 增值税的计税基数为关税完税价+关税+消费税，计算公式为

$$增值税 = (关税完税价 + 关税 + 消费税) \times 增值税税率$$

注：减免关税，同时减免增值税。

⑥ 银行财务费的计费基数为设备离岸价，计算公式为

$$银行财务费 = 设备离岸价 \times 费率$$

我国现行银行财务费费率一般为4‰～5‰。

⑦ 外贸手续费也称为公司手续费，计费基数为到岸价人民币数，计算公式为

$$外贸手续费 = 到岸价人民币数 \times 外贸手续费费率$$

目前，我国进出口公司的进口费率一般为1%～1.5%。

⑧ 车辆购置税的计税基数为到岸价人民币数+关税+消费税，计算公式为

$$车辆购置税 = (到岸价人民币数 + 关税 + 消费税) \times 税率$$

【例4-5】从美国进口人工智能纺织设备一台，离岸价（FOB）为90 000 000美元，国外海运费费率为6%，国外运输保险费费率为0.8%，关税税率为10%，增值税税率为13%，银

行财务费费率为0.2%，公司代理费费率为1%，国内运杂费为2%，安装费为0.5%，基础费率为1.6%。设备从订货到安装完毕投入使用需要2年时间，第一年投入的资金比例为30%。假设每年的资金投入是相同的，银行贷款利率为5%，评估基准日是2021年9月15日，当日美元对人民币汇率为1:6.5，具体计算如表4-3所示。

表4-3　进口设备重置成本计算过程

项目	计费基数	费率	计算公式	金额
设备离岸价	—	—	—	90 000 000 美元
国外海运费	设备离岸价	6%	计费基数×海运费费率	5 400 000 美元
国外运输保险费	设备离岸价+海运费	0.8%	计费基数×保险费费率	763 200 美元
到岸价（CIF）外币合计	—	—	—	96 163 200 美元
到岸价（CIF）人民币合计	外币额	6.5	计费基数×汇率	625 060 800 元
关税	CIF	10%	CIF×10%	62 506 080 元
增值税	CIF+关税	13%	（CIF+关税）×13%	89 383 694.4 元
银行手续费	设备离岸价	0.2%	计费基数×0.2%	1 170 000 元
公司手续费	CIF	1%	CIF×1%	6 250 608 元
国内运杂费	CIF	2%	CIF×2%	12 501 216 元
安装费	CIF	0.5%	CIF×0.5%	3 125 304 元
基础费	CIF	1.6%	CIF×1.6%	10 000 972.8 元
资金合计	—	—	—	809 998 675.2 元
资金成本	—	5%	资金合计×30%×5%×1.5+资金合计×70%×5%×0.5	32 399 947.01 元
重置成本总计	—	—	—	842 398 622.21 元

4.3.2　实体性贬值

机器设备的实体性贬值是由于生产经营中的磨损和暴露于自然环境造成的侵蚀而引起的资产价值的损失。机器设备实体性贬值的程度可以用机器设备的价值损失与重置成本之比来反映，称为实体性贬值率。全新机器设备的实体性贬值率为零，完全报废设备的实体性贬值率为100%。

成新率是反映机器设备新旧程度的指标，或理解为机器设备现实状态与全新状态的比率。成新率与实体性贬值率的关系为

$$成新率=1-实体性贬值率$$
$$实体性贬值=设备重置成本×实体性贬值率=设备重置成本×（1-成新率）$$

估测实体性贬值率的基本准则是以被评估对象的有关事实和环境条件为依据，通常采用观察法、使用年限法和修复费用法进行。

1. 观察法

观察法是评估人员根据对机器设备的现场观察和技术检测，在综合分析机器设备的已使用时间、使用状况、技术状态、维修保养状况、大修情况、工作环境和条件等因素的基础上，测定设备的成新率。

观察法的重点是在全面了解被评估机器设备基本情况的基础上，对机器设备进行技术检测和鉴定。在进行技术检测和鉴定时应根据机器设备的不同类型，确定检测的项目和重点。

运用观察法估测机器设备的成新率，在具体操作中可采用以下两种做法。

（1）直接观测法

直接观测法是指首先确定和划分不同档次的成新率标准，如表 4-4 所示（该表仅供参考），然后根据被评估对象的实际情况，经观测、分析、判断，直接确定被评估机器设备的成新率。这种方法的特点是简便、省时、易行，但主观性较强、精确度较差，一般适用于单位价值小、数量多、技术性不是很强的机器设备成新率的确定。

表 4-4 机器设备成新率评估参考表

类别	新旧情况	有形损耗率/%	技术参数标准参考说明	成新率/%
1	新机器设备及使用不久的机器设备	0~10	全新或使用不久的机器设备，在用状态良好，能按设计要求正常使用，无异常现象	90~100
2	较新机器设备	11~35	已使用一年以上或经过第一次大修恢复原设计性能使用不久的机器设备，在用状态良好，能满足设计要求，未出现过较大故障	65~89
3	半新机器设备	36~60	已使用两年以上或大修后已使用一段时间的机器设备，在用状态较好，基本上能达到设计要求，满足工艺要求，需经常维修以保证正常使用	40~64
4	旧机器设备	61~85	已使用较长时间或几经大修，目前仍能维持使用的机器设备，在用状态一般，性能明显下降，使用中故障较多，经维护仍能满足工艺要求，可以安全使用	15~39
5	报废待处理机器设备	86~100	已超过规定使用年限或性能严重劣化，目前已不能正常使用或停用，即将报废待更新	15 以下

（2）打分法

打分法又称为部分鉴定法，是按机器设备的构成部分分项，按各项的价值比重或贡献度定分（满分 100 分），然后根据对设备各部分实际状况的技术鉴定，通过打分来确定被评估机器设备的成新率。这种方法的特点是使单项设备的成新率的确定定量化，在一定程度上克服了主观随意性，使成新率的确定更加科学、合理。下面以普通机床为例对这种方法加以具体说明。

采用打分法估测机床的成新率，首先把机床划分为机床精度、操作系统、运动系统、润滑系统、电气系统、外观及其他等几个部分，并给定每个部分的标准分（满分 100 分），然后对各部分进行观测或技术鉴定，在此基础上对各部分实际状况打分，最后把各部分实得分数相加，即可得到被评估机床的成新率，具体情况如表 4-5 所示。

表 4-5 机器设备（机床）成新率鉴定表

单位名称： 评估基准日：

设备名称		规格型号		制造厂家	
购置时间		已使用年限		近期大修理日期/金额	
序号	项目	标准分	鉴定内容及实际情况		实际打分
1	机床精度	55	① 几何精度，如溜板移动在垂直平面内的直线度、主轴锥孔中心线的径向跳动等指标是否达到设计有关要求 ② 工作精度，如精车轴类零件外圆的圆度和圆柱度、精车端面的平面度等指标是否达到有关要求		

续表

序号	项目	标准分	鉴定内容及实际情况	实际打分
2	操作系统	6	变速及溜板操作手轮或手柄是否灵活轻便,丝杠与螺母之间的间隙是否过大	
3	运动系统	8	包括主轴箱、进给箱的齿轮传动系统,各部位轴承有无振动及发热,各滑动面有无拉伤	
4	润滑系统	10	润滑油泵出口压力是否达到额定值,油管是否泄漏,油路是否畅通	
5	电气系统	15	电控箱中电流开断装置,如磁力起动器、交流接触器、空气断路器及各种继电器触点有无烧损或接触不良,工作是否正常。电动机在运转中是否有发热升温超过正常值的情况	
6	外观及其他	6	机床附件是否齐全,安全保护装置是否完好,外观有无锈蚀、碰伤及油漆剥落等	
	合计	100	成新率	

用此方法鉴定机床成新率的难点是机床精度的测定,因为机床精度可分为几何精度和工作精度(加工精度),具体又通过很多指标来反映,这些指标的测定通常用仪器来完成。事实上,由于受技术装备条件及评估作业时间的限制,评估机构很难做到这一点。在实际评估中,评估人员可通过向机器设备技术管理人员、机器设备操作人员调查了解机床的实际加工精度情况,再通过与机床的标准加工精度或设计加工精度对比,来给机床的精度打分。

2. 使用年限法

使用年限法是假设机器设备在整个使用寿命期间内,实体性贬值与寿命缩短是成正比的,于是就可用机器设备的已使用年限与总的寿命年限的比值来确定设备的实体性贬值率。其计算公式为

$$实体性贬值 = \frac{机器设备已使用年限}{机器设备已使用年限 + 机器设备尚可使用年限} \times 100\%$$

上述表达式是计算成新率的典型公式,因为不是所有的机器设备都是以"年"为单位反映寿命,如汽车的寿命用行驶里程反映更为准确,有些大型机器设备以工作小时反映寿命,大型建筑施工机械可按工作台班反映寿命。尽管反映寿命的单位不同,但评估贬值率的原理与按"年"计量的评估方法并无不同,因此统称为使用年限法。

运用使用年限法估测机器设备的成新率取决于两个基本因素:已使用年限和尚可使用年限。但由于机器设备的具体情况不尽相同,如有的机器设备的投资是一次完成的,有的可能是分次完成的,有的可能是进行过更新改造和追加投资的,因此应采取不同的方法来测算其已使用年限和尚可使用年限。

1)简单年限法

简单年限法是假定机器设备的投资是一次完成的,没有更新改造和追加投资等情况的发生。机器设备已使用年限是指机器设备从开始使用到评估基准日所经历的时间。由于资产在使用中负荷程度及日常维修保养差别的影响,已使用年限可分为名义已使用年限和实际已使用年限。名义已使用年限是指会计记录记载的资产的已提折旧的年限;实际已使用年限是指资产在使用中实际磨损的年限。其计算公式为

$$实际已使用年限 = 名义已使用年限 \times 机器设备利用率$$

$$机器设备利用率 = \frac{截至评估基准日设备累计实际利用时间}{截至评估基准日设备累计法定利用时间}$$

如果机器设备利用率计算结果小于 1，表明开工不足，机器设备实际已使用年限小于名义已使用年限；如果机器设备利用率计算结果大于 1，表明资产超负荷运转，实际已使用年限大于名义已使用年限。

在机器设备评估中，应根据机器设备的名义已使用年限（折旧年限），考虑机器设备的使用班次、使用强度和维修保养水平据实估测其实际已使用年限。

【例 4-6】 被评估设备已投入使用 5 年，在正常情况下该设备每天工作 8 h，该设备在 5 年中平均每天工作 6 h，该设备尚可使用年限为 7 年，计算该设备的实体性贬值。

解　　　设备利用率 =（6/8）×100% = 75%
设备实际使用年限 = 5×75% = 3.75（年）
设备的实体性贬值率 = [3.75/（3.75+7）] ×100% = 34.88%

2）综合年限法

综合年限法是根据机器设备投资是分次完成、机器设备进行过更新改造和追加投资，以及机器设备的不同构成部分的剩余寿命不同等一些情况，经综合分析、判断，并采用加权平均法计算、确定被评估机器设备的成新率。

一台设备由于分次投资、更新改造、追加投资等情况，使不同部件的已使用年限不同，确定整个设备的已使用年限，应以各部件重置成本的构成为权重，对各部件参差不齐的已使用年限进行加权平均，确定已使用年限。其计算公式为

$$综合已使用年限 = 加权投资年限 = \frac{\sum（加权更新成本）}{\sum（更新成本）}$$

$$加权更新成本 = 已使用年限 \times 更新成本（现行成本）$$

【例 4-7】 被评估设备购于 2015 年，原始价值为 50 000 元，2020 年和 2022 年进行过两次更新改造，主要是添置一些自动化控制装置，当年投资分别为 3 000 元和 2 500 元。假设 2015 年至 2022 年，每年的价格上升率为 10%，该设备仍可使用 5 年，计算该设备 2027 年的成新率。

解　① 用价格指数法计算被评估设备的现行成本，如表 4-6 所示。

表 4-6　该设备现行成本表

投资日期	原始投资额/元	价格变动系数	现行成本/元
2015 年	50 000	2.6	130 000
2020 年	3 000	1.95	5 850
2022 年	2 500	1.61	4 025
合计	55 500		139 875

② 计算加权投资成本，如表4-7所示。

表4-7 该设备加权投资成本表

投资日期	现行成本/元	投资年限/年	加权投资成本
2015年	130 000	10	1 300 000
2020年	5 850	7	40 950
2022年	4 025	5	20 125
合 计	139 875		1 361 075

③ 计算加权投资年限。

$$加权投资年限 = \frac{1\,361\,075}{139\,875} = 9.73（年）$$

④ 计算成新率。

$$成新率 = \frac{5}{9.73 + 5} = 33.94\%$$

3. 修复费用法

修复费用法又称修复金额法，是按修复磨损部件所需要的开支来确定机器设备实体性损耗及成新率的方法。它适用于某些特定结构部件已经被磨损但能够以经济上可行的办法修复的情形。对机器设备来说，修复费用包括主要零部件的更换或者修复、改造费用等。修复费用法确定贬值率的公式为

$$贬值率 = \frac{修复费用}{重置成本}$$

在使用这种方法时，应注意以下两点。

① 把实体性损耗中的可修复磨损和不可修复磨损区别开来。两者之间根本的不同点就是可修复的实体性损耗不仅在技术上具有修复的可能性，而且在经济上是划算的，不可修复的实体性损耗则无法以经济上划算的办法修复。于是，对于不可修复的磨损按观察法或使用年限法进行评估，可修复的磨损则按修复费用法进行评估。

② 确定修复费用是否包括了对机器设备技术更新和改造的支出。由于机器设备的修复往往同功能改进一并进行，这时的修复费用很可能不全用在实体性损耗上，而是有一部分用在功能性贬值上，因此在评估时应注意不要重复计算机器设备的功能性贬值。

【例4-8】对某台8年前购入的设备进行评估，该设备是每周7天，每天24 h连续运转。现了解到一部分设施需要更换，经与设备维修和技术部门讨论，更换投资为22万元，该设备能再运转15年。估测该设备的贬值率。

解 采用成本法求得该设备的重置成本为160万元。

$$不可修复部分的重置成本 = 160 - 22 = 138（万元）$$

计算不可修复部分的损耗率和损耗额如下。

$$损耗率=8+（8+15）×100\%=34.78\%$$
$$损耗额=138×34.78\%=48（万元）$$
$$贬值率=[（22+48）/160]×100\%=43.75\%$$

4.3.3 功能性贬值

机器设备的功能性贬值主要是由于技术进步引起的。它具体存在两种表现形式：由超额投资成本所致的功能性贬值和由超额运营成本所致的功能性贬值。

1. 由超额投资成本所致的功能性贬值的估算

超额投资成本的产生是因为技术进步引起劳动生产率的提高，使得重置与原机器设备同样功能的机器设备所需成本降低，从而造成原机器设备的价值贬值。从理论上讲，机器设备的超额投资成本应等于该机器设备的复原重置成本与其更新重置成本的差额，即

$$机器设备超额投资成本=机器设备复原重置成本-机器设备的更新重置成本$$

【例4-9】某设备复原重置成本为10 000元，其更新重置成本为7 000元，计算该设备的功能性贬值。

解 该设备的功能性贬值=10 000-7 000=3 000（元）

在实际评估中，因机器设备的复原重置成本难以直接获取，故评估直接采用机器设备的更新重置成本，这种情况下就不必再考虑机器设备超额投资成本的估算，以免重复计算。另外，对于现已停产的机器设备，评估时只能参照其替代机器设备，而这些替代机器设备的性能通常要比被评估机器设备更好，其价格也会高于被评估机器设备。对此，也不应机械地套用上述公式，而应利用参照机器设备的价格，采用类比法估测被评估机器设备的更新重置成本。

2. 由超额运营成本所致的功能性贬值的估算

超额运营成本的产生是由于技术进步出现了新的、性能更优的机器设备，使原有机器设备对于新机器设备来说，在功能、性能方面落后，而引起在能源、动力、人力、原材料等方面的消耗增加，即产生了一部分超额运营成本。估算由超额运营成本所致的功能性贬值的关键是必须找到一个技术先进的现代化机器设备作为参照物，并考虑因超额运营成本而递减的所得税，从而得出被评估机器设备的年超额运营成本净额。

【例4-10】计算某电焊机超额运营成本引起的功能性贬值。

（1）分析比较机器设备的超额运营成本因素。经分析比较，被评估的电焊机与新型电焊机相比，引起超额运营成本的因素主要为老产品的能耗比新产品高。通过统计分析，按每天8 h、每年300个工作日计算，每台老电焊机比新电焊机多耗电6 000度。

（2）确定被评估机器设备的尚可使用寿命，计算每年的超额运营成本。根据设备的现状，评估专业人员预计该电焊机尚可使用10年，如每度电按0.5元计算，则

$$每年的超额运营成本=6 000×0.5=3 000（元）$$

（3）计算净超额运营成本。如所得税按 25%计算，则

$$\text{税后每年净超额运营成本} = \text{税前超额运营成本} \times (1 - \text{所得税税率})$$
$$= 3\,000 \times (1 - 25\%)$$
$$= 2\,250\,（元）$$

（4）确定折现率，计算超额运营成本的折现值。折现率为 10%，10 年的年金现值系数为 6.145，则

$$\text{净超额运营成本的折现值} = \text{净超额运营成本} \times \text{折现系数}$$
$$= 2\,250 \times 6.145$$
$$= 13\,826.25\,（元）$$

该电焊机由于超额运营成本引起的功能性贬值为 13 826.25 元。

4.3.4 经济性贬值

机器设备的经济性贬值是指由于外部因素引起的贬值。这些因素包括：由于市场竞争加剧，产品需求减少，导致设备开工不足，生产能力相对过剩；原材料、能源等提价，造成成本提高，而生产的产品售价没有相应提高；国家有关能源、环境保护等法律、法规使产品生产成本提高或者使设备强制报废，缩短了设备的正常使用寿命，等等。

1. 使用寿命缩短

引起机器设备使用寿命缩短的外部因素主要是国家有关能源、环境保护等方面的法律、法规。近年来，由于环境污染问题日益严重，国家对机器设备的环保要求越来越高，对落后的、高能耗的机电产品施行强制淘汰制度，缩短了设备的正常使用寿命等。

【例 4-11】某汽车已使用 10 年，按目前的技术状态还可以正常使用 10 年，按年限法，该汽车的贬值率为

$$10 / (10+10) = 50\%$$

但由于环保、能源的要求，国家新出台的汽车报废政策规定该类汽车的最长使用年限为 15 年，因此该汽车 5 年后必须强制报废。在这种情况下，该汽车的贬值率为

$$10 / (10+5) = 66.7\%$$

由此引起的经济性贬值率为 66.7%-50%=16.7%。如果该汽车的重置成本为 30 万元，则其经济性贬值额为

$$30 \times 16.7\% = 5.01\,（万元）$$

2. 运营费用的提高

引起机器设备运营成本增加的外部因素包括原材料成本增加、能源成本增加等。其中，国家对超过排放标准排污的企业要征收高额的排污费，机器设备能耗超过限额的，按超限额浪费的能源量加价收费，从而使高污染、高能耗机器设备的运营费用提高。

【例4-12】某台车式电阻炉,政府规定的可比单耗指标为550 kW·h/t,该炉的实际可比单耗为630 kW·h/t。试计算因政府对超限额耗能加价收费而增加的运营成本。

解 电阻炉年产量为1 500 t,电单价为1.2元/kW·h。

超限额的百分比=(实测单耗-限额单耗)/限额单耗=(630-550)+550=14.55%

根据政府规定超限额10%~20%(含20%)的,加价两倍,则

年加价收费总金额=电单价×(实测单耗-限额单耗)×年产量×加价倍数

故每年因政府对超限额耗能加价收费而增加的运营成本为

$$1.2×(630-550)×1\,500×2=288\,000(元)$$

由此计算出该电阻炉在未来5年的使用寿命期内,按折现率10%考虑资金的时间价值,则多支出的运营成本为288 000×3.790 8=1 091 750.4(元),即为该电阻炉因超限额加价收费引起的经济性贬值。

3. 市场竞争的加剧

由于市场竞争的加剧,导致产品销售数量减少,从而引起设备开工不足、生产能力相对过剩,这也是引起经济性贬值的主要原因。贬值的计算可使用规模经济效益指数法。

【例4-13】根据购建时的市场需求,某产品生产线的设计生产能力为每年1 000万件,建成后由于市场发生不可逆转的变化,每年的产量只有400万件,60%的生产能力闲置。该生产线的重置成本为160万元,规模经济效益指数为0.8。如果不考虑实体性磨损,试计算该生产线的经济性贬值。

解 由于市场发生不可逆转的变化,该生产线的有效生产能力只有400万件/年,这种生产能力的生产线的重置成本为

$$(400/1\,000)^{0.8}×160=77(万元)$$

该生产线的经济性贬值=160-77=83(万元)

4.4 机器设备评估的市场法

机器设备评估的市场法是指以近期相同或相类似机器设备的市场成交价或报价为参照,根据市场上成交或正在交易中的相同或相似机器设备的交易价格资料,通过对评估对象和市场参照物各项因素的对比分析,调整差异因素对机器设备价格的影响,从而确定机器设备评估值的一种方法。

4.4.1 市场法的使用范围

运用市场法进行评估机器设备需要具备以下两个前提条件。

(1) 市场条件

机器设备评估的前提是有一个发达活跃的设备交易市场,市场条件至关重要,要在评估参照物的附近市场上寻找到可比参照物,并借助参照物市场寻找成交价。

(2) 参照物可比性

参照物的可比性取决于机器设备市场价值的合理性和公允性。可比性一方面包括机器设备自身参数设置,比如被评估机器设备与参照物之间在规格、型号、用途、性能和新旧程度方面的可比性;另一方面包括参照物的交易情况,比如交易目的、交易条件、交易数量、交易时间、结算方式等。在实际的评估中要全面考虑参照物的可比因素,并且要收集到可量化的指标。

4.4.2 运用市场法评估机器设备的基本步骤

运用市场法评估机器设备的基本步骤如下。

(1) 对评估对象进行鉴定,获取评估对象的基本资料

市场法的首要工作就是在掌握被评估机器设备基本情况的基础上进行市场调查,收集与被评估对象相同或类似的机器设备交易实例资料。所收集的资料一般包括机器设备的交易价格、交易日期、交易目的、交易方式、类型、功能、规格型号、已使用年限等。对所收集的资料还应进行查实,确保资料的真实性和可靠性。

(2) 进行市场调查,选取市场参照物

对所收集的资料进行分析整理后,按可比性原则,选择所需的参照物。在选择市场参照物时,应注意参照物的时间性、地域性和可比性。从时间上来讲,参照物的交易时间应尽可能接近评估基准日;在地域上,应尽可能与评估对象在同一地区。另外,评估对象应与参照物具有较强的可比性,实体状态方面比较接近。

(3) 因素比较,量化差异

尽管评估人员在选择市场参照物时尽量做到被评估对象与市场参照物比较接近,但是被评估对象与参照物在实体状态、交易时间、交易地点、交易背景上还是存在一定差异。因此,应对不同因素的作用程度进行评估,差异程度确定之后,还应对被评估机器设备的价值逐项进行调整。

① 量化和调整交易日期的差异。在选择参照物时应尽可能选择离评估基准日较近的交易案例,可免去交易时间因素差异的影响。若交易日的价格与评估基准日机器设备的交易价格不一致,可利用同类机器设备的价格变动指数进行调整。

$$修正为评估基准日的参照物价格 = 参考物交易期日的成交价格 \times \frac{评估基准日价格指数}{交易日价格指数}$$

② 量化和调整折旧程度方面的差异。评估时,被评估机器设备与参照物在新旧程度上往往不一致,评估人员应对被评估机器设备与参照物的使用年限、技术状态等情况进行分析,估测其成新率,即

$$修正新旧程度后的参照物价格 = 参照物交易价格 \times \frac{被评估对象成新率}{参照物成新率}$$

(4) 计算评估值

在分析比较的基础上,对参照物的市场交易价格进行修正,确定评估值。

4.4.3 运用市场法评估机器设备的比较因素分析

比较因素是指可能影响机器设备市场价值的因素。在使用市场法评估的过程中，很重要的一项工作就是将参照物与评估对象进行比较。在比较之前，评估人员首先要确定哪些因素可能影响机器设备的价值，哪些因素对价值没有影响。比较因素是一个指标体系，是能够全面反映影响价值的因素。一般来讲，机器设备的比较因素可分为四大类，即个别因素、交易因素、时间因素、地域因素。

（1）个别因素

机器设备的个别因素一般指反映机器设备在结构、形状、尺寸、性能、生产能力、安装、质量、经济性等方面的差异。不同的机器设备其差异因素也会各不相同。在评估中，常用的描述机器设备的指标一般包括：规格型号、制造厂家、役龄、安装方式、附件、实体状态。

（2）交易因素

① 交易因素市场状况。主要指市场的供求关系。评估人员在使用市场法时，首先应了解被评估的机器设备目前是买方市场还是卖方市场，并确定市场状况可能对机器设备价值的影响。

② 交易动机及背景。不同的交易动机和交易背景会对机器设备的出售价格产生影响。例如以清偿、快速变现形式或带有一定优惠条件的出售，其售价往往低于正常的交易价格。

③ 交易数量。购买机器设备的交易数量也是影响机器设备售价的一个重要因素。

（3）时间因素

不同交易时间的市场供求关系、物价水平等都会不同，评估人员应选择与评估基准日最接近的交易案例，并对参照物的时间因素做出调整。

（4）地域因素

由于不同地区市场供求条件等因素的不同，机器设备的交易价格也会受到影响，评估参照物应尽可能与评估对象在同一地区。如果评估对象与参照物存在地区差异，则需要进行调整。

4.4.4 运用市场法评估机器设备的具体方法

运用市场法评估机器设备是通过对市场参照物进行价值调整完成的，常用的调整方法有3种：直接匹配法、因素调整法和成本比率调整法。

1. 直接匹配法

直接匹配法是根据与被评估对象基本相同的市场参照物，通过直接比较来确定被评估对象的价值。直接匹配法相对比较简单，对市场的反映最为客观，最能精确地反映机器设备的市场价值。这种方法可用公式表示为

$$V = V_1 \pm \Delta i$$

式中：V——评估值；

V_1——参照物的市场价值；

Δi——差异调整。

【例4-14】在评估一辆轿车时，评估人员从市场上获得的参照物在型号，购置年、月，行驶里程，发动机，底盘及各主要系统的状况等方面基本相同。区别在于：参照物的右前大

灯破损需要更换，更换费用约为 400 元；被评估车辆加装 CD 音响一套，价值约为 1 600 元。若该参照物的市场售价为 72 000 元，则

$$V=V_1\pm\Delta i=72\,000+400+1\,600=74\,000（元）$$

直接匹配法适用于参照物与评估对象基本相同的情况，需要调整的项目较少，差异不大，并且差异对价值的影响可以直接确定。如果差异较大，则无法使用直接匹配法。

2. 因素调整法

因素调整法是通过比较分析市场参照物与被评估机器设备的可比因素差异，并对这些因素逐项做出调整，由此确定被评估机器设备的价值。这种方法在无法获得基本相同的市场参照物的情况下，以相似的参照物作为分析调整的基础。这种方法与直接匹配法相比更主观，在对比较因素进行分析的基础上，需要做更多的调整。

为了减少调整时因主观因素产生的误差，所选择参照物应尽可能与评估对象相似，应注意参照物的时间性、地域性和可比性。

当有多个参照物时，应先对每个参照物进行因素调整，计算出调整后的价值，再求其平均值，最后确定被评估对象的评估值。

【例 4-15】（1）评估人员首先对被评估对象进行鉴定，基本情况如下。

设备名称：普通车床

规格型号：CA6140×1 500

制造厂家：A 机床厂

出厂日期：2020 年 6 月

投入使用时间：2020 年 6 月

安装方式：未安装

附件：齐全（包括仿形车削装置、后刀架、快速换刀架、快速移动机构）

实体状态：评估人员通过对车床的传动系统、导轨、进给箱、溜板箱、刀架、尾座等部位进行检查、打分，确定其综合分值为 6.1 分。

（2）评估人员对二手设备市场进行调研，确定了与被评估对象较接近的 3 个参照物，具体情况见表 4-8。

表 4-8 被评估对象及参照物基本情况

项目	被评估对象	参照物 A	参照物 B	参照物 C
名称	普通车床	普通车床	普通车床	普通车床
规格型号	CA6140×1 500	CA6140×1 500	CA6140×1 500	CA6140×1 500
制造厂家	成都机床厂	成都机床厂	江苏机床厂	江苏机床厂
出厂日期/役龄	2020 年/6 年	2020 年/6 年	2020 年/6 年	2020 年/6 年
安装方式	未安装	未安装	未安装	未安装
附件	仿形车削装置、后刀架、快速换刀架、快速移动机构	仿形车削装置、后刀架、快速换刀架、快速移动机构	仿形车削装置、后刀架、快速换刀架、快速移动机构	仿形车削装置、后刀架、快速换刀架、快速移动机构

续表

项目	被评估对象	参照物 A	参照物 B	参照物 C
状况	良好	良好	良好	良好
交易市场	—	评估对象所在地	评估对象所在地	评估对象所在地
市场状况	—	二手市场	二手市场	二手市场
交易背景及动机	正常交易	正常交易	正常交易	正常交易
交易数量	单台	单台	单台	单台
交易日期	2022年3月31日	2022年2月12日	2022年1月28日	2022年3月11日
转让价格	—	36 000元	42 200元	47 760元

（3）确定调整因素，进行差异调整

① 制造厂家调整。所选择的3个参照物中，参照物A与评估对象的生产厂家相同。在新设备交易市场，成都机床厂和江苏机床厂生产某相同产品的价格分别为3.6万元和4万元，那么不同的厂家相同的产品市场价格之比为0.9∶1，可以作为被评估对象的调整比率。

② 实体状态调整。实体状态调整是基于机床的所有组件的，需要基于一系列的指标进行综合打分，不是单一的量化指标。实体状态调整如表4-9所示。

表4-9 四台机床的实体状态调整对比表

参照物	实体状态描述	打分	调整比率
被评估机床	传动系统、导轨、进给箱、溜板箱、刀架、尾座等各部位工作正常，无过度磨损现象，成新率较低	8.1分	—
A	传动系统、导轨、进给箱、溜板箱、刀架、尾座等各部位工作正常，有部分过度磨损现象，成新率较低	7.7分	[(8.1−7.7)/7.7]×100%=5.2%
B	传动系统、导轨、进给箱、溜板箱、刀架、尾座等各部位工作正常，无过度磨损现象	8.0分	[(8.1−8.0)/8.0]×100%=1.25%
C	传动系统、导轨、进给箱、溜板箱、刀架、尾座等各部位工作正常，无过度磨损现象，成新率较好	8.6分	[(8.1−8.6)/8.6]×100%=−5.81%

（4）计算评估值

计算评估值如表4-10所示。

表4-10 计算评估值表

	参照物 A	参照物 B	参照物 C
交易价格/元	36 000	42 200	46 760
制造厂家因素调整	1	0.9	0.9
实体状态因素调整	1+5.2%=1.052	1+1.25%=1.012 5	1−5.81%=0.941 9
调整后结果	37 872元	38 454.75元	39 638.92元

应用算数平均法对该机床进行评估，评估值为
$$P = (37\,872 + 38\,454.75 + 39\,638.92)/3 = 38\,655.22（元）$$

3. 成本比率调整法

成本比率调整法是根据市场大量交易数据的统计分析，掌握市场参照物的交易价格与全

新机器设备售价的比率关系,用此比率作为确定被评估机器设备价值的依据。例如,评估人员在评估 A 公司生产的 6 m 直径的双柱立式车床,但是市场上没有相同的或相似的参照物,只有其他厂家生产的 8 m 直径和 12 m 直径的立式车床。统计数据表明,与评估对象使用年限相同的设备的售价都是重置成本的 55%~60%,那么可以认为评估对象的售价也应该是其重置成本的 55%~60%。

4.5 机器设备评估的收益法

4.5.1 收益法的前提条件

收益法是通过测算由于获取资产所有权而带来的未来收益的现值,评估资产价值的技术思路及其实现该技术思路的各种评估方法的总称。利用收益法评估机器设备是通过预测该机器设备的获利能力,对未来资产带来的净利润或净现金流按一定的折现率折为现值,作为被评估机器设备的评估值。

收益法要求被评估对象具有独立的、连续可计量的、可预期收益的能力。收益法主要适用于生产线、成套设备等具有独立获利能力的资产的评估。收益法对于单台机器设备评估通常是不适用的,因为要想分别确定各台设备的未来收益相当困难,但如果把若干台机器设备组成生产线,作为一个整体生产出产品,它们就能为企业创造收益,在这种情况下,可以用收益法对这一组能产生收益的资产进行评估。

运用收益法的前提条件:一是要能够确定被评估机器设备的获利能力,如净利润或净现金流量;二是能够确定资产合理的折现率。大部分单项机器设备,一般不具有独立获利能力,因此单项机器设备通常不采用收益法评估。本节主要介绍收益法在评估租赁机器设备中的应用。

4.5.2 收益法适用范围

在以持续适用为前提,采用成本法和市场法对机器设备进行评估时,往往不能测定经济性贬值的全部影响,因为采用成本法和市场法评估时,都是以单台、单件的机器设备作为评估的具体对象,而收益法可以把机器设备作为一个具有获利能力的整体来评估,是以盈利能力为基础的,反映的是经济有效地运用所有资产的结果。

4.5.3 收益法在租赁机器设备中的应用

对于租赁的机器设备,其租金收入就是收益。如果租金收入和折现率是不变的,则机器设备的评估值为

$$P=A/(1+r)^1+A/(1+r)^2+\cdots+A/(1+r)^n=A\times[1-1/(1+r)^n]/r$$

式中:P 为评估值;A 为收益年金;n 为收益年限;r 为本金化率。$[1-1/(1+r)^n]/r$ 称为年金现值系数,用(P/A,r,n)表示,因此有

$$P=A\times(P/A,r,n)$$

用收益法评估租赁机器设备的价值,首先要对租赁市场上类似机器设备的租金水平进行市场调查,分析市场参照物机器设备的租金收入,经过比较调整后确定被评估机器设备的预

期收益，调整的因素可能包括时间、地点、规格和役龄等；最后，根据被评估机器设备的状况，估计其剩余使用寿命，作为确定收益年限的依据；再次，根据类似机器设备的租金及市场售价确定折现率，并根据被评估机器设备的收益年限，确定其评估值。

【例 4-16】被评估生产线的年租金净收入为 33 700 元，评估人员根据被评估生产线的现状，确定了该生产线的三个参照物，四条生产线的收益期均为 5 年，通过对类似生产线交易市场和租赁市场的调查，得到市场数据如表 4-11 所示。

表 4-11 类似生产线交易市场数据

市场参照物	设备的使用寿命/年	市场售价/元	年收入/元	投资回收率	投资回收系数 $(P/A, i, 5)$
A	5	32 900	10 000	12%	3.604 8
B	5	38 600	11 300	14%	3.433 1
C	5	29 400	10 700	15%	3.352 2

$$P_A = 10\ 000 \times 3.604\ 8 = 36\ 084\ (元)$$
$$P_B = 11\ 300 \times 3.433\ 1 = 38\ 794.03\ (元)$$
$$P_C = 10\ 700 \times 3.352\ 2 = 35\ 868.54\ (元)$$

则该生产线的评估值为

$$P = (P_A + P_B + P_C)/3 = (36\ 084 + 38\ 794.03 + 35\ 868.54)/3 = 36\ 915.52\ (元)$$

4.6 机器设备评估案例分析——成本法

1. 案例

B 厂因资产重组，拟将锻压车间的一台设备转让，现委托某评估机构对该设备的价值进行评估，评估基准日为 2022 年 6 月 31 日。评估人员根据掌握的资料，经调查分析后，决定采用成本法评估。

设备名称：双盘摩擦压力机
规格型号：J53-300
制造厂家：A 机械厂
启用日期：2017 年 8 月
账面原值：180 000 元
账面净值：100 000 元

1）概况介绍
（1）用途及特点
该设备是普通多用途锻压设备，用于 B 厂（被评估设备所属厂家）锻压车间手术器械成型模锻、挤压、精压、切边、弯曲、校正等作业。

该设备结构紧凑、动力大、刚性强、精度高、万能性强、采用液压操纵装置，可进行单次打击和连续自动打击。

(2) 结构及主要技术参数

结构主要包括：机架、滑块、飞轮与主轴（其上安装两个大摩擦轮）4 个部分；液压操纵、刹紧、退料及缓冲 4 个装置；电气设备（主机电和油泵电机）。

主要技术参数如下。

公称压力：3 000 kN

打击能量：2 000 kJ

最大行程：400 mm

最小封闭高度：不得小于 300 mm

液压系统工作油压：2～3 MPa

2）估算重置价值

(1) 估算购置价格

经向原制造厂家——A 机械厂询价得知，相同规格型号的 J53-300 型双盘摩擦压力机报价（2022 年 6 月 31 日，即评估基准日）为人民币 188 000 元。

(2) 估算重置价值

① 购置价格=188 000 元。

② 运杂费=购置价格×运杂费费率=188 000×5%=9 400 元。

③ 基础费=购置价格×基础费费率=188 000×5%=9 400 元。

④ 安装调试费：根据生产厂家承诺该项费用免收。

⑤ 资金成本：因该机可在不到一个月时间内完成安装调试工作，故资金成本不计。

故重置价值=购置价格+运杂费+基础费+安装调试费+资金成本=188 000+9 400+9 400+0+0=206 800 元。

3）确定综合成新率

(1) 确定经七项调整因素修正、使用年限法的成新率

① 根据收集到的相关信息，取锻压设备规定使用（经济）年限为 17 年。

② 确定已使用（实际）年限为 5 年［2017 年 6 月—2022 年 6 月（评估基准日）］。

③ 确定七项调整因素综合修正系数 a=0.99：

- 制造质量 a_1：1.10（A 机械厂制造，质量优良）；
- 利用程度 a_2：1.00（2 班/日作业，利用程度正常）；
- 维护保养 a_3：1.00（正常）；
- 修理改造 a_4：1.00（无修理改造）；
- 故障情况 a_5：1.00（无故障）；
- 运行状态 a_6：1.00（正常）；
- 工作环境 a_7：0.90（高温、灰尘、振动）。

④ 确定已使用（经济）年限为 5.05 年（5/0.99）。

⑤ 确定尚可使用（经济）年限为 11.95 年（17-5.05）。

⑥ 确定经七项调整因素修正、使用年限法的实际成新率。

$$实际成新率=［尚可使用（经济）年限/规定使用（经济）年限］×100\%$$
$$=（11.95/17）×100\%=70\%$$

(2) 确定现场勘察综合技术鉴定成新率（见表 4-12）

表 4-12 成新率技术鉴定表

序号	项目	标准权重分值	细目	技术鉴定分值
1	机架部分	（20）		（14）
		8	① 机身、横梁无变形、无裂纹	8
		4	② 机身、横梁拉紧螺栓、横梁中部螺母及下部法兰盘均紧固	3
		6	③ 压力机的四导轨面有轻度磨损	3
		2	④ 表面漆皮全部脱落	0
2	滑块、飞轮部分	（18）		（14）
		4	① 螺杆与飞轮切向键连接牢固	4
		6	② 飞轮轮缘摩擦块有中度磨损	4
		8	③ 螺杆下端踵片与滑块内推力轴承有中度磨损与疲劳点蚀	6
3	主轴部分	（10）		（8）
		5	① 主轴轴承有轻度磨损	4
		5	② 主轴上两摩擦轮与飞轮接触处有轻度磨损	4
4	液压操纵装置	（18）		（14）
		2	① 操纵轻便、灵活可靠	2
		7	② 因该机已工作五年，故驱动滑块上下运动与主轴左右运动的油缸与活塞有轻度磨损，溢流阀阀体与阀芯也有磨损	5
		7	③ 油压系统工作油压尚可保证在 2～3 MPa 范围	6
		2	④ 部分管子或管子接头处有渗漏油现象	1
5	刹紧装置	（10）		（6）
		3	① 制动拉紧钢带上的摩擦带中度磨损	1.5
		3	② 螺杆上的刹紧轮表面中度磨损	1.5
		4	③ 刹紧操纵机构制动板、推动杆及杠杆铰接处有轻度磨损	3
6	退料装置	（5）		（5）
		3	① 两根与滑块连接的拉杆完好	3
		2	② 退料装置座上的顶杆稍有变形，基本完好	2
7	缓冲装置	（4）		（3）
		4	硬质耐油橡胶缓冲圈局部撞击破损，但尚未失效	3
8	电气润滑设备	（15）		（11）
		7	① 主电机与油泵电机运转正常，但轴承有轻度磨损	5
		5	② 电气元件与接线轻度老化	4
		3	③ 润滑管道有轻度积污堵塞	2
9	合计	100		75

由表 4-12 的技术鉴定可以判断其成新率为 75%。

（3）确定综合成新率

综合成新率=七项调整因素系数修正、使用年限法的成新率×40%+现场勘察技术鉴定成新率×60%=70%×40%+75%×60%=73%

4）确定评估价值

P=重置价值×综合成新率=206 800×73%=150 964（元）

2. 案例分析

① 该案例在估算购置价格时采用了市场询价法。对于市场上有销售定价的机器设备，可以采用询价法估算其购置价格。在具体询价时应注意以下原则：必须是评估基准日的价格；必须采用具有权威性的、贸易量大的贸易单位的价格；尽可能向原机器设备制造厂家询价。结合实际情况，该案例就是向原制造厂家——A机械厂询价的，所以被评估设备的购置价格合理性较高。

② 被评估设备属于国产机器设备，其重置价值通常由购置价格、运杂费、基础费、安装调试费和资金成本五项构成。其中，运杂费是从生产厂家到安装使用地点所发生的装卸、运输、采购、保管、保险及其他有关的费用。它的计算方法有两种：一是根据机器设备的生产地点、使用地点及重量、体积、运输方式，根据铁路、公路、船运、航空等部门的运输计费标准计算；二是按机器设备价格的一定比例作为机器设备的运杂费费率，以此来计算机器设备的运杂费。该案例采用的是后一种方法。对于运杂费费率的确定，国家有专门的机械行业运杂费费率表。具体的运杂费费率由评估人员结合费率表和距离（从生产厂家到安装使用地点）、设备的尺寸、重量及相关因素确定。

机器设备的基础是为安装机器设备而建造的特殊构筑物。机器设备的基础费是指建造机器设备基础所发生的人工费、材料费、机械费及全部取费。可以按照机器设备价格的一定比例作为机器设备的基础费费率，以此来计算机器设备的基础费。通常，机器设备的基础费费率按机器设备所在行业颁布的概算指标中规定的标准取值，该案例即是如此。

安装调试费是指机器设备在安装过程中所发生的所有人工费、材料费、机械费及全部取费。它可以按机器设备购置价格的一定比例计算得出，这个比例通常可以按所在行业概算指标中规定的设备安装费率来确定。在该案例中，根据厂商的承诺，安装被评估设备免收安装调试费，即该项费用由设备生产厂家承担，使用者需负担的安装调试费为0。

③ 成新率是表示机器设备新旧程度的比率。估测机器设备的成新率通常有3种方法：使用年限法、观测分析法和修复费用法。其中，技术鉴定法是观测分析法中较为科学的具体方法，主要是根据机器设备的内在技术状态来确定成新率，这比用看外观和访问用户得出的资料来确定成新率更加可靠和准确。该案例是先用使用年限法和技术鉴定法分别得出被评估设备的成新率，再加权平均得出综合成新率。尽管这种加权平均方法的使用、具体权重的确定可能缺乏可靠的科学依据，但这种方法的使用可以降低成新率出现大的偏差的概率。此外，在用使用年限法确定成新率的过程中，结合被评估机器设备的特点和具体使用情况，对实际使用年限做出相应的调整，这是必要的。

练 习 题

一、单项选择题

1. 由于使用磨损和自然力作用所导致的资产贬值为（　　）。
   A. 实体性贬值　　B. 功能性贬值　　C. 技术性贬值　　D. 经济性贬值
2. 由于外部条件的变化引起资产闲置、收益下降等而造成的资产价值损失是资产的（　　）贬值。
   A. 实体性　　B. 经济性　　C. 有形损耗　　D. 经济性贬值
3. 复原重置成本与更新重置成本的差额，是一种（　　）。
   A. 实体性贬值　　B. 功能性贬值　　C. 功能性　　D. 内在性
4. 下列基本参数中，不属于估算设备的成新率的参数是（　　）。
   A. 设备总使用年限　　　　　　　　B. 设备实际使用年限
   C. 设备名义使用年限　　　　　　　D. 设备剩余使用年限
5. 某被评估设备账面原值为 100 万元，该设备已购置 5 年，在此期间，同类设备的价格指数每年都比前一年递增 12%，则该设备的重置成本最接近（　　）万元。
   A. 157.35　　B. 176.23　　C. 185.75　　D. 189.35
6. 评估某企业 5 年前购建的家用电器生产线，其年产量为 20 万台，目前市场上同类新型生产线价格为 300 万元，其设计生产能力为 25 万台/年，规模经济效益指数为 0.8，则该生产线的重置成本为（　　）。
   A. 240 万元　　B. 250.95 万元　　C. 260 万元　　D. 245 万元
7. 某评估机构对一大型汽车厂进行评估。该汽车厂固定资产中同类机床 365 台，账面原值为 2 555 万元，评估人员将其中 10 台机床作为典型进行了详细评估，该 10 台机床的重置成本为 84 万元，其账面原值为 70 万元。若被评估的 365 台机床的平均成新率为 60%，则该 365 台机床的评估值最接近（　　）万元。
   A. 1 500　　B. 1 756　　C. 1 840　　D. 3 066

二、多项选择题

1. 设备的有形损耗相当于（　　）。
   A. 设备实体损耗程度与全新状态的比率
   B. 设备实体损耗额与全新状态的比率
   C. 设备实体损耗程度与重置成本的比率
   D. 设备实体损耗额与重置成本的比率
2. 下列说法中，正确的有（　　）。
   A. 进口设备采用物价指数法计算重置成本时，应该使用进口国的分类物价指数
   B. 计算机器设备的经济性贬值有两种方法：对损失额折现和规模经济效益指数法
   C. 使用重置核算法计算重置成本，要扣除成本支出中的无效支出
   D. 对机器设备使用重置核算法计算重置成本适用于非标准、自制的市场价格 资料难以获得的机器设备

三、评估题

1. 某企业 2014 年购入一套设备,账面原值为 100 万元,2017 年花费 4 万元更新,2020 年又用 5 万元改进其功能,预计尚可使用 10 年。该设备正常运作需要 10 人,年均工资为 6 000 元/人,材料消耗折合人民币 100 万元,能耗折合人民币 10 万元。目前的新式设备仅需 7 人,且料耗和能耗均可节约 10%。另外,2014 年至 2022 年年物价上涨率为 10%,使用折现率为 8%,所得税税率为 25%。

要求:根据以上资料估算该设备 2022 年的价格。

2. 被评估设备购建于 2018 年 11 月,账面原值为 100 万元,其中设备购置价为 80 万元,基础及安装费用为 18 万元,运杂费为 2 万元。2021 年 11 月对该设备进行评估,现收集到以下数据资料。

① 2021 年该类设备的购置价比 2018 年上涨了 50%,基础及安装费上涨了 30%,该设备的运杂费达到 3 万元。
② 由于开工不足,该设备的实际利用率仅为正常利用率的 60%,尚可使用 5 年。
③ 与同类技术先进设备相比,该设备预计每月工人超支额为 1 000 元。
④ 该企业的正常投资报酬率为 10%,所得税税率为 25%。

要求:
(1) 根据上述资料,分别计算机器设备的重置成本和各项贬值指标。
(2) 计算被评估设备的评估值。

3. 2021 年 12 月 20 日,评估某合资企业 2017 年从德国某公司进口的一台全智能机器设备。该设备的 FOB 合同价为 70 万欧元,FOB 成交价是其合同价的 70%,由于功能落后又给予了 20% 的折扣。评估基准日人民币对欧元的汇率为 1 欧元=7.6 元人民币。境外运杂费为 FOB 价格的 5%,保险费费率为 0.8%,关税与增值税因为符合合资企业优惠条件,予以免征。银行手续费为 CIF 价格的 0.6%,国内运杂费为 5%,安装调试费用包括在设备价格中,由卖方安装调试,不必另付费用。由于该设备安装周期较短,不用考虑利息因素。

4. 被评估对象为生产一种化工原料的设备,经市场调查,参照物选定为生产相同产品的另一设备。该类设备的规模效益指数为 0.65。参照物为全新设备,购置时间为 2 个月前。经分析,评估时价格上涨了 5%,其他比较如表 4-13 所示。

表 4-13 设备比较资料

比较因素	参照物	被评估对象
市场价格/万元	75	—
生产工人定员/人	40	35
生产工人平均工资/(万元/月)	0.48	0.48
尚可使用年限/年	20	15
生产量/(万 t/年)	2	2.5
成新率/%	100	80

第 5 章 房地产评估

> **学习目标**
> - 理解土地和房地产特征；
> - 理解房地产评估市场法的应用；
> - 理解房地产评估成本法的应用；
> - 掌握房地产评估收益法的应用；
> - 掌握房地产评估假设开发法的应用。
>
> **本章关键词**
> 　　房地产　土地使用权　房地产评估　容积率　楼面地价　假设开发法

5.1 房地产概述

5.1.1 房地产相关定义

房地产从形态上包括土地、建筑物、土地与建筑物的组合（简称房地合一）。

1. 土地的定义

土地是自然本身的产物，具有不可再生性。一般来说，土地是指地球表层的陆地部分，包括内陆水域和滩涂。土地具有两重性，不仅是资源，也是资产。

评估中的土地范围包括地球表面及地表之上和之下延伸的一定空间。因此不管是土地所有人还是土地使用人，取得土地的目的都不仅是为了土地本身，重要的是为了利用土地从事各种活动。例如从事房地产开发，建筑物自身不仅需要一定的高度与面积，而且可能为了结构安全和地基稳固需要开挖并做深基础或桩基础，也可能为了满足使用和改造环境的要求在地表修筑其他设施。

2. 建筑物的定义

建筑物是指土地上的定着物，是可供人们在其内部进行生产、生活或进行其他活动的场所，经人工建造，由建筑材料、构配件与房屋设备（如给排水、采暖、电照、煤气、消防、通信、电梯、安全监控等）组成的整体物，如住宅、写字楼、商场、宾馆、工业厂房、仓库以及文化、教育、体育、卫生等各类用房。

土地上的定着物除了建筑物以外，还有构筑物等其他定着物。构筑物是指人们一般不直接在其内部进行生产、活动或进行其他活动的建筑，如道路、桥梁、大坝、电视塔等。建筑物与构筑物的区别在于是否可供人们在其内部进行生产或生活。

3. 房地产的定义

房地产由于其位置的固定性和不可移动性，在经济学上又被称为不动产，它是房产和地产的总称,又称为房地合一。房地产也可以说是土地和土地上的建筑物、定着物及其衍生的权利与义务关系的总和。房地产的财产权利主要包括所有权、使用权、占有权、抵押权与相应的权能。广义的房地产除上述内容外,还包括水、矿藏、森林等自然资源。

5.1.2 房地产的特性及分类

1. 房地产的特性

房地产是土地和土地上附着的建筑物的有机结合,它们的结合使得房地产不仅有土地和建筑物的特性,还形成了自身的一些新特性。

(1)房地产的位置固定性

由于房屋建筑物固定在土地上,因此房地产的相对位置是固定不变的。即使陆地上的建筑物设计和构造完全相同,但由于土地的差异性,也会使房地产产生价格上的差异。位置的固定性还导致房地产具有区域性的特点,即不同区域的房地产往往会在房地产价格上相差很远。

(2)房地产的使用长期性

土地可以永续使用,土地上的建筑物也不易损坏,建筑物寿命可以长达几十年或者上百年。

(3)房地产的投资大量性

在投资房地产时,取得土地使用权,土地开发、建筑设计和施工建造每一个过程通常都投资巨大,使得房地产作为一种价值的累计本身就有了巨大的价值。

(4)房地产的保值与增值性

房屋作为一项长期使用的资产,随着时间推移会老化、变旧等,房屋的价值会不断减少,但由于土地存在稀缺性和区域性,使得土地的供给小于需求,从长期来看,土地的价值是会不断上升的。由于土地上升的价值大于房屋损耗的价值,使得房地产从长期来看是不断增值的。

(5)房地产的投资风险性

房地产的使用长期性和保值与增值性决定了房地产投资会带来较高的收益率。高收益往往伴随着高风险,在进行房地产投资时面临的风险主要有:房地产位置的固定性使得房地产基本无法移动,而且房地产生产周期比较长使得房地产投资不会对市场的变化即时做出应对,同时自然灾害、社会动荡和战争等因素也会对房地产投资产生难以预估的影响。

(6)房地产政策限制性

房地产市场受国家和地区政策影响较大。城市规划、土地利用规划、土地用途管制、住房政策、房地产税收政策等都会对房地产的价格产生直接或间接的影响。

2. 房地产的分类

房地产类型众多,可以按照不同的标准进行分类。

(1)按用途分

房地产按照其用途来划分,主要分为以下几种。

① 居住房地产。可分为住宅和集体宿舍两大类,其中住宅又可分为普通住宅、高档公寓、别墅等。

② 商业房地产。包括百货商场、购物中心、商业店铺、超级市场、批发市场等。

③ 办公房地产。包括商务办公楼(写字楼)、政府办公楼等。

④ 旅馆房地产。包括饭店、酒店、宾馆、旅店、招待所、度假村等。

⑤ 餐饮房地产。包括酒楼、美食城、餐馆、快餐店等。
⑥ 体育和娱乐房地产。包括体育场馆、高尔夫球场、滑雪场、保龄球馆、游乐场、娱乐城、俱乐部、夜总会、影剧院等。
⑦ 工业和仓储房地产。包括工业厂房、（物流）仓库等。
⑧ 农业房地产。包括农场、农地、林场、牧场、果园等。
⑨ 特殊用途房地产。包括车站、机场、码头、医院、学校、教堂、寺庙、墓地等。
⑩ 综合房地产。是指具有两种或两种以上用途的房地产，如商住楼、宾馆（餐饮+住宿）。

（2）按权益状况划分

房地产按其权益状况来划分，主要分为以下几类。
① 具有完全产权的房地产（如完全的房屋所有权和出让的土地使用权）。
② 具有部分产权的房地产（如完全的房屋所有权和划拨地土地使用权、以标准价购买的公房）。
③ 共有的房地产。
④ 有租约限制的房地产。
⑤ 设立了他项权利的房地产（如地役权、抵押权、典权等）。
⑥ 有拖欠建设工程价款的房地产。
⑦ 列入征收征用范围的房地产。
⑧ 权利受到司法机关限制的房地产。
⑨ 权属有争议的房地产。
⑩ 违法违章建设的房地产。

（3）按是否产生收益划分
① 收益性房地产。是指能直接产生租赁或其他经济收益的房地产，包括商店、商务办公楼、公寓、旅馆、餐馆、影剧院、游乐场、加油站、厂房、农地等。
② 非收益性房地产。是指不能直接产生经济收益的房地产，如私人宅邸、未开发的土地、政府办公楼、教堂、寺庙。

收益性房地产可以采用收益法估价，非收益性房地产则难以采用收益法估价。收益性房地产与非收益性房地产的划分，不是看它们目前是否正在直接产生经济收益，而是看这种类型的房地产在本质上是否具有直接产生经济收益的能力。

5.1.3 土地的特性及分类

1. 土地的特性

土地是人类赖以生存和发展的重要资源，是人类改造社会的主要场所。从土地的形成过程来看，土地是自然对地球地貌改造的结果，土地本身是自然资源；在人类发展的过程中，不停地对土地进行开发、改造，使其逐渐积累了经济价值，形成人类社会的一项社会资产。因此，土地具有自然特性和经济特性两种特性。

（1）土地的自然特性

土地的自然特性是指作为自然物体的土地本身所具有的特殊性质。土地的自然特性如表5-1所示。

表 5-1 土地的自然特性

特性	特性描述
土地位置的固定性	作为一种自然资源，土地的明显特征就是土地不会因外力作用而发生空间位置的改变。土地位置的固定性决定了不同区域的土地具有不同的土地价值，同时土地不会因土地产权的流转而发生空间位置的转换
土地质量的差异性	土地位置的不同，造成了不同区域的土地存在自然差异，土地的这一差异是土地级差地租产生的原因
土地资源的不可再生性	土地作为长时期形成的自然产物，是不可再生资源。土地的不可再生性决定了土地是一项稀缺资源，需要合理开发利用才能最大限度地体现土地的价值
土地效用的持续性	只要土地使用得当，土地的效用会一直延续下去

（2）土地的经济特性

土地的经济特性是指土地在被人们利用过程中表现出来的特性。土地的经济特性如表 5-2 所示。

表 5-2 土地的经济特性

特性	特性描述
土地经济供给的稀缺性	由于土地具有总量有限、位置固定、不同土地存在质量上的差异等特性，使得某一区域某种用途的土地需求大于供给，从而形成稀缺的经济资源，即土地经济供给的稀缺性；其稀缺性决定了土地所有权和使用权的价格
土地产权的可垄断性	土地的所有权和使用权都可以被特定的权利主体垄断，土地产权的可垄断性构成了土地市场价格的基础，在实现土地使用权和所有权的让渡时，这种垄断利益必然同时实现
土地利用的多方向性	一块土地可以有多种用途，比如同一块土地可以用作耕地，修路，建住宅、写字楼或者工厂。这种特性要求在进行房地产评估时需要确定房地产的最佳用途
土地地理位置的可变性	虽然土地的自然地理位置固定不变，但人类的活动会改变土地的经济地理位置。随着城市的发展和基础设施的完善，原来较差的土地区位会变成较好的土地区位

2．土地的分类

1）土地所有权

《中华人民共和国土地管理法》规定，我国的土地制度是社会主义公有制，即全民所有制和劳动群众集体所有制。城市市区的土地属于国家所有；农村和城市郊区的土地，除由法律规定属于国家所有的以外，属于集体所有。国有土地可以依法确定给全民所有制单位或者集体所有制单位使用，但任何单位和个人都不拥有城市国有土地的所有权。

2）土地使用权

土地使用权是土地使用者依法对土地进行使用和依法对其使用权进行出让、出租、转让、抵押、投资的权利。

我国实行国有土地所有权与使用权相分离的制度。在符合规划的前提下，村庄、集镇、建制镇中的农民集体所有建设用地使用权可以依法流转。国有土地所有权不能进入房地产市场流转，但国有土地使用权可以转让，因此地价一般是土地使用权的价格。土地使用权可以通过划拨和出让、转让、出租、抵押等有偿方式取得，具体如下。

(1) 国有土地使用权出让

国有土地使用权出让是指国家以土地所有者的身份将国有土地使用权在一定年限内让与土地的使用者，并由土地使用者向国家支付土地使用权出让金的行为。国有土地使用权出让可以采取协议、招标、拍卖和挂牌的方式。国有土地使用权出让最高年限按下列用途确定：居住用地 70 年；工业用地 50 年；教育、科技、文化、卫生、体育用地 50 年；商业、旅游、娱乐用地 40 年；综合或者其他用地 50 年。国有土地使用权出让合同约定的使用期限届满，土地使用者未申请续期或者虽申请续期未获批准的，由原土地登记机关注销土地登记。土地使用者需要继续使用土地的，应当最迟于届满前 1 年申请续期，除根据社会公共利益需要收回该土地的外，应当予以批准。

(2) 土地使用权转让

土地使用权转让是指土地使用者将土地使用权再转移的行为，包括出售、交换和赠予。凡未按土地使用权出让合同规定的期限和条件投资开发、利用土地的，土地使用权不得转让。土地使用权转让时，土地使用权出让合同和登记文件中所载明的权利、义务随之转移。土地使用权转让时，其地上建筑物、其他附着物的所有权也随之转让。

(3) 土地使用权出租

土地使用权出租是指土地使用者作为出租人将土地使用权随同地上建筑物、其他附着物租赁给承租人使用，由承租人向出租人支付租金的行为。

(4) 土地抵押权

土地抵押权是指债权人对债务人或者第三人不转移占有而提供担保的地产，在债务人不履行债务时，就该地产的变价款优先受偿的权利。土地使用权抵押时，其地上建筑物、其他附着物随之抵押。地上建筑物、其他附着物抵押时，其使用范围内的土地使用权随之抵押。土地使用权和地上建筑物、其他附着物抵押，应当依照规定办理抵押登记。抵押人到期未能履行债务或者在抵押合同期间宣布解散、破产的，抵押权人有权依照国家法律、法规和抵押合同的规定处分抵押财产。

(5) 典权

典权是指支付典价占有他人地产而获得土地的使用和收益的权利。

(6) 地役权

地役权也称邻地利用权，是指土地使用人为方便使用其土地而利用他人土地的权利，如在他人土地上行走通行的权利。对于在他人土地上行走通行的人来说地役权是一种权利，而对于为他人提供行走通行便利的人来说，这就是一种土地权利的限制。

(7) 空间利用权

空间利用权是指权利人在法律规定的范围内，利用地表上下一定范围内空间的权利。

5.1.4 建筑物的特性及分类

1. 建筑物的特性

建筑物是指与土地组合的建设成果，总体上可划分为房屋和构筑物两大类。房屋是指有基础、墙、顶、门、窗，能够遮风避雨，供人在内居住、工作、学习、娱乐、储藏物品或进行其他活动的空间场所。构筑物是没有可供人们使用的内部空间的，人们一般不直接在内进行生产和生活活动，如烟囱、水塔、桥梁、水坝、雕塑等。作为一类评估对象，建筑物具有不同于一般商品的特殊属性，因此其在评估方面也有自己的特性。

(1) 建筑物价值的内涵复杂性

建筑物作为与土地结合的产物,是不可以脱离土地而单独存在的。但在资产评估中,由于建筑物与土地的价格运动具有较大的差异,土地会随着社会经济的发展和开发利用的状况而增值,建筑物则会随着使用年限的增加而贬值,为了准确客观评估地产价值和建筑物价值,有必要把建筑物与其所占用的土地分开评估。

由于建筑物的不同类型及使用性质,其价格表现形式也存在一定的差异。例如,工业用房在企业评估中是单项生产要素,不具有整体生产和盈利能力,通常用成本法进行评估;商业房则更多地体现在经营收益上,其收益现值是由经营收益大小来决定的。

(2) 建筑物产权受土地使用年限的影响

国有土地使用权出让有最高年限规定。土地使用权出让合同约定的使用期限届满,土地使用者未申请续期或者虽申请续期未获批准的,由原土地登记机关注销土地登记。土地使用者需要继续使用土地的,应当最迟于届满前一年申请续期,除根据社会公共利益需要收回该土地的外,应当予以批准。因此在评估已出让土地上的建筑物时,就要相应地考虑出让土地的剩余出让年限与被评估建筑物的经济寿命年限间的吻合关系,而且还应当考虑已到期的土地是否可以办理续期等因素。

2. 建筑物的分类

建筑物按照不同的分类标准可以划分为:按建筑物承重结构分类和按建筑物使用功能分类。

1) 按建筑物承重结构分类

建筑物的承重结构决定了其使用性能、耐用年限和建造成本。建筑物按承重结构形式可以分为以下四类。

(1) 钢结构建筑物

钢结构建筑物是以建筑钢材构成承重结构的建筑物。钢结构建筑物通常由型钢和钢板制成的梁、柱、桁架等构件构成承重结构。承重结构与屋面、楼面和墙面等围护结构,共同组成整体的建筑物。

(2) 钢筋混凝土结构建筑物

建筑物的梁柱、屋面板、楼板均以钢筋混凝土制作,墙体用砖或其他材料制作。钢筋混凝土结构又可进一步划分为钢筋混凝土排架结构、钢筋混凝土框架结构、钢筋混凝土框架剪力墙结构和钢筋混凝土剪力墙结构。

钢筋混凝土框架结构的特点是以钢筋混凝土主梁、次梁和柱形成的框架作为建筑物的骨架,屋面、楼板上的荷载通过梁柱传到基础。框架结构的墙体全部为非承重墙,仅起到围护和分隔作用。

钢筋混凝土剪力墙结构是用钢筋混凝土墙板来代替框架结构中的梁柱,它能承担各类荷载引起的内力,并能有效控制结构的水平力。框架剪力墙结构是框架结构与剪力墙结构的结合体。

(3) 混合结构建筑物

混合结构建筑物可进一步划分为砖混结构建筑物和砖木结构建筑物。

① 砖混结构建筑物。是指建筑物中竖向承重结构的墙采用砖或者砌块砌筑,构造柱及横向承重的梁、楼板、屋面板等采用钢筋混凝土结构。也就是说,砖混结构是以小部分钢筋混凝土及大部分砖墙承重的结构。

② 砖木结构建筑物。是指建筑物中竖向承重结构的墙、柱等采用砖或砌块砌筑，楼板、屋架等用木结构。

（4）其他结构建筑物

其他结构建筑物主要包括木结构建筑物、竹木混合结构建筑物、简易建筑物等。

2）按建筑物使用功能分类

建筑物按使用功能可划分为两大类：一类为工业用建筑物；另一类为民用建筑物。

（1）工业用建筑物

工业用建筑物是指工业生产部门作为基本生产资料使用的房屋、构筑物，包括厂房、仓库、实验室、办公楼、烟囱、水塔、道路、桥梁、隧道、水坝、围墙等。交通运输业、建筑业的生产用建筑物也归为此类。

（2）民用建筑物

民用建筑物包括民用住宅和公共建筑物。公共建筑物可以分为营业用建筑物和行政事业用建筑物。营业用建筑物是指商业、金融和保险、邮电、旅馆、饭店及旅游服务业修建的人文景观和服务场所。行政事业用建筑物是指党政机关、社会团体和科、教、文、卫、体育等事业用建筑物。军用建筑物和外国驻华机构建筑物也属此类。民用住宅包括公寓、住宅和宿舍楼等。

另外，建筑物根据建筑程度和使用状况还可分为已完工建筑物和在建建筑物。

5.1.5 房地产价格的种类

房地产价格是房地产价值的货币表现形式，房地产价格体现了房屋和土地作为一个结合体的整体价值。房地产价格有多种表现形式，根据房地产的权益、形成方式和交易方式等可以对房地产价格进行分类（见表5-3）。

表5-3 房地产价格的种类

分类标准	具体分类
权益	所有权价格
	使用权价格
	其他权利价格
实物形态	土地价格
	建筑物价格
	房地产价格
价格表示单位	总价格
	单位价格
	楼面地价
其他价格类型	公告地价
	申报价格

1. 按照权益分类

根据权益的不同房地产价格可以分为所有权价格、使用权价格和其他权利价格。

（1）所有权价格

房地产的所有权价格是指交易的房地产的所有权的价格，其可细分为各项权利的总和。

(2）使用权价格

房地产的使用权价格是指交易房地产使用权的价格。在我国，城市土地的所有权属于国家，土地使用单位只有使用权，因此地价只能是土地使用权的价格。一般情况下，土地所有权价格高于土地使用权价格。

(3）其他权利价格

房地产的其他权利价格是指除上述两种权利价格以外的其他权利价格，如为房地产抵押而评估的房地产抵押价格、承租方为取得房地产租赁权而向出租方支付的租赁价格等。

发生房地产交易时，其中涉及的权利转移包括所有权、使用权、抵押权、租赁权、典权等。根据交易针对的房地产权益不同，其价格可以分为房地产所有权价格、房地产使用权价格、房地产抵押权价格、房地产租赁权价格等。

2. 按照实物形态分类

根据房地产的实物形态，可以将房地产价格分为土地价格、建筑物价格和房地产价格。

（1）土地价格

土地价格包括基准地价、标定地价和土地使用权出让底价。单独的土地和已建有房屋的土地的价格都是土地的价格。

基准地价是指城镇国有土地的基本标准价格，是各城镇按不同的土地级别、不同的地段分别评估和测算的商业、工业、住宅等各类用地某一时点上土地使用权的平均价格。

标定地价是在市、县政府根据需要评估的正常土地市场中，在正常经营管理条件和政策作用下，具体宗地在一定使用年限内的价格。标定地价可以以基准地价为依据，根据土地使用年限、地块大小、形状、容积率、微观区位等条件通过系数修正进行评估，也可以按市场交易资料采用一定方法评估。

土地使用权出让地价是政府根据正常市场状况下的地价水平并考虑到一些特殊政策因素的影响，确定某宗地出让时的最低控制价格。它也是土地使用权出让时政府首先出示的待出让土地或地块的最低地价（标价）的依据和确认成交地价（或出让金）的基础。

（2）建筑物价格

建筑物价格是指房地产中建筑物部分的价格。

（3）房地产价格

房地产价格是指建筑物连同其占用的土地的价格，又称房地合一价格。房地产价格包括房地产的总价和单价，比如某 $80\ m^2$ 的住宅总价为 40 万元，单价为 5 000 元/m^2。

3. 按照价格表示单位的分类

按照房地产价格表示单位进行分类，房地产价格可分为房地产总价格、房地产单位价格、房地产楼面地价。

房地产总价格是指一宗房地产的整体价格。房地产单位价格可以细分为单位土地面积的土地价格、单位建筑物面积的建筑物价格和单位建筑面积的房地产价格。房地产楼面地价，又称单位建筑面积地价，是平均到每单位建筑面积上的土地价格。

$$房地产楼面地价=土地总价格/建筑物总面积$$

由于容积率定义为项目用地范围内总建筑面积与项目总用地面积的比值，故有

$$容积率=建筑总面积/土地总面积$$

从而可知

房地产楼面地价=土地单价/容积率

【例 5-1】 某房地产开发商新建的一处房产容积率为 1.3，该处房产的土地单价为每平方米 23 000 元，土地总面积为 1 000 000 m²，建筑物总面积为 1 300 000 m²，请计算该处房产的楼面地价。

解 楼面地价=23 000 / 1.3=17 692.31（元/ m²）

4. 按照其他价格类型分类

房地产其他价格类型有申报价格和公告地价。申报价格是房地产权利人向政府申报的房地产交易成交价格。公告地价是政府定期公布的土地价格，一般作为征收土地增值税和对征收土地进行补偿的依据。

5.2 房地产评估基础

5.2.1 房地产评估的定义

房地产评估全称为房地产价格评估，就是对房地产进行估价。房地产评估是由专业人员，根据估价目的，遵循估价原则，按照估价程序，运用估价方法，在综合分析影响房地产价格因素的基础上，结合估价经验及对影响房地产价格因素的分析，对房地产的特定权益在特定时间最可能实现的合理价格所做出的估计、推测与判断。

5.2.2 房地产评估特点

（1）房地产投资价值评估结果为"非市场价值"

投资价值是针对特定投资者而言的。市场价值也是对于典型投资者或大多数投资者而言的。因此，投资价值可能高于、等于市场价值，也可能低于市场价值。

（2）房地产投资价值评估条件是基于"特定对象"

特定对象包括特定投资者（双方或多方）、特定的房地产项目双重含义。房地产投资价值评估一般以特定对象为基础，这是房地产投资价值区别于市场价值的根本原因。

（3）房地产投资价值评估更强调合理性原则

房地产投资价值评估除应考虑一般的房地产估价原则外，更应强调合理性原则，即估价人员需要站在投资行为各方的角度，综合平衡得出客观、合理的价值，评估机构应考虑各方的可接受性，有些估价行为需要超出狭隘的合法性原则范畴。

（4）房地产投资价值评估方法突破传统估价

房地产投资价值评估与传统市场价值评估在方法的选择上有较大的不同。传统市场价值评估方法的选择一般基于估价对象和估价目的进行考虑，除此之外，同时要关注投资行为的特点和潜在投资行为；除较多的采用假设开发法和收益法等传统方法外，还要考虑现金流量折现法等经济评价方法。

（5）房地产投资价值评估需比较多个方案

由于投资方式不同，房地产投资价值评估往往需要对多个方案进行比较，分析各个方案实施的风险性和价值效益，为委托方提供多个价值指标，这也是房地产投资价值评估区别于传统见证类评估的重要表现形式之一。

5.2.3 房地产评估原则

房地产评估是专业人员为达到特定目的对房地产的特定权益在某一特定时点上的价值进行估算。由于土地本身具有固定性和稀缺性等特点，使得在对房地产进行评估时不仅要考虑一般评估需遵循的原则，还要结合房地产自身的特性，遵循适当的特殊原则。在进行房地产评估时要考虑的原则主要有供需原则、替代原则、贡献原则、最有效使用原则、合法性原则和房地合一原则。

（1）供需原则

房地产在进入房地产市场流通以后，作为商品同样受到价值规律的约束。房地产供给超过需求，价格会随之下降，房地产需求超过供给，价格就会随之上升。但由于土地本身的特性，使得房地产价格在遵循供需原则时还体现着自身的特性。由于土地的固定性和稀缺性等使得土地供给有限，在一定区域内体现出供给决定需求的状况，其价格独占性较强而替代性有限。同时在我国房地产市场中可以流转的是土地的使用权，土地供给受国家政策的影响较大。

（2）替代原则

根据经济规律，当市场中提供的商品或者服务的效用大致相同时，价格最低者吸引最大需求。但商品都存在替代性，房地产作为一种商品也不例外。例如，商品化的写字楼会和具有相同使用价值的相似建筑物的价格趋于一致。土地价格也可以由具有特征相似的地块价格确定。需要注意的是，房地产具有位置固定性和个别性等特点，在采用替代原则时也要考虑不同房地产之间的差异。

（3）贡献原则

根据经济学中的边际收益原则，可以根据对总收益贡献的大小来衡量各部分生产要素的价值。在进行房地产评估时，可以通过分别计算土地价格和建筑物价格，然后加总进而得出房地产整体价格；也可以根据房地产总体价格减去建筑物价格来计算土地价格。

（4）最有效使用原则

房地产可以有住宅、工业厂房、写字楼等多种用途。同一房地产不同的利用方式能够带来差异巨大的收益。房地产产权人为了利益最大化，总是期望房地产能够达到最大的效用。在房地产市场化的情况下，房地产用途的效益最大化可以由竞争来决定。在使用这一原则时要考虑到房地产的效用最大化应该是在法律法规允许的范围内达到的。

（5）合法性原则

合法性原则是指房地产评估应该以房地产权利人拥有的合法权利为前提进行。在进行房地产评估时根据不同情况要注意产权是否合法、使用权是否合法或者处分权是否合法。例如，在计算房地产净收益时，不应以临时建筑物或违章建筑净收益为依据。在评估地块价值时，不能与城市规划确定的用途不一致。

（6）房地合一原则

尽管建筑物和土地是可以区分的评估对象，而且土地使用权可以独立于建筑物而存在，但是由于两者在使用价值上的相互依存和价格形成中的内在联系，在用市场法进行评估时要把两者作为相互联系的综合体进行估价。

5.2.4 房地产评估目的

房地产评估目的是指房地产评估所要达到的目标,是指委托方对房地产评估报告的期望用途。房地产评估机构所承接的每一项房地产评估业务,均有其特定的评估目的。房地产评估目的不同,将影响房地产评估的价值类型和评估结果。房地产评估目的主要包括房地产转让、房地产抵押、房地产课税、投资性房地产、征地和房屋拆迁补偿等。

1. 房地产转让的评估

(1) 房地产转让相关定义

房地产转让是指房地产权利人通过买卖、赠予或其他合法方式将其房地产转移给他人的行为。房地产转让评估是房地产评估机构和人员根据房地产转让评估的要求,依据相关法律、法规和评估准则,对房地产转让价值进行分析、估算并发表专业意见的行为和过程。房地产转让评估为确定房地产转让价格提供价值参考依据。以房地产转让为目的的评估是房地产评估实物中较为常见的评估业务。

(2) 房地产转让评估的评估方法

房地产转让评估的评估方法主要包括市场法、成本法、收益法、假设开发法、路线价法、基准地价评估法等。对于收益性的房地产转让,可以采用收益法进行评估。对于新近开发建设的房地产转让,可以采用成本法进行评估。对于待开发的房地产转让,可以采用假设开发法进行评估。

【例 5-2】 假设评估对象为 A 公司所有的北京市学院路的一幢写字楼,该写字楼为框架结构,于 2014 年 5 月完工,同年 8 月开始运营,目前的用途为出租,为客户提供商业办公场所。写字楼占地面积为 $1\,235\ m^2$,建筑面积为 $4\,200\ m^2$。目前 A 公司拟对该写字楼进行转让,需要对其价值进行评估,评估时点为 2021 年 9 月 1 日。

解 (1) 评估目的。是以房地产转让为目的的评估,为房地产交易定价提供参考。

(2) 价值类型。2021 年 9 月 1 日的市场价值。市场价值是指自愿买方和自愿卖方在各自理性行事且未受任何强迫的情况下,评估对象在评估基准日进行正常公平交易的价值估计数额。

(3) 评估方法。经过对房地产市场的调查,此类写字楼有较多的可比交易实例,适宜采用市场法进行评估,同时该写字楼属于商业性房地产,亦可以采用收益法进行评估。为提高评估结果的可靠性,拟同时采用市场法和收益法两种方法对该写字楼进行评估,两种方法的评估结论可以相互验证和相互补充。

(4) 评估过程及结论。(略)

---

2. 房地产抵押的评估

(1) 房地产抵押相关定义

房地产抵押是指抵押人将其合法的房地产,以不转移占有的方式向抵押权人提供债务履行担保的行为。抵押房地产包括拟抵押房地产和已抵押房地产。房地产抵押评估是指房地产评估机构和人员根据房地产抵押评估的要求,依据相关法律、法规和评估准则,对房地产转让价值进行分析、估算并发表专业意见的行为和过程。房地产抵押评估为确定房地产转让价格提供价值参考依据。

（2）房地产抵押评估的评估方法

房地产抵押评估，可根据抵押房地产的情况及各评估方法的适用性，恰当选择市场法、成本法、收益法等评估方法。在运用市场法估价时，不应选取成交价格明显高于市场价格的交易实例作为可比实例，应当对可比实例进行必要的实地查勘。在运用成本法估价时，不应高估土地取得成本、开发成本、有关税费和利润，不应低估贬值。在运用收益法估价时，不应高估收入或低估运营费用，选取的报酬率或资本化利率不应偏低。

【例 5-3】 假设评估对象为北京市开发区的一幢厂房，该厂房为 B 公司所有，位于 B 公司厂区内。B 公司为新迁入北京市开发区的制造业企业，1 个月前开始正式生产。评估对象于三个月前完工并交付使用，占地面积为 8 000 m^2，建筑面积为 5 500 m^2，土地使用权性质为出让，土地用途为工业用地。目前 B 公司拟以该厂房为抵押物，向金融机构申请贷款，需要对其价值进行评估，评估时点为 2021 年 9 月 1 日。

解 （1）评估目的。是以房地产抵押为目的的评估，为确定房地产抵押贷款额度提供参考依据。

（2）价值类型。根据相关法律规定及金融机构的要求，厂房的抵押价值为 2021 年 9 月 1 日的市场价值。该厂房为首次抵押的房地产，土地取得方式为出让，该房地产的评估价值即为抵押价值。金融机构根据房地产评估价值按一定的比率自行计算房地产抵押贷款额度。

（3）评估方法。经过对房地产市场的调查，B 公司所处的北京市开发区区域为新区，目前正在建设之中，没有可比交易实例作为参照，不宜采用市场法进行评估。同时，该厂房为新建房地产，开发的成本、税费等数据较易取得，所以选择成本法为评估方法。

（4）评估过程及结论。（略）

3. 房地产课税的评估

（1）房地产课税相关定义

房地产税收是一个综合性概念，一切与房地产经济运动过程有直接关系的税收都属于房地产税收。目前我国直接以房地产为征税对象的税种主要有房产税、土地增值税、城镇土地使用税、契税等。房地产课税评估，是房地产评估机构和人员根据房地产课税评估的要求，依据相关法律、法规和评估准则，对房地产课税价值进行分析、估算并发表专业意见的行为和过程。房地产课税评估为房地产税收提供计税依据。

（2）房地产课税评估的评估方法

房地产课税评估的方法包括两类，一类是以传统评估方法为基础的房地产课税评估方法，此类评估方法与普通房地产评估方法类似，是将通常的评估方法运用在房地产课税评估中，主要包括市场法、成本法、收益法、假设开发法、路线价法、基准地价评估法等；另一类是批量评估方法（MA）。批量评估方法是以传统的市场法、收益法、成本法为基础，利用多元回归等数理统计技术，建立评估数学模型，经过检验后，运用评估模型对某一区域的房地产进行集中评估。传统的评估方法可以满足目前个别房地产课税评估的需要，待物业税政策出台后房地产课税评估将更多地采用批量评估方法。

【例 5-4】 假设评估对象为一套公寓，该公寓位于北京市滨海小区 18 号楼二单元 602 室，建筑面积为 158 m^2，房屋所有权登记的权利人为王先生。该小区于 2015 年 6 月建成并交付使用，小区生活环境安静，配套设施齐全，交通便捷，有完善的商业设施。目前王先生拟将此套公寓赠予其子女，并且已经办理了赠予公证。现办理产权过户，需要对其价值进行评估，为缴纳房地产契税提供计税依据，评估时点为 2021 年 9 月 1 日。

解 （1）评估目的。以房地产课税为目的，为办理房地产过户手续缴纳契税提供参考依据。

（2）价值类型。根据相关法律规定，房屋赠予的计税依据由征收机关参照土地使用权出售、房屋买卖的市场价格核定。故课税价值为 2021 年 9 月 1 日的市场价值。

（3）评估方法。经过调查，该小区周边有较多的可比交易实例，适宜采用市场法进行评估。

（4）评估过程及结论。（略）

4. 投资性房地产的评估

（1）投资性房地产相关定义

投资性房地产是指为赚取租金或资本增值，或两者兼有而持有的房地产。投资性房地产应当能够单独计量和出售。具体来说，投资性房地产包括：已出租的土地使用权；长期持有并准备增值后转让的土地使用权；企业拥有并已出租的建筑物。投资性房地产不包括：自用房地产、作为存货的房地产。

投资性房地产评估是指房地产评估机构和人员依据相关法律、法规、评估准则和会计准则，对企业投资性房地产的公允价值进行分析、估算并发表专业意见的行为和过程。投资性房地产评估为企业编制财务报告提供依据。

（2）投资性房地产的评估方法

房地产评估人员从事投资性房地产评估业务，应当根据评估对象、价值类型、资料收集情况和数据来源等相关条件，参照会计准则有关计量方法的规定，分析市场法、收益法和成本法等房地产评估方法的适用性，恰当选择一种或多种资产评估方法。

【例 5-5】 北京市 C 公司为大型电子企业，在上海证券交易所上市。为编制年终会计报表，需要根据会计准则的要求对投资性房地产的公允价值进行评估。评估师与 C 公司的会计师根据《企业会计准则第 3 号——投资性房地产》的规定，确认 C 公司有两项房地产为投资性房地产，一项是位于北京市商业区的写字楼，目前用于出租；另一项为位于开发区的工业用地，C 公司持有并拥有该土地使用权，准备增值后转让。现要求对上述两项投资性房地产的公允价值进行评估。评估时点为资产负债表日 2021 年 12 月 31 日。

解 （1）评估目的。以财务报告为目的，基于企业会计准则或相关会计核算、披露的要求，评估投资性房地产的公允价值，为编制财务报告提供依据。

（2）价值类型。根据委托方的要求，需要按会计准则的规定对投资性房地产的公允价值进行评估。会计准则下的公允价值一般等同于资产评估准则下的市场价值。因此，价值类型确定为市场价值，即是指自愿买方和自愿卖方在各自理性行事且未受任何强迫的情况下，房地产在 2021 年 12 月 31 日进行正常公平交易的价值估计数额。

（3）评估方法。两项投资性房地产应当根据评估对象的不同功能与不同使用方式，采用不同的评估方法。经评估人员实地勘查与市场调查，C 公司位于商业区的写字楼有较稳定的租金收入，属于收益性房地产，可以采用收益法进行评估。C 公司位于开发区的工业用地有较多的可比交易实例，适宜采用市场法进行评估。

（4）评估过程及结论。（略）

5. 征地和房屋拆迁补偿的评估

（1）征地和房屋拆迁补偿相关定义

征地是征用土地的简称。征用土地是国家为了社会公共利益的需要，依照法定程序将农民集体所有的土地转变为国有土地，并依法给被征用土地的单位和个人一定补偿的行为。征地后的土地性质和权属发生变更，由集体所有土地转变为国有土地。

征地和房屋拆迁补偿评估是指房地产评估机构和人员依据相关法律、法规和评估准则，对土地的征用和房屋拆迁补偿价值进行分析、估算并发表专业意见的行为和过程。征地和房屋拆迁补偿评估为确定土地征用和房屋拆迁的补偿金额提供参考依据。

（2）征地和房屋拆迁补偿的评估方法

房屋拆迁补偿评估应当参照类似房地产的市场交易价格和市、县政府或者其授权部门定期公布的房地产市场价格，结合被拆迁房屋的房地产状况进行。非收益性房地产应当选用市场法进行评估，如果采用市场法的条件不具备也可以采用成本法进行评估。收益性房地产也应当选用市场法进行评估，如果采用市场法的条件不具备也可以采用收益法进行评估。

【例 5-6】 北京市政府根据城市规划的要求，决定于 2021 年 9 月开始实施道路改造项目，对项目涉及区域内的房屋进行拆迁。该项目拆迁区域为胜利路和望海街沿线区域，西起太原街、东至五环路，全长 8 km，总拆迁用地 120 公顷，拆迁房屋建筑面积 16 万 m^2，涉及拆迁户 15 634 户。胜利路改造项目是北京市城市基础设施建设的一项重点工程，项目建成后将有效缓解交通拥堵压力，改善居民的生活条件，提升城市功能。拆迁区域地处市内建成区，有众多的居民住宅，有丰富的商业网点，还有一些学校、医院等公益性单位，跨城市二类、三类区域。为顺利完成胜利路改造项目，设计合理的动迁货币补偿标准和回迁安置方案，需要对动迁区域内的房地产进行评估，评估基准日为房屋拆迁许可证颁发日期 2021 年 6 月 1 日。

解 （1）评估目的。城市房屋拆迁补偿评估，为确定房屋拆迁的补偿金额和回迁安置方案提供参考。

（2）价值类型。根据《城市房屋拆迁估价指导意见》的规定，评估价值为胜利路拆迁区域内被拆迁房地产于 2021 年 6 月 1 日的公开市场价值。

（3）评估方法。经过实地调查，拆迁区域内的房地产主要有居民住宅、商业房地产、公益性房地产三类。对于居民住宅，胜利路拆迁区域周边有较多的可比交易实例，适宜采用市场法进行评估，可以参照类似房地产的市场交易价格和北京市房地产市场管理部门定期公布的房地产市场价格，结合被拆迁房屋的房地产状况进行评估。对于商业房地产，由于被拆迁区域为相对独立的商圈，无法找到合适的参照交易案例，需要采用收益法进行评估。对于收益性房地产，可以参照居民住宅的评估方法，采用市场法进行评估。

（4）评估过程及结论。（略）

5.2.5 房地产评估程序

1. 明确评估基本事项，签订评估合同

在签订房地产评估合同开展评估工作之前，必须要先了解评估对象的基本情况，如待估房地产的权属情况、评估委托的合法性、评估目的、评估对象等。明确评估基本事项是制订房地产评估方案、确定评估方法的前提。评估基本事项主要包括以下内容。

（1）明确评估目的

不同的评估目的，其所评估房地产的价值内涵也不完全相同。例如，土地使用权出让评估、房地产转让价值评估、房地产抵押评估等。因此，在受理评估业务时，通常由委托方提出评估目的，并将评估目的明确写在评估报告上。

（2）了解评估对象

对待估房地产的实体和权益状态进行了解。实体了解主要包括：土地面积、土地形状、临路状态、土地开发程度、地质地形及水文状况、建筑物的类型结构、面积、层数、朝向、平面布置、工程质量、新旧程度、装修和室内外设施等；对权益状态的了解主要包括：土地权利性质、权属、土地使用权剩余年限、建筑物的权属等。

（3）确定评估基准日

确定待估房地产的评估时点，一般以年、月、日表示。房地产价格会随着影响因素的变化而变化，所以必须事先确定所评估的是某一具体时点的价值。

签订评估合同是在明确基本事项的基础上双方就有关事项达成一致，以明确双方在评估过程中的权利和义务。评估合同应包括评估目的、评估对象、评估时点、评估收费、评估日期、双方责任和评估报告等。

2. 制订评估工作方案，确定评估方法

评估工作方案作为开展评估工作的指导，应该包括时间进度安排、人员调配安排、工作思路和工作预期、评估技术选定、工作步骤等。

评估人员应当根据评估目的，结合待估对象自身的特点、用途等确定恰当的评估方法。房地产评估的基本方法主要有成本法、市场法、收益法，以及从基本方法衍生出的剩余法、假设开发法和路线价法等。在评估实务工作中，一般以一种评估方法为主，同时以另外一种或几种评估方法为辅，以利于对照和修正。表5-4是市场法、成本法和收益法的比较。

表5-4 市场法、成本法和收益法的比较

项目	市场法	成本法	收益法
适用范围	适用于有活跃的市场且易获取相关可比数据的房地产	适用于新开发的房地产或者不存在公开市场交易的房地产	适用于能够对外出租的房地产，如住宅、商业楼盘、工业房地产
优点	评估的价值最接近当前市场价值；主观估计较少；土地和房屋整体评估	以建造成本为依据，受房地产市场波动的影响较小；可用于评估特殊房地产	在租赁数据充分的情况下计算简单；可以解释房地产经济价值；受市场影响小
缺点	受房地产市场波动影响较大；很难获得某些房地产交易数据	土地和房屋分别评估，土地适用市场法，房屋随着建筑物成本的波动而波动；对折旧的估计主观性较强	资本化率等关键指标主观性强；未来的长期租金回报并不确定
可能遇到的问题	需要花费较大成本收集房地产交易数据	土地交易的市场化程度不及房屋，土地估值有一定难度；建筑材料价格大幅波动	租赁数据未得到有效监控，收集数据难度很大；国内城市发展不平衡，营业费用、空置情况差别较大

3. 实地勘察与收集资料

虽然受理评估业务的资产评估人员通过对资料的分析对评估对象的状况已经有了大致了解，但实地勘察仍然是评估过程中必不可少的环节。评估人员只有亲临待估对象所在的现场，对房地产进行实地调查，才能充分了解房地产的特性和所处区域环境。通过实地勘察收集并形成现场资料，一方面可以核实委托方提供资料的准确性，另一方面还可以在现场获得难以描述或者遗漏的信息。

评估过程中需要收集的资料主要有评估对象的基本状况，如房屋所有权证、建设工程规划许可证、规划图、建筑图、建造成本、租售价格、所处地段与环境等；类似房地产的相关资料；影响房地产价格的宏观层面资料，如产业政策的变化、货币政策的调整、房地产市场行情等。

4. 测算被评估房地产价值，分析确定评估结果

在进行实地勘察和收集资料之后，评估人员根据选定的评估方法，并考虑影响待估对象的各项因素，开始进行测算。评估人员应当对收集到的数据资料进行分析检验，利用自己的评估经验对资料进行正确判断和选择。对于同一宗房地产，采用不同的评估方法，评估结果会不一致甚至偏差很大。此时应对评估过程进行综合分析，检查评估原则与评估方法是否选用得当、资料采用及分析是否合理、影响因素量化指标是否合理，最后通过调整，确定最终评估结果。

5. 撰写评估报告

评估报告是反映评估过程、体现评估成果的报告书。评估报告形式分为自由式、定型式、混合式。评估报告体现了房地产评估的最后成果，涵盖了评估过程中采用的评估思路、评估方法和依据。完整的评估报告应包括：受托方名称、委托方名称、评估目的、评估对象、评估基准日、评估依据、规划设计条件、评估的方法和计算过程、评估结论、补充事项、评估起止日期、评估人及评估单位、附件（有关权属证明文件复印件、图纸复印件等）。

5.2.6 房地产评估的影响因素

影响房地产价格的因素有很多，各因素对房地产价格的影响机制较复杂，影响程度大小不一。这些因素通常可以分为一般因素、区域因素和个别因素。

1. 一般因素

一般因素是指影响一定区域范围内所有房地产价格的一般的、普遍的、共同的因素。这些因素主要是宏观性的，会对房地产价格产生全局性的影响，主要包括经济因素、社会因素、行政因素等。

（1）经济因素

经济发展水平是影响房地产价格最基本的因素。国民生产总值、居民收入水平、物价指数等都会影响房地产价格。房地产产业的发展与国民经济发展步调基本一致，房地产价格水平与地区经济发展状况存在正相关关系。财政金融因素，如存贷款利率和税率的变化也会影响房地产的供求关系，进而影响房地产价格。

（2）社会因素

房地产的需求主体和使用主体都是人，因此人口数量直接影响房地产的需求。人口数量和人口密度与房地产价格存在正相关关系。家庭结构和社会治安状况也对房地产价格有着密切的影响。在人口总量不变的情况下，家庭规模的小型化会增加房地产的需求。

（3）行政因素

行政因素主要是指影响房地产价格的制度、政策、法规、行政措施等方面的因素。例如，政府规定的土地使用制度、住房制度、地价政策等直接决定着房地产的定价基础。城市规划、城市发展战略、土地利用规划直接对房地产的区位构成影响。

2. 区域因素

区域因素是指在特定区域内自然条件和社会、经济、行政、技术等因素相结合产生的区域特性,对该区域内各块土地的价格水平产生影响的因素。这些区域因素具体表现为区域商业繁华程度、道路通达情况、交通便利状况、城市设施建设状况和区域环境状况等。例如,商业繁华的区域,通常会带动该地区房地产价格上升。城市设施建设状况较好地区的房地产价格通常会高于城市设施建设状况较差地区的房地产价格。

3. 个别因素

个别因素主要有土地个别因素和建筑物个别因素。土地个别因素又称宗地因素,主要有土地区位因素、土地形状与规模因素、土地地形地势因素、容积率因素、用途因素和土地使用年限因素。建筑物个别因素主要是指建筑物自身的特性,如建筑物的规模结构及建造成本、建筑物设计是否合理、是否与周围环境相协调、建筑物质量的高低等。

5.3 房地产评估的成本法

5.3.1 房地产评估成本法的思路

成本法是以取得被评估资产的重置成本为基础的评估方法,是房地产评估的基本方法之一。任何理性投资者在购买某项资产时,所愿意支付的价格不会超过构建该项资产的现行成本,如果资产并非全新,则还应在现行购置成本基础上扣除折旧与贬值。房地产评估的成本法认为房地产评估值等于重置一宗与待估房地产效果相同的房地产所耗费的各项费用与一定的利润与税金之和。由于建筑物与土地的特性相差较大,影响建筑物与土地重置成本的因素差异较大,故对建筑物价值评估的成本法和土地价值评估的成本法分开进行讨论。

5.3.2 房地产评估成本法的适用范围

成本法一般适合新近开发建造、计划开发建造或者可以假设重新开发建造的房地产,通常适用于房地产市场发育不够成熟、成交实例不多、无法采用其他方法评估的房地产。成本法也可用作验证其他评估方法的辅助性方法。成本法的适用范围如下。

① 既无收益又很少发生交易的房地产,如学校、图书馆、体育场馆、医院、政府办公楼、军队营房、公园等公用、公益房地产。

② 市场不完善或狭小的市场上无法运用市场法进行估价的房地产。

③ 设计独特或只针对个别用户的特殊需要而开发建造的房地产,如化工厂、钢铁厂、发电厂、油田、码头、机场等。

④ 单纯建筑物的估价。

⑤ 其他特殊房地产的估价。例如在房地产保险(包括投保和理赔)及其他损害赔偿中,通常也是采用成本法的估价。因为在保险事故发生后或其他损害中,房地产的损毁往往是局部的,需要将其恢复原貌;对于发生全部损毁的,有时也需要用完全重置的办法来解决。资产评估中使用最多的就是成本法。

5.3.3 土地评估的成本法评估

1. 土地评估的成本法的基本计算公式

土地评估的成本法亦称成本逼近法,是以开发土地所消耗的各种费用(包括土地取得费用和开发费用)之和为依据,再加上一定的利润、利息、税费及土地增值收益来确定土地价格的一种评估方法。其计算公式为

$$土地价值 = 土地取得费用 + 土地开发费用 + 利息 + 利润 + 税费 + 土地增值收益$$

2. 土地评估的成本法的操作步骤

1)土地取得费用

土地取得费用是为了取得土地而向原土地使用者支付的费用。

(1)征用集体土地

土地取得费用主要包括土地补偿费、土地附着物和青苗补偿费、安置补助费、房屋及地上附着物拆迁补偿费等。其中土地补偿费中包含一定的级差地租,一般按该耕地被征用前三年平均年产值的 6~10 倍计算;土地附着物和青苗补偿费按照省、自治区、直辖市规定的费用标准;安置补助费标准为该耕地被征用前三年平均年产值的 4~6 倍,但每公顷被征收土地的安置补助费最高不得超过被征收前三年平均年产值的 15 倍;房屋及地上附着物拆迁补偿费主要包括房屋补偿费、周转补偿费和奖励性补偿费,具体按照省、自治区、直辖市规定的费用标准,根据各地不同的实际情况确定。

(2)通过房屋拆迁取得的土地

土地取得成本主要包括房屋拆迁补偿安置费。房屋拆迁补偿安置费是指为取得已利用城市土地而向原土地使用者支付的拆迁补偿费用,一般依据土地类型、土地年产值、土地区位登记、农用地等级、人均耕地数量、土地供求关系、当地经济发展水平和城镇居民最低生活水平保障等因素,再依据片区确定用于征地补偿综合计算的标准。这是对原城市土地使用者在经济上的补偿,补偿标准各地均有具体规定,拆迁补偿标准的调整由市、县人民政府公布。

(3)通过市场交易取得土地

土地取得成本包括:土地价款和买地缴纳的税费(手续费、契税等)。土地取得成本可按实际支出额或通过与类似土地进行比较分析后确定。

2)土地开发费用

土地开发费用通常包括基础设施配套费、公共事业建设配套费和小区开发配套费。

(1)基础设施配套费

基础设施配套费通常概括为"三通一平""五通一平""六通一平""七通一平"。"三通一平"是指通水、通路、通电、平整地面;"五通一平"是指通给水、通排水、通电、通路、通信、平整土地;"六通一平"是指通上水、通下水、通电、通信、通热、通路、平整地面;"七通一平"是指通上水、通下水、通电、通信、通气、通热、通路、平整地面。

(2)公共事业建设配套费

公共事业建设配套费主要是指建设邮电、图书馆、学校、公园、绿地等设施的费用。此项费用因项目大小、用地规模和地区差异而不同,测算时依具体情况而定。

(3)小区开发配套费

这项费用同公共事业建设配套费相似,具体根据各地的用地情况确定。

3）投资利息

投资利息是土地取得费用、开发费用之和乘以计息利率。其中，土地取得费用和开发费用需要考虑货币资金的时间价值，计息利率一般取与评估基准日相近的贷款利率。

土地取得费用的计息期一般为整个开发建设期，开发费用的计息期一般为开发建设期的一半。因为土地取得费用是在取得土地时开始占用，在开发完成销售出去后才能收回，计息期间为开发期和销售期。而土地开发费是在土地开发过程中逐步投入的，土地销售后收回。如果土地开发费是均匀投入的，计息期为开发期与销售期加总的一半；如果开发费用在开发期内分期投入，则各期分别计算投资利息。计息利率一般取同期银行现行贷款利率。具体公式如下：

投资利息＝土地取得费用×土地开发期×相应利率＋土地开发费用×土地开发期×相应利率×50%

投资者投资土地占用的自有资金也视同贷款，属于投资的机会成本，也应计入投资利息。

4）投资利润和税费

对土地进行开发投资，主要是为了获得投资收益，即利润。投资利润的计算关键是确定利润率和投资利润计算基数。投资利润计算基数可以是土地取得费和土地开发费之和，也可以是开发完成后的地价。利润率主要根据投资土地的平均利润水平确定。

税费是指土地取得和开发过程中所必须支付的税负和费用，如土地增值税、增值税、城建税、教育费附加、土地使用税、房产税等。

5）土地增值收益

土地增值收益主要是由土地用途改变和土地功能改变带来的。例如，国家征收耕地用于房地产开发，新用途的土地带来的收益将会高于用于耕种带来的收益，从而使土地增值。这种增值是土地所有权人允许改变土地用途带来的，应归土地所有者所有。通过对土地进行投资改造，使得土地经济价值增加，性能发生变化，从而使土地收益增加，这种收益同样应归土地所有者所有。通常土地增值收益率为10%～30%。

【例5-7】某市经济技术开发区内有一块面积为20 000 m² 的土地用于开发，该地块的土地取得费用（包含土地补偿费、青苗补偿费、安置补助费和耕地占用税等）为每亩20万元，土地开发费为2亿元/km²，土地开发期为两年。第一年投入资金占土地开发费的40%，投资利润率为土地取得费与开发费用的12%，土地出让增值收益率为15%，银行贷款年利率为6%，开发时间为2年，试计算该土地的价值。

解 ① 计算土地取得费用。

$$土地取得费=20\ 万元/亩=20\ 万元/666.67\ m^2=300\ 元/m^2$$

② 计算土地开发费。

$$土地开发费=2\ 亿元/km^2=200\ 元/m^2$$

③ 计算投资利息。投资利息分为土地取得费投资利息和土地开发费投资利息两部分，土地取得费计息期为两年，故

$$土地取得费投资利息=300×[(1+6\%)^2-1]=37.08（元/m^2）$$

土地开发费为分段均匀投入,故

土地开发费投资利息=200×40%×[$(1+6\%)^{1.5}-1$]+200×60%×[$(1+6\%)^{0.5}-1$]
=7.30+3.55=10.85(元/m²)

④ 计算开发利润。

开发利润=(300+200)×12%=60(元/m²)

⑤ 计算土地价值。

土地单价=(300+200+37.08+10.85+60)×(1+15%)=699.12(元/m²)
土地总价=699.12×20 000=13 982 400(元)

故该宗地单价为 699.12 元/m²,总价为 13 982 400 元。

5.3.4 新建房地产的成本法评估

1. 新建房地产的成本法的基本计算公式

新建房地产的成本法是指以土地取得费用、综合开发成本之和为基础,再加上一定的期间费用(管理费用、销售费用、投资利息)、利润及销售税费,以此来确定新建房地产价格的一种评估方法。新建房地产如果评估基准日为房地产建成日,则不用考虑折旧因素,直接用开发成本计算。其计算公式为

新建房地产价格=土地取得费用+综合开发成本+管理费用+投资利息+销售税费+利润

2. 新建房地产的成本法的操作步骤

1)土地取得费用

土地取得的途径有征收、拆迁改造和购买等,需要针对取得费用的不同途径来测算取得土地的费用。土地取得费用应包括土地取得时的相关手续费及税金。

2)综合开发成本

综合开发成本分为土地开发成本和房屋建造成本两部分,是指取得土地后对土地进行开发和建筑物建造发生的相关费用和税金。综合开发成本具体包括下列几项。

(1)勘察设计和前期工程费

这部分费用包括可行性研究、规划、勘察、设计及场地临时用水、用电及场地平整、工程勘察及设计费、可行性研究费用、建设工程许可证执照费用等前期所发生的费用。前期工程费用可按工程设计预算计算或以建筑安装工程费用为基数,采用比率的方法确定。

(2)基础设施建设费

这部分费用包括道路、给水、排水、电力、通信、燃气、热力等的建设费用及非经营性配套工程费用。基础设施建设费应按国家和地方政府颁发的城市规划定额指标计算;配套设施建设费一般根据详细规划和施工图预算计算,如果有完整的建筑工程决算资料,可通过对原工程决算数进行调整、修正后确定。

(3)建筑安装工程费

这部分费用是开发商(建设单位)向承包商(施工单位)支付的工程款,包括承包商的直接费用、间接费用、利润和税金等。

建筑安装工程费一般按施工图预算计算，如果有完整的建筑工程决算资料，可通过价格指数调整或采用其他方法通过对原工程决算书进行调整、修正后确定，也可以采用与类似单位工程造价相比较的方法确定。

（4）公共配套设施建设费

这部分费用主要包括公共建筑配套费、公共交通配套费、绿化费、自来水建设费、污水处理建设费、供电建设费、煤气建设费等。公共事业配套费根据国家和地方政府规定的费用标准计算。

3）管理费用

管理费用是建设单位为管理和组织房地产开发经营活动而发生的各种费用，包括建设单位的人员工资、办公费、差旅费等。估价时，通常可按土地取得费用与开发费用之和乘以一定的比率来估算，比率一般取1%~3%。

4）投资利息

投资利息包括土地取得费用、开发费用和管理费用的利息之和。利息率应选择与评估基准日相近的贷款利率。土地取得费用的计息期一般为整个开发建设期；开发费用的计息期一般为开发建设期的一半。

5）开发利润

开发利润是指在正常情况下开发商所能获得的平均利润。开发利润通常以土地取得成本、开发成本、管理费用及销售费用之和为基础，按房地产行业开发同类房地产平均利润率水平计算。

6）销售税费

销售税费是指销售开发完成后的房地产所需的费用及应由开发商缴纳的税费，主要分为以下几种。

① 销售费用，包括广告宣传、销售代理等费用，按房地产售价的一定比例计算。

② 销售税金及附加，包括城市维护建设税和教育费附加，按税法的有关规定计算。

③ 其他销售税费，包括由买房承担的印花税、交易手续费等，按税法及政府的有关规定计算。

【例5-8】建筑承包公司在某市经济技术开发区新建一处房地产，目前已经完工准备交付使用。该房地产占用的土地的取得费用为66 500.44万元，在房地产开发期间发生建筑物安装工程费94 051.97万元，勘察设计和前期工程费用4 702.60万元，基础设施建设费10 875.45万元，公共配套设施建设费与其他工程费3 762.08万元。综合考虑确定评估对象开发期间税费为建筑安装工程费的4%。建造期间发生管理费用8 994.63万元，销售费用13 903.07万元，利息费用19 002.57万元，销售税费15 710.46万元，建筑承包公司的净利率为20%，不考虑其他税费影响，试计算新建房地产价值。

解 ① 计算开发期间税费。

开发期间税费=94 051.97×4%=3 762.08（万元）

② 计算开发成本。

土地开发成本=94 051.97+4 702.60+10 875.45+3 762.08=113 392.10（万元）

③ 计算利润。

利润=（66 500.44+113 392.10+8 994.63+13 903.07）×20%=40 558.05（万元）

④ 计算新建房地产价值。

房地产价值=66 500.44+113 392.10+8 994.63+13 903.07+19 002.57+40 558.05+15 710.46
=278 061.32（万元）

5.3.5 旧建筑物的成本法评估

1. 旧建筑物的成本法的基本计算公式

旧建筑物采用成本法评估时，由于建筑物是过去建造完成的，在评估时需要考虑建筑物的折旧和贬值，不能再使用房地产的建造成本，而应该采用房地产的重置成本。

旧建筑物评估中的成本法是指基于建筑物的在建造费用或投资的角度来考虑，通过估算旧建筑物在全新状态下的重置成本，再扣减由于各种损耗因素造成的贬值，最后得出旧建筑物的评估值。其计算公式为。

$$旧建筑物价值=重置成本-年减值额×已使用年限$$

或

$$旧建筑物价值=重置成本-实体性贬值-功能性贬值-经济性贬值$$

2. 旧建筑物的成本法的操作步骤

1）重置成本的计算

重置成本是指采用新的建筑材料和工艺建造一个与原建筑物功能、结构、效用基本一致的建筑物的成本，包括各项直接、间接费用，利润和税金。在计算旧建筑物重置成本时，可以采用的方法有预决算调整法、重编预算法、价格指数调整法。

（1）预决算调整法

预决算调整法是指以建筑工程项目预决算时的成本核算资料为基础，以现行材料单价和费用标准为基础对建筑物成本进行调整。用此方法估算建筑物重置成本，首先需要建筑物原工程量合理，其次必须有完整的竣工预决算资料。完整的竣工预决算资料是进行调整的基础。运用预决算调整法确定建筑物的重置成本时，调整的内容主要有以下几项。

① 调整三材差价。即对钢材、木材和水泥的价格进行调整。

② 调整地材价差额。地材价差额=定额直接费×地材价格指数。其中，地材价格指数可以当地建筑工程定额管理部门发布的为准。

③ 调整人工费。人工费用调整数=工日数×价差额/工日；价差额/工日=评估基准日工日单价-预决算工日单价。

④ 机械费调整。调整后机械费=定额直接费×当地规定的取费系数。取费系数以当地建筑工程定额管理部门发布的取费系数为准。

⑤ 其他直接费调整。其他直接费调整=工程决算直接费×评估基准日其他直接费取费标准。取费标准由当地建筑工程定额管理部门规定。

⑥ 计算重置基准价。重置基准价=工程直接费用+工程间接费用+其他间接费用+利润+税金，工程直接费用=调整后材料费+调整后人工费+调整后机械费+调整后其他直接费。间接费

用、其他间接费用和利润税金以直接工程费为基础计算。

⑦ 计算重置成本。重置成本=重置基价+应计附加税费。附加税费通常包括设计费、勘察费、质监费、招待费、建设单位管理费、建设期利息和投资方向调节税等。

预决算调整法主要适用于用途相同、结构相同且数量较多的建筑物评估。在评估过程中可选择若干有代表性的建筑物按此法得出重置成本，然后以估算出的重置成本与该建筑物原预决算价格做比较，求出一个调整系数，推算出其他相似建筑物的重置成本。

（2）重编成本法

重编成本法是以材料的现行单价和现行费用标准为基础，重新编制工程预算书，再按现行成本计算间接成本，从而汇总得出建筑物重置成本。即根据待估对象的工程竣工图纸或绘制的工程图，按照编制工程预决算的方法，在计算工程量的基础上按现行工程预算价格和费率编制工程预算书，再按照现行标准计算间接成本，从而计算出建筑物重置成本。其计算公式为

$$建筑物重置成本 = \sum \left[(实际工程量 \times 现行单价) \times (1+现行费率) \pm 材料差价 \right] + 按现行标准计算的各项间接成本$$

采用重编成本法计算出的重置成本往往与待估对象的历史成本有较大的差异，主要原因是：项目设计和结构不断改进；项目工程量发生变化；由于技术进步使得材料的选用和价格发生变化等。

（3）价格指数调整法

价格指数调整法是指根据建筑物的历史成本，以建筑业产值价格指数或其他合理价值指数为调整依据进行调整，从而得出建筑物重置成本。建筑业产值价格指数是直接反映建筑产品价格变化趋势的一个综合性指标。由于待估房地产可能是以前年度建成的，因此需要计算出待估建筑物竣工年度至评估基准日的综合价格指数。在具体的测算过程中，还应注意统计资料中的年度价格指数是定基价格指数还是环比价格指数。不同种类的价格指数在计算综合价格指数时方法有所不同。

对于定基价格指数，计算公式为

$$综合价值指数 = \frac{评估基准日价格指数}{建筑物建造时价格指数} \times 100\%$$

对于环比价格指数，计算公式为

$$综合价值指数 = (1+a_1)(1+a_2)\cdots(1+a_n) \times 100\%$$

其中，a 为从建筑物竣工年度后第一年至评估基准日年度的各年环比价格指数。

价格指数调整法下，待估建筑物重置成本的计算公式为

$$待估建筑物重置成本 = 待估建筑物账面原值 \times 综合价格指数$$

【例5-9】甲公司于2017年自行建造一处办公楼，办公楼建造期间共发生资本化成本278 060万元，2018年6月16日完工并投入使用，已知2018年、2021年建筑业产值价格指数分别为102.8和113.8，试计算旧建筑物的重置成本。

解 ① 计算综合价格指数。

$$综合价格指数 = \frac{113.8}{102.8} \times 100\% = 1.1070$$

② 计算重置成本。

$$重置成本 = 278\,060 \times 1.1070 = 307\,812.42（万元）$$

2）建筑物成新率的测算

建筑物成新率的测算方法主要有使用年限法和打分法。

（1）使用年限法

使用年限法是指利用建筑物的实际已使用年限占建筑物全部使用寿命的比率作为建筑物的实体性贬值率；或以估测出的建筑物尚可使用年限占建筑物全部使用寿命的比率作为建筑物的成新率。

$$建筑物实体性贬值率 = 建筑物实际已使用年限 / （建筑物实际已使用年限+建筑物尚可使用年限） \times 100\%$$

$$建筑物成新率 = 建筑物尚可使用年限 / （建筑物实际已使用年限+建筑物尚可使用年限） \times 100\%$$

在采用使用年限法测算建筑物成新率时，关键在于确定合理的建筑物尚可使用年限。关于各类建筑物的使用寿命，国家并没有明确统一的标准。所以，在确定建筑物尚可使用年限时需要评估人员具有丰富的评估经验，并结合待估建筑物的具体使用状态和保养状况，确定待估建筑物的尚可使用年限。

（2）打分法

打分法是指评估人员借助建筑物成新率的评分标准，分解建筑物整体成新率评分标准，以及按不同构成部分的评分标准进行对照打分，得出或汇总得出建筑物的成新率。

根据标准，按房屋的结构、装修、设备等组成部分的完好和损坏程度，划分为完好房、基本完好房、一般损坏房、严重损坏房和危房5个等级。

① 完好房。是指成新率在80%以上的房屋，房屋的结构、构件、装修、设备齐全完好，成色新，使用良好。

② 基本完好房。是指成新率在60%~79%的房屋，房屋的结构、构件装修、设备基本完好，成色略旧并有少量或微量损坏，基本能正常使用。

③ 一般损坏房。是指成新率在40%~59%之间的房屋，房屋的结构、构件、装修、设备有部分损坏变形、老化，需进行中或大修理。

④ 严重损坏房。是指成新率在39%以下的房屋，房屋的结构、构件、装修、设备有明显的损坏和变形，并且不齐全，需进行大修或翻建。

⑤ 危房。是指房屋的结构和构件已经处于危险状态，随时有倒塌的可能。

按房屋的结构、装修、设备等方面的完损程度，综合确定建筑物的成新率，从理论上讲比单一按建筑物使用年限测算成新率更加细致合理。但打分法同样存在需要注意的问题。一是打分的标准是否科学合理。《房屋完损等级评定标准》主要是以房屋的经济寿命为标准划分的,这要比建筑物的自然寿命和技术寿命短,因此它所反映的房屋损失率有一定的误差,评估人员在参照该标准进行建筑物成新率测算时应该注意使用。二是评估人员对打分标准掌握和运用的水平。一般情况下,评估人员需要在统一打分的基础上,根据实际情况制定出不同类型的建筑物成新率评分修正系数,以便按统一打分标准评分后进一步调整和修正。表5-5是建筑物评定部位内容表。

表5-5 建筑物评定部位内容表

结构	装修	设备	结构	装修	设备
地基基础	门窗	水卫	层面	顶棚	特种设备
承重构件	外抹灰	电照	楼地面	细木装修	
非承重构件	内抹灰	暖气			

用打分法估测建筑物的成新率可参照下列公式。

成新率=[(结构部分合计得分×G+装修部分合计得分×S+设备部分合计得分×B)/100]×100%

式中:G——结构部分的评分修正系数;
S——装修部分的评分修正系数;
B——设备部分的评分修正系数。

【例5-10】某钢筋混凝土7层框架楼房,经评估人员现场打分,结构部分得分为90分,装修部分得分为80分,设备部分得分为85分,满分为100分。相关修正系数G=0.8;S=0.1;B=0.1,试计算该楼房的成新率。

解 成新率=[(90×0.8+80×0.1+85×0.1)/100]×100%=88.5%

3)建筑物贬值的计算

建筑物贬值是指建筑物价值的损耗。建筑物发生减值的原因包括:一方面是建筑物在使用过程中磨损、自然老化引起的使用价值降低,即有形损耗;另一方面是由于技术更新、建筑工艺等使得建筑物陈旧、落后,价值降低,又称为无形损耗。建筑物重置成本减去有形损耗与无形损耗即为建筑物现值。计算建筑物贬值的方法有直线折旧法、余额递减法、成新折扣法等。下面主要介绍直线折旧法和成新折扣法。

(1)直线折旧法

直线折旧法又称定额法,它假设建筑物在使用过程中价值发生均匀损耗,在使用年限内每年的贬值额相等,则建筑物的年贬值额为

$$D = \frac{C-S}{N} = C \times \frac{1-R}{N}$$

式中:D——年贬值额;
C——建筑物重置成本;

S——建筑物的残值,即建筑物在达到耐用年限后剩余价值扣除旧建筑物拆除、清理等处理费用后所剩余的价值;

N——建筑物的耐用年限;

R——建筑物的残值率,即建筑物的残值与重置成本的比率。

表 5-6 为各种结构的非生产性用房的耐用年限和残值率。

表 5-6 各种结构的非生产性用房的耐用年限和残值率

房屋结构	耐用年限/年	残值率/%	房屋结构	耐用年限/年	残值率/%
钢筋混凝土结构	60	0	砖木结构二等	40	4
砖混结构一等	50	2	砖木结构三等	40	3
砖混结构二等	50	2	简易结构	10	0
砖木结构一等	40	6			

耐用年限的计算公式为

$$耐用年限 = 建筑物已使用年限 + 建筑物尚可使用年限$$

【例 5-11】 甲公司于 20×1 年自行建造一处办公楼,办公楼建造期间共发生资本化成本 278 060 万元,20×3 年 6 月 16 日完工并投入使用,预计使用年限 40 年,残值率为 5%,试计算 20×9 年年末已发生的建筑物贬值额。

解 $$建筑物贬值额 = \frac{278\,060 \times (1-5\%)}{40} \times \left(6 + \frac{6}{12}\right) = 42\,925.512\,5\,(万元)$$

(2) 成新折扣法

成新折扣法是指根据建筑物的建成年代、新旧程度、功能损耗等确定建筑物的成新率,直接求出建筑物的现值。在成新折扣法下需要考虑建筑物的实体性贬值、功能性贬值及经济性贬值。

建筑物的实体性贬值是指建筑物在实体方面的损耗所造成的价值损失,是由于使用年限、天气、无人看管、失修,甚至故意破坏等原因引起的。实体性贬值可分为可修复贬值和不可修复贬值。可修复贬值是指经济上可以修复的贬值,即修复建筑的成本小于修补后建筑所增加的价值。不可修复贬值是指修复建筑的成本很可能大于修补后建筑所增加的价值,这种修复在经济上是不可行的。实体性贬值的具体计算公式为

$$建筑物实体性贬值额 = 重置成本 \times (1 - 成新率)$$

建筑物的功能性贬值是一种由于建筑效用相对损失而引起的贬值。效用损失是指有些建筑特征不如其成本所显示的那么有用。效用损失可能是由于建筑设计不完善、设备过时或建筑内其他方面的设计瑕疵所引起的,如拙劣的楼层平面布置和没有边院的房屋。功能性贬值也常常是由于原建筑设计特征与位置不符引起的,如建筑的类型或用途与位置不符。

计算建筑物功能性贬值时需要将被估建筑物的年运营成本与功能相同的新资产的年运营

成本做比较，确定被估资产年净超额运营成本。净超额运营成本是超额运营成本扣除其抵减的所得税以后的余额。功能性贬值的计算公式为

$$待估资产功能性贬值额 = 待估资产年净超额运营成本 \times 年金现值系数$$

此外，功能性贬值可以视同为超额投资成本。功能性贬值的计算可以通过对超额投资成本加以估算来进行，具体计算公式为

$$功能性贬值 = 复原重置成本 - 更新重置成本$$

建筑物经济性贬值是指由于被估房地产以外的原因（如市场条件、政策调整等）引起的价值损失。造成经济价值损失的情况有环境污染、房产区划的变化、附近土地用途的不合适、灰尘、高速公路或机场噪声等。建筑物经济性贬值一般伴随着建筑物利用率下降，如商业用房的空房率增加、出租面积减少、工业用房大量闲置等。从建筑物出现经济性贬值所造成的后果来看，最终都会使建筑物的收益下降。建筑物经济性贬值的计算公式为

$$经济性贬值额 = 建筑物年收益净损失额 / 正常资产收益率$$

或

$$经济性贬值额 = \sum_{t=1}^{n} R_t (1+r)^{-t}$$

式中，R_t 为第 t 年建筑物年收益净损失额；r 为建筑物还原利率；n 为预计建筑物收益损失持续的时间，一般以年为单位。

有时很难确定建筑物价值的某种特定损失是功能性的还是经济性的。随着市场需求、愿望和需要的变化，一度被认为适合市场需求的建筑物可能不再能符合当前的市场品位。例如在某些地区，那些没有浴室的房屋如今被认为是过时的，由于这种贬值与外部因素（市场需求变化）明显相关，人们可能会认为其价值损失应归于经济性贬值，但通常的做法是将其归为功能性贬值，就好像建筑物的缺陷在兴建时就已存在。为满足公众一般需求而发生的公共管制措施（如提高区划的密度）的变化会引起经济性贬值，而同一人群的特别愿望变化（如没有浴室的房屋）则通常会引起功能性贬值。这两者之间并没有明确的界限，评估人员要注意不要将同一价值损失既当作功能性的又当作经济性的，避免重复计算价值损失。

【例5-12】甲公司于20×1年自行建造一处办公楼，办公楼建造期间共发生资本化成本278 060万元，20×2年6月16日完工并投入使用，预计使用年限40年，残值率为5%，20×5年6月20日甲公司董事会决定出售该办公楼，需要资产评估师估算该办公楼价值。已知20×2年、20×5年建筑业产值价格指数分别为102.8和113.8，办公楼使用期间未发生功能性贬值和经济性贬值。不考虑其他税费影响，试计算该办公楼价值。

解 ① 计算综合价格指数。

$$综合价格指数 = \frac{113.8}{102.8} \times 100\% = 1.1070$$

② 计算重置成本。

$$重置成本 = 278\,060 \times 1.107\,0 = 307\,812.42（万元）$$

③ 计算该办公楼实体性贬值率。

$$该办公楼实体性贬值率 = \frac{3}{40} \times 100\% = 7.5\%$$

④ 计算该办公楼价值。

$$该办公楼价值 = 307\,812.42 \times (1 - 7.5\%) = 284\,726.49（万元）$$

5.3.6 房地产评估成本法的应用举例

【例 5-13】某一宗土地的总面积为 1 000 m², 是 10 年前通过征用农地取得的, 当时每亩花费 18 万元, 现时重新取得该类土地需要 620 元/m²; 地上建筑物的总面积为 2 000 m², 是 8 年前建成交付使用的, 当时的建筑物造价按建筑面积算为 600 元/m², 现时建造同类建筑物按建筑面积算需要 1 200 元/m², 估计该建筑物有八成新。根据所给资料估算该宗不动产的现时单价和总价。

解

① 计算土地现值 = $620 \times 1\,000 = 620\,000$（元）

② 计算建筑物现值 = $1\,200 \times 2\,000 \times 80\% = 1\,920\,000$（元）

③ 计算估价对象的现时总价 = $620\,000 + 1\,920\,000 = 2\,540\,000$（元）

   计算估价对象的现时单价 = $2\,540\,000 / 2\,000 = 1\,270$（元/m²）

采用成本法估算该宗房地产的现时总价为 254 万元, 单价为 1 270 元/m²。

5.4 房地产评估的市场法

5.4.1 房地产评估市场法的思路

市场法又称交易实例法、市场比较法、现行市价法等, 是房地产评估中最常用的基本方法之一。它依据的是替代原则, 在进行房地产评估时将被估房地产与近期交易的类似房地产做比较, 以近期交易的类似房地产交易价格为基础, 通过对交易情况、交易日期、房地产状况等因素进行修正, 得出被估房地产的评估值。

5.4.2 房地产评估市场法的适用范围

房地产评估市场法的适用范围很广, 只要有合适的类似房地产交易实例即可应用。在房地产市场越发达、完善的地区, 市场法应用越广泛。与被估房地产相类似的房地产交易实例越多, 市场法应用越有效。但在下面几种情况下, 市场法往往难以有效应用：

① 房地产交易发生较少或无房地产交易发生的地区；
② 无类似交易实例或交易实例很少的房地产，如古建筑；
③ 风景名胜区、寺庙教堂等难以成为交易对象的房地产；
④ 图书馆、学校用地等。

5.4.3 房地产的市场法评估

1. 房地产评估市场法的基本计算公式

在采用市场法对房地产进行评估时，关键是确定近期发生的类似房地产交易实例、交易价格和需要考虑的修正因素及如何对它们进行量化。修正因素主要有交易情况因素、交易日期因素和房地产状况因素。交易情况修正主要是修正交易实例的交易价格；交易日期修正主要是把交易实例的交易日期修正为评估基准日；房地产状况因素修正主要是对交易实例的区位状况、权益状况和实物状况进行修正。此外，容积率和土地使用年限修正属于权益状况修正，由于影响程度较大，一般单独进行修正。

市场法的基本计算公式为

$$P = P' \cdot A \cdot B \cdot C$$

式中：P——被估房地产评估价格；
　　　P'——可比交易实例价格；
　　　A——交易情况修正系数；
　　　B——交易日期修正系数；
　　　C——房地产状况修正系数。

在评估实务中，市场法的计算公式可表示为

$$P = P' \cdot A \cdot B \cdot C = P' \times \frac{100}{(\ )} \times \frac{(\ )}{100} \times \frac{100}{(\ )}$$

式中，

$$A = \frac{100}{(\ )} = \frac{正常交易情况指数}{可比实例交易情况指数}$$

$$B = \frac{(\ )}{100} = \frac{评估基准日价格指数}{可比实例交易价格指数}$$

$$C = \frac{100}{(\ )} = \frac{待估对象房地产状况指数}{可比实例房地产状况指数}$$

其中，交易情况修正系数 A 中的分子 100 表示以正常情况下的价格为基准而确定的可比实例交易情况价格修正指数；交易日期修正系数 B 中的分母 100 表示以可比实例交易时的价格指数为基准而确定评估基准日的价格指数；房地产状况修正系数 C 中的分子 100 表示以待估对象房地产状况为基准而确定的可比实例房地产状况的修正指数。C 也可以写成 $\frac{(\ )}{100}$，即以可比实例房地产状况为基准而确定的待估对象房地产状况修正指数。

如果需要对容积率和土地使用年期进行单独修正，则计算公式为

$$P = P' \times A \times B \times C \times 容积率修正系数 \times 土地使用年期修正系数$$

2. 房地产评估市场法的操作步骤

1）交易实例收集

房地产市场中的交易实例及资料是运用市场法评估的基础和前提。这是耗时较长的过程，需要时刻关注房地产市场变化，广泛收集交易实例，保证开展房地产市场法评估时能有充足、相似的实例。

2）确定可比交易实例

在运用市场法进行房地产评估时，要根据被估房地产的自身特点，在平时收集的交易实例中选取符合一定条件的案例，作为可供参考的交易实例。一般应该考虑与被估房地产在结构、用途、时间、交易条件等方面类似或差别不明显的交易实例。在确定交易实例时对评估人员的经验要求较高。

3）进行因素修正

（1）交易情况修正

在进行房地产买卖时，由于价格的个别性比较明显，在采用交易实例时需要考虑其中交易情况的个别差异，需要对选取的交易实例进行交易情况修正，将交易实例调整为正常交易。正常交易是指交易应该是公开、平等、自愿的，即在公开市场、信息畅通、交易双方自愿、没有私自利益关系的情况下的交易。

确定了交易情况影响因素后，需要测定各因素对价格的影响程度，并量化为具体的修正比例或系数。根据修正系数调整交易价格，修正公式为

$$交易情况修正后的正常价格 = 交易实例价格 \times \frac{正常情况指数}{交易实例情况指数}$$

$$= 交易实例价格 \times \frac{100}{(\quad)}$$

如果交易实例的成交价格低于正常情况下的成交价格，则分母小于100；如果交易实例的成交价格高于正常情况下的成交价格，则分母大于100。

（2）交易日期修正

在选用可比交易实例时，交易实例的交易日期应该与被估房地产的评估基准日较接近。一般情况下交易实例的交易日期与被估房地产的评估基准日会存在不一致的情况，在这一差异时间段内，房地产价格可能会发生变动，需要将交易实例交易日的成交价格调整为评估基准日的房地产价格，即交易日期修正。交易日期的修正方法一般是用变动率（如采用地价指数或地产指数）将交易实例当时的交易价格修正为评估基准日的价格。需要注意的是，房地产价格指数是指房地产在不同时期价格的涨落程度，不是任何类型的房地产价格指数都可以采用的，采用的价格指数必须是与被估房地产类似的房地产价格指数。

房地产价格变动率一般用房地产价格指数来表示，修正公式为

$$交易实例评估日基准价格 = 交易实例价格 \times \frac{评估基准日价格指数}{交易实例交易日价格指数}$$

【例5-14】 某一房地产交易实例，成交价格为10 000元/m²，成交日期为2019年6月。

假设 2019 年 7 月—2020 年 6 月，该类房地产价格每月比上月上涨 2%，2020 年 7 月—2020 年 12 月，该类房地产价格每月比上月下降 1%。试计算该交易实例进行交易日期修正后 2020 年 12 月的房地产价格。

解 $$P = 10\,000 \times (1+2\%)^{12} \times (1-1\%)^{6} = 11\,940.24\ (元/m^2)$$

（3）房地产区域因素的修正

房地产由于其本身的特性，其价格因其所在区域的不同而差异巨大。所以在采用市场法对房地产进行评估时，需要很好地把握待估房地产的区位特性和选取的交易实例的区位特性，确定区域因素在房地产评估中的影响。

进行区域分析时，商业区通常以商业收益能发生替代关系的地区为交易实例房地产的选用范围；住宅区通常以通向市中心的方便程度能发生替代关系的地区为交易实例房地产的选用范围。不同区域房地产由于所属地区的自然条件与社会、经济、行政、立法等因素所产生的地区特性对该地区房地产价格水平有不同程度的影响，故应将交易实例房地产所处区域与待估房地产所处区域加以比较，找出由于区域因素优劣所影响的交易价格高低，从而进行修正，使其成为待估房地产所处地区的价格。区域因素的修正是房地产评估实务中的难点。

在分析区域因素的影响时，对不同类型的房地产的侧重点是不同的。

商业区的收益率是影响房地产价格的最主要因素，而地段的营业环境对商业区的销售额影响很大，故地段是决定商业房地产价格的根本因素。

住宅区的区域因素主要考虑离市中心的距离、交通设施条件和居住环境的好坏、居民的职业构成及其社会地位、文化水平、生活方式等。

工业区的区域因素最主要的是看运输的便利状况、工业用水和用电的质量、与产品的销售市场及原材料采购市场的位置关系。

在实际操作中，区域因素的修正方法主要有双百分制比较法、十等分因素比较法和环境成熟度修正法等。

① 双百分制比较法。双百分制的第一层"百分"是按大类对区域影响因素分类评分，每类的最高分均为 100 分，第二层"百分"是对大类区域的影响强度确定权重。交易实例房地产与待估房地产在该因素上的差异反映在积分（因素评分与权重乘积）上。各因素评分与该因素的权重的总积分，综合反映了交易实例房地产与待估房地产由于所处区域不同而在价格上的差异。按照总积分，可将各交易实例的房地产价格调整成待估房地产价格，计算公式为

$$待估房地产的单位价格 = 价格修正系数 \times 交易实例房地产的单位价格$$

$$价格修正系数 = \frac{待估房地产总积分}{交易实例房地产总积分}$$

② 十等分因素比较法。这是双百分制比较法的简化。将房地产的位置、交通状况、周围的商业网点、公共设施、经济环境、土地使用强度等诸多因素分成 10 项，每一项的权重均为 1/10。依交易实例和待估房地产每一项因素的异同和影响逐项打分，最后根据综合总分做出最后评定。

③ 环境成熟度修正法。环境成熟度即配套设施达到的程度。任何一块土地的利用，除必须具备规模的土地外，还需要邻近有各种设施与之相配合，才能有效地利用。例如，住宅小区，并不是房屋建成就成了理想的住宅，必须在附近有超市、学校、车站等设施，才能形成

理想的居住环境。商业用地、工业用地亦均必须有其相应的环境条件，但这种环境通常要有一段相当长的时间才能趋于成熟。因此，虽然属于同一种使用地区，但彼此间的环境成熟条件尚有差距，在运用市场法评估时应进行成熟度修正。

成熟度修正首先要找出交易实例和待估房地产之间环境条件成熟的差距，即待估房地产达到与交易实例同等环境成熟度时所需的时间，然后根据交易实例价格乘以折现系数。其计算公式为

$$房地产评估值 = 调整系数 \times 交易实例价格$$

$$调整系数 = \frac{1}{(1+r)^n}$$

式中：r——折现率；
　　　n——达到与交易实例同等环境成熟度时所需的年限。

【例 5-15】 交易实例土地价格为 4 000 元/m²，待估土地的环境条件达到交易实例土地的环境条件预计需 5 年，折现率为 10%，试计算该待估土地的价格。

解　　$4\,000 \times \dfrac{1}{(1+10\%)^5} = 4\,000 \times (P/F, 10\%, 5) = 4\,000 \times 0.620\,9 = 2\,483.6$（元）

（4）房地产状况修正

由于交易实例中房地产的状况与被估房地产的状况会有不同之处，应该将两者的状况进行比较分析，找出差异，并确定修正系数，根据确定的修正系数对交易实例的房地产成交价格进行修正。

土地和房屋状况的考虑侧重点是不同的。土地状况的比较内容主要包括：坐落位置、面积、正面宽度、深度、形状、地势、地质。房屋状况的比较内容包括：面积、构造、材料；房屋的成新率；房屋的装修、设备标准；房屋的朝向；施工质量；行政立法上的限制等。

（5）容积率修正

容积率是指房地产建筑总面积与土地面积的比值，容积率影响建筑物平均成本和土地利用程度，一般来说容积率越高，土地利用效率越高，地价也越高。容积率与地价之间的关系是非线性关系。修正公式为

$$容积率修正后的交易实例价格 = 交易实例价格 \times \frac{待估宗地容积率修正系数}{交易实例容积率修正系数}$$

【例 5-16】 某城市某种用途的土地容积率修正系数表如表 5-7 所示，假设可比交易实例宗地地价为 1 500 元/m²，容积率为 1.2，被估宗地的容积率为 1.7，试计算经容积率修正后的交易实例价格。

表 6-7　容积率修正系数表

容积率	0.1	0.4	0.7	1.0	1.2	1.3	1.5	1.7	2.0	2.4
修正系数	0.4	0.6	0.8	1.0	1.1	1.2	1.4	1.5	1.8	2.1

解 经容积率修正后的交易实例价格=1 500×1.5/1.1=2 045.45（元/m²）

（6）土地使用年期修正

土地使用期的长短直接影响到土地收益的多少，在土地年收益确定后，土地使用期限越长，土地的总收益越高，土地价值越大、价格越高。在交易实例与被估房地产土地使用年限不同的情况下，要对交易实例进行调整，使之与被估房地产相同。

土地使用年期修正系数的计算公式为

$$K = \frac{1-1/(1+r)^m}{1-1/(1+r)^n}$$

式中：K——将交易实例的年期修正到被评估对象使用年期的年期修正系数；
r——资本化率；
m——被评估对象的使用年期；
n——交易实例的使用年期。

$$土地年期修正后地价 = 交易实例价格 \times K$$

（7）确定房地产评估值

通过对交易情况、交易日期和房地产状况进行修正以后，每个交易实例的调整后成交价格可能不完全一致。为了获得最终房地产评估值，要将所有交易实例调整后价格通过统计学方法，如简单算术平均数法、加权算术平均数法、众数法、中位数法等，计算出房地产评估值。

5.4.4 房地产评估市场法的应用举例

【例5-17】某城市有一待估宗地X需评估，剩余使用年限为40年，还原利率为6%。现收集到若干交易实例并从中选出与待估宗地相似的5宗地，具体情况如表5-8所示。

表5-8 5宗地情况比较

宗地	成交价格/（元/m²）	交易时间	交易情况	容积率	土地状况	剩余年限
A	1 000	2017	+1%	1.3	+1%	40
B	950	2018	0	1.2	+2%	40
C	1 150	2020	+3%	1.5	-1%	40
D	1 200	2019	+1%	1.4	-1%	38
E	1 050	2020	0	1.4	-4%	40
X		2021	0	1.1	0	40

该城市地价指数如表5-9所示。

表5-9 地价指数表

年份	2014	2015	2016	2017	2018	2019	2020	2021
地价指数	100	103	105	108	107	110	112	113

根据调查，该城市此类用地容积率与地价的关系为：当容积率为 1~1.5 时，容积率每增加 0.1，宗地单位地价比容积率为 1 时的地价增加 5%；当容积率超过 1.5 时，超出部分的容积率每增长 0.1，单位地价比容积率为 1 时的地价增加 3%。对交易情况、土地状况的修正，都是交易实例宗地与被估宗地相比较得出的，负号表示交易实例宗地比被估宗地差，正号表示交易实例宗地优于被估宗地，数值代表对被估宗地的修正幅度。根据以上条件，评估该宗地 2021 年的价值。

解 ① 建立容积率地价指数表，如表 5-10 所示。

表 5-10 容积率地价指数表

容积率	1.0	1.1	1.2	1.3	1.4	1.5	1.6	1.7
地价指数	100	105	110	115	120	125	128	131

② 对交易实例进行修正。宗地 D 土地使用年期修正为

$$K = \frac{1 - \dfrac{1}{(1+6\%)^{40}}}{1 - \dfrac{1}{(1+6\%)^{38}}} = 1.0135$$

$$修正后价格 = 成交价格 \times \frac{评估基准日价格指数}{可比实例交易时价格指数} \times \frac{正常交易情况指数}{可比实例交易情况指数} \times \frac{待估宗地容积率地价系数}{交易实例容率地价系数} \times \frac{待估对象房地产状况指数}{可比实例房地产状况指数} \times 土地使用年期修正系数$$

从而

A：$1000 \times \dfrac{113}{108} \times \dfrac{100}{101} \times \dfrac{105}{115} \times \dfrac{100}{101} = 936.49$

B：$950 \times \dfrac{113}{107} \times \dfrac{100}{100} \times \dfrac{105}{110} \times \dfrac{100}{102} = 938.89$

C：$1150 \times \dfrac{113}{112} \times \dfrac{100}{103} \times \dfrac{105}{125} \times \dfrac{100}{99} = 955.80$

D：$1200 \times \dfrac{113}{110} \times \dfrac{100}{101} \times \dfrac{105}{120} \times \dfrac{100}{99} \times 1.0135 = 1093.30$

E：$1050 \times \dfrac{113}{113} \times \dfrac{100}{100} \times \dfrac{105}{120} \times \dfrac{100}{96} = 957.03$

③ 评估结果。宗地 D 的值为异常值，应予以剔除。其他结果较为相近，取其平均值作为评估结果。故宗地 X 的评估结果为

$$(936.49 + 938.89 + 955.8 + 957.03)/4 = 947.05 （元/m^2）$$

5.5 房地产评估的收益法

5.5.1 房地产评估收益法的思路

收益法又称收入资本化法、投资法、收益还原法。收益法通过确定评估基准日以后的房地产净收益,根据资本化率将净收益折现到评估基准日并加总从而得到房地产评估值。房地产评估收益法的前提是房地产使用寿命较长,在未来可以形成持续的收益,这些收益可以看作房地产权利人对房地产权利在经济上的体现。

5.5.2 房地产评估收益法的适用范围

收益法适用于有收益或有取得收益能力的房地产评估,如商场、酒店、写字楼等,而对于政府用房、学校等非营利性房地产评估,收益法则不太适用。在使用收益法进行房地产评估时要求收益是持续的和可计量的,并且风险可衡量。换句话说,使用收益法的关键是确定房地产的预期净收益、收益发生时间和折现率。

5.5.3 房地产的收益法评估

1. 房地产收益法评估的基本计算公式

对房地产采用收益法评估时,需要将土地和建筑物视为整体对其未来的净收益采用资本化率进行折现。

房地合一收益法评估的基本计算公式为

$$房地产价值 = \frac{房地产净收益}{综合资本化率}$$

$$房地产净收益 = 房地产总收益 - 房地产总费用$$

$$房地产总费用 = 管理费 + 维修费 + 保险费 + 税金$$

2. 房地产收益法评估的操作步骤

1) 房地产净收益的计算

房地产净收益指的是扣除各种费用后房地产产生的收益,一般以年为单位。房地产净收益有实际净收益和客观净收益之分,在进行房地产评估时,只有客观净收益才能作为评估依据。实际净收益是指被估房地产在现有条件下实际取得的净收益。实际净收益会受到多种特殊情况干扰,不能反映房地产的正常收益能力。评估人员要对实际净收益进行修正,剔除特殊因素,得到在正常市场条件下房地产用于法律上允许的最佳利用方向上的净收益值,其中包括对未来收益和风险的合理预期,这个收益即为房地产客观净收益。

客观净收益根据客观总收益扣除客观总费用求得。客观总收益指的是房地产在正常使用下的正常收益,而客观总费用指的是总费用中剔除非正常的费用支出后的费用。客观总费用并不一定是待估房地产为取得实际收益的实际支出,而是评估基准日房地产市场上同类房地产取得正常收益所必须支付的必要费用。房地产费用中所包含的具体项目会因待估房地产的性质、用途、使用状态等不同而有所不同。作为从总收益中扣除的总费用,要进行认真分析,剔除不正常的费用支出，选择正常的支出作为费用。

根据房地产类型的不同，净收益可以分为以下 3 种情况。

（1）出租型房地产净收益

出租型房地产是收益法评估的典型对象，包括出租的住宅、写字楼、商场、停车场、标准工业厂房、仓库、土地等，其净收益是根据租赁资料取得的，通常为租赁收入扣除维修费、管理费、保险费、相关税费和租赁代理费等后的余额。租赁收入包括有效毛租金收入和租赁保证金、押金等的利息收入。在实际求取时，各项费用的扣除还应具体分析租赁合同确定。如果保证合法、安全、正常使用所需的费用都由出租人承担，则应将它们扣除。另外，如果租金中包含了为承租人无偿提供水、电、燃气、空调、暖气等，则要扣除这些相关费用。出租型房地产净收益的计算公式为

$$出租型房地产净收益=租赁收入-维修费-管理费-保险费-房地产税-租赁代理费$$

其中

$$租赁收入=毛租金-空置损失-损失租金+租赁保证金+押金$$

（2）经营型房地产净收益

经营型房地产的特点是该房地产的所有者同时又是该房地产的经营者，房地产的租金与经营者的利润没有分开。经营型房地产又可分为商业经营型房地产、工业生产型房地产和农地。经营型房地产净收益的计算公式为

$$经营型房地产净收益=营业收入-营业成本-销售费用-税金及附加-$$
$$管理费用-财务费用-利润$$

（3）自用或尚未使用的房地产净收益

自用或尚未使用的房地产净收益一般根据有收益的类似房地产，通过进行差异因素调整，得出相应净收益。

2）资本化率的概念

资本化率又称还原利率，是将被估房地产的净收益折现到评估基准日使用的折现率，是影响房地产评估值的关键因素。资本化率的微小变动都会使评估价值发生显著改变，在确定资本化率时要求评估人员具有较高的评估水平和丰富的评估经验。

收益性房地产的购买实际上是一种投资行为，资本化率在一定程度上体现了房地产的投资收益率。所以，可以认为资本化率体现为投资收益率这一实质，资本化率的大小与投资风险的大小呈正相关关系，风险越大，收益越高；风险越小，收益越低。对于房地产评估来说，资本化率越高，说明投资风险越高。在净收益和收益年期不变的情况下，资本化率越高，房地产评估值越低。对于不同用途、不同区位、不同交易时间的房地产，投资风险也各不相同，资本化率也会有差异。

在房地产评估中，资本化率主要有 3 种应用最为广泛，即土地资本化率、建筑物资本化率和综合资本化率。

土地资本化率是评估土地价格时采用的资本化率，评估时采用的净收益是指土地自身的收益，建筑物收益应该剔除。

建筑物资本化率是评估建筑物价格时采用的资本化率，评估时采用的净收益是指建筑物

产生的净收益，不含土地产生的收益。

综合资本化率是将土地与建筑物作为整体进行评估时采用的资本化率，评估时采用的净收益是土地及建筑物作为一个整体产生的净收益。

综合资本化率、土地资本化率和建筑物资本化率之间的关系可表示为

$$r = \frac{r_1 L + r_2 B}{L + B}$$

式中：r——综合资本化率；

r_1——土地资本化率；

r_2——建筑物资本化率；

L——土地价格；

B——建筑物价格。

3）资本化率的估测方法

（1）净租金收益与售价比率法

评估人员在市场上收集近期交易的、与被估房地产相似的房地产租金或价格等资料，根据资本化率为净收益与房地产价格之比计算出资本化率，再根据简单算术平均法等统计方法得出最终资本化率。这种方法运用的基础是房地产商品的替代性，选取的交易实例均来自市场，能直接反映市场供求状况。这种方法的适用情况为房地产市场较为活跃，评估人员必须拥有充足的资料并且能收集到与被估房地产相似的实例。

【例5-18】为测定被估房地产资本化率，在房地产市场中收集到5个与被估房地产类似的交易实例，具体情况如表5-11所示。假设交易情况为无限年期，试计算被估房地产适用的资本化率。

表5-11 交易实例具体资料

交易实例	租金/（元/年）	房屋面积/m²	价格/（元/m²）	资本化率/%
1	30 000	80	3 500	10.7
2	25 000	70	3 000	11.9
3	27 000	75	3 000	12
4	22 000	65	3 200	10.5
5	24 000	75	2 800	11.4

解 根据"资本化率=（年租金/房屋面积）/价格"可以求出每个交易实例的资本化率，对其进行算术平均可得到最后的资本化率，即

$$r = (10.7\% + 11.9\% + 12\% + 10.5\% + 11.4\%)/5 = 11.3\%$$

（2）安全利率加风险调整值法

该方法认为资本化率等于安全利率加上一个风险调整值，计算公式为

$$r = r_f + r_m$$

式中：r——资本化率；

r_f——安全利率；

r_m——风险调整值。

计算资本化率时首先确定安全利率，一般取银行中长期利率作为安全利率；然后根据影响被估房地产的社会经济环境状况，估算出代表投资风险的风险调整值，二者加总得出资本化率。这种方法计算简便，对市场状况要求不高，应用较广泛，但在确定风险调整值时主观性较强，需要长期经验。

（3）各种投资收益率排序插入法

评估人员收集市场上各种投资的收益率资料，然后把各项投资的收益率按大小顺序依次排列。评估人员估计被估房地产的投资风险，并与各项投资的风险相比较，按照风险水平将它插入其中，然后确定资本化率。

（4）资本成本加权平均法

资本成本加权平均法是指将房地产投资中的借入资金资本成本和自有资金资本成本，按其在房地产投资中的比重，采用加权平均的方法计算资本化率。其计算公式为

$$r = r_g \times G + r_e \times (1-G)$$

式中：r——资本化率；

G——借入资金占房地产投资总额的比重；

r_g——借入资金资本成本；

r_e——自有资金资本成本。

【例5-19】 某待估房地产为一座出租用写字楼，土地总面积为 5 000 m²，建筑总面积为 60 000 m²，假定于 2020 年 12 月建成并出租，平均月租金为 300 元/m²，空置率为 10%，管理费为 1 800 万元/年，房产税、税金及附加为租金收入的 18%，保险费为 700 万元/年，钢筋混凝土结构，土地使用年限为 40 年，从 2016 年 1 月 7 日开始计算，土地使用权到期时，房地产残值为 700 万元。试评估该房地产 2021 年 1 月 10 日价格，假设资本化率为 12%。

解 ① 计算年总收益。

$$年总收入 = 6 \times 300 \times 12 \times (1-10\%) = 19\,440（万元）$$

② 计算年总费用。

$$房产税、税金及附加 = 19\,440 \times 18\% = 3\,499.2（万元）$$

$$年总费用 = 1\,800 + 3\,499.2 + 700 = 5\,999.2（万元）$$

③ 计算年净收益。

$$年净收益 = 年总收入 - 年净费用 = 19\,440 - 5\,999.2 = 13\,440.8（万元）$$

④ 计算房地产评估值。

$$房地产评估值 = \frac{13\,440.8}{12\%} \times \left[1 - \frac{1}{(1+12\%)^{35}}\right] + 700 \times \frac{1}{(1+12\%)^{35}}$$

$$= 109\,885.26 + 13.23 = 109\,898.49（万元）$$

5.5.4 土地的收益法评估

由土地收益评估土地价值,计算公式为

$$土地价值 = \sum \frac{预计未来各期土地净收益}{资本化率}$$

【例5-20】 有一宗地,出让年期为40年,资本化率为6%,预期未来前五年的净收益分别为40万元、42万元、45万元、43万元、48万元,从第六年开始,大约稳定在50万元,试用收益法评估该宗地价格。

解

$$P = \frac{40}{1+6\%} + \frac{42}{(1+6\%)^2} + \frac{45}{(1+6\%)^3} + \frac{43}{(1+6\%)^4} + \frac{48}{(1+6\%)^5} + \frac{50}{6\% \times (1+6\%)^5}\left[1 - \frac{1}{(1+6\%)^{40-5}}\right]$$

$$= 37.7358 + 37.3799 + 37.7834 + 34.0594 + 35.8691 + 541.6999$$

$$= 724.5275(万元)$$

由房地产收益评估土地价值,计算公式如下。
① 土地价值=房地产价值-建筑物价值。

其中,

$$建筑物价值 = 建筑物重置价 - 年贬值额 \times 已使用年数$$

$$年贬值额 = \frac{建筑物重置价 - 残值}{耐用年限} = \frac{建筑物重置价 \times (1-残值率)}{耐用年限}$$

② $土地价值 = \dfrac{房地产净收益 - 建筑物净收益}{土地资本化率}$。

其中,

$$建筑物净收益 = 建筑物现值 \times 建筑物资本化率$$

5.5.5 建筑物的收益法评估

用收益法评估建筑物的价值,计算公式如下。
① 建筑物价值=房地产价值-土地价值。
② $建筑物价值 = \dfrac{房地产净收益 - 土地净收益}{建筑物资本化率}$。

【例5-21】 甲公司有一处办公楼,用于对外出租,预计可使用年限为40年。甲公司预计该办公楼未来前三年的净收益分别为60万元、63万元、67万元,从第四年开始,大约稳定在70万元。该办公楼占用的宗地出让年期为40年,预计土地未来前五年的净收益分别为40万元、42万元、45万元、43万元、48万元,从第六年开始,大约稳定在50万元,甲公司资本化率为6%,试用收益法单独评估该办公楼价格。

解 ① 计算房地产价值。

$$房地产价值 = \frac{60}{1+6\%} + \frac{63}{(1+6\%)^2} + \frac{67}{(1+6\%)^3} + \frac{70}{6\% \times (1+6\%)^3}\left[1 - \frac{1}{(1+6\%)^{40-3}}\right]$$
$$= 1\,035.06\,(万元)$$

② 计算土地价值。

$$土地价值 = \frac{40}{1+6\%} + \frac{42}{(1+6\%)^2} + \frac{45}{(1+6\%)^3} + \frac{43}{(1+6\%)^4} + \frac{48}{(1+6\%)^5} +$$
$$\frac{50}{6\% \times (1+6\%)^5}\left[1 - \frac{1}{(1+6\%)^{40-5}}\right]$$
$$= 724.53\,(万元)$$

③ 计算办公楼价值。

$$办公楼价值 = 1\,035.06 - 724.53 = 310.53\,(万元)$$

5.5.6　房地产评估收益法的应用举例

【例5-22】 某宾馆委托估价，宾馆提供的资料表明，该宾馆有标准两人间25间，床位50张，平均每张床位每天120元，年空置率为25%；一般两人间和三人间总床位为180张，平均每张床位每天40元，年空置率为20%；该宾馆月营业花费15万元。经调查，当地同档次宾馆标准两人间平均每张床位每天140元，年空置率为30%；一般两人间和三人间平均每张床位每天40元，年空置率为18%；正常营业每月营业花费平均占每月总收入的32%；该类不动产的资本化率为8%。试运用所给资料评估该宾馆的价格。

解 ① 计算年总收益 = $50 \times 140 \times 365 \times (1-30\%) + 180 \times 40 \times 365 \times (1-18\%) = 3\,943\,460$ 元。

② 计算年总费用 = $3\,943\,460 \times 32\% = 1\,261\,907.2$ 元。

③ 计算年纯收益 = 年总收益 − 年总费用 = $3\,943\,460 - 1\,261\,907.2 = 2\,681\,552.8$ 元。

④ 宾馆价格 = $\dfrac{2\,681\,552.8}{8\%} = 33\,519\,410$ 元。

5.6　房地产评估的其他方法

在评估房地产时，不仅可以使用成本法、收益法、市场法3种基本方法，对房地产的不同形态还可以使用其他方法进行评估。

5.6.1　假设开发法

1. 基本思路

假设开发法又称为剩余法、倒算法或预期开发法，是将被估房地产开发后的预期价值扣除预期的正常投入费用、正常税金和合理利润后，以剩余部分的价值作为依据测算房地产评估值的方法。

假设开发法的应用关键在于预测。用于预测的数据的准确性非常重要，所以健全的投资、稳定的房地产产业政策和法规体系、充分的房地产开发资料信息和清晰的房地产开发的前期测算是十分重要的。假设开发法首先预测被估房地产开发后的价值，然后预测开发过程中正常的投入成本，两者相减得出价值余额作为评估基础。房地产投资者进行房地产投资是为了获得回报，而且是回报越高越好，所以对于同一地块，房地产投资者会在规划部门对该地块的限制条件下，以达到土地最佳使用状况为指导来进行房地产开发。这是确定房地产开发后预期价值的依据。在确定被估房地产开发后预期价值时还要考虑目前的房地产市场状况等，而预期的正常投入成本为正常情况下的开发成本费用和税金等。通过预测，房地产投资者就能确定为取得这一地块所愿意支付的最高价格是多少。

2. 适用范围

假设开发法广泛应用于待开发土地价值评估中。具体来讲，假设开发法主要适用于以下几种情况。

① 待开发土地评估。用开发完成后的房地产价格减去建造费和专业费等。
② 将生地开发为熟地的土地评估。用开发完成后的熟地价格减去土地开发费用。
③ 待拆迁改造的再开发地产的评估。这时的建筑费还应包括拆迁费用。

3. 房地产假设开发法评估的计算公式

假设开发法的公式表现形式较多，根据假设开发法的基本思路，其基本公式为

$$P=A-(B+C+D+E)$$

式中：P——土地价格；
A——土地开发完成后的房地产价值；
B——整个开发项目的开发成本；
C——投资利息；
D——开发商合理利润；
E——正常税费。

在评估实务中，常用的具体公式是

$$土地价值=房屋的预期售价-开发建设成本-利息-利润-税费$$

在我国香港特别行政区，假设开发法的计算公式为

$$地价=楼价-建筑费用-利息-开发商利润$$

或

$$地价=总开发价值-开发费用-开发者收益-取得土地所需的税费$$

其中，开发费用包括拆迁费用和对现有承租者的补偿、基建费、业务费、财务费、应急费、代理及法律事务费用等。

目前，现实评估中假设开发法的一个较为具体的计算公式为

土地价值=预期楼价−建筑费−专业费用−销售费用−利息−税费−利润

其中

利息=（地价+建筑使用费+专业费用）×利息率利润
　　=（地价+建筑费用+专业费用）×利润率

4. 房地产假设开发法评估的步骤

（1）调查被估对象的基本状况

主要调查：土地的限制条件，如土地政策限制、城市规划和土地利用规划限制；土地的区位、地块面积、地块形状、地形地貌、地质状况、周边设施状况等；土地权属状况，包括权利性质、使用年限、能否续期、是否已设定抵押权等。

（2）确定被估对象的最佳开发利用方式

从房地产自身状况和市场环境出发，结合城市规划和法律法规的限制条件，确定房地产的最佳开发利用方式。最佳开发利用方式包括土地用途、建筑容积率、覆盖率、建筑样式、建筑高度、建筑装修档次等。其中，最重要的是选择最佳土地用途。最佳开发利用方式决定了开发完成后能够获得的最高收益。

（3）估计建设周期

包括建设期估计和租售期估计，指的是从取得土地使用权一直到房地产全部销售或出租完毕的这一段时期。目的是考虑货币的时间价值。建设周期的确定可根据类似已开发完成房地产的正常建设周期确定。

（4）预测开发完成后房地产售价

在预期房地产市场发展较为稳定的情况下，可以采用市场法来估算开发后房地产价值；当有较多可利用历史资料时，可以考虑采用长期趋势预测法来估算。通常二者也可以结合使用，以市场法为基础，根据长期变化趋势做出合理推测。

开发完成后房地产的售价根据开发房地产类型的不同可通过两种途径进行预测：一种是对于出售的房地产，可采用市场法确定开发完成后的房地产总价；另一种是对于建成出租的房地产，可根据市场法估算房地产出租的净收益，再根据收益法将出租房地产的净收益转化为房地产价值。

【例 5−23】 根据目前房地产市场的租金水平，市场上与被估房地产类似的房地产月租金标准为 500 元/m²，房地产建筑面积为 10 000 m²，实际可租用面积为 8 400 m²，出租率为 90%，该类建筑物的资本化率为 8%，试计算所开发房地产的价格（假设收益为无限年期）。

解 所开发房地产的价格=$500×12×8\,400×90\%×\dfrac{1}{8\%}$=56 700（万元）

（5）估算各项成本费用

① 估算开发建筑成本费用。开发建筑成本费用包括直接工程费、间接工程费、建筑承包商利润等。在估算时可以根据当地类似开发案例的建造费用水平来测算，也可以根据建筑工程概预算来测算。

② 估计专业费用。包括建筑设计费、工程概预算费用等，一般根据建造费用的一定比例

来估算。

③ 估算利息。利息是开发过程中全部预付资本的融资成本，不仅包括建造工程费用的利息，还应包括土地资本的利息。利息的计算基数不仅仅指借入资金的利息，还包括自有资金的利息。在估算利息时，要注意分别计算各项资金费用的占用时间，即计息期。具体来说，预付地价款的利息额应以全部预付的价款按整个开发建设工期计算；开发费、专业费若是在建造期内均匀投入，则利息以全部开发费和专业费为基数，按建造期的一半计算；若是分年度投入，则可以根据实际情况进一步细化，假设建造期为两年，则第一年投入部分计息期为一年半，第二年投入部分计息期为半年。开发费、专业费在建设竣工后的空置及销售期内应按全额全期计息。

④ 估算税金。税金主要是指房地产开发完成后销售时发生的需要缴纳的各种税金。根据当时的税费政策，税金以建成后的房地产总价的一定比例进行测算。

⑤ 估算开发完成后的房地产销售费用。主要是指房地产建成后用于出租的中介代理费、市场营销广告费、买卖手续费等，一般以房地产总价或租金的一定比例计算。

（6）估算开发商的合理利润

开发商的合理利润一般以房地产总价或预付总资本的一定比例计算。投资回报率的计算基数一般为地价、开发费和专业费三项之和。销售利润率的计算基数一般为房地产售价。

（7）确定被估房地产价值

通过逐步测算，并根据公式计算出被估房地产价格，评估人员在收集资料的基础上，根据职业经验判断，对计算结果进行适当修正，得到评估结果。在运用公式计算被估房地产价值时，要注意被估房地产所对应的评估时点。

5. 在建工程假设开发法评估的步骤

应用假设开发法时，被估在建工程价值由在建工程预期开发完成后的价值，扣除后续的正常开发费用、销售费用、销售税金及开发利润后得出。在建工程完工后预期售价由市场法或收益法评估得到。假设开发法计算公式为

$$在建工程价值=房地产预期售价-后续工程成本-后续工程费用-正常利润-税费$$

【例5-24】有一宗"七通一平"的建筑用地，土地形状规则，面积为3 000 m²，建筑容积率为3，计划开发为居民住宅楼，建筑费为2 500元/m²，专业费为建筑费的12%，建筑费和专业费在建设期内均匀投入。该楼预计建成后即出售，预计售价为12 000元/m²，销售费用为楼价的3%，销售税费为楼价的6%，当地银行贷款利率为6%，开发商要求的投资利润为15%，开发时间为2年。试用假设开发法评估该宗地的单位地价和楼面地价。

解 ① 假设开发法计算公式为

$$地价=楼价-建筑费-专业费-利息-销售费用-利润$$

② 计算楼价。

$$楼价=3\,000\times3\times12\,000=108\,000\,000（元）$$

③ 计算建筑费和专业费。

$$建筑费=2\,500\times3\,000\times3=22\,500\,000（元）$$

专业费=建筑费×12%=2 700 000（元）

④ 计算销售费用和销售税费。

销售费用=108 000 000×3%=3 240 000（元）
销售税费=108 000 000×6%=6 480 000（元）

⑤ 计算投资利润。

利润=（地价+建筑费+专业费）×15%
　　=（地价+22 500 000+2 700 000）×15%
　　=0.15×地价+3 780 000

⑥ 计算利息。

利息=地价×[（1+6%)^2−1]+（22 500 000+2 700 000）×[（1+6%)^1−1]
　　=0.123 6×地价+1 512 000

⑦ 求取地价。

地价=108 000 000−22 500 000−2 700 000−3 240 000−6 480 000−0.15×地价−
　　　3 780 000−0.123 6×地价−1 512 000
地价=67 788 000 4÷1.273 6=53 225 502.51（元）

⑧ 评估结果。

单位地价=53 225 502.51/3 000=17 741.83（元/m^2）
楼面地价=17 741.83 4÷3=5 913.94（元/m^2）

5.6.2　路线价法

1. 基本思路

路线价法是通过对过临街宽度、临街深度的调整得出估价对象土地价值的方法。

路线价法的基本思路是城市内各宗地的价格随着与街道的距离（即临街深度）的增加而递减，而在同一路线价区段内各宗地块，又因其深度、宽度、形状、位置和面积的差异而价格有所不同，要进行合理修正才能最终得到宗地价格。

因此，路线价、深度价格修正率及各种修正系数合理与否，是采用路线价法进行土地估价的关键。

2. 适用范围

路线价法对城市土地价格评估具有普遍的适用性，它特别适用于土地课税、征地拆迁、土地重划或其他需要在大范围内对大量土地进行评估的情况。

3. 路线价法的评估计算公式

土地单价=路线价×深度价格修正率×其他价格修正率
土地总价=路线价×深度价格修正率×其他价格修正率×土地面积

4. 路线价法的评估步骤

（1）划分路线价区段

一个路线价区段是指具有同一路线价的地段。

在划分路线价区段时，应将接近性大致相等的地段划分为同一路线价区段。两个路线价区段的分界线，原则上是地价有显著差异的地点，通常以十字路或丁字路的中心处划分。

但在繁华的街道，有时需将两个路口之间的地段划分为两个以上的路线价区段，分别设定不同的路线价，而在某些不繁华的街道，有时需将数个路口划分为一个路线价区段。此外，在同一街道上，两侧繁华程度有显著差异时，应视为两个路线价区段。

（2）设定标准深度

设定的标准深度通常是路线价区段内临街各宗土地的深度的众数。例如某路线价区段的临街宗地大部分深度为 18 m，则标准深度应设定为 18 m。

（3）确定路线价

路线价是设定在路线上的标准地块的单位地价。

路线价的计算通常是在同一路线价区段内选择若干标准地块作样本，然后用市场法、收益法等评估方法，分别求出各样本的单位地价，并对各样本的单位地价求算术平均，最终得出路线价。

（4）制定深度指数表和其他修正率表

深度指数是指宗地地价随临街深度的不同而变化的程度。

深度指数表是将土地随临街深度的不同而引起相对价格差异的关系编制成的表格。

制定深度指数表的原则是：地块的各部分价格随街道的繁华程度而有递减的趋势，即深度越大，接近性越差，价格就越低。

此外，根据其他因素，如受角地、形状、宽窄等的影响，还应编制其他修正率表。

（5）计算各地块的价值

根据路线价、深度指数表和其他修正率表及宗地面积就可计算各地块的价值。

【例 5-25】某路线价区段，标准深度为 18 m，路线价为 1 500 元/m^2，假设各宗地的宽度都为 6 m，试计算各宗地的价值。

解 宗地 A 为临街地，临街深度为 17.5 m，查临界深度指数表得其深度指数为 100%，则宗地 A 的地价为

$$1\ 500 \times 1 \times (17.5 \times 6) = 157\ 500（元）$$

宗地 B 为临街地，临街深度为 13.5 m，查临街深度指数表得其深度指数为 110%，则宗地 B 的地价为

$$1\ 500 \times 1.1 \times (13.5 \times 6) = 133\ 650（元）$$

宗地 C 为临街地，临街深度为 3 m，查临街深度指数表得其深度指数为 130%，则宗地 C 的地价为

$$1\ 500 \times 1.3 \times (3 \times 6) = 35\ 100（元）$$

宗地 D 为临街地，临街深度为 7 m，查临街深度指数表得其深度指数为 125%，则宗地 D

的地价为

$$1\,500 \times 1.25 \times (7 \times 6) = 78\,750\,(元)$$

宗地 E 为临街地，临街深度为 11 m，查临街深度指数表得其深度指数为 120%，则宗地 E 的地价为

$$1\,500 \times 1.2 \times (11 \times 6) = 118\,800\,(元)$$

5.6.3 形象进度法

形象进度法是指选择足够的可比销售资料，根据在建工程完工后的市场价格，结合工程形象进度评估在建工程价值的方法。该方法适用于在建工程的评估。其计算公式为

$$在建工程价值 = 建造完成的房地产市场价值 \times 工程形象进度百分比 \times (1 - 折扣率)$$

其中，建造完成的房地产市场价值可采用市场法或收益法评估得出。

$$工程形象进度百分比 = \frac{实际完成建筑工程量 + 实际完成安装工程量}{总工程量} \times 100\%$$

折扣率应考虑销售费用和风险收益等因素。

对于已经完成或接近完成，只是尚未交付使用的在建工程可以采用形象进度法进行评估。

5.7 房地产评估案例分析

5.7.1 房地产评估成本法案例分析

1. 评估对象概述及基本要求

（1）评估对象概述

评估对象为宏达公司第一车间厂房，位于××市××区××号，为钢筋混凝土结构的工业用房，建成于 2012 年 3 月，建成后用作生产车间使用，占地面积 5 000 m²，建筑面积 3 400 m²。

（2）评估目的

宏达公司因产品转型需要，拟将第一车间厂房卖给三和公司。根据双方约定，现委托天正房地产评估有限公司对评估对象的公开市场价值进行评估，评估基准日为 2015 年 3 月 31 日。

2. 评估方法的选用

评估人员在接受委托后，认真分析并收集了相关资料，对待估对象进行了实地勘察，根据实际情况进行分析，确定了房地分离评估、综合计价的评估思路。具体方法上采用成本法对厂房进行评估，采用市场法对土地进行评估。

3. 评估测算过程

（1）评估土地价值

评估人员收集土地的可比交易实例，并进行了调整，评估确定土地价格为 3 120 元/m²，

土地总价为 1 560 万元（具体评估过程略）。

（2）评估厂房价值

经过对该厂房的相关资料进行分析，对厂房建筑造价进行测算，确定厂房的重置成本为 3 000 元/m^2（含合理的利润，税费等），厂房的重置成本总额为 1 020 万元。

经过评估人员现场勘察，依据钢筋混凝土结构耐用年限的标准，判定该厂房尚可使用 50 年，成新率为

$$成新率 = 50/(3+50) = 94\%$$

由于该厂房设计结构问题，为维持该厂房正常使用状态需要的费用为 50 万元，该厂房设计年产量为 30 万件，实际生产中厂房年成产 25 万件就可以满足市场需求。规模效益指数为 0.7。

厂房的功能性贬值为 50 万元，经济性贬值为

$$经济性贬值 = 重置成本 \times \left[1 - \left(\frac{现实利用生产能力}{设计生产能力}\right)^n\right]$$

$$= 1\,020 \times \left[1 - \left(\frac{25}{30}\right)^{0.7}\right] = 122.22\,（万元）$$

$$厂房评估值 = 重置成本 \times 成新率 - 功能性贬值 - 经济性贬值$$
$$= 1\,020 \times 94\% - 50 - 122.22 = 786.58\,（万元）$$

评估对象评估值为土地评估值和厂房评估值之和，即 1 560+786.58=2 346.58 万元。

4. 评估结果

评估人员根据评估目的，遵循公平、公正、客观的原则，按照评估工作程序，运用科学合理的评估方法，在认真分析现有资料的基础上，按照国家关于房地产评估的有关规定，确定评估对象在 2015 年 3 月 31 日的评估结果为：建筑面积：3 400 m^2；占地面积：5 000 m^2；房地产总价：2 346.58 万元，其中土地使用权总价为 1 560 万元，厂房总价为 786.58 万元。

5.7.2 房地产评估市场法案例分析

1. 建筑物状况

待估建筑物为写字楼，位于××路××号，该楼为框架剪力墙内筒结构体系，总建筑面积为 7 000 m^2，层数为 7 层，建筑基础为现浇钢筋混凝土灌注桩，墙体全部为钢筋混凝土墙，承重结构为现浇钢筋混凝土柱、梁、板。建筑物外墙为玻璃幕墙，内墙采用防水涂料粉刷，楼梯和地面为大理石铺设。建筑物外窗为铝合金窗，内门为全木门。水位设施齐全，各种管线按照设计铺设齐全。评估基准日为 2021 年 3 月 31 日。

2. 评估过程

评估人员根据收集的资料和现场勘察，确定采用市场法对该建筑物进行评估。通过仔细对比与分析，选出了三宗交易案例作为比较实例，其详细情况如表 5-12 所示。

表 5–12 交易实例资料

比较项目	方圆大厦	梦翔大楼	金牛大厦	待估对象
地理位置	城区	城区	城区	城区
交易日期	2020年12月	2020年12月	2020年11月	2021年4月
交易情况	正常	正常	正常	正常
用途	商用写字楼	商用写字楼	商用写字楼	商用写字楼
交易价格	6 700 元/m²	6 900 元/m²	7 400 元/m²	待估
基础	钢筋混凝土灌注桩	钢筋混凝土灌注桩	钢筋混凝土灌注桩	钢筋混凝土灌注桩
建筑物结构	框架剪力墙内筒	框架剪力墙内筒	框架剪力墙内筒	框架剪力墙内筒
装修	高级大理石地面	地面为地板砖	地面为地板砖	大理石地面
周边环境	较好	一般	较好	一般
土地使用年限	50年	50年	50年	50年
交通便捷状况	较好	较好	一般	较好

① 交易情况修正。所选交易实例均为正常情况下的交易，不需进行交易情况修正。

② 交易日期修正。所选交易实例交易日期与评估基准日较为接近，同时向当地房地产交易中心了解，此段时间内房地产价格波动较小，可以忽略交易日期差异。

③ 进行区域修正和个别因素修正，具体修正结果如表 5–13 所示。

表 5–13 比较因素修正系数表

比较项目	方圆大厦	梦翔大楼	金牛大厦	待估对象
交易情况	100	100	100	100
交易日期	100	100	100	100
交通便捷程度	100	100	102	100
环境状况	98	100	98	100
土地使用年限	100	100	100	100
装修标准	95	102	102	100
供给配套设施	102	100	99	100
价格类型	100	100	100	100
目前规划限制	100	100	100	100
建筑结构	100	100	100	100
新旧程度	98	97	102	100
临街状况	99	98	100	100

根据比较因素修正系数表可以得出各个可比交易实例的修正价格。

方圆大厦修正后单价 $= 6\,700 \times \dfrac{100}{100} \times \dfrac{100}{98} \times \dfrac{100}{95} \times \dfrac{100}{102} \times \dfrac{100}{98} \times \dfrac{100}{99} = 7\,272.16$（元/m²）

梦翔大楼修正后单价 $= 6\,900 \times \dfrac{100}{100} \times \dfrac{100}{100} \times \dfrac{100}{102} \times \dfrac{100}{100} \times \dfrac{100}{97} \times \dfrac{100}{98} = 7\,116.25$（元/m²）

金牛大厦修正后单价 $= 7\,400 \times \dfrac{100}{102} \times \dfrac{100}{98} \times \dfrac{100}{102} \times \dfrac{100}{99} \times \dfrac{100}{102} \times \dfrac{100}{100} = 7\,187.37$（元/m²）

则待估对象评估单价 $= (7\,272.6 + 7\,116.25 + 7\,187.37)/3 = 7\,191.93$（元/m²）

评估总价 $= 7\,191.93 \times 7\,000 = 50\,343\,510$（元）

练 习 题

一、单项选择题

1. 某宗地面积为 5 000 m²，土地单价为 2 000 元/m²，国家规定的容积率为 4，建筑密度为 0.5，则楼面地价为（　　）元/m²。
   A. 250　　　　B. 500　　　　C. 1 000　　　　D. 2 000

2. 某宗地面积为 2 000 m²，土地上建有一座 8 层的写字楼，写字楼首层面积为 1 400 m²，第 2 层至第 8 层每层建筑面积为 1 000 m²，则此建筑物的容积率为（　　）。
   A. 0.7　　　　B. 4.2　　　　C. 2　　　　D. 7

3. 对于施工进度正常的在建工程，其评估价值一般应按在建工程的（　　）为准。
   A. 收益价格　　B. 账面价值　　C. 重置成本　　D. 市场价格

4. 在正常的情况下，用于房地产价值评估的收益应该是房地产的（　　）。
   A. 实际总收益－实际总费用　　　　B. 实际总收益－客观总费用
   C. 客观总收益－实际总费用　　　　C. 客观总收益－客观总费用

5. 土地"三通一平"是指（　　）。
   A. 通水、通热、通路、平整地面　　B. 通水、通路、通电、平整地面
   C. 通水、通路、通气、平整地面　　D. 通气、通电、通信、平整地面

6. 土地市场的不完全竞争性是由土地的（　　）决定的。
   A. 稀缺性　　B. 不可再生性　　C. 价值增值性　　D. 用途多样性

7. 某待估宗地剩余使用年限为 30 年，还原利率为 6%，目前有交易实例价格为 6 000 元/m²，剩余使用年限为 40 年，若不考虑其他因素，则评估对象的评估值接近于（　　）元/m²。
   A. 6 558　　　B. 4 500　　　C. 5 488　　　D. 8 000

二、多项选择题

1. 下列属于建筑安装工程费的有（　　）。
   A. 招、投标费　　　　　　　　　B. 质量监督费
   C. 测量、勘察设计费　　　　　　D. 竣工图费
   E. 城市规划设计费

2. 土地的经济特征有（　　）。
   A. 供给的稀缺性　　　　　　　　B. 可垄断性
   C. 不可再生性　　　　　　　　　D. 土地利用多方向性
   E. 效益级差性

3. 应用假设开发法评估地价时，从房地产预期租售价格中应该扣除的项目有（　　）。
   A. 征地费用　　B. 建筑总成本　　C. 利润

D. 税金　　　　　　E. 利息
4. 新房地产的开发成本包括（　　）。
   A. 可行性研究费　　B. 设计费　　　　C. 土地出让金
   D. 场地平整费　　　E. 勘察费
5. 国家征用集体土地而支付给集体经济组织的费用包括（　　）。
   A. 土地补偿费　　　　　　　　　　B. 拆迁费
   C. 安置补助费　　　　　　　　　　D. 地上建筑物补偿费
   E. 青苗补偿费

三、评估题

1. 某房地产公司于 2015 年 1 月以有偿方式取得一块土地 50 年使用权，并于 2017 年 1 月在此地块上建成一座写字楼，经济耐用年限为 60 年。评估日，该类建筑物重置价格为每平方米 3 500 元，该建筑物占地面积为 1 200 m²，建筑面积为 3 000 m²，现用于出租，每月实收租金为 15 万元。另据调查，当地同类写字楼出租租金一般为每月每建筑平方米 80 元，空置率为 10%，每年需支付的管理费为年租金的 3%，维修费为重置价的 1.5%，土地使用税及房产税为每建筑平方米 30 元，保险费为重置价的 0.2%，土地资本化率为 6%，建筑资本化率为 9%。试根据以上资料评估该宗地 2021 年 1 月土地使用权的价格，采用收益法评估。

2. 某职工宿舍 2016 年 12 月底竣工，6 层砖混结构，层高 2.8 m，建筑面积为 5 669.04 m²；基础为钢筋混凝土条形基础，内外承重墙为 240 砖墙，内隔墙为 120 砖墙。2022 年 1 月 1 日对该宿舍楼进行评估，采用市场法，收集到最近成交的类似交易实例有：A 花园小区、B 商品住宅区、C 小区，基本资料如下。

   A 花园小区：建筑面积 4 300 m²，交易日期为 2021 年 7 月，土地单价为 2 200 元/m²。
   B 商品住宅区：建筑面积 3 900 m²，交易日期为 2021 年 8 月，土地单价为 2 500 元/m²。
   C 小区：建筑面积为 4 100 m²，交易日期为 2021 年 1 月，土地单价为 2 100 元/m²。

   将被评估建筑物与交易实例进行比较，分别对交易实例价格进行交易情况修正，相关修正系数见表 5-14。

表 5-14　相关系数修正表

实例	A 花园小区	B 商品住宅区	C 小区
交易单价	2 200 元/m²	2 500 元/m²	2 100 元/m²
交易情况修正系数	100/97	100/100	100/100
交易日期修正系数	104/100	102/100	110/100
区域因素修正系数	100/110	100/100	100/95
个别因素修正系数	101/100	105/100	103/100

经评估人员估算，该宿舍楼尚可使用 30 年，对宿舍楼的局部装修、改造需花费 15 万元。根据上述资料，评估该宿舍楼的价值。

第6章 无形资产评估

> **学习目标**
> - 熟悉无形资产的分类和特点；
> - 理解和掌握无形资产评估的特点和评估程序；
> - 掌握收益法、成本法在无形资产评估中的应用；
> - 能运用收益法、成本法，对专利权、非专有技术、商标权、著作权、商誉等无形资产进行评估。
>
> **本章关键词**
>
> 无形资产 无形资产评估 超额收益 专利权 非专业技术 商标权 著作权 商誉

6.1 无形资产评估概述

6.1.1 无形资产概述

1. 无形资产的定义

随着世界经济的发展，无形资产包括的范围越来越多，涉及专有技术、设计、软件、商标、营销网络、客户关系、企业文化等。此外，在上市公司的财务报表中，资产中商誉所占的比例越来越大，无形资产逐渐成为企业资产中的重要组成部分。

《资产评估执业准则——无形资产》中对无形资产的定义是："本准则所称无形资产，是指特定主体拥有或者控制的，不具有实物形态，能持续发挥作用并且能带来经济利益的资源。"

2. 无形资产的确定

从会计属性看，《企业会计准则第6号——无形资产》中指出："无形资产，是指企业拥有或者控制的没有实物形态的可辨认非货币性资产。"无形资产主要包括专利权、非专利技术、商标权、著作权、土地使用权、特许权等。

符合无形资产定义中可辨认性的标准如下。

① 能够从企业中分离或者划分出来，并能单独与相关合同、资产或负债一起，用于出售、转移、授予许可、租赁或者交换。

② 源自合同性权利或其他法定权利，无论这些权利是否可以从企业或其他权利和义务中转移或者分离。

③ 与该无形资产有关的经济利益很可能流入企业。

④ 该无形资产的成本能够可靠地计量。

从资产评估角度上看，强调无形资产的"排他性"和"权益性"，有形资产通过物质实体直接界定，而无形资产评估则根据权益界限确定。

资产评估人员需深刻理解无形资产的内涵，既不能漏评，也不能多评。

3. 无形资产的特征

（1）排他性

排他性是指无形资产往往是由特定主体所占有。无形资产的这种特性，有的是通过企业自我保密的方式加以保护的（如专有技术），有的则是以适当公开其内容并依靠法律来保护的（如专利权）。

（2）共益性

共益性是指一项无形资产在同一时间、不同地点为多个主体共同使用。通过合法的程序，可以在其所有者继续使用的前提下，多次转让其使用权。例如，一项先进技术可以使多个企业提高产量，降低产品成本。一般来说，共益性越大，该无形资产价值越低。

（3）不具有实物形态

无形资产没有具体的实物形态，但它有一定的有形表现形式，通常表现为某种权利、某项技术或是能获取超额利润的某种权利，如专利证书、非专利技术等。

（4）效益性（但收益具有不确定性）

无形资产能够直接或间接地为其控制主体（所有者、使用者等）创造效益，并能在多个生产经营期内使用，为企业带来长期收益。而且，无形资产区别于有形资产的一个重要特点是它能够在其经济寿命内为企业带来超额利润，但是无形资产的经济寿命往往受到技术进步、保密程度、市场供求等诸多因素的影响而具有较强的不确定性。

（5）成本的弱对应性

无形资产在研发过程中所支出费用的多少与无形资产的获利能力并不成比例。无形资产的获利能力通常是由无形资产的功能和效用所决定的，而并不完全取决于它的研发成本，因而无形资产的研发具有较大的风险，特别是技术型的无形资产。

4. 无形资产的分类

对无形资产进行合理的分类，不仅有助于识别无形资产，使人们了解无形资产的性质和作用范围，而且有利于确定评估范围并选择适当的评估方法，以提高评估的科学性。无形资产可以按不同的标准进行分类，主要有以下几种分类方式。

（1）按无形资产取得的方式划分

无形资产按取得的方式可以划分为企业自创无形资产和外购无形资产。

① 企业自创无形资产。企业自创无形资产主要是指由企业自己研发及由于企业信誉卓著、经营出色、经验丰富、技术先进等客观原因形成的无形资产，如自创专利、非专利技术、商标权、商誉等。

② 外购无形资产。外购无形资产主要由指企业以一定代价从其他单位购入的无形资产，如外购专利权、商标权等。

（2）按无形资产的性质和内容划分

无形资产按性质和内容构成可以划分为知识型无形资产、权利型无形资产、关系型无形资产和其他无形资产。

① 知识型无形资产。知识型无形资产主要是指依靠高度密集的知识、智力、技术和技巧所形成的，可在经营活动中为企业带来经济效益的无形资产，如专利技术、专有技术、计算机软件与集成电路布图设计等都属于知识型无形资产。

② 权利型无形资产。权利型无形资产主要是指由契约或政府授权形成的无形资产，如特许权，包括物权（如土地使用权、矿产开采权、租赁权、特许经营权等）和行为权利（如烟草专卖等专营权、进出口许可证、生产许可证、建筑设计等）。

③ 关系型无形资产。关系型无形资产主要是指企业在长期经营过程中形成的可以获得盈利条件的关系，如雇员关系、顾客关系、代理销售关系、原材料零部件供应关系等。

④ 其他无形资产。其他无形资产是指除上述三类无形资产以外的无形资产，如商誉。

（3）按有无专门法律保护划分

无形资产按有无专门法律保护可以划分为法定无形资产和无专门法律保护的无形资产。法定无形资产均受到国家专门法律保护，如专利权、商标权等。无专门法律保护的无形资产不受国家专门法律保护，如非专利技术等。

本书主要介绍专利权、非专利技术、商标权、著作权和商誉的评估。

6.1.2　无形资产评估

1. 无形资产评估的定义

无形资产评估是指按照一定的估价标准，采用适当的评估方法，通过分析各种相关因素的影响，计算确定无形资产在某一评估基准日价值的工作。

《资产评估执业准则——无形资产》对无形资产评估的定义是："本准则所称无形资产评估，是指资产评估机构及其资产评估专业人员遵守法律、行政法规和资产评估准则，根据委托对评估基准日特定目的下的无形资产价值进行评定和估算，并出具资产评估报告的专业服务行为。"

无形资产评估需以产权利益主体变动为前提。由于无形资产除具备资产的特点外，还具有其独特性。从本质上来说，无形资产的价值是能为特定持有主体带来经济利益，亦即无形资产的获利能力。这种获利能力通常表现为企业的超额收益能力，因此对无形资产的评估实际上就是对无形资产获利能力的评估。

2. 无形资产评估的目的

评估目的是无形资产评估过程中的关键评估因素。无形资产因评估目的不同，其评估的价值类型和选择的方法也不一样，评估结果自然也不同。当前，无形资产评估的目的有以下几种。

（1）出资目的

无形资产出资是指出资人按照《中华人民共和国公司法》的规定将无形资产作为非货币性资产出资设立一家公司或者向一家公司增资。在实务中，常用于出资的无形资产有商标权、专利权、专有技术、著作权等。

（2）交易目的

以交易为目的的无形资产评估主要用于单项无形资产或无形资产组合的所有权或使用权转让。其中，无形资产使用权转让可分为：独占使用权、排他使用权、普通使用权等不同类型的使用权转让。

（3）质押目的

当企业利用无形资产获得金融机构贷款时需要对质押标的价值进行评估。一般情况下，以质押为目的的无形资产评估多选用市场价值作为价值类型，同时结合质押率进行无形资产价值确定。根据《中华人民共和国担保法》的相关规定，专利资产的质押包括所有权质押和正在许可他人实施的专利资产的收益权的质押。由于质押权实现时需要处置被质押的无形资产，因此受让方难以确定，在实际操作中需灵活处理。

（4）法律诉讼目的

以法律诉讼为目的的无形资产评估通常包括以下 4 种情形：一是因无形资产侵权损害而导致的无形资产纠纷；二是因毁约导致的无形资产损失纠纷；三是因无形资产买卖交易等引起的仲裁；四是因公司、合伙关系解散或者股东不满管理层的经营决策而导致的无形资产纠纷。

（5）财务报告目的

以财务报告为目的的无形资产评估主要涉及商誉减值测试、可辨认无形资产减值测试等业务。以财务报告为目的的无形资产评估已成为企业资产管理的重要环节。

（6）税收目的

以税收为目的的无形资产评估主要适用于企业重组涉税、内部无形资产转移等情形。根据税法规定或者纳税筹划需要，以税收为目的的无形资产评估能够为企业提供无形资产公允价值的合法证据。

（7）保险目的

以保险为目的的无形资产评估主要包括：在投保前，对被保险无形资产的价值进行评估，可以为投保人确定投保额；投保后，一旦发生损失，可通过评估被毁损无形资产的价值确定赔偿额，为保险机构提供赔付依据。

（8）管理目的

以管理为目的的无形资产评估主要服务于政府部门和企业主体。前者体现为政府部门基于行政事业单位资产管理、国有资产保值增值等需要所产生的无形资产评估需求；后者体现为企业基于资产经营管理、实现价值提升等需要所产生的无形资产评估需求。

（9）租赁目的

无形资产租赁可分为经营租赁和融资租赁两种。以经营租赁为目的的无形资产评估，主要是为出租方将无形资产使用权租赁给承租方提供价值参考。以融资租赁为目的的无形资产评估主要有两种情形：一种是在租赁期满后，无形资产所有者将无形资产所有权转给承租方；另一种是在租赁期满后，无形资产出租方将无形资产收回。

3．无形资产评估对象的确认

对无形资产进行评估时，评估人员首先应对被评估的无形资产进行确认，这是进行无形资产评估的基础工作，会直接影响评估的范围和评估价值的科学性。通过无形资产的确认，可以解决以下问题：一是确认无形资产是否存在；二是区分无形资产的种类；三是明确无形资产的有效期限。

（1）确认无形资产是否存在

确认无形资产是否存在主要是验证无形资产来源是否合法，产权是否明确，经济行为是否合法、有效，评估对象是否已形成了无形资产。具体确认工作可以从以下几个方面进行。

① 查询被评估无形资产的内容、国家有关规定、专业人员评价情况、法律文书（如专利证书、商标注册证、著作权登记证书等），核实有关资料的真实性、可靠性和权威性。

② 分析无形资产使用所要求的与之相适应的特定技术条件和经济条件，鉴定其应用能力。

③ 核查无形资产是为委托者所拥有还是为他人所有。

④ 分析评估对象是否形成了无形资产。如果有的专利还没有实际经济意义，尽管已经获

得了专利证书，或者有的商标还没有使用，在消费者中还没有影响力，那么这些专利、商标就没有形成无形资产。

(2) 区分无形资产的种类

区分无形资产的种类主要是确定无形资产的种类、具体名称和存在形式。有些无形资产是由若干项无形资产综合构成的，评估时应加以确认，避免重复评估和遗漏评估。例如，有的专利技术必须和与其相配套的其他专利技术及专有技术一起构成一项有实际效果的技术，而单就专利技术一项而言，则难以发挥实际作用，这时就应将其一并作为一项无形资产进行评估。

(3) 明确无形资产的有效期限

无形资产的有效期限是其存在的前提。有的专利权超过法律保护期限，就不能作为专利资产进行评估；有的专利未交专利年费，被视为撤回，专利权失效。可见，有效期限对无形资产评估价值具有较大的影响，比如有的商标，历史越悠久，价值就越高。

4. 无形资产评估范围的明确

在进行无形资产评估业务时，需明确无形资产的评估范围，即关于评估无形资产对象的具体内容，它不仅包含无形资产具体名称的内涵和外延，也包括无形资产的具体数量。

(1) 单项无形资产的评估范围

单项无形资产主要是单项可辨认无形资产，其评估范围包括该无形资产权属的不同种类、同类权属的不同限制条件下的权利及该无形资产所受的具体限制等内容。

(2) 可辨认组合类无形资产的评估范围

其除了含有与单项无形资产一致的评估范围之外，还需要考虑所包含的各种单项无形资产的种类和数量。

(3) 其他组合类无形资产的评估范围

其他组合类无形资产的评估范围除包含不同单项无形资产的种类、数量等具体内容外，还包括不可辨认无形资产——商誉的有关内容，同时也会涉及所依托的有形资产的种类、数量等具体内容。

另外，评估人员对无形资产的评估应关注其经济价值的评估，而不是其他价值，比如军事、国家安全、科技发展等领域的价值。

5. 无形资产评估的基本程序

(1) 明确评估目的

无形资产因其评估目的的不同，所选择的评估方法和评估价值也不一样，其评估的结果也会有所不同。因而，在评估时首先要了解委托方的评估目的，并且对资产的合法性进行检验，确定产权变动的性质。

(2) 收集评估资料

根据评估目的和无形资产的种类收集相关资料。通常情况下，这些资料应当包括以下内容。

① 无形资产的法律文件或其他证明材料。
② 无形资产的成本。
③ 无形资产给持有主体带来的经济利益。
④ 无形资产的使用期限。
⑤ 无形资产的权属转让、许可内容与条件。
⑥ 无形资产的市场供需情况。
⑦ 与无形资产评估相关的其他内容。

（3）确认无形资产

根据所收集的资料，鉴别其真实性后，对被评估的无形资产做出判断，确定其种类和名称，以及其是否有价值。通过无形资产的确认，应当明确三个问题：一是无形资产是否存在；二是无形资产的种类；三是无形资产的有效期限。

（4）对无形资产的历史效益进行分析

如果被评估无形资产不是新技术，而是在评估基准日之前就创造出了一定的价值，那么该无形资产过去的业绩就可以作为它实际功能的证明。当然，评估人员还要考虑各种变化因素，最终得出合理的结论。

（5）确定合理的评估方法

根据所评估无形资产的具体类型、特点、评估目的及外部市场环境等具体情况，选取最合适的评估方法。其评估方法主要包括收益法、市场法、成本法等。

① 采用收益法评估无形资产时，要注意分析超额获利能力和预期收益，注意收益额的计算口径要与被评估无形资产相对应。此外，还要充分考虑法律法规、宏观经济环境、技术进步、行业发展变化、企业经营管理、产品更新和替代等因素对无形资产收益期、收益率和折现率的影响。

② 采用市场法评估无形资产时，特别要注意被评估无形资产必须确实适合运用市场法进行评估。选择合理的评估参照对象，并收集作为参照对象的无形资产交易的市场信息和被评估无形资产以往的市场交易信息。当与参照对象的无形资产具有可比性时，可根据它们的交易条件、市场交易价格和影响价值的其他各种因素的差异，调整确定评估值。

③ 采用成本法评估无形资产时，要注意根据现行条件下重新形成或取得该项无形资产所需的全部费用（含资金成本和合理利润）确定评估值，在评估中要注意扣除实际存在的功能性贬值和经济性贬值。

（6）分析评估结果并出具评估报告

在得出评估结果之后，要分析整个评估过程是否连贯，是否存在相互矛盾和错误、遗漏等情况。而且，还要对评估结果进行数值分析，包括敏感性分析和概率分析。在反复论证、修改、调整之后，出具评估报告，对评估价值给出建议和意见，并做出恰当说明。

6.1.3 影响无形资产评估价值的主要因素

由于无形资产的非实体性、收益的不确定性及成本的弱对应性，使得无形资产评估的难度远大于有形资产。为了准确地评估无形资产，使评估结果更加合理，就需要了解影响无形资产评估值的各种因素，具体包括以下几个方面。

（1）收益能力因素

收益能力因素主要是指无形资产的预期收益能力，无形资产的价值是由未来收益期限内无形资产可以实现的收益额折现而成的。一项无形资产，在环境、制度允许的条件下，获利能力越强，其评估价值就越高；获利能力越弱，其评估价值就越低。

（2）成本因素

无形资产的成本包括取得及维持成本和机会成本。取得及维持成本主要是指能转化为生产力的研究开发费用，专利权申请费用，商标注册和登记费用，其他与取得该项无形资产有关的人员、资金、物资及法律保护成本，发行推广成本等方面的耗费；机会成本是指因将无形资产用于某一确定用途后所导致的将无形资产不能用于其他用途所受到的损失。

（3）使用期限

每项无形资产都有一定的使用寿命。除了应考虑法律保护期限外，更主要的是要考虑其具有实际超额收益的期限，即经济寿命。例如，某项发明专利权，保护期20年，但由于无形损耗较大，拥有该项专利实际能够获得超额收益期限为8年，则这8年即为评估该项专利时所应确定的使用寿命；某个产品的商标，法律保护期限为10年，但可以续展，比如可以续展5年，实际使用时间为15年，产品的商标取决于产品的寿命。企业的商标，取决于企业的寿命；商誉依附于企业，使用期限也受企业的寿命影响。

（4）转让内容

转让内容是指无形资产所转让的是所有权还是使用权。使用权又分为独占使用权和普通使用权。无形资产转让权利的大小直接关系到买卖双方的经济利益，也影响无形资产的评估价值。就所有权转让和使用权转让而言，所有权转让的无形资产的评估价值高于使用权转让的无形资产的评估价值。

（5）技术因素

技术因素会直接影响技术型无形资产的评估价值的高低。技术成熟程度及国内外该种无形资产的发展趋势、更新换代情况和速度等因素都将影响技术型无形资产的价值。技术越成熟，开发程度越高，运用该技术所产生的经济效益和社会效益就会越大，无形资产的价值就会越高。

（6）市场因素

市场因素包括两个方面的内容：无形资产市场需求情况和无形资产适用程度。市场需求情况表现为：对于出售、转让的无形资产，其价值随市场需求的变动而变动，市场需求越大，则评估价值就越高。适用程度表现为：一项无形资产的适用程度越高，说明其需求者越多，市场需求量越大，无形资产的评估价值也就越高。

（7）企业所在行业因素

占有某项无形资产的企业所在行业的基本情况也会影响无形资产评估价值的高低，例如企业所在行业同类或类似无形资产的评估价值、所在行业的平均资金利润率等指标。

6.2 无形资产评估方法

由于无形资产存在非实体性、收益的不确定性和成本的弱对应性等特点，因而对无形资产价值的评估难度较大，其评估结果的精确度也较低。运用收益法、成本法、市场法评估无形资产的适用程度依次降低。选择评估方法时，需要充分综合考虑数据资料的数量和质量、相关数据的获取途径、行业交易数据的可得性、待评估无形资产的类型和性质及其所处的行业条件、法律及合同和管理因素、评估目的、评估人员的专业判断和专业技能等因素。

6.2.1 无形资产评估的收益法

无形资产评估是对无形资产获利能力的评估，无形资产的获利能力表现为企业超额收益能力或能够给企业带来追加收益。因此，收益法是无形资产评估的重要方法。

1. 收益法的应用形式

以无形资产转让为例，无形资产评估中收益法的基本公式为

$$无形资产评估价值 = \sum_{t=1}^{n} \frac{K \times R_t \times (1-T)}{(1-r)^t}$$

式中：K——无形资产分成率；

R_t——第 t 年分成基数（可以是销售收入或销售利润或超额收益）；

n——收益期限；

r——折现率；

T——所得税税率。

2．收益法中各项参数指标的确定

1）无形资产超额收益的确定

（1）直接计算法

如果无形资产能够单独发挥作用，其产生的新增效益能够单独计算，则可以采用直接计算法计算超额收益。

① 收入增长型无形资产。假定使用该项无形资产后，能够使销售大幅度增加，增加的原因主要表现在以下两个方面。

第一种原因：生产的产品能以高出同类产品的价格销售，其形成的超额收益的计算公式为

$$R = (P_2 - P_1) \times Q \times (1 - T)$$

式中：R——超额收益；

P_1——使用无形资产前单位产品的价格；

P_2——使用无形资产后单位产品的价格；

Q——产品销售量（此处假定销售量不变）；

T——所得税税率。

第二种原因：生产产品的价格与同类产品的价格相同，但销售数量大幅度增加，市场占有率扩大，从而获得超额收益，其形成的超额收益的计算公式为

$$R = (Q_2 - Q_1) \times (P - C) \times (1 - T)$$

式中：R——超额收益；

Q_1——使用无形资产前的销售量；

Q_2——使用无形资产后的销售量；

P——产品价格；

C——产品单位成本；

T——所得税税率。

销售量增加不仅可以增加销售收入，而且还会引起成本的增加，因此估算销售量形成的超额收益时，必须扣减增加的成本。

② 费用节约型无形资产。假定使用该项无形资产后会带来生产成本及费用的大幅度下降，从而形成超额收益，其计算公式为

$$R = (C_1 - C_2) \times Q \times (1 - T)$$

式中：R——超额收益；

C_1——使用无形资产前的产品单位成本；

C_2——使用无形资产后的产品单位成本；

Q——产品销售量（此处假定销售量不变）；

T——所得税税率。

值得注意的是，无形资产所带来的超额收益，有时可能是收入增加和成本减少共同作用的结果，评估人员应当根据实际情况对其进行分析，合理预测无形资产的超额收益。

【例6-1】 甲、乙两家单位于2020年12月31日签订组建新企业的协议，协议商定：甲单位以其拥有的一项实用新型专利A出资，乙单位以货币资金出资，总投资为3 800万元，合作期为10年，新企业全部生产A专利产品，从2021年1月1日正式开工建设，建设期2年。甲单位拟投资的专利A于2016年12月31日申请，2018年12月31日获得专利授予权及专利证书，并且按时缴纳了年费。

经充分分析论证后，预计新企业投产后第一年销售量为16万件，含税销售价格为每件240元，增值税税率为13%，可抵扣进项税额平均为每件8元。生产成本、销售费用、管理费用、财务费用为每件90元。投产后第2年起达到设计规模，预计每年销售量为20万件，年利润总额可达1 200万元。从投产第6年起，为保证市场份额，实行降低价格销售，预计年利润总额为470万元。企业所得税税率为25%。企业所在地的城市维护建设税税率为7%，教育费附加为3%。假设技术的净利润分成率为25%，折现率为10%，评估基准日为2020年12月31日。试评估甲单位拟投资的实用新型专利A的价值。

解 评估计算过程如下。

① 确定收益期。

$$收益期=10-4-2=4（年）$$

② 确定专利技术投产后收益（超额收益）。

不含税收入=（16×240）/1.13=3 398.23（万元）

城建税+教育费附加=（3 398.23×13%-8×16）×（7%+3%）=31.38（万元）

利润总额=3 398.23-90×16-31.38=1 926.85（万元）

净利润=1 926.85×（1-25%）=1 445.14（万元）

专利技术超额收益=1 445.14×25%=361.285（万元）

③ 确定投产后2~4年超额收益。

$$超额收益=1 200×（1-25%）×25%=225（万元）$$

④ 确定实用新型专利A的价值。

$P=361.285×(P/F, 10\%, 3)+225×(P/A, 10\%, 3)×(P/F, 10\%, 3)$
$=361.285×0.751+225×2.487×0.751=691.57（万元）$

（2）差额法

当无法将使用无形资产和没有使用无形资产的收益进行对比时，可以将无形资产和其他类型资产在经济活动中的综合收益与本行业的平均水平进行比较，进而得到无形资产的超额收益。具体步骤如下。

① 收集使用了无形资产后的生产经营财务资料，然后进行盈利分析，得到经营利润率和销售利润率等基本数据。

② 对上述生产经营活动中的资金占用情况（固定资产、流动资产和已有账面价值的其他无形资产）进行统计。
③ 收集行业平均资金利润率等指标及相关参数。
④ 计算无形资产带来的超额收益。

$$无形资产带来的超额收益 = 净利润 - 净资产总额 \times 行业平均资金利润率$$

使用这种方法应当注意，有时计算出来的超额收益并不完全是由被评估无形资产所带来的，往往是由一组无形资产或者企业全部无形资产所带来的，所以还需进行分离处理。

（3）分成率法

采用差额法计算出来的超额收益往往是一组无形资产所带来的超额收益，如果要计算某项无形资产所带来的超额收益，还需采用分成率法。这是目前国际和国内技术交易中常用的一种方法，具体计算公式为

$$收益额 = 销售收入（利润）\times 销售收入（利润）分成率 \times (1 - 所得税税率)$$

对于销售收入（利润）的测算比较容易，这里主要介绍如何确定无形资产分成率。由于分成对象既可以是销售收入又可以是销售利润，其分成率就有两种不同的形式：销售收入分成率和销售利润分成率。实际上，由于销售收入与销售利润有内在的联系，因此可以根据销售利润分成率推算出销售收入分成率，反之亦然。因为

$$收益额 = 销售收入 \times 销售收入分成率 \times (1 - 所得税税率)$$
$$= 销售利润 \times 销售利润分成率 \times (1 - 所得税税率)$$

所以

$$销售收入分成率 = 销售利润分成率 \times 销售利润率$$
$$销售利润分成率 = 销售收入分成率 + 销售利润率$$

在资产转让实务中，一般是确定一定的销售收入分成率。例如，在国际市场上，一般来说，技术转让费不超过销售收入的3%～5%，如果按社会平均销售利润率10%推算，则技术转让费为销售收入的3%，利润分成率为30%。

我国分成率的确定方法为：第一，按照新增销售收入的1%～5%分成，具体如表6-1所示；第二，按新增利润的5%～30%分成。从销售收入分成率本身很难看出转让价格是否合理，但是换算成利润分成率则比较容易判断。因此，在实际评估中，应以评估利润分成率为基础，而销售收入分成率可以根据销售利润率几个年度利润的变化情况加以确定。

表6-1 不同行业新增销售收入分成率

行　　业	按新增销售收入分成比例
石油、化工、冶金、机械等	2%～3%
纺织、轻工、电子等	3%～4%
汽车、家电、仪表等	4%～5%
计算机等高新技术	5%～10%

利润分成率的确定，是以无形资产带来的追加利润在利润总额中的比重为基础的。具体方法有以下两种。

第一种是边际分析法。根据对无形资产的边际因素的分析，以无形资产有效期内所产生的追加利润来计算利润分成率。具体步骤如下。

① 对无形资产边际贡献率因素进行分析，测算追加利润。
② 测算无形资产寿命期间的利润总额及追加利润总额，并进行折现处理。
③ 按利润总额现值和追加利润总额现值计算利润分成率。
④ 利润分成率=∑追加利润现值/∑利润总额现值

$$=\sum_{t=1}^{n}（各年度追加利润×折现系数）/\sum_{t=1}^{n}（各年度总利润×折现系数）$$

【例6-2】 企业转让非专利技术，经对该技术边际贡献因素进行分析，测算在其寿命期间各年度分别可带来追加利润200万元、150万元、100万元，各年利润总额分别为600万元、550万元、500万元。试评估该项无形资产的利润分成率（假定折现率为10%）。

解 利润总额现值=600/(1+10%)+550/(1+10%)²+500/(1+10%)³
　　　　　　　　=600×0.909 1+550×0.826 4+500×0.751 3
　　　　　　　　=545.46+454.52+375.65
　　　　　　　　=1 375.63（万元）
　　追加利润现值=200/(1+10%)+150/(1+10%)²+100/(1+10%)³
　　　　　　　　=200×0.909 1+150×0.826 4+100×0.751 3
　　　　　　　　=181.82+123.96+75.13
　　　　　　　　=380.91（万元）
　　无形资产利润分成率=380.91/1 375.63×100%=27.69%

第二种是约当投资分成法。约当投资分成法采用在投资成本（资金）的基础上附加成本利润率，考虑将交易双方的投资折合为约当投资的办法，以此计算确定利润分成率。其计算公式为

无形资产利润分成率=[无形资产约当投资量/（购买方约当投资量+无形资产约当投资量）]×100%

无形资产约当投资量（卖方）=无形资产重置成本×(1+适用成本利润率)

购买方约当投资量=购买方投入的总资产的重置成本×(1+适用成本利润率)

【例6-3】 2021年3月，甲公司拥有一项专利技术，重置成本为200万元，经测算专利技术的成本利润率为400%。现拟向乙公司投资入股，乙公司原资产经评估确定的重置成本为2 000万元，成本利润率为10%。

（1）分别计算专利技术和乙公司资产的约当投资量。
（2）计算专利技术的利润分成率。

解：（1）

$$专利技术约当投资量=200×（1+400\%）=1\,000（万元）$$
$$乙公司约当投资量=2\,000×（1+10\%）=2\,200（万元）$$

（2）

$$利润分成率=1\,000/（1\,000+2\,200）×100\%=31.25\%$$

（4）要素贡献法

当无形资产由于某些原因，不可能或很难确定其带来的超额收益时，可以根据生产要素在生产经营活动中的贡献，从正常利润中粗略估计出无形资产带来的收益。我国通常采用"三分法"，即主要考虑生产经营活动中的三大要素：资金、技术和管理。这三种要素的贡献在不同行业是不一样的。一般认为，在资金密集型行业，三者的贡献依次是50%、30%、20%；在技术密集型行业，三者的贡献依次是40%、40%、20%；在一般行业，三者的贡献依次是30%、40%、30%；在高科技行业，三者的贡献依次是30%、50%、20%。

2）无形资产评估中折现率的确定

折现率是将无形资产预期所带来的超额收益折算成现值的比率。它本质上是从无形资产受让方的角度，作为受让方投资无形资产的投资报酬率。从理论上讲，在无形资产评估中，"折现率=无形资产投资无风险报酬率+无形资产投资风险报酬率"。由于无形资产一般是属于高技术含量的，其投资收益高、风险性强，因此无形资产评估中采用的折现率往往要高于有形资产评估中采用的折现率。评估时，评估人员应根据被评估无形资产的功能、投资条件、收益获得的可能性等因素，科学测算其风险利率，进而确定无形资产折现率。同时，折现率的计算口径应与无形资产评估中采用的收益额的口径保持一致。

3）无形资产评估中收益期限的确定

无形资产收益期限又称有效期限，是指无形资产发挥作用并具有超额获利能力的时间。无形资产在发挥作用的过程中，其损耗是客观存在的。无形资产不会像有形资产那样由于使用或自然力作用而形成有形损耗，但会由于科学技术进步而形成无形损耗，导致价值减少，即功能性贬值和经济性贬值。在无形资产评估实践中，预计和确定无形资产的有效期限可依照下列方法进行。

① 法律、合同、企业申请书等分别规定有法定有效期限和受益年限的，可按照法定有效期限与受益年限孰短的原则确定。

② 法律未规定有效期，合同或企业申请书中规定有受益年限的，可按照受益年限确定。

③ 法律、合同或申请书均未规定有效期限和受益年限的，按预计受益期限确定。预计受益期限可以采用统计分析法或与同类资产比较得出。

6.2.2 无形资产评估的成本法

1. 无形资产成本的特点

无形资产成本是指研制或取得、持有无形资产期间的全部耗费支出。无形资产与有形资产比较，其成本具有以下特点。

（1）不完整性

无形资产作为一项资产，是以费用支出资本化为条件的，但是目前的会计核算中还没有相应的账户来归纳无形资产的成本。《企业会计准则第 6 号——无形资产》中规定：自行研制无形资产的研究费用计入当期损益，不作资本化处理，而对于开发费用在符合一定的条件时予以资本化，计入无形资产。这种办法虽然简便易行，但企业账簿上反映的无形资产成本却是不完整的，存在大量的账外无形资产。

（2）弱对应性

无形资产的创建要经历基础研究、应用研究和工艺生产开发等漫长过程，成果的出现带有较大的随机性和偶然性，其价值与其开发费用和时间之间并不产生某种既定的关系。无形资产的研制成本和它的成本计算对象之间缺乏明确的对应性。

（3）虚拟性

由于无形资产的成本具有不完整性、弱对应性等特点，因而无形资产的成本通常是相对的，其内涵与形式往往具有不一致性。特别是一些无形资产的内涵已经远远超出了它的外在形式的含义，其成本只具有象征意义。

2. 无形资产评估中成本法的应用

运用成本法评估无形资产，是以无形资产具有现实和潜在的获利能力，但不能用货币量化为前提条件的。通过成本途径评估无形资产价值时，要注意无形资产重置成本和无形资产的功效损失的影响。采用成本法评估无形资产，其基本公式为

$$无形资产评估价值 = 无形资产重置成本 \times (1 - 贬值率)$$

从公式中可以看出，运用成本法评估无形资产，首先需要确定无形资产的重置成本和贬值率，进而确定无形资产的价值。其中，重置成本是指现行市场条件下重新研发或购买一项全新的无形资产所需要的全部耗费。贬值率主要是指无形资产的功能性贬值和经济性贬值所形成的损失。

在估算无形资产的重置成本时，对于不同类型的无形资产，其重置成本的构成和评估方式也有所不同。通常情况下，根据企业取得无形资产的来源，将其划分为自创无形资产和外购无形资产分别进行估算。

1）自创无形资产重置成本的估算

自创无形资产的重置成本包括研究、开发、持有期间发生的全部物化劳动和活劳动的费用支出。自创无形资产，如果已有账面价值，可以按照定基物价指数做相应的调整，进而得到重置成本；如果没有账面价值，可以按照下面两种方法进行估算。

（1）核算法

核算法的基本计算公式为

$$无形资产重置成本 = 成本 + 期间费用 + 合理利润$$

其中，期间费用是指创建无形资产过程中分摊到该项无形资产的各项费用，即

$$期间费用 = 销售费用 + 管理费用 + 财务费用$$

（2）倍加系数法

无形资产研制多为智力投资，其劳动多为创造性劳动。对于投入智力比较多的技术型无形资产，可以运用以下公式估算其重置成本，即

$$无形资产重置成本 = \frac{C + \beta_1 V}{1 - \beta_2} \times (1 + L)$$

式中：C——无形资产研制开发中的物化劳动消耗；
    V——无形资产研制开发中的活劳动消耗；
    β_1——科研人员创造性劳动倍加系数；
    β_2——科研的平均风险系数；
    L——无形资产投资报酬率。

【例6-4】 某企业为了提高产品产量，研发出某种专有技术，其研发过程中消耗物料和其他费用支出共计40万元，工资费用支出10万元，经专家测算科研人员创造性劳动倍加系数为1.5，科研的平均风险系数为0.15，该项专有技术的投资报酬率为25%。试计算该项专有技术的重置成本。

解 专有技术的重置成本 $= \dfrac{40+10\times1.5}{1-0.15} \times (1+25\%) = 80.88$（万元）

2）外购无形资产重置成本的估算

外购无形资产重置成本包括购买价和购置费用两部分，一般可以采用以下两种方法确定。

（1）市价类比法

在无形资产交易市场中选择类似的参照物，再根据功能和技术先进性、适用性进行调整，从而确定其现行购买价格；购置费用可根据现行标准和实际情况核定。

（2）物价指数法

它是以无形资产账面历史成本为依据，用物价指数进行调整，从而估算其重置成本。其计算公式为

$$\text{无形资产重置成本} = \text{无形资产账面成本} \times \dfrac{\text{评估时物价指数}}{\text{购置时物价指数}}$$

无形资产的成本主要包括物料消耗和人工消耗，前者与生产资料物价指数相关度较高，后者与生活资料物价指数相关度较高。因此，在实际评估过程中，当两种物价指数差别较大时，可根据两类费用的大致比例结构分别适用生产资料物价指数和生活资料物价指数进行估算；当两种物价指数比较接近且两类费用的比重有较大倾斜时，可按比重较大的费用类别适用的物价指数进行估算。

【例6-5】 某企业2020年5月外购的一项无形资产账面价值为200万元，2021年12月进行评估。试按物价指数法估算其重置成本。

解 该无形资产是运用先进的实验仪器经反复试验研制而成，物化劳动耗费的比重较大，可适用生产资料物价指数。根据资料，该无形资产购置时物价指数和评估时物价指数分别为120%和150%，故该项无形资产的重置成本为

$$\text{重置成本} = 200 \times 150\% / 120\% = 250 \text{（万元）}$$

3）无形资产贬值率的估算

由于无形资产没有实物形态，因而在考虑其价值损失时主要看其功能性贬值和经济性贬

值。功能性贬值表现为由于科学技术进步，使得拥有该项无形资产的单位或个人其垄断性减弱，降低了获取垄断利润的能力而引起的贬值。经济性贬值主要在于无形资产外部环境因素的变化，这是一项特殊的损耗。例如某项技术的使用，尽管目前技术水平很高，但最新研究发现，使用该项技术生产的产品可能会引起环境污染，国家有关法规禁止该产品的生产，这样就使得该项无形资产报废。通常，无形资产贬值率的确定可以采用专家鉴定法和剩余经济寿命预测法。

（1）专家鉴定法

专家鉴定法是指邀请无形资产的有关专家，对被评估无形资产的先进性、适用性做出判断，从而确定贬值率的一种方法。

（2）剩余经济寿命预测法

剩余经济寿命预测法是指通过对无形资产剩余经济寿命的预测来确定贬值率的一种方法。用公式表示为

$$贬值率=[已使用年限/(已使用年限+剩余使用年限)]×100\%$$

公式中，已使用年限比较容易确定，剩余使用年限应由评估人员根据无形资产的特性，分析判断来确定。

6.2.3 无形资产评估的市场法

无形资产评估的市场法是指选择一个或几个与评估对象相同或类似的无形资产作为比较对象，分析比较它们之间的成交价格、交易条件、资本收益水平、新增利润或销售额、技术先进程度、社会信誉等因素，进行对比调整后估算出无形资产价值的方法。

从理论上讲，市场法是资产评估的首选方法，这也同样适用于无形资产评估。如果有较充分的市场交易实例，可以从中取得作为比较分析的参照物，并能对评估对象与可比参照物之间的差异做出合适的调整，就可应用市场法。应用市场法评估无形资产的基本程序和方法与有形资产评估的市场法基本相同。但是由于无形资产具有个别性、垄断性、保密性等特点，决定了无形资产的交易市场具有较强的垄断性，与有形资产交易市场相比，透明度较低。同时，由于我国无形资产市场不发达，交易不频繁，使得运用市场法评估无形资产受到了一定的限制。目前我国只有在特殊的环境下，才会运用市场法评估无形资产。在运用市场法评估无形资产时应注意以下几点。

（1）选择恰当的、相似的参照物

国际评估准则委员会颁布的《无形资产评估指南》中指出："使用市场法必须具备合理的比较依据和进行比较的类似的无形资产。"作为参照物的无形资产必须满足以下条件：与被评估无形资产在功能、性质、适用范围等方面相同或者近似；与被评估无形资产按照无形资产分类原则可以归并为同一类；与被评估无形资产的功能和效用相同或近似；与被评估无形资产所依附的产品或服务应具备同质性，所依附的企业应满足同行业与同规模的要求；参照物的计价标准和成交条件与被评估无形资产模拟的价格标准和成交条件相同或者接近等。

（2）收集相似的无形资产交易的市场信息

评估人员应充分收集和分析使得交易达成的参照物的市场信息，涉及供求关系、产业政策、市场结构、企业行为和市场绩效等内容。收集类似的无形资产交易的市场信息是为横向

比较提供依据，而收集被评估无形资产以往的交易信息则是为纵向比较提供依据。

(3) 恰当的差异调整

国际评估准则委员会颁布的《无形资产评估指南》指出：当以被评估无形资产以往的交易记录作为评估的参照依据时，可能需要根据时间的推移，经济、行业和无形资产的环境变化进行调整。无论是横向比较还是纵向比较，参照物与被评估无形资产会因时间、空间和条件的变化而产生差异，评估人员应对此做出恰当的调整。

无形资产评估市场法的计算公式为

$$评估价值=参照物的市价\times 功能系数\times 调整系数$$

其中，功能系数根据被评估无形资产与参照物功能差异确定，具体参照驰名商标的评价标准；调整系数由被评估无形资产与参照物的成交时间、成交地点及市场寿命周期等因素决定。

6.3 专利权和非专利技术的评估

6.3.1 专利权的概念和特点

1. 专利权的概念

专利权是指国家专利主管机关依法授予发明创造专利申请人对其发明创造在法定期限内所享有的独占使用权、转让权、许可权、标记权和放弃权。《专利资产评估指导意见》中对专利资产的定义是："本指导意见所称专利资产，是指专利权人拥有或者控制的，能持续发挥作用并且能带来经济利益的专利权益。"

这种独占专有权表现在：专利权人依法享有对其发明创造的制造、使用、销售或转让的权利。专利权的范围通常由国家的专利法进行规范。专利权包括发明、实用新型和外观设计3种。

2. 专利权的特点

(1) 独占性

又称为排他性，即同一内容的技术发明只授予一次专利。对于已取得专利权的技术，任何人未经许可不得制造、使用和销售。

(2) 地域性

任何一项专利只在其授权的地域范围内才具有法律效力，而在其他地域范围内不具有法律效力。

(3) 时间性

依法取得的专利权只在法定期限内受法律保护，期满后专利权人的专利权自行终止。我国专利法规定，发明专利权的保护期限为 20 年，实用新型专利和外观设计专利保护期限为 10 年，法定有效时间自专利申请之日起计算。

(4) 共享性

专利权的共享性是指专利权人可以许可多家买主在同一时间，同时使用同一专利资产。

3. 专利资产评估的概念

《专利资产评估指导意见》中对专利资产评估的定义是："本指导意见所称专利资产评估，

是指资产评估机构及其资产评估专业人员遵守法律、行政法规和资产评估准则，根据委托对评估基准日特定目的下的专利资产价值进行评定和估算，并出具资产评估报告的专业服务行为。"

6.3.2 专利权评估的目的

专利权评估要依据专利权发生的经济行为，即特定目的确定其评估的价值类型和方法。不同情形下的专利权及转让形式不同，相应的评估方法有所不同，确定的价值也不一样。专利权的转让一般有两种情形：一种是刚刚研究开发的新专利技术，专利权人尚未投入使用就转让给接受方；另一种是转让的专利已经过长期的或一段时间的生产，是行之有效的成熟技术，而且转让方仍在继续使用。

专利权的转让形式很多，但总的来说可以分为全权转让（所有权转让）和使用权转让。全权转让是将某项专利权完全转让给对方，转让完成以后，对方享有对此项专利权的所有权。使用权转让往往通过专利许可证贸易形式进行，这种使用权的权限、时间期限、地域范围和处理纠纷的仲裁程序都是在专利许可合同中加以明确的。

1. 使用权限

按专利使用权限的大小，可分为以下 4 种。

① 独家使用权。是指在许可证合同所规定的时间和地域范围内卖方只把技术转让给某一特定买主，买方不得卖给第二家买主；同时，卖方自己也不得在合同规定范围内使用该技术和销售该技术生产的产品。显然，这种转让的卖方索价会比较高。

② 排他使用权。是指卖方在合同规定的时间和地域范围内只把技术授予买方使用，同时卖方自己保留使用权和产品销售权，但不再将该技术转让给第三方。

③ 普通使用权。是指卖方在合同规定的时间和地域范围内可以向多家买主转让技术，同时卖方自己也保留技术使用权和产品销售权。

④ 回馈转让权。是指卖方要求买方在使用过程中对转让的技术的改进和发展反馈给卖方的权利。

2. 地域范围

专利许可合同大多数都规定了明确的地域范围，如某个国家或地区，买方的使用权不得超过这个地域范围。

3. 时间期限

专利许可合同一般都规定了有效期限，时间的长短因技术而异。一项专利技术的许可期限一般要和该专利的法律保护期相适应。

4. 法律和仲裁

专利是依照参与双方所在国的法律来制定的法律文件，受到法律的保护。当一方毁约时，另一方可依据法律程序追回损失的权益。

6.3.3 专利资产评估的程序

1. 确认专利资产的基本情况

主要是明确专利资产是否存在、是否合理合法，基本情况如表 6-2 所示。

表 6-2 专利资产的基本情况

基本情况	具体内容
专利名称	专利申请时的主题名称；发明与实用新型名称不超过 25 个字，外观设计专利名称不超过 20 个字
专利类型	三种类型：发明型、实用新型和外观设计型
申请国家或地区	某国家或某地区，通常所授予和保护的专利权仅在该区域内有效
申请号/专利号	申请号是提交专利申请时给出的编号；专利号是授予专利决定时给出的编号
专利法律状态	专利权人或专利申请人变更情况、审批情况、年费缴纳情况，专利权的终止、诉讼、质押等情况
专利申请日	行政管理部门收到专利申请相关文件时的日期
专利授权日	专利的法定公告日，也是专利的生效日
权利要求	专利所要求的保护范围
专利许可使用权利	专利权人和其他使用人的情况，分为独占许可、排他许可、普通许可

2. 确定评估方法，收集专利资料

在实际专利评估中有时也会用到成本法，但收益法应用较多。评估时应注意以下问题对评估方法选取的影响：不能确认为资产的技术，不能进行评估；尚未完成，但是预计能够完成，且未来市场参数、财务参数、投资参数不确定性较大时，不宜采用收益法评估；对于被评估专利资产的发明与研制成本无关的，不应选取成本法评估。评估方法的运用不在于其表达形式，重要的是有关技术指标参数的确定。收集相关资料加以选择、整理是一项重要的工作。专利资产评估应收集的相关资料主要包括四类：技术资料、经济及市场资料、法律法规资料、资产占有方管理方面的资料，具体如表 6-3 所示。

表 6-3 专利评估所需要的资料

技术资料	① 专利申请全套资料：专利证书或专利受理通知书、专利说明书、权利要求书、说明书附图；② 技术总结报告；③ 技术产品检测报告；④ 技术鉴定报告；⑤ 技术产品简介；⑥ 专家咨询意见书；⑦ 检索报告；⑧ 专利权转让、许可使用、专利权出资入股等合同书；⑨ 专利缴纳年费资料
经济及市场资料	① 专利技术研制开发费用表；② 以前年度该专利技术产品销售收入、成本统计表；③ 企业现有的生产能力资料；④ 企业准备扩建的生产能力资料；⑤ 企业的销售网络资料；⑥ 项目可行性研究报告；⑦ 企业的税收政策；⑧ 企业的合同订单资料；⑨ 类似专利的转让公告；⑩ 被评估专利技术产品所在的行业状况、市场容量、市场前景等资料，国内、国外同行业投资收益率、平均成本利润率、资金利润率；⑪ 专利技术产品获奖情况
法律法规资料	① 经济法律法规（特别是国有企业改制、合资合作、技术贸易等经济行为法规，合同法，公司法）；② 与专利相关的法律法规；③ 资产评估法规；④ 评估对象所处行业的政策
资产占有方管理方面的资料	① 企业合同、章程、简介、企业基本情况；② 企业会计制度或会计核算方法；③ 内部管理制度（包括生产经营、劳动管理、工资奖励、劳保福利及财产物资管理制度等）；④ 企业所有权人及经营决策管理者关于经营管理和财务会计的重要问题的历次决议及决定

上述资料，很多需要由委托人提供和协助提供，评估人员要在此基础上对上述资料加以整理和分析。

3. 资料合适分析与评定估算

（1）技术状况分析：技术先进性确认、技术成熟程度和寿命周期分析等

技术先进性包括国际进步、国际先进、国内进步、国内先进4种类型；

技术成熟一般指一项技术的成长具有4个阶段，即开发、发展、成熟和衰退4个时期，虽然同是被授予专利的技术，但其成熟程度差异很大，市场的接受程度也不一样。成熟的技术已经过工业化试验阶段，不需再做进一步的二次开发；不成熟的技术仅仅完成了开发，对于批量生产中的许多问题，如原材料来源问题、政策性问题等尚未解决。

寿命周期，即专利权的可能有效利用的年限。对于发明专利、外观设计和实用新型的使用时间，法律规定有不同的保护期限，但这一期限在评估时仅供参考。随着技术更新的周期加快，一项新产品占领市场的时间多则10年，短则几个月，在实际的评估中应注意专利的不同更新时间。

（2）收益能力分析

收益能力高低是评估专利权价值高低的重要标准。收益能力分析应结合预测期内的投资量、生产规模、产量、价格、销售额、成本、利润的预测进行。

（3）市场分析

市场分析包括应用该项专利技术的产品的市场需求总量分析、市场占有率分析、风险分析等。

（4）投资可行性分析

通过分析确定各有关技术参数、指标，最后进行评定估算，确定评估值。

4. 完成评估报告，并加以详尽说明

评估报告是专利权评估结论的最终反映，报告最终的结论是建立在各种分析、假设基础之上的。因此，为了证明评估结论的有效性和实用性，评估报告中应详尽说明评估中的各有关内容。

① 专利技术成熟度。如果该专利技术已经付诸实施，应说明其实施运用情况、技术本身先进程度、有无转让记录、实施中的若干问题等；如果该专利尚未实施，应说明评估值测定中的依托条件，包括技术本身、受让人条件、市场预测等。

② 接受人可受度分析。可受度是指成熟的专利技术对接受人的要求。接受人可受度分析包括对接受人基础设施、技术素质、投资规模、资金需求等方面的要求和预测。

这些分析说明有助于说明评估结论的有效性和适用性，同时也为买卖双方提供了分析的依据。

6.3.4 专利权的评估方法

1. 收益法

在专利权评估中，常用的方法多为收益法。专利权的收益额是指直接由专利权带来的预期收益。对于收益额的测算，通常可以通过直接测算法和利润分成率法测算获得。

（1）直接测算法

专利权为投资者带来的超额收益的计算公式为

$$R = [(P_2 - P_1) - (C_2 - C_1)] \times Q \times (1 - T)$$

式中：R——超额收益；
P_2——使用专利技术后产品的价格；
P_1——使用专利技术前产品的价格；
C_2——使用专利技术后产品的成本；
C_1——使用专利技术前产品的成本；
Q——产品产量；
T——所得税税率。

超额收益现值的计算公式为

$$P = \sum_{t=1}^{n} \frac{R_t}{(1-r)^t}$$

式中：P——专利权转让价格；
n——剩余经济寿命；
r——折现率；
R_t——第 t 年专利权的超额收益。

(2) 利润分成率法

采用利润分成率测算专利技术收益额，即以专利技术投资产生的收益为基础，按一定比例（利润分成率）分成确定专利技术的收益。利润分成率反映专利技术对整个利润额的贡献程度。根据联合国工业发展组织对印度等发展中国家引进技术价格的分析，利润分成率在 16%～27%是合理的；1972 年在挪威召开的许可贸易执行协会上，多数代表提出利润分成率为 25%左右比较合理；美国认为在 10%～30%是合理的。我国理论工作者和评估人员通常认为利润分成率在 25%～33%比较合适。这些基本分析在实际评估业务过程中具有一定的参考价值。但更重要的是对被评估专利技术进行切合实际的分析，确定合理的、准确的利润分成率。利润分成率是对专利技术和与之结合的资产共同形成的利润的分成，实际评估过程中通常以销售收入分成率替代利润分成率。

【例 6-6】甲企业 4 年前自行研发成功一项技术，并获得发明专利证书，专利保护期为 20 年。2021 年甲企业准备将该项专利技术出售给乙企业。试评估该项专利权的价值。

解 计算过程如下。

① 确定评估对象和评估目的。评估对象是专利技术，由于甲企业是出售该项专利技术，因而转让的是专利技术的所有权。

② 专利技术鉴定。该项技术已申请专利，该技术所具备的基本功能可以从专利说明书及专家鉴定书中得到。此外，该项技术已在甲企业使用 4 年，产品已进入市场，并深受消费者欢迎，市场潜力较大。因此，该项专利技术的有效功能较好。

③ 选择评估方法。该项专利技术具有较强的获利能力，而且同类型技术在市场上被授权使用情况较多，分成率容易获得，从而为测算收益额提供了保证。因此，决定采用收益法进行评估。

④ 确定评估参数。根据对该类专利技术的更新周期及市场上产品更新周期的分析，确定该专利技术的实际剩余使用期限为 4 年，根据对该类技术的交易实例的分析及该技术对产品生产的贡献性分析，采用的对销售收入的分成率为 3%，所得税税率为 25%。

根据对未来市场需求的分析，评估人员预测未来4年的销售收入如表6-4所示。

表6-4 销售收入测算结果 单位：万元

年份	2022	2023	2024	2025
销售收入	300	400	500	600

根据当期的市场投资收益率，确定该专利技术评估采用的折现率为10%。

⑤ 计算评估值。计算结果如表6-5所示。

表6-5 专利权评估值计算表 单位：万元

年份	销售收入①	分成额②=①×3%	净收益③=②×（1-25%）	收益现值（$r=10\%$）
2022	300	9	6.75	6.14
2023	400	12	9	7.44
2024	500	15	11.25	8.45
2025	600	18	13.5	9.22
合计				31.25

因此，该项专利技术的评估值为31.25万元。

2. 成本法

成本法应用于专利技术的评估，关键在于分析计算其重置成本的构成、数额及贬值率。其基本计算公式为

$$专利技术的评估值 = 专利技术的重置成本 \times (1 - 贬值率)$$

专利技术分为自创和外购两种。外购专利技术的重置成本比较容易确定，自创专利技术的成本一般由下列几种成本构成。

1）研制成本

研制成本包括直接成本和间接成本两大类。直接成本是指研制过程中直接投入发生的费用，间接成本是指与研制开发有关的费用。

（1）直接成本

直接成本一般包括以下几项。

① 材料费用。即为完成技术研制所耗费的各种材料费用。
② 工资费用。即参与研制技术的科研人员和相关人员的费用。
③ 专用设备费。即为研制开发技术所购置的设备或专用设备的摊销。
④ 资料费。即研制开发技术所需的图书、资料、文献、印刷等费用。
⑤ 咨询鉴定费。即为完成该项目所发生的技术咨询、技术鉴定等费用。
⑥ 协作费。即项目研制开发过程中某些零部件的外加工费及使用外单位资源的费用。
⑦ 培训费。即为完成本项目，委派有关人员接受技术培训的各种费用。

⑧ 差旅费。即为完成本项目发生的差旅费用。
⑨ 其他费用。

（2）间接成本

间接成本主要包括以下几项。

① 管理费。即为管理、组织本项目开发所负担的管理费用。
② 非专用设备折旧费。即采用通用设备、其他设备所负担的折旧费。
③ 应分摊的公共费用及能源费用。

2）交易成本

交易成本是指发生在交易过程中的费用支出，主要包括以下几项。

① 技术服务费。即卖方为买方提供专家指导、技术培训、设备仪器安装调试及市场开拓等发生的费用。
② 交易过程中的差旅费及管理费。即谈判人员和管理人员参加技术洽谈会及在交易过程中发生的食宿及交通费等。
③ 手续费。即有关的公证费、审查注册费用、法律咨询费用等。
④ 税金。即无形资产交易、转让过程中应缴纳的税金。

3）专利费

即为申请和维护专利权所发生的费用，包括专利代理费、专利申请费、实质性审查请求费、维护费、证书费、年费等。由于评估目的不同，其成本构成内涵也不一样，在评估时应视不同情形考虑以上成本的全部或一部分。下面举例说明成本法应用于专利技术评估的过程。

【例6-7】 A公司因为管理不善，经济效益不佳，亏损严重，将要被同行的B公司兼并。现在需要对A公司的资产进行评估，该公司有一项专利属于实用新型，两年前自行研制并获得专利证书，现需要对该专利技术进行评估。

解 分析计算过程如下。

（1）确定评估对象

该项专利技术是A公司自行研制开发并申请的专利权，拥有所有权。被兼并企业资产中包括该项专利技术，因此确定的评估对象是专利技术的所有权。

（2）鉴定技术功能

该专利技术的专利权证书、技术检验报告书等均齐全。根据专家鉴定和现场勘察，表明该项专利技术应用中对于提高产品质量、降低产品成本均有很大作用，效果良好，与同行业同类技术相比处于领先水平。经分析，企业经济效益不佳、产品滞销是企业管理人员素质较低、管理混乱等所致。

（3）选择评估方法

由于该公司经济效益欠佳，很难确切地预计该项专利技术的超额收益；同类技术在市场上尚未发现有交易实例，因此决定采用成本法进行评估。

（4）估算各项评估参数

① 分析测算其重置成本。该项专利技术是自创形成，其开发形成过程中的成本资料可从公司中获得，具体如表6-6所示。

表 6-6 成本资料

项目	金额
材料费用	48 000 元
工资费用	22 000 元
专用设备费	8 000 元
资料费	1 000 元
咨询鉴定费	6 000 元
专利申请费	4 200 元
培训费	2 400 元
差旅费	3 000 元
管理费分摊	1 800 元
非专用设备折旧费分摊	8 700 元
合计	105 100 元

因为专利技术难以复制，各类消耗仍按过去实际发生定额计算，所以对其价格可按现行价格计算。根据考察、分析和测算，近两年生产资料价格上涨指数分别为 5%和 10%。因生活资料物价指数资料难以获得，该专利技术开发中工资费用所占份额很少，因此可以将全部成本按生产资料价格指数加以调整，即可估算出重置成本。

重置成本= 105 100×（1+5%）×（1+10%）=121 390.50（元）

② 确定该项专利技术的贬值率。该项实用新型专利技术的法律保护期限为 10 年，根据专家鉴定分析和预测，该项专利技术的剩余使用期限仅为 6 年，由此可以计算贬值率为

$$贬值率=\frac{2}{2+6}\times 100\%=25\%$$

（5）计算评估值，得出结论。

评估值=121 390.50×（1−25%）=91 042.88（元）

评估结论：该项专利技术的评估值为 91 042.88 元。

6.3.5 非专利技术的概念及特点

1. 非专利技术的概念

非专利技术又称专有技术，是指未经公开或未申请专利但能为拥有者带来超额经济利益或竞争优势的知识或技术。具体包括设计资料、工艺流程、配方、经营诀窍、特殊的产品保存方法、质量控制管理经验、图纸数据等。非专利技术与专利权不同，从法律角度讲，它不是一种法定的权利，而仅仅是一种自然的权利，是一项收益性无形资产。从这一角度来讲，进行非专利技术的评估，首先应该鉴定非专利技术，并分析、判断其存在的客观性，这一判断要比专利权的判断复杂得多。

2. 非专利技术的特点

（1）实用性

非专利技术的价值取决于其是否能在生产实践过程中操作，不能应用的技术不能称为非

专利技术。

(2) 新颖性

非专利技术所要求的新颖性与专利技术的新颖性不同，非专利技术并非要具备独一无二的特性，但它也绝不能是任何人都可以随意得到的东西。

(3) 获利性

非专利技术必须有价值，表现在它能为企业带来超额利润。价值是非专利技术能够转让的基础。

(4) 保密性

保密性是非专利技术的最主要的特点。如前所述，非专利技术不是一种法定的权利，其自我保护是通过保密性进行的。

3. 非专利技术和专利技术的区别

(1) 保密性不同

非专利技术具有保密性，而专利技术则是在专利法规定的范围内公开的。

(2) 内容范围不同

非专利技术的内容较多，包括设计资料、技术规范、工艺流程、材料配方、经营诀窍和图纸等，而专利技术通常只包括3种，即发明、外观设计和实用新型。

(3) 法律保护期限不同

非专利技术没有法律保护期限，而专利技术则有明确的法律保护期限。

(4) 适用的保护法律不同

对专利技术的保护通常按《中华人民共和国专利法》进行，对非专利技术保护的法律主要有《中华人民共和国民法典》《中华人民共和国反不正当竞争法》。

6.3.6 影响非专利技术评估价值的因素

在非专利技术评估过程中，应注意研究影响非专利技术评估价值的各项因素。

(1) 非专利技术的使用期限

非专利技术依靠保密手段进行自我保护，没有法定的保护期限。但是，非专利技术作为一种知识和技巧，会因技术进步、市场变化等原因最终被先进技术所替代。对于非专利技术本身，一旦成为一项公认的使用技术，它便不存在无形资产价值了。因此，非专利技术的使用期限应由评估人员根据该领域的技术发展情况、市场需求情况及技术保密情况进行估算，也可以根据双方合同的规定期限、协议情况估算。

(2) 非专利技术的预期获利能力

非专利技术的价值在于非专利技术的使用所能产生的超额获利能力。因此，评估时应充分研究非专利技术的直接获利能力和间接获利能力，这是确定非专利技术评估值的关键，也是评估过程中的难点所在。

(3) 分析非专利技术的市场情况

技术商品的价格也取决于市场供求情况，市场需求越大，其价格越高，反之则低。从非专利技术本身来讲，一项非专利技术的价值高低取决于其技术水平在同类技术中的领先程度。在科学技术高速发展的情况下，技术更新换代的速度加快，无形损耗加大，一项非专利技术很难持久地处于领先水平。另外，非专利技术的成熟程度和可靠程度对其价值也有很大的影响。技术越成熟、可靠，其获利能力越强，风险越小，卖价就越高。

（4）非专利技术的开发成本

非专利技术取得的成本，也是影响非专利技术价值的因素，评估中应根据不同技术的特点，研究开发成本与其获利能力的关系。

6.3.7 非专利技术的评估方法

非专利技术的评估方法与专利权的评估方法基本相同。下面结合实例分别介绍非专利技术评估中几种方法的运用。

1. 运用收益法对非专利技术进行评估

【例6-8】A评估公司对B有限公司准备投入中外合资企业的一项非专利技术进行评估。根据双方协议，确定该非专利技术收益期限为5年。试根据有关资料确定该项非专利技术的评估值。

解 分析计算过程如下。

① 预测、计算未来5年的收益（假定评估基准日为2021年12月3日），预测结果如表6-7所示。

表6-7 未来5年非专利技术收益预测表　　　　　　　　　　　　　　单位：万元

项 目	2022	2023	2024	2025	2026	合 计
销售量/件	25	40	40	40	40	185
销售单价	2.0	2.0	2.0	2.0	2.0	—
销售收入	50	80	80	80	80	370
减：成本费用	16	28	28	28	28	128
利润总额	34	52	52	52	52	242
减：所得税	8.5	13	13	13	13	60.5
税后利润	25.5	39	39	39	39	181.5
非专利技术分成率/%	30	30	30	30	30	—
非专利技术收益	7.65	11.7	11.7	11.7	11.7	54.45

② 确定折现率。根据银行利率确定无风险利率为8%，根据技术所属行业及市场情况确定风险利率为12%，由此确定折现率为20%（8%+12%）。

③ 计算确定评估值。

$$非专利技术评估值 = \sum_{t=1}^{5} \frac{各年专利技术收益}{(1+r)^t}$$

$$= 7.65 \times 0.833\,3 + 11.7 \times 0.694\,4 + 11.7 \times 0.578\,7 + 11.7 \times 0.482\,3 + 11.7 \times 0.401\,9$$

$$= 31.62（万元）$$

该项非专利技术的评估值为31.62万元。

2. 运用成本法对非专利技术进行评估

【例6-9】 甲企业有 20 000 张不同类型的产品设计图纸，已使用 6 年，有 10 000 张仍然可以作为有效的非专利技术资产，预计剩余经济使用年限为 2 年，现在每张图纸的重置成本为 280 元。试计算该批图纸的价值。

解 该批图纸的重置成本=10 000×280=2 800 000（元）= 280（万元）

该批图纸的贬值率=6/（6+2）=75%

该批图纸的评估值=280×（1−75%）=70（万元）

该批图纸的评估值为 70 万元。

6.4 商标权和著作权的评估

6.4.1 商标权的评估

1. 商标的概念及分类

（1）商标的概念

商标是商品的标记，是商品生产者或经营者为了把自己的商品与他人的同类商品区别开来，在商品上使用的一种特殊标记。这种标记一般由文字、图案或两者组合而成。我国《商标资产评估指导意见》中对商标资产的定义是："本指导意见所称商标资产，是指商标权利人拥有或者控制的，能够持续发挥作用并且能带来经济利益的注册商标权益。"

商标主要具备以下几个功能。

① 商标表明商品或劳务的来源，说明该商品或劳务来自何企业。

② 商标能把一个企业提供的商品或劳务与其他企业的同一类商品或劳务区别开来。

③ 商标标志着一定商品或劳务的质量。

④ 商标反映向市场提供某种商品的特定企业的声誉。

从经济学角度来看，商标的这些作用最终能为企业带来客观的超额收益。从法律角度来说，保护商标也就是保护企业拥有商标获取超额收益的能力。

（2）商标的分类

随着市场经济的不断发展，商标的种类越来越多，为了便于了解和熟悉商标及商标权，有必要按商标的某些特性对其进行分类。

① 按商标是否受法律保护的专用权划分，可分为注册商标和非注册商标。

② 按商标注册人数划分，可分为集体商标和独占商标。

③ 按商标的构成划分，可分为文字商标、记号商标、图形商标和组合商标。

④ 按商标的用途划分，可分为营业商标、商品商标、等级商标等。

2. 商标权及其特点

商标权是商标注册后，商标所有者依法享有的权益，它受到法律保护。未注册的商标不受法律保护。商标权是以申请注册的时间先后为审批依据，而不以使用时间先后为审批依据。

商标权一般包括排他专用权（或独占权）、转让权、许可使用权、继承权等。排他专用权是指注册商标的所有者享有禁止他人未经许可而在同一种商品劳务或类似商品劳务上使用其商标的权利。转让权是指商标所有者有权决定将其拥有的商标转让给他人的权利。许可使用权是指商标权人依法通过商标使用许可合同允许他人使用其注册商标。商标权人通过使用许可合同，转让的是注册商标的使用权。继承权是指商标权人将自己的注册商标交给指定的继承人继承的权利。

商标权的价值是由商标所带来的效益决定的，带来的效益越大，商标的价值就越高，反之越低。而商标带来效益的原因在于它代表的企业的产品质量、信誉、经营状况的提高。从表面上看，商标价值来自设计和广告宣传，但实际并非如此。尽管在商标设计、制作、注册和保护等方面都需要耗费一定的费用，广告宣传有利于扩大商标知名度，为此需支付很高的费用，但这些支出只对商标价值起影响作用，而不是决定作用，起决定作用的是商标所能带来的超额收益。

3. 商标权的评估程序

（1）明确评估目的

评估目的即商标权发生的经济行为。与商标权有关的经济行为一般包括转让、许可使用、投资入股等。商标权转让方式不同，价值内涵也不一样。一般来说，商标权转让是商标的所有权转让，其评估值高于商标许可使用的评估值。

（2）收集商标的相关资料

这些资料主要包括委托方的概况，经营业绩，商标概况，商标产品的历史、现状与展望，以及相关的宏观经济政策对其的影响。

（3）市场分析

分析的内容包括使用该商标的产品市场现状、市场前景、市场竞争力、市场环境变化等方面。

（4）确定评估方法及有关指标

商标权评估一般使用收益法，但也不排斥使用市场法和成本法。运用收益法评估商标权时，关键是分析确定收益额、折现率、收益期限三项指标。确定收益期限的依据是能够获得超额收益的时间，而注册年限及到期后的续展只是分析收益期限的前提。

（5）计算、分析，得出结论，完成评估报告

4. 商标权的评估方法

我国《商标资产评估指导意见》中对商标资产评估的定义是："本指导意见所称商标资产评估，是指资产评估机构及其资产评估专业人员遵守法律、行政法规和资产评估准则，根据委托对评估基准日特定目的下的商标资产价值进行评定和估算，并出具资产评估报告的专业服务行为。"商标权的评估主要采用收益法。下面将结合实例介绍收益法在商标权评估中的运用。

（1）商标权转让的收益法评估

【例6-10】某企业拟将一注册商标转让。根据历史资料，该企业近5年使用这一商标的产品比同类产品的价格每件高0.7元，该企业每年生产100万件产品，该商标目前在市场上发展良好。根据预测，在生产能力足够的情况下，该商标产品每年生产200万件，每件可获超额利润0.4元，预计该商标能够继续获取超额利润的时间是8年。前5年保持目前的超额

利润水平，后 3 年每年可获取的超额利润为 90 万元，折现率为 10%，所得税税率为 25%。试评估该项商标权的价值。

解 分析计算过程如下。

① 预测前 5 年每年的超额净利润为 200×0.4×（1-25%）=60 万元。

② 后 3 年每年超额净利润为 90×（1-25%）=67.5 万元。

③ 确定该项商标权价值。

$$商标权价值=60×(P/A，10\%，5)+67.5×(P/A，10\%，3)×(1+10\%)^{-5}$$
$$=60×3.790\ 8+67.5×2.486\ 9×0.620\ 9$$
$$=331.68（万元）$$

（2）商标许可使用价值的收益法评估（商标使用权评估）

【例 6-11】 甲企业 2020 年 12 月将某注册商标使用权通过许可使用合同让与乙厂使用，使用时间为 5 年。根据评估人员的预测，本次转让范围内每件产品可新增税前利润 4 元，第一年至第五年生产的产品分别是 15 万件、20 万件、20 万件、25 万件、25 万件。假设利润分成率为 20%，折现率为 10%，所得税税率为 25%。试评估该商标使用权的价值。

解 分析计算过程如下。

① 确定每年新增税后分成利润。

第一年：15×4×（1-25%）×20%=9（万元）

第二年：20×4×（1-25%）×20%=12（万元）

第三年：20×4×（1-25%）×20%=12（万元）

第四年：25×4×（1-25%）×20%=15（万元）

第五年：25×4×（1-25%）×20%=15（万元）

② 确定折现率为 10%。

③ 计算每年新增分成利润的折现值，确定评估价值，如表 6-8 所示。

表 6-8 每年新增分成利润的折现值

年 份	新增分成净利润/万元	折现系数	折现值/万元
2021	9	0.909 1	8.181 9
2022	12	0.826 4	9.916 8
2023	12	0.751 3	9.015 6
2024	15	0.683 0	10.245 0
2025	15	0.620 9	9.313 5
合 计			46.672 8

该商标权的使用价值为 46.67 万元。

6.4.2 著作权的评估

1. 著作权的概念

著作权又称为版权,是著作人对自己创造的文学、艺术、科学作品或其他作品享有的专有权利。我国《著作权资产评估指导意见》中对著作权资产的定义是:"本指导意见所称著作权资产,是指著作权权利人拥有或者控制的,能够持续发挥作用并且能带来经济利益的著作权的财产权益和与著作权有关权利的财产权益。"

著作权包括作品署名权、发表权、修改权和保护作品完整权,还包括复制权、发行权、出租权、展览权、表演权、放映权、广播权、信息网络传播权、摄制权、改编权、翻译权、汇编权,以及应当由著作权人所享有的其他权利。著作权人包括作者和其他依法享有著作权的公民、法人或其他组织。

2. 著作权的特点

(1) 自动保护原则

《中华人民共和国著作权法》(以下简称《著作权法》)对作品的保护采用自动保护原则,即作品一旦产生,作者便享有著作权,无论登记与否都受法律保护。随着著作权纠纷越来越多,许多作者都将自己的作品在著作权管理部门登记备案。在著作权的评估实践中,作品登记证书可以作为该著作权稳定性、可靠性的依据。

(2) 形式的局限性

著作权从根本上说是为某思想、某观点的原创表达形式提供法律保护,但并非保护这些思想本身。

(3) 独立性

著作权对保护的内容强调创作的独立性,而不强调新颖性,即思想相同的不同人创作的作品,只要是独立完成的,即分别享有著作权。区分抄袭与巧合一般不是直接引用《著作权法》的条款,而是需要对事实进行分析。

(4) 权利的多样性

根据《著作权法》的规定,著作权人享有 17 项人身权和财产权,其中法律明确规定版权人享有的经济权利有 12 项,而且这些权利的行使可以是彼此独立的。

(5) 法律特性

根据法律规定,著作权是自动获取的权利,但是法律同时规定了著作权的内容、保护期及权利的限制,因此著作权具有显著的法律特征,主要体现在时间性及地域性上,这一点与商标权和专利权是相同的。

(6) 使用特性

著作权与专利、商标相比,在使用过程中,除了具有共享性外,还具有扩散性。著作权的扩散性是指具有著作权的作品在使用过程中可以产生新的具有著作权的作品。例如,一部英文小说被翻译成中文,翻译人对翻译后的作品享有著作权。

3. 著作权的内容

根据 2020 年 11 月 11 日第十三届全国人民代表大会常务委员会第十三次会议《关于修改〈中华人民共和国著作权法〉的决定》第三次修正,分别列出著作权包括 17 项人身权和财产权:发表权、署名权、修改权、保护作品完整权、复制权、发行权、出租权、展览权、表演权、放映权、广播权、信息网络传播权、摄制权、改编权、翻译权、汇编权、应当由著作权人享有的其他权利,并对各项权利的内容做了准确的界定。

著作权人可以许可他人行使第五项至第十七项规定的权利,并依照约定或者《著作权法》有关规定获得报酬。著作权人可以全部或者部分转让第五项至第十七项规定的权利,并依照约定或者《著作权法》有关规定获得报酬。

4. 著作权资产评估

《著作权资产评估指导意见》中对著作权资产评估的定义是:"本指导意见所称著作权资产评估,是指资产评估机构及其资产评估专业人员遵守法律、行政法规和资产评估准则,根据委托对评估基准日特定目的下的著作权资产价值进行评定和估算,并出具资产评估报告的专业服务行为。"

【例6-12】某电视剧制作公司准备出售其刚刚完成的一套32集电视连续剧的版权。该剧的制作时间为1年(从评估基准日前1年开始算起)。经核算,其成本总值为500万元,无风险利率为10%,行业风险报酬率为15%。据专家预测,该电视剧在未来5年的净收益额为平均每年200万元。试估算独家转让该电视连续剧版权在评估基准日的评估值(假定利润分成率为35%)。

解 分析计算如下。该例符合收益法运用的条件,根据下列公式进行评估。

$$评估价值=重置成本+收益现值\times 收益分成率$$

① 计算重置成本。由于电视连续剧是新制作的,不考虑价值损失,只考虑时间价值,所以

$$重置成本=500\times(1+15\%+10\%)=625(万元)$$

② 确定折现率为25%,计算收益现值。

$$收益现值=年净收益额\times 年金折现系数=200\times 2.689\,3=537.86(万元)$$

③ 确定分成率为35%,计算被评估电视连续剧的版权在评估基准日的价值。

$$评估价值=重置成本+收益现值\times 收益分成率$$
$$=625+537.86\times 35\%$$
$$=813.25(万元)$$

6.5 商誉的评估

6.5.1 商誉的概念及特点

商誉通常是指一个企业预期将来的利润超过同行业正常利润的超额利润的价值。这是企业由于所处地理位置的优势或由于经营效率高、管理基础好、生产历史悠久、人员素质高等多种因素所决定的。现在所称的商誉,是指企业所有无形资产扣除各单项可确指无形资产以

后的剩余部分。因此，商誉是不可确指的无形资产。一般来说，商誉具有以下特点。

① 商誉不能离开企业而单独存在，不能与企业可确指的资产分开出售。

② 商誉是多项因素作用形成的结果，但形成商誉的个别因素不能以任何方法单独计价。

③ 商誉本身不是一项单独的、能产生收益的无形资产，而只是超过企业可确指的各单项资产价值之和的价值。

④ 商誉是企业长期积累起来的一项价值。

6.5.2 商誉的评估方法

从商誉的概念可以看出，盈利企业才可能存在商誉这种无形资产。因此，商誉价值的评估仅限于盈利企业或经济效益高于同行业或社会平均水平的企业。

1. 超额收益法

商誉是企业收益与按行业平均收益率计算的收益差额的本金化价格。可见，商誉评估值指的是企业超额收益的资本化价格。把企业超额收益作为评估对象进行商誉评估的方法称为超额收益法。超额收益法根据被评估企业的不同，又分为超额收益资本化价格法和超额收益折现法两种具体方法。

（1）超额收益资本化价格法

超额收益资本化价格法是通过将被评估企业的超额收益经资本化还原来确定该企业商誉价值的一种方法。其计算公式为

$$商誉的价值 = \frac{企业预期年收益额 - 行业平均收益率 \times 该企业的单项资产评估值之和}{适用资本化率}$$

或者

$$商誉的价值 = 被评估企业单项资产评估值之和 \times \frac{被评估企业预期收益率 - 行业平均收益率}{适用资本化率}$$

其中

$$评估企业预期收益率 = \frac{企业预期年收益额}{企业的单项资产评估值之和} \times 100\%$$

【例6-13】甲企业的预期年收益额为30万元，各单项资产的重估价值之和为90万元，其所在行业的平均收益率为25%，并以行业平均收益率作为适用资本化率。试确定甲企业商誉的价值。

解 商誉的价值=（300 000－900 000×25%）/25%=300 000（元）

或

商誉的价值=900 000×（300 000/900 000－25%）/25%=300 000（元）

超额收益资本化价格法主要适用于经营状况一直较好、超额收益比较稳定的企业。如果在预测企业预期收益时，发现企业的超额收益只能维持有限期的若干年，这类企业的商誉评估不宜采用超额收益资本化价格法，而应改按超额收益折现法进行评估。

（2）超额收益折现法

超额收益折现法是把企业预测的若干年可预期超额收益进行折现，将其折现值确定为企业商誉价值的一种方法。其计算公式为

$$商誉的价值 = \sum_{t=1}^{n} \frac{R_t}{(1+r)^t}$$

式中：R_t——第 t 年企业预期超额收益；
　　　t——收益期限序号；
　　　r——折现率；
　　　n——收益年限。

【例 6-14】 某企业将在今后 5 年内保持具有超额收益的态势，预计 5 年内的年收益额为 500 万元，该企业所在行业的平均收益率为 15%。试确定该企业商誉的价值。

解　　　　企业商誉价值 = 500×（P/A，15%，5）
　　　　　　　　　　　　= 500×3.352 2
　　　　　　　　　　　　= 1 676.1（万元）

2. 割差法

割差法是根据企业整体评估价值与各单项资产评估值之和进行比较确定商誉评估值的方法。其计算公式为

商誉的评估价值 = 企业整体资产评估价值 − 企业的各单项资产评估价值之和

式中：企业的各单项评估价值之和包含可确指的无形资产；企业整体资产评估价值可以通过预测企业未来预期收益并进行折现或资本化获取；对于上市公司，也可以按股票市价总额来确定。

采取上述评估方法的理论依据是：企业价值与企业各单项资产评估价值之和是两个不同的概念。如果有两个企业，企业各单项资产评估价值之和大体相当，但由于经营业绩不同，导致预期收益和企业价值也会有很大的差异，企业中的各单项资产包括有形资产和可确指的无形资产，由于其可以独立存在和转让，其评估价值在不同企业中趋同。但它们由于不同的组合，不同的使用情况和管理，使之运行效果不同，导致期限组合的企业价值不同。使各类资产组合后产生的超过各项单项资产价值之和的价值，即为商誉。

【例 6-15】 某企业多年来经营稳定，在同行业中具有较强的竞争优势。2021 年 3 月为了融资入股，需要进行整体资产评估。预测该企业未来 5 年预期净利润分别为 90 万元、100 万元、120 万元、130 万元、180 万元。从第 6 年起，每年收益处于稳定状态，保持在 180 万元的水平上。该企业一直没有负债，用成本法估算的企业各项可确指资产评估值之和为 640 万元。经调查，在评估基准日，社会的平均收益率为 10%，无风险报酬率为 5%，该企业的 β 系数为 2，资本化率为 18%。试用割差法评估该企业的商誉价值。

解　评估计算过程如下。

① 企业整体资产评估值计算。

折现率=无风险报酬率+风险报酬率=5%+（10%−5%）×2=15%

企业整体资产评估值=[90×（P/F, 15%, 1）+100×（P/F, 15%, 2）+120×（P/F, 15%, 3）+130×（P/F, 15%, 4）+180×（P/F, 15%, 5）]+（180/18%）×（P/F, 15%, 5）

=[90×0.869 6+100×0.756 1+120×0.657 5+130×0.571 8+180×0.497 2]+1 000×0.497 2

=396.60+497.2

=893.80（万元）

② 成本法估算的企业各项可确指资产评估值之和为640万元。

③ 商誉的价值=893.80−640=253.80（万元）。

6.5.3 商誉评估需要注意的几个问题

由于商誉本身的特性，决定了商誉评估的困难性。商誉评估的理论和操作方法争议较大，现在虽然尚难定论，但在商誉评估中至少下列问题应予以明确。

① 不是所有企业都有商誉，商誉只存在于那些长期具有超额收益的少数企业中。企业在同类型企业中超额收益越高，商誉评估值越大。因此，在商誉评估过程中，必须对被评估企业所属行业收益水平进行全面了解和掌握，这是评估企业商誉价值的重要基础。

② 商誉评估必须坚持预期原则，企业是否拥有未来的预期超额收益是判断企业有无商誉和商誉大小的标志。所以，在商誉评估过程中，要注重对企业未来超额收益潜力的分析和预测，这是判断被评估企业是否具有商誉的重要因素。

③ 商誉价值形成既然是建立在企业预期超额收益基础之上的，那么商誉评估值高低与企业中为形成商誉而投入的费用和劳务没有直接联系，商誉评估值是通过未来预期收益的增加得到体现的，因此商誉评估不能采用投入费用累加的方法。

④ 商誉是众多因素共同作用的结果，但由于形成商誉的个别因素不能单独计量，因此难以对各项因素的定量差异进行调整，所以商誉评估通常不能采用市场类比的方法进行。

⑤ 企业是否负债经营，负债规模大小与企业商誉没有直接关系，商誉评估值取决于预期资产收益率，而非资本金收益率。在经济发展过程中，绝大多数企业不可能完全依靠自有资本从事各项经营活动，负债经营是企业获得所需资金的重要融资方式。从财务学原理分析，企业负债不影响资产收益率，而影响投资收益率，即资本金收益率。资本金收益率与资产收益率的关系可以表述为

$$资本金收益率 = \frac{资产收益率}{1-资产负债率}$$

⑥ 商誉和商标是有区别的，它们反映不同的价值内涵。商标是产品的标志，而商誉则是企业整体声誉的体现。商标价值来自产品所具有的超额获利能力，商誉价值则是来自企业所具有的超额获利能力。商誉是不可确指的无形资产，它是与企业及其超额获利能力结合在一起的，不能够脱离企业而单独存在；而商标则是可确指的无形资产，可以在原组织继续存在的同时转让给另一个组织。商标可以转让其所有权，也可以转让其使用权。而商誉只是随企业行为的发生实现其转移或转让，没有所有权与使用权之分。尽管商誉与商标的区别可以列举很多，但商誉与商标在很多方面是密切联系的，二者之间有时存在相互包含的因素。

6.6 无形资产评估案例分析——商标权的评估

背景：××集团公司拟设立股份有限公司，其主要产品和经营性资产均进入拟设立的股份有限公司。

1. 商标及企业概况

××集团公司是全国生产农用运输车的企业，是国家农用车重点发展的大集团之一，主要产品商标为XY牌注册商标，由文字和图案构成。注册日期为2002年10月1日，注册号为XX，核定使用商品为第12类，即农用运输车、客车、轿车和摩托车。目前使用XY牌商标的主要产品有三轮农用运输车和四轮农用运输车，其产量居全国同行业前列，知名度高，在用户中享有较高的声誉，为企业带来了良好的经济效益。

2. 评估依据

① XY牌商标注册证书。
② 企业前三年及评估基准日财务报表及相关资料。
③ 主要客户及市场概况。
④《中国农业运输车产业发展前景展望报告》。
⑤ 国家对农用车产业的有关政策。
⑥ 企业发展规划。
⑦ 其他。

3. 产品及市场状况

1）产品

XY牌主导产品有5种规格型号的三轮农用运输车和3种规格型号的四轮农用运输车，产品具有较高的质量，平均故障里程均在2 500 km以上，优于国家标准，居同行业领先地位。该系列三轮农用运输车、四轮农用运输车均为原机械部质量评定一等品，XY牌商标的农用运输车获中国质量协会"2020年全国用户满意产品"等荣誉称号。

2）市场

××集团公司具有生产规模优势，三轮农用运输车的产量2020年列同行业第三，市场遍及全国，市场占有率近15%，并开拓海外市场，在非洲若干国家建厂生产、销售农用运输车。

随着农用运输车市场高速发展期的结束，市场竞争更加激烈，不少企业生产难以为继，而该集团公司仍具良好的发展态势，在同行业中位居前列，近四年的农用运输车销售量和销售收入分别如表6-9和表6-10所示。

表6-9 销售量统计表

品种	年份							
	2017		2018		2019		2020	
	销量/辆	增长率/%	销量/辆	增长率/%	销量/辆	增长率/%	销量/辆	增长率/%
三轮	120 002	—	126 811	5.67	123 825	-2.35	132 371	6.90
四轮	6 779	—	6 876	1.43	6 390	-7.05	6 946	8.70
合计	126 781	—	133 687	5.45	130 215	-2.60	139 317	6.99

表 6-10　销售收入统计表

品种	2017		2018		2019		2020	
	销量收入/万元	增长率/%	销量收入/万元	增长率/%	销量收入/万元	增长率/%	销量收入/万元	增长率/%
三轮	54 501	—	56 180	7.01	51 048	9.13	58 172	15.01
四轮	7 623	—	6 966	8.62	7 031	0.93	7 652	8.83
合计	60 124	—	63 146	4.99	58 179	7.87	66 364	14.07

4. 评估方法

采用超额收益现值法，即根据商标产品单位售价超过同行业平均售价的部分，按一定的期限和折现率计算现值。其计算公式为

$$P = \sum_{t=1}^{n} \frac{R_t}{(1+r)^t}$$

式中：P——商标评估值；

　　　n——收益年限；

　　　r——折现率；

　　　R_t——第 t 年商标产品的超额收益。

（1）收益年限

农用运输车结构相对简单，易于生产，行业整体技术水平不高，竞争激烈，综合考虑企业在本行业中的地位和技术水平，确定商标带来超额收益的年限为 5 年。

（2）折现率

选取评估基准日为 2020 年 12 月 31 日，折现率依据中国人民银行公布的一年期银行存款利率为 2.25% 和风险报酬率共同确定。风险报酬率主要考虑企业所处行业的风险因素。

农用运输车是由农机改造而发展起来的，相对汽车而言，其结构简单，技术含量低，易生产，市场竞争激烈。尽管国家已限制建设新厂，但现有企业的生产规模仍在扩大，特别是原汽车制造业的介入，会使市场竞争更加激烈。

目前，农用运输车的价格低，适合农民使用，但其性能较差；同时由于国家对农用运输车的定位不甚明确，管理较薄弱，易发生交通事故，产生不良社会影响；或由于农民收入提高、道路条件改善等，导致用户追求性能更优越的汽车，而使整个产业逐渐萎缩、衰落。

另外，该集团公司三轮农用运输车、四轮农用运输车的销售收入占公司总销售收入的 95% 以上，一旦产品开发滞后或决策失误，企业将面临险境。

鉴于上述因素综合考虑，确定风险报酬率为 9.75%，折现率为

$$r = 2.25\% + 9.75\% = 12\%$$

因此，折现率可按 12% 计算。

（3）超额收益

截至 2020 年年底，全国登记在目录上的农用运输车企业共有××家，XY 牌三轮农用运输车产量居同行业前 6 位。

根据近期 XY 牌农用运输车主要销售市场资料，XY 牌农用运输车与其他厂家生产的同规格产品售价进行相比，四轮农用运输车售价与其他商标产品基本一致，三轮农用运输车的售价比较如表 6-11 所示。

表 6-11　主要销售市场售价比较表

主要销售地	安徽	河南	江苏	山东	河北	其他
占全部销售比重/%	21.8	29.5	16.3	12.5	10.5	9.4
单位售价平均差异/元	60	40	50	0	50	40

加权平均超额售价=60×21.8%+40×29.5%+50×16.3%+
50×10.5%+40×9.4%=42（元）

依据企业前三年的实际产销情况、财务状况和企业发展规划，同时考虑到目前同行业的竞争和中国加入世贸组织后可能带来的对本行业的不利影响，对企业未来收益年限的超额收益进行预测可参见表 6-12，所得税税率取 33%。

表 6-12　超额收益预测表

年　份	2021	2022	2023	2024	2025
销售/辆	134 708	138 749	142 911	147 198	151 614
销售收入/万元	64 271	66 199	68 185	70 230	72 337
单车超额收益/元	42	42	40	35	30
超额收益/万元	565.77	582.74	571.64	515.19	454.84
扣除所得税后收益/万元	379.07	390.44	383	345.18	304.74
折现系数	0.89	0.8	0.71	0.64	0.57
超额收益现值/万元	337.37	312.35	271.93	220.92	173.70
合　计	1 316.27					

5. 评估结果

经评估计算，XY 牌商标权的评估价值为 1 316.27 万元。

练 习 题

一、单项选择题

1. 在下列无形资产中，不可确指的无形资产是（　　）。
   A. 商标权　　　B. 土地使用权　　　C. 专利权　　　D. 商誉
2. 某项无形资产使用后，使产品市场占有率提高，销量从原来的每年 100 万件增至 120

万件。已知该产品价格为50元,成本为40元,所得税税率为25%,则运用直接估算法估计该无形资产每年给企业带来的收益额为( )万元。

  A. 200   B. 150   C. 165   D. 900

 3. 某企业2014年购进一项无形资产,账面成本为50万元,当年物价指数为110%。到2019年,物价指数为160%,无形资产已使用5年,还可再使用5年。用成本法估算该无形资产的评估值为( )万元。

  A. 72.73   B. 65.65   C. 36.36   D. 50

 4. 自创无形资产的重置成本由创制该无形资产所消耗的物化劳动和活劳动费用构成,以下属于其核算方法的是( )。

  A. 市价类比法   B. 细节分析法   C. 倍数系数法   D. 价格指数法

 5. 甲企业2015年2月1日获得一项专利权,法定寿命为10年,2020年2月1日对该专利权的价值进行评估。经专家估算,直至评估基准日,其重置成本为400万元,尚可使用4年,则对该项专利的评估值为( )万元。

  A. 170   B. 175.5   C. 177.78   D. 155.75

 6. 根据我国专利法的相关规定,授权许可不包括( )。

  A. 独占许可使用权   B. 排他许可使用权

  C. 一般许可使用权   D. 特殊许可使用权

二、多项选择题

1. 用收益法评估无形资产时,折现率是一个重要概念。折现率一般包括( )。

  A. 无风险报酬率   B. 风险报酬率

  C. 收益率   D. 收益额

2. 某企业购进一项无形资产,预计有效使用期限为5年。未来销售收入为每年100万元,销售利润率为30%,无形资产的销售利润分成率也为30%。同期银行国债利率为5%,风险报酬率为5%。用收益法评估该无形资产,下列选项正确的有( )。

  A. 销售收入分成率为30%,等于销售利润率

  B. 销售收入分成率为9%

  C. 折现率为5%,等于同期银行国债利率

  D. 折现率为10%

3. 可确指的无形资产包括( )。

  A. 商誉   B. 专有技术

  C. 关系类无形资产   D. 权利类无形资产

4. 下列特征中,属于无形资产形式特征的有( )。

  A. 非实体性   B. 收益性

  C. 依附性   D. 成本的不完整性

  E. 排他性

5. 下列影响因素中,属于评估专业人员在选择分成率时应考虑的因素有( )。

  A. 被评估无形资产所在企业的行业状况

  B. 被评估无形资产所在企业其他资产的账面价值和以其为基础测算的经济收益指标

  C. 被评估资产无形资产所在企业的经营类型和实际经营能力

  D. 被评估无形资产所在企业其他资产为创造收益所做的贡献的相对重要性

E. 被评估资产无形资产的具体类型

三、评估题

1. 通过使用一项技术无形资产，企业每年的总利润及增加的利润如表 6-13 所示。试计算该项技术无形资产的利润分成率。假设折现率为 10%。

表 6-13 总利润和增加利润

年份	第一年	第二年	第三年
总利润	100 万元	130 万元	160 万元
增加利润	30 万元	28 万元	22 万元

2. 某企业进行股份制改组，根据企业过去经营情况和未来市场形势预测其未来 5 年的收益额分别是 13 万元、14 万元、11 万元、12 万元、15 万元，并假定从第 6 年开始，以后各年的收益额均为 14 万元。根据银行利率及企业经营风险情况确定的折现率和本金化率均为 10%。采用单项资产评估方法，评估确定该企业各单项资产评估值之和（包括有形资产和可确指的无形资产）为 90 万元。试确定该企业商誉评估值。

3. 活力体育用品生产企业决定将"活力"注册商标转让给同类企业。该商标已经使用了 20 年，目前在市场上信誉良好。根据市场调查，"活力"牌产品比市场上同类产品的单价高 100 元，受让企业每年生产该商品 1 万件，由于市场竞争的加剧，转让双方协商确定获取超额收益的有效时限为 5 年，估计前 3 年保持目前的超额收益水平，后 2 年每年获取的超额收益降为 80 万元。假设折现率为 10%，所得税税率为 25%。试利用以上资料评估"活力"商标当前的价值。

4. 某项技术为一项新产品设计与工艺技术，已使用 3 年，产品比同类产品性能优越。经了解，同类产品平均价格为 150 元/件，该产品价格为 180 元/件。目前该产品年销量为 2 万件。经分析，产品寿命还可以维持 8 年，但竞争者将会介入。由于该企业已经稳固地占领了市场，竞争者估计将采取扩大市场范围的市场策略，预计该企业将会维持目前的市场占有率，但价格将呈下降趋势。产品价格预计为：今后 1~3 年维持现行价格；第 4~5 年降为 170 元/件；第 6~8 年降为 160 元/件。估计成本变化不大，故不考虑其变化。适用的折现率为 12%，所得税税率为 15%，暂不考虑其他税收因素。试用超额收益法评估该项技术的市场价值。

第 7 章　金融资产评估

> **学习目标**
> - 熟悉金融资产的概念；
> - 熟悉金融资产评估的程序及特点；
> - 熟练掌握债券评估的内容和方法；
> - 熟练掌握股票评估的内容和方法。
>
> **本章关键词**
>
> 金融资产债券　股票　固定红利　模型红利　增长模型

7.1　金融资产评估概述

7.1.1　金融资产的概念

金融资产是一切可以在有组织的金融市场上进行交易、具有现实价格和未来估价的金融工具的总称。金融资产的最大特征是能够在市场交易中为其所有者提供即期或远期的货币收入流量。金融资产是指一切代表未来收益或资产合法要求权的凭证，亦称金融工具或证券。金融资产主要包括库存现金、银行存款、应收账款、应收票据、贷款、其他应收款、应收利息、债权投资、股权投资、基金投资、衍生金融资产等。本章所涉及的金融资产主要是以股票和债券为代表的股权投资和债权投资。

7.1.2　金融资产评估的特点

由于金融资产是以对其他企业享有的权益而存在的，所以金融资产评估主要是对金融资产代表的权益进行评估。

（1）金融资产评估是对资本的评估

金融资产的投资形式多种多样，可能是货币资金，可能是实物资产，也可能是无形资产等。但是，无论以哪一种资产取得被投资企业的权益，一旦该项资产转移到被投资企业，即成为资本的象征。因此，对金融资产的评估实质上是对被投资企业资本的评估。

（2）金融资产评估是对被投资企业获利能力和偿债能力的评估

投资者购买股票或债券的根本目的是获取投资收益。投资者能否取得收益，一方面取决于投资者对市场的判断及投资结构是否合理等自身因素；另一方面则取决于被投资单位的获利能力和偿债能力。对股票价值的评估主要考虑被投资企业的获利能力，对债券价值的评估则应考虑被投资企业的偿债能力。从这个角度讲，金融资产评估主要是对被投资企业获利能力和偿债能力的评估。

7.1.3 金融资产评估的程序

（1）明确评估的具体内容

在进行金融资产评估时，首先应明确金融资产的种类、原始投资额、评估基准日余额、投资收益计算方法、历史收益额、金融资产占被投资企业实收资本的比例及相关的会计核算方法等。

（2）进行必要的职业判断

这一环节主要判断金融资产预计可收回金额计算的正确性和合理性，包括判断金融资产账面金额的合法性、各期投资收益额计算的准确性、评估中使用的折现率等参数的合理性等。这些数据是对金融资产进行价值评估的基础，需要评估人员具有较强的职业判断能力。

（3）选择适当的评估方法

根据股票和债券能否在证券市场上自由交易，可将其分为上市和非上市两类。对于上市交易的股票和债券，主要采用市场法对其进行价值评估；对于非上市的股票和债券，一般采用收益法进行价值评估。

（4）测定评估值，得出评估结论

根据待估金融资产的自身特点，选择恰当的评估方法，通过分析判断，得出相应的评估结论。

7.2 债 券 评 估

7.2.1 债券的概念

债券是政府、企业、银行等债务人为了筹集资金，按照法定程序发行的并向债权人承诺于指定日期还本付息的有价证券。根据发行主体的不同，债券可分为政府债券、公司债券和金融债券三种类型。以是否在证券交易所发行为依据可将债券分为上市债券和非上市债券；以债券发行主体是否为政府或与政府同等信用级别的单位为依据，可将债券分为利率债和信用债；按债券付息方法可将债券分为固息债券、零息票债券和浮息债券；按照期限可将债券分为有限债券和永续债券；按债券后续处理条款可将债券分为可转换债券、可赎回债券、可续期债券等。对于发行主体而言，债券是一种筹资工具；对于购买主体而言，债券是一种融资工具。

同时债券本身是有价值和风险的。债券的价值是指债券持有人通过持有债券获得的经济利益，可以分为每期获得债券利息的收益和停止持有债券获得的收益两部分。对于每期都支付利息且持有人将一直持有至偿还期的债券来说，各期利息的现值与期末债券票面金额的现值之和，就是债券的价值。债券作为一种金融投资品，价格会随市场情况不同而发生波动，不可避免地存在一定的风险。了解影响债券价值的风险，有助于更好地理解债券评估方法。一般来说，债券的风险可分为违约风险、利率风险和流动性风险三大部分。部分学者还提出了税收风险、购买力风险等细分因素，但这些观点尚未得到学术界和业界的一致认可，故本书仅介绍三类主要风险。

7.2.2 债券投资的特点

债券投资具有以下特点。

（1）投资风险较小

相对于股权投资而言，债券投资的风险较小。因为国家对发行债券有严格的规定，发行债券必须满足国家规定的基本要求。例如，政府发行国库券由国家担保；银行发行债券要以其信誉及一定的资产作为后盾；企业发行债券也有严格的限定条件，通常以其实力及发展潜力作为保证。当然，债券投资也有一定的风险，一旦债券发行主体出现财务困难，债券投资者就有可能发生损失。但是，即使债券发行企业破产，在破产清算时，债券持有者也有优先受偿权。所以，相对于股权投资，债券投资是有较高安全性的。

（2）收益相对稳定

债券收益受债券面值和票面利率两个因素的制约。这两个因素都是事前约定的，通常比较稳定。只要发行主体在债券发行期间不发生重大财务困难，债券收益就是相当稳定的。

（3）流动性较强

如果持有人购买的债券是可以上市交易的债券，则其变现能力较强，可以随时在市场上交易变现。

7.2.3 债券资产评估的基础

1. 债券资产评估的目的

债券资产评估的目的，从微观上讲，是保障债券交易双方合理正常地进行交易；从宏观上讲，由于债券的交易会影响相关利率曲线的变化，而利率曲线对整个金融市场和宏观经济有着重要影响，因此合理的债券评估有利于维护金融市场运行机制的有效性，保证经济资源有效合理地配置。

就债券资产评估的实践而言，债券资产评估在不同的评估环境下具有不同的评估目的，一般可分为以下两个方面。

（1）以编制财务报告为目的的评估

根据《企业会计准则第22号——金融工具确认和计量》的要求，企业的部分金融工具和金融资产需要以公允价值计量，此时为符合财务报表编制的要求，应当对该类金融工具和金融资产进行评估，使其在财务报表中得到公允反映。

（2）以交易为目的的评估

债券市场是一个交易活跃、规模庞大的市场，每一笔交易前买卖双方均需要债券进行价值评估，以获得该债券在交易时点合理的价格。债券的评估结果可以为交易双方提供合理的参考。

2. 债券资产评估的基本假设

债券资产评估同其他类型资产的价值评估一样，其理论体系和方法体系也是建立在一系列假设的基础之上。通常涉及的假设包括交易假设、公开市场假设、清算假设和持续使用假设。

（1）交易假设

交易假设假定被评估债券已经处在交易过程中，评估人员根据相关的交易条件等模拟市场进行估价。评估结果是假设债券进行交易而形成的。交易假设可以适用于部分非公开发行债券的价值评估，以及部分公开发行但是交易不活跃的债券的价值评估。

（2）公开市场假设

我国债券交易的公开市场包括银行间市场和证券交易所市场。在公开市场中，有大量的买者和卖者，债券的交易价格反映了这些市场主体对债券价值的估计。公开市场假设可以用于公开发行且交易较活跃的债券的价值评估，比如利率债和部分中高等级信用债。

（3）清算假设

清算假设是对资产在非公开市场条件下被迫出售或快速变现条件的假定说明。在债券的价值评估中，清算假设有两种含义：一是发行人实质性违约后，债券持有人快速出售所持有的该发行人的部分或者全部债券，该过程一般较为迅速；二是由于某些原因使债券不能快速变现，债券持有人只能通过与发行人协商或者通过法律手段追回投资，该过程持续时间一般较长。另外，当发行人的某一只债券发生违约时附带交叉违约条款的债券也会同时到期，而未附带交叉违约条款的债券则依然存续，即未违约。即使均使用清算假设，同一发行人的违约债券和未违约债券的价值也可能有所不同，评估人员应当注意区分。

一般来说，清算假设下的债券价值比前两种假设下的评估价值要低。但应当注意的是，发行人发生违约后并不会直接进入破产程序，经过一定的违约处置程序和债务人与债权人的协商后，可能会有和解、重组、破产清算等多种结果，相应的发行人存续债券的评估价值也会有较大不同。评估人员应当根据发行人的资产与负债情况、债权人与债务人的协商情况、政府支持等多种条件，合理判断违约处置流程的走向，这样才能对清算假设下的债券价值有一个合理的估算。

由于我国债券市场中针对违约债券的处置方法、流程尚不成熟，且违约债券属于不良资产，目前对这类不良资产的价值评估研究较少，因此本章暂不涉及对违约债券的评估。

（4）持续使用假设

投资人可以持有债券至到期，以获得价值。由于不需进行交易，持续使用假设主要用于对债券绝对收益的评估。

3. 债券资产评估的价值类型

价值类型是在不同的假设前提下对价值的定义。对于债券这类资产，同一只债券在不同的假设前提下，可能会有不同类型的价值，也就是说同一只债券的价值并不是唯一的。评估人员应当根据评估目的及发行人的具体情况，选择合适的评估假设，进而确定使用何种价值类型。

（1）市场价值

债券的市场价值是指债券在评估基准日的公开市场上，最有可能实现的交换价值的估计价格。从市场价值的一般定义出发，它是指在自愿买方和自愿卖方各自理性行事且未受任何强迫的情况下，评估对象在评估基准日进行正常公平交易的价值估计数额。对于债券来说，债券的市场价值是评估人员在上述市场条件下得到的评估结果。

在交易假设和公开市场假设下，对于大部分可以交易的债券来说，都可以通过一定的评估程序得到合理的市场价值。同时，市场价值也是债券交易双方最为关注的价值。

（2）市场价值以外的价值

资产评估领域中市场价值以外的价值不是指一种具体的价值类型，而是指一系列不符合市场价值定义条件的价值类型的总称，主要有投资价值、在用价值、清算价值、残余价值等。

对于债券来说，市场价值以外的价值一般包括在用价值和清算价值。在用价值一般指在持续使用假设下，债权人持有债券至到期所获得的全部绝对收益。清算价值一般指在债券发行人违约后，基于清算假设，通过一系列合理的分析和推演得到被评估债券的价值。评估人员应当在评估报告中说明预计的最可能的违约处置方案,以证明评估结果的合理性。

4. 债券资产评估的基本程序

《资产评估准则——基本准则》指出,资产评估程序是资产评估机构和从业人员在执行资产评估业务、形成资产评估结论时所履行的系统性工作步骤。债券资产评估的基本程序也应当符合该准则的要求。

5. 债券资产评估的原则

债券资产评估主要遵循收益现值原则和实际变现原则。

（1）收益现值原则

债券的价格最终是由其发行主体的情况决定的,投资者关心的是购买债券所能获得的收益。评估一种债券的价格,就需要把长期债券的预期收益折现。因此,要对发行人的信誉、经营状况、财务状况和盈利能力等进行综合分析,恰当地预测其价值。

（2）实际变现原则

在证券市场比较发达的条件下,债券作为一种特殊的商品可以在市场上流通,长期债券的价格还受到供求关系、投机行为、触发附加条款等因素的影响。因此,对债券的评估要考虑市场的实际变现情况。

在评估非上市流通债券时,要侧重于收益现值原则,采用收益法进行评估;在评估上市流通债券时,要侧重于实际变现原则,采用市场法进行评估。

7.2.4 债券投资的评估方法

按照债券能否在公开市场上进行自由交易,对其价值的评估应采用不同的方法。对于能够在公开市场上自由买卖的债券,市场价格就是该债券的评估价值。对于那些不能在公开市场上进行交易的债券,则应采用一定的方法对其进行价值评估。

1. 已上市债券的评估

上市债券是指经政府管理部门批准,可以在证券市场上交易、买卖的债券。对于已上市债券的评估,一般采用市场法（现行市价法）,按照评估基准日的收盘价确定债券的评估值。但在某些特殊情况下,如债券市场价格严重扭曲、不能代表实际价格时,就应采用非上市债券的评估方法对其进行价值评估。在采用市场法评估债券价值时,评估人员应在评估报告中说明所选用的评估方法和评估结论与评估基准日的关系,并说明该结论应随债券市场价格的变化予以调整。采用市场法确定债券价值的基本计算公式为

$$债券评估值=债券数量×评估基准日债券的收盘价$$

活跃、成熟的市场条件和足够的具有可比性的交易数据是市场法应用的重要前提。对于上市债券的价值评估来说,重要的是如何找到可比的债券。对于新发行债券,可以在同一发行人的存续债券中找到参照物,并做相应的调整得到评估价值。其计算公式为

$$被评估债券价格=参照物交易价格±到期期限调整$$

或

$$被评估债券到期收益率=参照物交易价格对应的到期收益率±到期期限差异调整$$
$$债券评估值=债券数量×评估基准日债券的收盘价$$

【例7-1】 被评估企业持有 2016 年发行的 5 年期国债 3 000 张,每张面值 100 元,年利率为 3.65%,已上市交易。评估基准日该国债的市场交易价为 103.5 元。试计算该国债的评估值。

解   国债评估值=3 000×103.5=310 500(元)

【例7-2】 某企业对新发行债券进行评估。该债券为 3 年期到期一次还本付息债券,预计平价发行。该企业存续的上市债券有三种,分别为 A、B、C,均交易活跃。评估人员得到 A、B、C 债券在评估基准日交易价格对应的到期收益率,如表 7-1 所示。试计算债券到期收益率。

表 7-1   到期收益率

比较因素	被评估债券	参照物 A	参照物 B	参照物 C
交易状态		交易活跃	交易活跃	交易活跃
到期期限/年	3.00	3.00	2.95	3.05
票息类型	到期一次还本付息	到期一次还本付息	到期一次还本付息	到期一次还本付息
交易价格对应的到期收益率/%		5.10	5.02	5.20

评估人员根据该行业债券的市场统计资料,结合对该企业对应收益率曲线的估计,认为参照物 B 到期期限比被评估债券短,应当调整到期期限差异 10BP(1BP=0.01%);参照物 C 到期期限比被评估债券长,应当调整到期期限差异 -6BP。因此,被评估债券到期收益率应当为

被评估债券到期收益率=[5.10%+(5.02%+0.10%)+(5.20%-0.06%)]/3=5.12%

因此,该新发行债券的到期收益率评估结果为 5.12%,该评估结果可作为债券的发行参考票面利率。

2. 非上市债券的评估

对于不能在证券市场上公开交易的债券,无法按其市场价格确定评估值,对此类债券的评估通常采用收益法。所谓收益法,即在考虑债券风险的前提下,按适用的本金化率将债券的预期收益折算成现值,并将计算出本利和的现值作为债券的评估值。根据非上市债券的付息方法,可将其分为分次付息、到期一次还本债券和到期一次还本付息债券两种,分别采用适当的方法进行价值评估。

(1)分次付息、到期一次还本债券的评估

对于分次付息、到期一次还本的债券,适宜采用收益法,即计算本利和的现值确定评估值。基本计算公式为

$$P = \sum_{t=1}^{n}[R_t(1+r)^{-t}] + A(1+r)^{-n}$$

式中:P——债券的评估值;

R_t——第 t 年的预期利息收益；

A——债券面值；

r——折现率；

t——评估基准日距收取利息日的期限；

n——评估基准日距到期还本日的期限。

债券评估的折现率由两部分构成，即无风险报酬率和风险报酬率。无风险报酬率通常以同期银行存款利率、国库券利率为准，而风险报酬率则取决于债券发行主体的具体情况。国债、金融债券等有良好的担保条件，风险报酬率一般较低；企业债券应视企业的具体情况而定，如果企业经营业绩好，有还本付息的能力，则风险报酬率较低，反之较高。

【例 7-3】某评估公司受托对 A 企业拥有的 B 公司发行的债券进行评估。债券面值为 10 万元，3 年期，年利率为 6%，每年付息，到期还本。评估时该债券购入已满 1 年，第 1 年利息已入账。一年期国库券利率为 3%。据了解，B 公司经营业绩较好，2 年后具有还本付息的能力，投资风险较低，故以 1% 作为风险报酬率，所以债券的折现率为 4%。请计算该债券的评估值。

解　$R_t = 100\,000 \times 6\% = 6\,000$（元）

$$P = \sum_{t=1}^{n}[R_t(1+r)^{-t}] + A(1+r)^{-n}$$

$\quad = 6\,000\,(1+4\%)^{-1} + 6\,000\,(1+4\%)^{-2} + 100\,000\,(1+4\%)^{-2}$

$\quad = 6\,000 \times 0.961\,5 + 6\,000 \times 0.924\,6 + 100\,000 \times 0.924\,6$

$\quad = 103\,776.6$（元）

（2）到期一次还本付息债券的评估

到期一次还本付息债券是指平时不支付利息，到期后连本带利一次返还的债券。基本计算公式为

$$P = F(1+r)^{-n}$$

式中：P——债券的评估值；

$\quad\;\;F$——债券到期时的本利和；

$\quad\;\;r$——折现率；

$\quad\;\;n$——评估基准日距债券到期日的期限（以年或月为单位）。

债券本利和的计算分以下两种情况：一种是采用单利计算，即

$$F = A(1+mi)$$

另一种是采用复利计算，即

$$F = A(1+i)^m$$

式中：A——债券面值；

$\quad\;\;m$——计息期限；

$\quad\;\;i$——债券利息率。

【例 7-4】 某被评估企业持有另一企业债券面值 10 万元,票面利率为 6%,5 年期,到期一次还本付息。评估时债券购入已满 2 年。根据评估人员调查测算,确定折现率为 8%。分别按单利和复利两种方法计算该债券的评估值。

解 (1) 按单利计算

$$F = 100\ 000\ (1+6\%\times 5) = 130\ 000\ (元)$$
$$P = 130\ 000\ (1+8\%)^{-3} = 130\ 000\times 0.793\ 8 = 103\ 194\ (元)$$

(2) 按复利计算

$$F = 100\ 000\ (1+6\%)^5 = 100\ 000\times 1.338\ 2 = 133\ 820\ (元)$$
$$P = 133\ 820\ (1+8\%)^{-3} = 133\ 820\times 0.793\ 8 = 106\ 226.3\ (元)$$

7.3 股票评估

7.3.1 股票概述

1. 股票的概念

股票是股份公司发给股东的所有权凭证,是股东借以取得股利的一种有价证券。股票持有者即为该公司的股东,对该公司财产有要求权。

2. 股票的种类

股票可以按不同的方法和标准分类:按股东所享有的股利,可分为普通股和优先股;按票面是否表明持有者姓名,可分为记名股票和不记名股票;按股票票面是否注明入股金额,可分为有面值股票和无面值股票;按能否向股份公司赎回自己的财产,可分为可赎回股票和不可赎回股票;按能否在公开市场上自由交易,可分为上市股票和非上市股票。

3. 股票的价格

股票本身是没有价格的,仅是一种凭证。它之所以有价格,可以买卖,是因为它能给持有人带来预期收益。股票的价格包括票面价格、发行价格、账面价格、内在价格、市场价格和清算价格。

(1) 股票的内在价格

股票的内在价格是一种理论价格或模拟市场价格,它是根据评估人员对股票未来收益的预测,经过折现后得到的股票价值。股票内在价格的高低取决于公司的财务状况、管理水平、发展前景及公司面临的风险等因素。

(2) 股票的市场价格

股票的市场价格是证券市场上买卖股票的价格。在证券市场比较完善的情况下,股票的市场价格基本上是市场对公司股票的客观评价,此时可以将市场价格作为股票的评估值。但是,在证券市场发育不健全、股票市场的投机成分较大时,股票的市场价格就不能完全代表其内在价值。因此,在对股票进行价值评估时,应当具体情况具体分析,不可盲目地将市场价值作为股票的评估值。

（3）股票的清算价格

股票的清算价格是指公司清算时，公司的净资产与股票总数的比值，即每股股票所代表的真实价格。公司在清算情况下或由于经营不善等原因被清算时，应使用股票的清算价格。

4. 股票的价值

股票的价值是指股票期望提供的所有未来收益的现值，也正是本节所涉及的股票的评估价值。股票的评估价值与股票的内在价格、市场价格和清算价格有着密切的联系。

7.3.2 股票投资的特点

相对于其他投资方式而言，股票投资具有以下特点。

（1）投资风险较大

通常我们所涉及的股票投资属于永久性的长期投资，即股票一经购买，便不能退还本金。而且，股东能否获利及获利能否达到预期，完全依赖于企业的经营状况。因而股票投资的收益具有较强的不确定性，多利多分，少利少分，无利不分，股东需对企业的亏损承担责任。

（2）流动性强

在股票市场上，股东所持的股票可以按一定的规则交易转让，也可以作为抵押品上市交易，这使股票在某种程度上具有较强的流动性。这种流动性既有利于社会资金的有效配置和高效利用，又有利于股票发行企业的资本保持长期的稳定性。

（3）具有一定的决策性

普通股的持有者根据其享有的权利，可以参加股东大会、参与董事长的选举，并且可以根据其持股份额参与公司的经营管理决策，持股数量达到要求的比例时甚至可居于公司的权力控制地位。

（4）股票交易价格与面值的不一致性

股票的交易价格通常受到企业经营情况，国内外政治、经济、社会等多方面因素的影响，这往往使股票的交易价格与账面价值产生一定差异。这种差异的产生是不可避免的，它在促使企业不断提高经济效益的同时，也使更多的投资者面临资本选择。

7.3.3 股票投资评估的方法

股票按能否在公开市场上自由交易，分为上市股票和非上市股票，下面分别介绍这两种股票的评估方法。

1. 上市股票的评估

上市股票是指企业公开发行的，可以在股票市场上自由交易的股票。在股市发育完全、股票交易正常的情况下，由于上市股票有市场价格，故可以将其市场价格作为价值评估的基本依据。其计算公式为

$$上市股票评估值 = 股票股数 \times 评估基准日该股票市场收盘价$$

【例7-5】被评估企业拥有某公司上市股票5 000股，评估基准日该股票的收盘价为每股13.5元。试计算该股票的评估值。

解　　　　上市股票评估值=5 000×13.5=67 500（元）

在股票市场发育不健全、股票交易不正常的情况下，股票的市场价格就不能完全反映股票的价值。此时对股票价值的评估就应以股票的内在价值为依据，结合发行单位的经营业绩、财务状况及获利能力等因素综合分析股票的价值。此类股票价值的评估可参照非上市股票评估的方法。

2. 非上市股票的评估

非上市股票是指不能在股票市场进行交易的股票。一般采用收益法对其进行价值评估，即综合分析股票发行企业的经营业绩、财务状况和所面临的风险等因素，合理预测股票投资的未来收益，并选择合理的折现率来确定评估值。

非上市股票分为优先股和普通股两种，评估时应根据两种股票各自的特点采用不同的评估方法。

1）优先股的评估

优先股是对公司利润和财产享有优先于普通股权利的股票，是一种既有股票特征又有债券特征的混合证券。优先股的性质介于股票和债券之间。正常情况下，优先股在发行时就已规定了股息率。对优先股的评估主要是判断发行主体是否有足够的税后利润用于优先股的股息分配。如果发行主体经营业绩良好，具有较强的支付能力，说明优先股基本具备了"准企业债券"的性质，此时评估人员就可以根据事先确定的股息率计算优先股的年收益额，然后进行折现或资本化处理。其基本计算公式为

$$P = \sum_{i=1}^{\infty}\left[R_t(1+r)^{-t}\right] = \frac{A}{r}$$

式中：P——优先股的评估值；

R_t——第 t 年优先股的收益；

r——折现率；

A——优先股的年等额股息收益。

【例7-6】被评估企业拥有 A 企业 30 000 股优先股股票，每股面值 2.5 元，年股息率为 13%。评估时，国库券利率为 7%，风险报酬率为 5%。试计算该优先股股票的评估值。

解

$$P = \frac{A}{r} = \frac{30\,000 \times 2.5 \times 13\%}{(7\% + 5\%)} = 81\,250 \text{（元）}$$

当非上市优先股有上市的可能、持有人又有转售意向时，优先股的评估值就不能按上述无限期收益法的公式计算确定。此类优先股评估值的基本计算公式为

$$P = \sum_{t=1}^{n}[R_t(1+r)^{-t}] + F(1+r)^{-n}$$

式中：F——优先股的预期变现价格；

n——优先股的持有年限。

2）普通股的评估

普通股是指在公司的经营管理和盈利及财产的分配上享有普通权利的股份，代表满足所

有债权偿付要求及优先股东的收益权与求偿权要求后对企业盈利和剩余财产的索取权,它构成公司资本的基础,是股票的一种基本形式,也是发行量最大、最为重要的股票。可见,普通股股息和红利的分配是在优先股收益分配之后进行的,实际上是对公司剩余权益的分配。因此,对普通股预期收益的预测也就是对发行主体剩余权益的预测。在进行评估时,需要评估人员对发行主体的利润水平、发展前景、盈利能力、股利分配政策等情况有全面、客观的了解,并结合具体情况,采用适当的评估方法。

(1) 固定红利模型

固定红利模型是针对经营比较稳定的普通股的评估设计的。它根据企业经营及股利分配政策较稳定的特点,以假设的方式认定企业今后分配的红利将保持在一个固定的水平上,即假设未来股利不变。它的股利支付过程实际上是一个永续年金。该模型下,股票价值的基本计算公式为

$$P = \frac{D_t}{r}$$

式中:P——股票的评估值;

D_t——被评估股票下一年的红利额;

r——折现率。

【例7-7】被评估企业拥有甲企业发行的非上市股票60 000股,每股面值1元。在被评估企业持股期间,每年股票收益率保持在14%左右。评估人员经过调查分析,发现甲企业生产经营稳定,在可预见的年份中该股票可以保持12%的收益率。评估时使用的资本化率为10%。试计算该股票的评估值。

解
$$P = \frac{60\,000 \times 1 \times 12\%}{10\%} = 72\,000（元）$$

---

(2) 红利增长模型

红利增长模型适用于成长型企业股票价值的评估。成长型企业的发展潜力较大,投资收益会逐步提高。红利增长模型是假设股票发行企业未将企业的全部剩余收益作为红利分配给股东,而是留下一部分用于追加投资,扩大生产规模,增强企业的获利能力,从而使企业的利润随之增加,红利相应增长。根据成长型企业股利分配的特点,可按红利增长模型评估其股票的价值。其计算公式为

$$P = \frac{D_t}{r - g} \quad (r > g)$$

式中:P——股票的评估值;

D_t——被评估股票下一年的红利额;

r——折现率;

g——股利增长比率。

股利增长比率（g）的测定有以下两种方法:第一种是历史数据分析法,即在历年红利分配数据的分析基础上,利用算术平均法、几何平均法等统计方法计算出股票红利历年的平均

增长速度，作为确定 g 的基本依据；第二种是发展趋势分析法，即根据发行单位的股利分配政策，以企业剩余收益中用于再投资的比率与企业股本利润率的乘积确定 g。

【例 7-8】 被评估企业持有 ABC 公司 100 000 股普通股股票，每股面值 1 元。ABC 公司每年以净利润的 70% 用于发放股利，其余 30% 用于追加投资。被评估企业持股期间每年收益率在 10% 左右。根据评估人员的调查分析，ABC 公司属于成长型企业，对其股票价值的评估适用红利增长模型。已知 ABC 公司的股本利润率为 15%，评估时使用的折现率为 12%。试计算该股票的评估值。

解

$$P = \frac{100\ 000 \times 1 \times 10\%}{12\% - 30\% \times 15\%} = 133\ 333\ （元）$$

（3）分段式模型

在现实生活中，不论是固定股利模型还是固定增长率模型都是极端的、不常见的，很多公司的股利是不固定的。例如，在一段时间里高速增长，在另一段时间里正常固定增长或固定不变。在这种情况下，就要分段计算，才能确定其股票的价值。分段式模型的基本原理是将股票的预期收益分为两段：第一段是能够较客观预测股票收益的期间，即连续不断取得股利的持股期；第二段是不易清晰预测股票收益的期间，即第一段期末以后的全部收益期。评估时，分别计算两段的收益现值，相加后得出评估值。

【例 7-9】 被评估企业持有甲公司股票面值 300 000 元，持股期间，该股票的年收益率为 12%。评估人员调查分析后认为，该股票前 4 年的收益率可保持在 12%，从第 5 年起，收益率可提高到 16%，并将持续下去。评估时使用的折现率为 10%。试计算该股票的评估值。

解 股票的评估值=前 4 年收益的折现值+第 5 年后收益的折现值

$$= 300\ 000 \times 12\% \times (P/A,\ 10\%,\ 4) + \left(300\ 000 \times \frac{16\%}{10\%}\right) \times (1+10\%)^{-4}$$

$$= 36\ 000 \times 3.169\ 9 + 480\ 000 \times 0.683\ 0$$

$$= 114\ 116.4 + 327\ 840$$

$$= 441\ 956.4\ （元）$$

7.4 金融资产评估案例分析——债券的评估

资产评估报告——对上海市嘉源公司拥有恒通企业 500 000 元债券的评估。

XYZ 评字（2018）年第 26 号

上海市嘉源公司拥有恒通企业 500 000 元债券，3 年期，年利率为 15%，每年付息，到期还本。企业所得税税率为 25%，嘉源公司于 2017 年 6 月 1 日购入该债券。

① 评估基准日：2018 年 6 月 1 日。

② 计价标准：本金和收益折现。
③ 评估方法：收益法。
④ 资料收集与分析：恒通企业发行的债券为非上市债券，公司经营业绩稳定，盈利前景较好，评估人员认为该投资较可靠。评估基准日的国债利率为6%，经调查分析，评估人员认定风险报酬率为4%。
⑤ 评估过程及结果。

债券投资的税后净收益=500 000×15%×（1−25%）=56 250（元）

折现率=6%+4%=10%

评估值=56 250（1+10%）$^{-1}$+56 250（1+10%）$^{-2}$+500 000（1+10%）$^{-2}$
　　　=56 250×1.735 5+500 000×0.826 4
　　　=510 821.88（元）

练 习 题

一、单项选择题

1. 上市交易的债券最适合运用（　　）进行评估。
   A. 价格指数法　　　B. 市场法　　　C. 收益法　　　D. 成本法
2. 从理论上讲，风险报酬率是受（　　）影响。
   A. 资金的机会成本　　　　　　　　B. 资金的使用成本
   C. 资金的经营成本　　　　　　　　D. 资金的投资成本
3. 被评估债券2018年发行，面值100元，年利率为10%，5年期。2021年评估时，债券市场上同种同期债券、面值100元的交易价格为105元，该债券的评估值最接近于（　　）元。
   A. 110　　　　B. 98　　　　C. 100　　　　D. 105
4. 在股市发育不健全、交易不规范的情况下，股票的评估值应以股票的（　　）为基本依据。
   A. 票面价格　　　B. 市场价格　　　C. 内在价值　　　D. 发行价格
5. 股票的清算价格是指（　　）。
   A. 企业的净资产总额与企业股票总数的比值
   B. 企业的净资产总额与企业股票总数的比值再乘以一个折现系数
   C. 企业的资产总额与企业股票总数的比值
   D. 企业的资产总额与企业股票总数的比值再乘以一个折现系数
6. 固定红利模型是评估人员对被评估股票（　　）。
   A. 预期收益的一种假设　　　　　　B. 预期收益的客观认定
   C. 历史收益的一种客观认定　　　　D. 预期收益的一种估计
7. 非上市债券的风险报酬率主要取决于（　　）。
   A. 债券购买方的具体情况　　　　　B. 债券市场的状况
   C. 发行主体的具体情况　　　　　　D. 股票市场的状况

二、多项选择题

1. 金融资产评估的特点有（　　）。

A. 金融资产评估是对资本的评估
B. 金融资产评估是对被投资企业偿债能力的评估
C. 金融资产评估是对重置成本的评估
D. 金融资产评估是对被投资企业获利能力的评估

2. 债券评估的折现率包含（　　）。
A. 风险报酬率　　　　　　　　　B. 无风险报酬率
C. 债券利息　　　　　　　　　　D. 企业收益率

3. 非上市债券作为一种投资工具，与股票投资相比，具有（　　）的特点。
A. 投资报酬率高　　　　　　　　B. 投资风险较小
C. 收益相对稳定　　　　　　　　D. 流动性强

4. 股票的评估价值通常与股票的（　　）有关。
A. 账面价值　　　　　　　　　　B. 内在价值
C. 清算价格　　　　　　　　　　D. 市场价格

5. 股票评估的红利增长模型中，股利增长率 g 的计算方法有（　　）。
A. 历史数据分析法　　　　　　　B. 市场法
C. 发展趋势分析法　　　　　　　D. 重置核算法

三、评估题

1. 被评估企业持有甲企业 3 年期非上市债券，本金为 150 000 元，年利率为 12%，每年付息，到期还本。评估时该债券购入已满 1 年，利息已入账。同期的国库券利率为 8%，经测定的风险报酬率为 2%，从而确定评估中使用的折现率为 10%。试求该债券的价值。

2. 被评估企业持有 A 公司发行的优先股 10 000 股，每股面值 10 元，年股息率为 15%。同期国库券利率为 7%。经评估人员调查分析，确定风险报酬率为 5%，从而确定评估中使用的折现率为 12%。求该优先股的评估值。

3. 被评估企业持有乙公司非上市普通股 5 000 股，每股面值 100 元。持股期间，被评估企业每年的收益率保持在 10% 左右。乙公司每年以净利润的 65% 用于发放股利，其余 35% 用于追加投资。经评估人员调查分析，乙公司未来几年的净资产收益率将保持在 12% 左右。评估时，国库券利率为 5%，风险报酬率为 3%，从而确定折现率为 8%。试计算该普通股的价值。

第8章 企业价值评估

学习目标
- 理解企业价值评估中涉及的基本概念、基本原则、基本评估途径和方法;
- 了解企业价值评估的范围及企业价值评估中的基本注意事项;
- 掌握加和法在企业价值评估中的具体运用及不足;
- 掌握收益法(年金法、分段法)的应用范围、条件及具体评估方法;
- 掌握企业价值收益法评估参数确定的原则、步骤及适用条件;
- 掌握市场法在企业价值评估中的具体应用。

本章关键词

企业价值评估　收益法(年金法、分段法)　市场法　成本法

8.1 企业价值评估概述

8.1.1 企业、企业价值与企业价值评估

1. 企业的定义及其特点

企业是指以营利为目的,由各种要素资产组成并具有持续经营能力的自负盈亏的法人实体。企业作为一类特殊的资产,具有自身的特点。

(1) 营利性

企业存在的最终目的就是营利。为达到营利的目的,生产型企业需要具备一定的生产工艺和生产能力,设定合适的生产目标,将各种生产性要素和非生产性要素结合起来进行合理化的生产和经营;服务型企业需要具备一定的服务基础和条件,将各种服务要素结合起来进行合理化的经营。

(2) 整体性

虽然构成企业的各个要素具有不同的性能,但是在特定的系统目标下它们构成的企业整体可以被整合成具有良好功能的资产综合体。当然,即使构成企业的各个要素资产的个体功能都完整无缺,但是如果它们之间的功能不匹配,它们组合而成的企业整体功能也未必很好。企业强调各个要素资产的整体性。

(3) 持续经营与环境适应性

企业要获取利润,就必须保持持续生产经营,而且要在经营过程中不断地创造收入,降低成本和费用。企业要在持续经营中保证实现盈利目的,其要素资产就要进行有效组合并保持最佳利用状态,同时还必须适应不断变化的外部环境及市场结构,适时做出调整。

(4)合法性

企业是依法建立的经济实体,对企业的判断和界定必须首先从法律法规的角度,从合法性、产权状况等方面进行界定。现代企业不仅是一个获利能力的载体,而且是按照法律程序建立起来的并要接受法律法规的约束。

2. 企业价值的定义及其特点

企业价值是指企业未来获利能力的现实货币表现,它等于未来各个时期产生的净收益的折现值之和。在企业界,企业价值往往被理解成企业所能创造的价值,企业价值受企业所处经营环境中各种主观因素和客观因素共同影响。在学术界,对企业价值的内涵有不同的认知,具体如表8-1所示。

表8-1 企业价值内涵的不同理解

从政治经济学角度	企业价值是由社会必要劳动时间决定的
从会计核算角度	企业价值是由生产型企业的全部支出决定的
从财务管理角度	企业价值取决于未来现金流量
从市场交换角度	企业价值是由企业获利能力决定的
从资产评估角度	企业价值取决于要素资产的整体盈利能力

从政治经济学的角度看,企业价值由凝结在企业中的社会必要劳动时间决定;从会计学的角度看,企业价值由生产型企业的全部支出构成;从财务管理的角度看,企业价值是企业未来现金流量的折现值,即企业内在价值;从市场交换的角度看,企业价值是企业在市场上的货币表现;从资产评估的角度看,企业价值是企业在特定时期、地点和条件约束下所具有的持续获利能力。从资产评估的角度,企业价值需要从两方面来界定和考虑:第一,资产评估揭示的是评估对象在交易假设前提下的公允价值,企业作为一类特殊资产,在评估中其价值也应该是在交易假设下的公允价值,即企业在市场上的公允价值表现;第二,由企业特点所决定,企业在市场上的货币表现实际上是企业所具有的获利能力可实现部分的货币化和资本化。

企业价值具有以下特点。

(1)企业价值是企业的公允价值

企业价值评估的主要目的是为企业并购、证券市场投资等经济业务提供产权交易服务,交易双方是在模拟产权交易市场上进行交易,即假设在一个理想的公允市场中提供被交易企业的公允价值。

账面价值是一个以历史成本为基础进行计量的会计概念,所需要的数据可以通过企业的资产负债表获得,由于账面价值受资产贬值及通货膨胀等因素的影响,评估时所计算出来的企业价值具有一定的局限性;公司市值是指上市公司全程流通股票的市场价格(即市场价值之和),在发达的资本市场上,由于信息相对充分,市场机制相对完善,公司市值与企业价值具有一致性。但我国尚处于经济转型中,证券市场既不规范也不成熟,上市公司存在大量非流通股,因而不宜将公司流通股市值直接作为企业价值评估的依据,所以一般运用公允价值对企业价值进行评估。

(2)企业价值是一个整体概念

企业价值并不单纯是企业全部资产的总和,企业作为一个整体,是由企业所有的人力、物力、财力、技术以及管理能力等生产要素整合在一起,形成整体性的盈利能力,从而获取现在和未来的净现金流量。企业可以通过准确地把握投资机会，合理地配置企业资源，包括进行投资和结构的战略调整，采取兼并收购、资产重组等方式，提高组织的灵活性和环境适应性，以增加社会及相关利益群体对企业收益和增长的预期，为投资者创造更多财富，提高企业价值。

（3）企业价值基于企业未来的盈利能力

企业要生存和发展必须具备一定的盈利能力，并且保证可持续发展能力，盈利能力是企业生存的核心之道；企业价值在于企业未来的盈利，未来盈利能力越强，创造的经济利益越多，企业价值越大，反之越小。企业过往盈利业绩只能成为历史，而企业价值更关注企业未来的盈利能力。

（4）企业价值兼顾所有利益相关者

企业价值是股东价值、社会价值、顾客价值、员工价值等的集合，是兼顾眼前利益和长远利益的集合。企业价值的增加不仅取决于企业的内部管理，还与企业所处外部环境中各有关利益集团有密切关系，这些利益集团包括企业的客户、供货商、债权人和政府。企业要生存和发展，必须为这些利益集团创造价值，得到它们的承认。股东、雇员、债权人、供货商、顾客之间应相互协调和共同合作，以促成企业价值最大化的实现。

3. 企业价值评估的定义及其特点

中国资产评估协会发布的《资产评估执业准则——企业价值》（中评协〔2018〕38号）（以下简称《企业价值执业准则》）第二条规定："本准则所称企业价值评估，是指资产评估机构及其资产评估专业人员遵守法律、行政法规和资产评估准则，根据委托对评估基准日特定目的下的企业整体价值、股东全部权益价值或者股东部分权益价值等进行评定和估算，并出具资产评估报告的专业服务行为。"企业价值评估具有以下特点。

（1）整体性

企业价值评估的对象是企业的全部资产或某一资产组合体，所要反映的是其生产经营能力和盈利能力，因此企业价值评估强调从整体上计量企业全部资产或某一资产组合体的评估价值。企业各单项资产评估价值的简单加总并不一定等于企业价值的评估值。一个具有良好经营业绩和较高企业管理水平的企业具有较强的盈利能力，因而其企业价值评估值一般会大于各单项资产评估价值之和。

（2）收益性

企业单项资产的组合、配置和运营过程也是在企业中获得预期收益的过程，因此企业价值评估具有反映资产收益的功能。

（3）动态性

企业价值评估是将企业全部资产或某一资产组合体体现为一个整体，通过对其未来收益的预测及适用资本化率的确定，计算出企业全部资产或某一资产组合体未来盈利能力的现值。这个评估值反映的是以一定评估期间为评估假设前提的企业全部资产或某一资产组合体的动态现值。这一点与企业单项资产评估以某一时点作为评估假设前提所反映的资产静态实体价值是不一样的。

综上所述，企业价值评估的特点包括以下3点。

① 评估对象是由多个或多种单项资产组成的资产综合体。
② 决定企业价值高低的因素是企业的整体盈利能力。
③ 企业价值评估是一种整体性评估。

8.1.2 企业价值评估的范围

企业价值评估的一般范围即企业的资产范围,通常是指企业产权所涉及的具体资产范围,包括企业经营权主体自身占用及经营的部分和企业产权权力所能控制的部分,如在全资子公司、控股子公司、非控股子公司中的投资部分。企业价值评估范围包括以下几种。

① 企业并购。企业并购是指一个企业以承担债务、购买股份和控股等形式有偿接受其他企业的产权,使被并购方丧失法人资格或改变股权结构。

② 股权转让。是指股权所有者将其持有的股权出售给其他投资者的行为。所出售股权可以是上市公司的股权,也可以是非上市公司的股权;可以是少数股权,也可以是控股股权。

③ 股权投资入股。是指以所持有的股权作为对其他公司资本投入的行为。

④ 企业改制上市。是指企业以在资本市场公开发行股票并上市为目的,而对企业改组设立股份有限公司的行为。

⑤ 企业经营交换。是指企业对未来经营发展的目标及实现目标的战略或手段进行最佳选择的行为。

⑥ 制定与实施激励机制。是指企业从价值创造、实现价值最大化的角度,制定对企业经理人员、员工进行绩效考核和奖惩的制度并加以实施的行为。

⑦ 纳税。是指在股权占有、转让、继承等环节,根据国家相关税法规定,缴纳税款的行为。

⑧ 法律诉讼。是指法庭处理与企业价值相关案件和纠纷时需要根据企业价值的评估值作为判案依据。

⑨ 企业清算。是指企业按章程规定解散及由于破产或其他原因宣布终止经营后,对企业的财产、债权、债务进行全面清查,并进行收取债权、清偿债务和分配剩余财产的经济活动。

⑩ 引起企业价值评估活动的其他合法经济行为,如保险、抵押担保等。

8.1.3 企业价值评估的对象

企业价值评估的客体,包括三种类型:企业整体价值、股东全部权益价值和股东部分权益价值。这三类评估对象都是企业在特定时期、地点和条件的约束下所具有的持续盈利能力的市场体现,如表8-2所示。

表8-2 简易资产负债表

流动资产价值(A)	流动负债和长期负债中的非付息债务价值(C)
	付息债务价值(D)
固定资产和无形资产价值(B)	
其他资产价值(F)	股东全部权益价值(E)

(1) 企业整体价值

企业整体价值是总资产价值减去企业负债中非付息负债后的余额,或者是股东权益价值加上企业的全部付息债务价值。根据表 8-2，有以下计算公式：

$$企业整体价值=(A+B+F)-C=(A-C)+B+F=D+E$$

流动资产价值加上固定资产和无形资产价值、其他资产价值构成了企业全部资产的价值，即 $A+B+F$；流动负债和长期负债中的非付息债务（如应付工资、应付账款等）价值加上付息债务价值和股东全部权益价值构成了全部负债和权益价值，即 $D+E$，即股东全部权益价值和付息债务价值之和。

（2）股东全部权益价值

股东全部权益价值，又称为所有者权益价值或净资产价值，是归属于股东部分的价值。通常情况下，是用企业整体价值减去全部债务价值所得。根据表 8-2，有以下计算公式：

$$股东全部权益价值=(A+B+F)-(C+D)=E$$

（3）股东部分权益价值

股东部分权益价值是股东全部权益价值的一部分，由于存在控股权溢价和少数股权折价等因素，股东部分权益价值不必然等于股东全部权益价值与股权比例的乘积。在资产评估实务中，股东部分权益价值的评估通常是在取得股东全部权益价值后再进行评定。评估人员应当在评估报告中披露是否考虑控股权和少数股权等因素产生的溢价或折价。根据表 8-2，有以下计算公式：

$$股东部分权益价值=E \cdot X\%$$

其中，$X\%$ 为股权比例。

8.1.4 企业价值评估的价值类型

国际评估准则委员会制定的《国际评估准则》、美国评估促进会制定的《专业评估执业统一准则》等均对各种价值类型进行了详细的阐述。我国资产评估协会于 2007 年 11 月和 2017 年 9 月分别颁布和修订了相关内容，《企业价值执业准则》第十条明确指出："执行企业价值评估业务，应当充分考虑评估目的、市场条件、评估对象自身条件等因素，恰当选择价值类型。"价值类型分为市场价值和市场价值以外价值。市场价值是一种具体的价值类型，而市场价值以外价值是除市场价值以外其他各种价值类型的总称。应根据企业价值评估的范围来选择不同的价值类型，比如在用价值、投资价值、持续经营价值、保险价值、纳税价值、残余价值、清算价值和特定用途价值。

8.1.5 企业价值评估方法选择的原则

企业价值评估方法的选择不是主观随意、没有规律可循的，无论是哪一种方法，评估的最终目的是相同的，因而各种方法之间有着内在的联系。结合前文对价值评估方法的比较分析，可以总结出选择企业价值评估方法的一些原则。

（1）依据相关准则、规范的原则

企业价值评估的相关准则和规范是由管理部门制定的，具有一定的权威性和部分强制性。例如，2019 年 1 月 1 日起实施的《企业价值执业准则》第十七条规定："执行企业价值评估业务，应当根据评估目的、评估对象、价值类型、资料收集等情况，分析收益法、市场法、成本法（资产基础法）三种基本方法的适用性，选择评估方法"；第十八条规定："对于适合采用不同评估方法进行企业价值评估的，资产评估专业人员应当采用两种以上评估方法进行评估"；第十九条规定："企业价值评估中的收益法，是指将预期收益资本化或者折现，确定评估对象价值的评估方法。资产评估专业人员应当结合被评估单位的企业性质、资产规模、历史经营情况、未来收益可预测情况、所获取评估资料的充分性，恰当考虑收益法的适用性"。显然，这些条款对选择企业价值评估方法具有很强的指导意义。

（2）借鉴共识性研究成果的原则

企业价值评估方法选择的一些共识性研究成果是众多研究人员共同努力的结果，是基于价值评估实践的一些理论上的提炼，对于选择合理的方法用于价值评估有较大的参考价值。例如，在涉及一个仅进行投资或仅拥有不动产的控股企业或所评估企业的评估前提为非持续经营，应该考虑采用成本法。以持续经营为前提进行企业价值评估，不宜单独使用成本法。在企业的初创期，经营和收益状况不稳定，不宜采用成本法进行价值评估。一般来说，收益法更适合无形资产的价值评估。此外，如果企业处于成长期或成熟期，经营、收益状况稳定并有充分的历史资料为依据，能合理地预测企业的收益，这时采用收益法较好。在参考企业或交易案例的资料信息较完备、客观时，从成本效率的角度来考虑，适合选择市场法进行价值评估。

（3）客观、公正的原则

客观性原则要求评估人员在选择价值评估方法时应站在客观的立场上，坚持以客观事实为依据，尽量避免用个人主观臆断来代替客观实际，尽可能排除人为的主观因素，摆脱利益冲突的影响，依据客观的资料数据，进行科学的分析、判断，选择合理的方法。公正性原则要求评估人员客观地阐明意见，不偏不倚地对待各个利益主体。客观、公正原则不仅具有方法选择上的指导意义，而且从评估人员素质的角度对方法选择作了要求。

（4）成本效率的原则

评估机构作为独立的经济主体之一，也需要获取利润以促进企业的生存发展，因而在选择评估方法时，要考虑各种评估方法耗用的物质资源、时间资源及人力资源，在法律、规范允许的范围内及满足委托企业评估要求的前提下，力求提高效率、节约成本。只有这样，才能形成委托企业和评估机构互动发展的双赢模式。

（5）风险防范的原则

企业价值评估的风险可以界定为：由于评估人员或者评估机构在企业价值评估过程中对目标企业的价值给出了不当或错误的意见而产生的风险。企业价值评估中的风险可分为外部风险和内部风险。外部风险是指评估机构的外部因素客观上阻碍和干扰评估人员对被评估企业实施必要的和正常的评估过程而产生的风险。内部风险是指由于评估机构的内部因素导致评估人员对拟评估企业的价值给出了不当或错误的意见而产生的风险。显然，企业价值评估方法的选择作为价值评估的一个环节，可能会由于方法选择的不当带来评估风险。基于此，在选择评估方法时要有较强的风险防范意识，综合考虑各种因素，分析可能产生的评估风险，做出客观、合理的价值评估方法选择。

8.1.6 企业价值评估的评估程序

企业价值评估一般可以按照以下程序进行。

1. 明确评估目的和评估基准日

接受资产评估委托时，首先要明确评估目的，因为评估目的不同，评估方法及评估结果也会有所不同。评估基准日是反映评估价值的时点定位，一般应选择某个结算日的终止时间。

2. 明确评估对象

明确评估对象包括两方面的内容：一是确定被评估资产的范围和数量；二是确定资产的权益。就被评估资产的范围和数量来说，要明确哪些资产要评估，哪些资产不属于评估范围。

3. 制订评估工作计划

工作计划包括：整个评估工作的人员构成及分工；现场要准备的资料，主要包括企业应该提供的资料和现场勘察资料；工作进程安排等。

4. 资料的收集、整理和分析

这个环节主要是对企业资料进行归纳、分析和整理，并加以补充和完善，其中包括企业内部信息、企业外部信息和市场信息。

（1）企业内部信息

企业内部信息主要包括企业的法律文件、企业的经营信息、企业的财务信息、企业的管理信息和企业的其他信息。

① 企业的法律文件，如企业章程、企业各项规章制度、企业重要经营协议与合同，包括供货、销货、特许经营、技术转让、房屋设备租赁、银行贷款、保险、劳动协议与合同等。

② 企业的经营信息，如企业的类型、规模、主要产品或服务、行业竞争地位、年度生产经营计划及执行情况分析、发展规划及相应配套规划等。

③ 企业的财务信息，如企业的财务报表，包括近几年的资产负债表、利润表、现金流量表，企业资产清单，以及上述资料的比较表等。

④ 企业的管理信息，如企业组织结构、主要领导者简介、人员管理模式等。

⑤ 企业的其他信息，如企业已完成的资产评估报告、尚未判决的法律诉讼、税务信息等。

（2）企业外部信息

企业外部信息主要是指与企业经营发展密切相关的宏观经济信息及产业经济信息。

① 宏观经济信息，如当前国家经济发展趋势、经济增长速度、宏观经济政策等。

② 产业经济信息，如产业发展趋势、产业布局、产业在国民经济发展中的地位和作用、产业发展速度、产业技术指标和财务指标等。

（3）市场信息

企业价值评估需要的市场信息主要是资本市场上的相关信息，如与被评估企业相同或相似上市公司的股票市场价格、投资收益率、各种价值比率；与被评估企业相同或相似企业的并购交易价格、投资收益率、各种价值比率等。

5. 按照被评估企业的情况选择合适的评估方法

根据资产的特点、评估目的选择合适的评估方法。

6. 讨论和纠正评估值

评估过程完成后，应与委托人、评估人员等进行讨论，对评估过程加以说明及解释，对未尽事宜进一步进行磋商。

7. 得出结论，完成评估报告

完成上述过程后，即可形成评估报告。

8.2 成本法在企业价值评估中的应用

8.2.1 成本法概述

1. 成本法的定义

企业价值评估中的成本法也称为资产基础法、加和法,是指在合理评估企业各项资产价值和负债价值的基础上确定评估对象价值的评估方法。不论资产的历史成本和历史收益状况如何,都可以根据现行交易、出售价格,或者未来收益的折现值,或者现行购买建造成本确定该资产的现行公允价值。成本法以资产负债表为基础,以各单项资产及负债的现行公允价值替代其历史成本。

2. 成本法的前提条件

运用成本法进行企业价值评估应具备的前提条件有 3 个:一是进行价值评估时目标企业的表外项目价值(如管理效率、自创商誉、销售网络等)可以忽略不计;二是资产负债表中单项资产的市场价值能够公允客观地反映所评估资产的价值;三是投资者购置一项资产所愿意支付的价格不会超过具有相同用途的替代品所需的成本。

3. 成本法的计算公式

成本法是将被评估企业视为一个生产要素的组合体,在对各项资产清查核实的基础上,逐一对各项可确指资产进行评估,并确认企业是否存在商誉或经济性损耗,将各单项可确指资产评估值加总后再加上企业的商誉或减去经济性损耗,就可以得到企业价值的评估值。其计算公式为

$$企业整体资产价值 = \sum 单项可确指资产评估值 + 商誉(或-经济性损耗)$$

4. 成本法的适用范围

成本法以资产负债表为基础,评估结果客观依据较强,一般进行的是单项资产评估。一般情况下,在涉及一个仅进行投资或仅拥有不动产的控股企业,以及所评估的企业的评估前提为非持续经营时,适宜用成本法进行评估。但由于运用成本法无法把握一个持续经营企业价值的整体性,也难以衡量企业各个单项资产间的工艺匹配及有机组合因素可能产生的整合效应,因此在持续经营假设前提下,不宜单独运用成本法进行价值评估。

8.2.2 成本法的实施步骤

1. 确定纳入企业价值评估范围的资产,逐项评估各单项资产并加总评估值

首先是对企业可确指资产逐项进行评估,因此确定企业价值评估范围尤为重要。从产权的角度看,企业价值评估的范围应该是全部资产。从有效资产的角度看,在对企业整体价值进行评估时,需将企业资产范围内的有效资产与对整体获利能力无贡献的无效资产进行正确的界定与区分。对企业持续经营有贡献的资产应以继续使用为假设前提,评估其有用价值。

2. 确定企业的商誉或经济性损耗

由于企业单项资产评估后加总的价值无法反映各单项资产之间的有机组合因素产生的整合效应,无法反映未在会计账目上列示的无形资产,也无法反映企业经济性损耗。因此,还

需要用适当的方法分析确定企业的商誉或经济性损耗。

3. 企业的负债审核

当评估目标是确定企业净资产价值时，就需要对企业负债进行审核。对于企业负债的审核包括两个方面：一是负债的确认；二是负债的计量。从总体上讲，对企业负债的审核要遵循审计准则，以正确揭示企业的负债情况。

4. 确定企业整体资产评估价值，验证评估结果

将企业各单项资产评估价值加总，再加上企业的商誉或减去经济性损耗，就得到企业整体资产评估价值。对于成本法评估的结果，还应运用企业价值评估的其他方法（通常是收益法）进行验证，以确定成本法评估结果的科学性、合理性。

8.2.3 成本法中资产的界定

1. 有效资产和溢余资产的划分

以资产对企业盈利能力形成的贡献为基础，将企业价值评估中的具体资产划分为有效资产和溢余资产。

（1）有效资产

有效资产是指企业中正在运营或虽未正在运营但企业需要的且有潜在运营能力，并能对企业盈利能力做出贡献、发挥作用的资产。

（2）溢余资产

溢余资产是指企业中不能参与生产经营，不能对企业盈利能力做出贡献的相对过剩及无效的资产，如多余的非经营性资产、闲置资产，以及虽然是经营性资产，但在被评估企业已失去运营能力和获利能力的资产。

2. 划分有效资产和溢余资产的意义

① 有效资产是企业价值评估的基础；溢余资产虽然也可能有交换价值，但溢余资产的交换价值与有效资产价值的决定因素、形成路径是有差别的。

② 正确界定与区分有效资产和溢余资产，对溢余资产单独进行评估或进行其他技术处理。

3. 对溢余资产的处理方式

在运用多种评估途径和方法进行有效资产及其企业价值评估前，将企业的溢余资产单独剥离出去，用适合溢余资产的评估方法将其进行单独评估，将评估值加总到企业价值评估的最终结果之中，并在评估报告中予以披露。

8.2.4 成本法对单项资产的评估

在对构成企业的各单项资产进行评估时，应该考虑各单项资产之间的匹配情况及各单项资产对于整个企业的贡献。下面列举了对企业某些单项资产进行评估时应注意的问题。

① 现金。除对现金进行点钞核数外，还要通过对现金及企业运营的分析，判断企业的资金流动能力和短期偿债能力。

② 应收账款及预付款。从企业财务的角度，应收账款及预付款都构成企业的资产。而从企业资金周转的角度，企业的应收账款必须保持在一个合理比例。企业的应收账款占销售收入的比例及账龄的长短大致可以反映一个企业的销售情况、企业产品的市场需求及企业的经营能力等，并为企业预期收益的预测提供参考。

③ 存货。通过对企业的存货进行评估，可以了解企业的经营情况，至少可以了解企业产

品在市场中的竞争地位。畅销产品、正常销售产品、滞销产品和积压产品的比重,将直接反映企业在市场上的竞争地位,并为企业预期收益预测提供基础。

④ 机器设备与建筑物。机器设备与建筑物是企业进行生产经营和保持盈利的基本物质基础。设备的新旧程度、技术含量、维修保养状况、利用率等,不仅决定机器设备本身的价值,也对企业未来的盈利能力产生重大影响。按照机器设备与建筑物对企业盈利能力的贡献率评价其现时价值,是持续经营假设前提下运用成本法评估企业单项资产的主要特点。

⑤ 长期投资。资产评估人员运用成本法进行企业价值评估,应当根据相关项目的具体资产、盈利状况及其对评估对象价值的影响程度等,合理确定是否将其单独评估。

⑥ 无形资产。企业拥有无形资产的多少及开发无形资产的能力,是决定企业市场竞争能力及盈利能力的决定性因素。在评估过程中,要清楚每一种无形资产的盈利潜力,以便为企业预期收益预测打下坚实的基础。

在对企业各个单项资产实施评估并将评估值加和后,就可以此作为基础,运用成本法评估出企业价值。

【例8-1】表8-3是某企业某年6月30日的资产负债表。该表反映了企业的两类投资者:债权人和股东。假定该资产负债表中各项资产的账面价值与市场价值相差不多,不需要进行账面价值调整。有两种方法计算市场价值:一是投资人索取权价值的加和法;二是加总资产价值,然后减去流动负债中的非投资人索取权价值法。具体计算列示在表8-4中。投资人索取权价值包括短期负债、长期负债、股东权益,将这些项目加和得到一个估计值(15 120.00万元)。应付账款和应付费用是企业经营过程中应付而未付的成本,并不是对企业的投资,因而也就不属于投资人索取权价值的构成部分,不能加总到企业价值中去。

表8-3 某企业某年6月30日资产负债表   单位:万元

流动资产	14 280.00	流动负债	7 920.00
现金	1 440.00	短期负债	2 640.00
应收账款	5 760.00	银行借款	1 680.00
存货	6 840.00	长期负债的流动部分	960.00
预付账款	240.00	应付账款	4 800.00
		应付费用(包括工资和应付税款)	480.00
非流动资产	6 120.00		
		非流动负债	4 080.00
		长期负债	4 080.00
金融资产	0.00		
无形资产	0.00	股东权益	8 400.00
固定资产净值	6 120.00	股本	8 280.00
固定资产总值	10 800.00	未分配利润	120.00
累计折旧	4 680.00		
资产总计	20 400.00	负债和股东权益总计	20 400.00

表 8-4　用资产负债表法进行企业价值评估　　　　　　　　　　　　　　单位：万元

投资人索取权加和法		总资产减非投资人索取权价值法	
短期负债	2 640.00	总资产	20 400.00
银行借款	1 680.00	减：	
长期负债的流动部分	960.00	应付账款	4 800.00
长期负债	4 080.00	应付费用（包括工资和应付税款）	480.00
股本	8 280.00		
未分配利润	120.00		
总计	15 120.00	总计	15 120.00

8.2.5　成本法的局限性

成本法将企业的各项资产逐一进行评估然后加和得出企业价值，简便易行。但存在以下局限性：一是模糊了单项资产与整体资产的区别。凡是整体性资产都具有综合获利能力，整体资产是由单项资产构成的，但却不是单项资产的简单加总。企业中的各类单项资产，需要投入大量的人力资产及规范的组织结构来进行正常的生产经营，成本法显然无法反映组织这些单项资产的人力资产及企业组织的价值。因此，采用成本法确定企业评估价值，仅仅包含了有形资产和可确指无形资产的价值，无法体现作为不可确指的无形资产——商誉。二是成本法只是从资产购建的角度来评估企业的价值，没有考虑企业的运行效率和经营业绩，不能充分体现企业价值评估的评价功能。因而该种方法不适用于具有较大组织资本价值的高科技企业和服务型企业。对于账面价值和市场价值差异不大的水、电等公共设施经营类企业或组织资本价值很小的企业则较为适用。

8.3　收益法在企业价值评估中的应用

8.3.1　收益法概述

1. 收益法的定义

收益法是指通过估算被评估资产未来预期收益，并用适当的折现率折现，以其现值之和作为被评估资产价值的评估方法。其理论基础是经济学原理中的贴现理论，即一项资产的价值是利用它所能获取的未来收益的现值，其折现率反映了投资该项资产并获得收益的风险的回报率。用收益法进行企业整体资产评估时，主要涉及 3 个评估技术参数，即年纯收益、折现率和收益期限。

2. 收益法的前提条件

选择收益法进行企业价值评估，应具备以下 3 个前提条件：一是投资主体愿意支付的价格不应超过目标企业按未来预期收益折算所得的现值；二是目标企业的未来收益能够合理预测，企业未来收益的风险可以客观地估算，也就是说目标企业的未来收益和风险能合理地予以量化；三是被评估企业应具有持续的盈利能力。

3. 收益法的计算公式

收益法的计算公式为

$$P = \sum_{i=1}^{n} \frac{R_i}{(1+r)^i} + \frac{R_{n+1}}{(r-g)(1+r)^n}$$

其中，P 为评估基准日企业价值的评估值；R_i 为未来第 i 年的收益；r 为折现率；g 为从第 $n+1$ 年开始，企业收益的固定增长率；n 为企业收益非稳定期间。

4. 收益法的适用范围

收益法以预期的收益和折现率为基础。对于目标企业来说，如果目前的收益为正值，具有持续性，同时在收益期内折现率能够可靠估计，则更适宜用收益法进行价值评估。通常处于成长期和成熟期的企业收益具有上述特点，可用收益法。基于收益法的应用条件，有下述特点的企业不适合用收益法进行价值评估：处于困境中的企业、收益具有周期性特点的企业、拥有较多闲置资产的企业、经营状况不稳定及风险问题难以合理衡量的私营企业。

8.3.2 收益法的思路

运用收益法进行企业价值评估，就是根据企业未来预期收益的具体形式、持续时间等，按适当的方式和折现率或资本化率将其换算成现值，并以此收益现值作为企业评估价值的评估方法。收益法只适用于持续经营假设前提下的企业现值评估。

运用收益法对企业进行价值评估，关键在于解决以下 3 个问题。

1. 恰当选择企业的收益额

企业的收益能以多种形式出现，包括净利润、净现金流、息前净利润和息前净现金流等。选择何种形式或口径的收益作为企业价值评估中的企业收益，会在一定程度上影响评估人员对企业获利能力的判断，进而影响评估人员对企业价值的最终判断。恰当选择企业的收益额，从本意来讲，是为了客观合理地反映企业的获利能力，进而相对合理准确地评估企业价值。在不考虑折现率因素的前提下，不同形式或口径的企业收益，其折现价值的内涵和性质也是有差别的。例如，净利润或净现金流量折现或还原为净资产价值（所有者权益），净利润或净现金流量+长期负债利息（1－所得税税率）折现或还原为投资资本价值（所有者权益+长期负债），净利润或净现金流量+利息（1－所得税税率）折现或还原为总资产价值（所有者权益+长期负债+流动负债）。

还有一个问题就是收益额预测由谁完成。目前主要有 3 种观点：第一种观点认为收益额预测应由资产评估人员完成；第二种观点认为收益额预测应由企业管理层完成；第三种观点认为收益额预测应由企业管理层完成，资产评估人员通过相关分析、判断和验证，以确定预测的合理性。3 种观点分歧的焦点在于，企业价值评估中收益额预测的责任究竟由谁来承担。主张第三种观点的学者在有关论文中指出，资产评估人员的责任是对被评估企业、委托方或其他相关当事方的管理层准备和提供的关于未来收益的预测材料进行验证，在此基础上确信预测的合理性。一旦发现重大不合理的假设或结果，评估机构应向管理层提出调整建议，由管理层做出调整，最后仍由管理层对有关预测的真实性负责。首先，科学预测是保证评估结论科学有效的基础，将预测的工作和责任转嫁给企业管理层是工作职责和义务的缺失；其次，企业管理层预测所考虑的因素、出发点与评估人员不同，这就导致企业管理层只能预测短期收益，而评估人员可以预测未来较长时期的收益。因此，需要企业为其提供的相关资料的真实性承担责任,也可以利用企业管理层提供的收益预测,但评估人员必须对这些预测加以分析,独立做出判断。科学预测收益是评估师不可推卸的责任。

2. 合理预测企业收益

合理预测企业的收益并不一定要评估人员对企业的将来收益进行精确计算。但是,由于企业收益的预测水平和合理性直接影响评估人员对企业盈利能力的判断,进而影响评估人员对企业最终评估值的判断。所以,评估人员在评估时应全面考虑影响企业盈利能力的因素,对企业的收益做出客观、合理及合乎逻辑的预测。

3. 选择合适的折现率

折现率作为潜在投资者的期望投资回报率,它的选择直接关系到对企业未来取得收益的风险的判断。能否对企业取得未来收益的风险做出恰当的判断,从而选择合适的折现率,不仅对企业的最终评估价值具有较大影响,而且还会影响对企业评估价值的价值类型的选择。选择合适的折现率包括两个方面的内容:一是保证折现率与被评估企业获得预期收益所面临的风险相匹配;二是折现率的口径与企业收益额的口径一致。

8.3.3 收益法评估的步骤

① 收集被评估企业历史财务数据并进行分析,对非经常项目、非经营性资产、溢余资产进行调整,得到正常化的财务数据。

② 收集用于资本化计算的收益。通常用评估基准日前一年财务年度或前 12 个月的经过正常化调整的收益进行资本化计算。在某些情况下,预测的下一年的收益或未来几年的平均收益被用来作为进行资本化计算的收益。

③ 计算折现率。

④ 将收益资本化以计算待估价值。

⑤ 就非经营性资产和溢余资产的价值进行评估,并对待估价值进行相应调整。

8.3.4 收益法评估的参数设置

1. 收益额的预测

企业收益的预测大致可以分为:对企业收益现状的分析和判断、未来若干年的预期收益的预测、企业未来持续经营条件下长期预期收益趋势的判断。

1)企业收益预测的基础

企业收益预测的基础有两个问题:一是预期收益预测的出发点。企业价值评估的预期收益的基础,应该是在正常经营条件下,排除影响企业盈利能力的偶然因素和不可比因素之后的企业正常收益。二是如何客观地把握新的产权主体的行为对企业预期收益的影响。企业的预期收益既是企业存量资产运作的函数,也是未来新的产权主体经营管理的函数。从这个角度看,对企业预期收益的预测只能以企业的现实存量资产为出发点,可以考虑存量资产的合理改进乃至重组,但必须反映企业的正常盈利能力。

2)企业收益预测的基本步骤

企业收益预测大致可分为以下几个步骤:评估基准日企业收益审核(计)和调整、企业预期收益趋势的总体分析和判断、企业预期收益预测。

(1)评估基准日企业收益审核(计)和调整

主要包括两方面的工作:一是对审计后的财务报表,特别是对利润表和现金流量表进行非正常因素调整，把企业评估基准日的利润和现金流量调整到正常状态下的数量，为企业预期收益的趋势分析奠定基础；二是研究报表后的附注和相关揭示，对在相关报表中揭示的影响企业预期收益的非财务因素进行分析，并在分析基础上对企业收益进行调整，使之能较好地反映企业的正常盈利能力。

（2）企业预期收益趋势的总体分析和判断

这是在对企业评估基准日实际收益或正常收益审核（计）和调整的基础上，结合被评估企业提供的企业预期收益预测和评估机构调查收集到的有关信息进行的。

（3）企业预期收益预测

这是在前两个步骤完成以后，运用具体的方法和手段预测企业的预期收益。在一般情况下，企业的预期收益预测也分为两个阶段：一是对企业未来3~5年的收益进行预测；二是对企业未来3~5年后的隔年收益进行预测。对于处于发展期、收益尚不稳定的企业，应首先判断企业在何时步入稳定期，其收益呈现稳定性；然后将其步入稳定期的前一年作为收益预测分段的时点。

企业未来3~5年收益预测是利用评估基准日被调整的企业收益，结合影响企业收益实现的主要因素在未来预期变化的情况，采用适当的方法进行的。不论采用何种预测方法，首先都应该进行预测前提条件的设定，然后着手对企业未来3~5年的预期收益进行预测。预测的主要内容有：对影响被评估企业及其所属行业的特定经济因素及竞争因素的估计；未来3~5年产品或服务的需求量或被评估企业市场占有份额的估计；未来3~5年销售收入的估计；未来3~5年成本费用及税金的估计；完成上述生产经营目标需追加投资及技术、设备更新改造的估计；未来3~5年预期收益的估计等。评估人员应把企业或其他机构提供的有关资料作为参考，根据收集到的数据资料，在经过充分分析论证的基础上做出独立的预测判断。

不论采用何种方法预测企业收益，都需要注意以下几个问题：一定收益水平是一定资产运作的结果，在进行企业收益预测时应保持企业预测收益与其资产及盈利能力之间的对应关系；企业的销售收入或营业收入与产品销售量（服务量）及销售价格的关系会受到价格需求弹性的限制，不能不考虑价格需求弹性而想当然地价量并长；在考虑企业销售收入的增长时，应对企业所处产业及细分市场的需求、竞争情况进行分析，不能在不考虑产业及市场的具体竞争情况下对企业的销售增长做出预测；企业销售收入或服务收入的增长与其成本费用的变化存在内在的一致性，评估人员应根据实际情况，科学合理地预测企业的收入及各项成本费用的变化；企业的预期收益与企业所采用的会计政策、税收政策的关系极为密切，评估人员不可违背会计政策与税收政策，以不合理的假设作为预测的基础，企业预期收益预测应与企业未来实行的会计政策和税收政策保持一致。

通常运用利润表或现金流量表的形式表现企业收益的结构。企业预期收益预测是利用利润表或现金流量表的已有栏目或者项目，通过对影响企业收益的各种因素变动情况的分析，在评估基准日企业收益水平的基础上对表内各项目进行合理预算、汇总分析，进而得到所预测年份的企业收益。

3）企业收益预测的方法

（1）综合调整法

这是一种以企业收益现状为基础，考虑影响企业未来收益的各种因素的预期影响，对收益进行调整以确定近期收益的方法。其计算公式为

预期年收益=当前正常年收益+预期有利因素增加收益-预期不利因素减少收益

使用综合调整法的具体步骤如下。

① 设计收益预测表。

② 按收益预测表的主要项目，逐项分析预期年度内可能出现的变化因素。一个有效的办法是根据以往资产评估实践经验，总结归纳出影响企业收益变化的主要因素，作为发现预期年度的影响因素。在实际评估时，先查明企业收益偏高或偏低的主要原因，把它们作为分析的重点，然后通过查阅各种资料分析和预测市场形势，发现在预期年限内影响收益变动的重要因素。

③ 分析各影响因素对收益预测表中各个项目的影响，计算出各项目的预测值。如果某种原材料价格严重偏高，预期未来市场价格将会下降，则可以直接按预期降价幅度和该原材料占成本的比重确定成本减少额。

④ 将各个项目的预测值汇总，得出预测的收益值。

综合调整法直接根据各种预期发生的因素进行计算，便于检验评估的客观性，可鉴别各影响因素的性质和影响程度，详细反映预期收益的依据，是当前企业收益预测中最常用的方法。

（2）产品周期法

当企业的高额收益主要是由产品具有特色或产品价高利大引起时，一般采用产品周期法预测企业未来收益，即根据企业主导产品寿命周期的特点来评估企业收益的变化趋势。

采用产品周期法来预测企业未来收益，首先必须掌握大量的产品生命周期统计资料，描绘出图像或建立周期模型；其次应根据企业产品销售的历史情况和当前市场状况，判断企业产品所处的大致周期；最后参照类似商品生命周期曲线来推测企业产品的生命周期阶段，并据此估算销售量和收益的增减变动情况。

（3）统计法

当被评估企业属于综合实力型，开发能力、管理能力都较强，原材料供给和产品市场也得到保障，企业在过去年份趋于某种稳定发展趋势，并且在预测期内其生产经营环境也较为明确时，可采用统计法。统计法具体又可分为时间序列法和回归分析法。

① 时间序列法。以增长率为预测标准的收益预测模型是时间序列法中较为简单的方法，下面以增长率举例说明（详见表8-5、表8-6和表8-7）。

企业收益预测借鉴的收益预测表，如测算的收益层次和口径与该表有差异，可在该表的基础上进行适当的调整，如表8-5所示。

表 8-5　2018—2021 年某企业收益预测基础表　　　　　　　　　　单位：万元

项目	2018	2019	2020	2021
一、产品销售收入	1 000	2 000	3 000	4 000
减：产品销售税金	110	205	326	448
产品销售成本	250	300	370	402
其中：折旧	50	75	82	86
二、产品销售利润	640	1 495	2 304	3 150
加：其他业务利润	200	210	260	290
减：管理费用	60	90	98	104
财务费用	10	12	15	19

续表

项目	2018	2019	2020	2021
三、营业利润	770	1 603	2 451	3 317
加：投资收益	30	24	33	35
营业外收入	10	50	40	40
减：营业外支出	2	26	20	18
四、利润总额	808	1 651	2 504	3 374
减：所得税	202	412.75	626	843.5
五、净利润	606	1 238.25	1 878	2 530.5
加：折旧和无形资产摊销	70	80	96	91
减：追加资本性支出	30	35	40	46
六、净现金流量	646	1 283.25	1 934	2 575.5

表8-6　2018—2021年某企业收益预测增长率计算表　　　　　　　单位：万元

项目	2018	2019	2020	2021	第一年平均增长率（1）	第二年平均增长率（2）	第三年平均增长率（3）	四年平均增长率[（1）+（2）+（3）]/3
一、产品销售收入	1 000	2 000	3 000	4 000	100.00%	50.00%	33.33%	61.11%
减：产品销售税金	110	205	326	448	86.36%	59.02%	37.42%	60.94%
产品销售成本	250	300	370	402	20.00%	23.33%	8.65%	17.33%
其中：折旧	50	75	82	86	50.00%	9.33%	4.88%	21.40%
二、产品销售利润	640	1 495	2 304	3 150	133.59%	54.11%	36.72%	74.81%
加：其他业务利润	200	210	260	290	5.00%	23.81%	11.54%	13.45%
减：管理费用	60	90	98	104	50.00%	8.89%	6.12%	21.67%
财务费用	10	12	15	19	20.00%	25.00%	26.67%	23.89%
三、营业利润	770	1 603	2 451	3 317	108.18%	52.90%	35.33%	65.47%
加：投资收益	30	24	33	35	−20.00%	37.50%	6.06%	7.85%
营业外收入	10	50	40	40	400.00%	−20.00%	0.00%	126.67%
减：营业外支出	2	26	20	18	1 200.00%	−23.08%	−10.00%	388.97%
四、利润总额	808	1 651	2 504	3 374	104.33%	51.67%	34.74%	63.58%
减：所得税	202	412.75	626	843.5	104.33%	51.67%	34.74%	63.58%
五、净利润	606	1 238.25	1 878	2 530.5	104.33%	51.67%	34.74%	63.58%
加：折旧和无形资产摊销	70	80	96	91	14.29%	20.00%	−5.21%	9.69%
减：追加资本性支出	30	35	40	46	16.67%	14.29%	15.00%	15.32%
六、净现金流量	646	1 283.25	1 934	2 575.5	98.65%	50.71%	33.17%	60.84%

收益预测基于历史发生的利润表数据，分别计算出2018—2021年每两年的平均增长率，在此基础上计算出四年的平均增长率，以预测期的前一年的数据为基数，再加上前一年的数据分别乘以平均增长率，从而得到该年的预测值，详见表8-7。

表8-7 2021—2023年某企业收益预测表　　　　　　　　　　　　　单位：万元

项目	四年平均增长率（1）	2021（2）	2021E（3）	2022E（4）	2023E（5）
一、产品销售收入	61.11%	4 000	6 444.44	10 382.72	16 727.71
减：产品销售税金	60.94%	448	721.00	1 160.35	1 867.44
产品销售成本	17.33%	402	471.66	553.38	649.27
其中：折旧	21.40%	86	104.41	126.75	153.88
二、产品销售利润	74.81%	3 150	5 506.48	9 625.80	16 826.74
加：其他业务利润	13.45%	290	329.00	373.25	423.45
减：管理费用	21.67%	104	126.54	153.96	187.32
财务费用	23.89%	19	23.54	29.16	36.13
三、营业利润	65.47%	3 317	5 488.70	9 082.24	15 028.54
加：投资收益	7.85%	35	37.75	40.71	43.91
营业外收入	126.67%	40	90.67	205.51	465.83
减：营业外支出	388.97%	18	88.02	430.37	2 104.41
四、利润总额	63.58%	3 374	5 519.21	9 028.35	14 768.63
减：所得税	63.58%	843.5	1 379.80	2 257.09	3 692.16
五、净利润	63.58%	2 530.5	4 139.41	6 771.27	11 076.48
加：折旧和无形资产摊销	9.69%	91	6 444.44	10 382.72	16 727.71
减：追加资本性支出	15.32%	46	721.00	1 160.35	1 867.44
六、净现金流量	60.84%	2 575.5	471.66	553.38	649.27

注：E表示未来值，计算公式为：上期发生额×（1+平均增长率）。

通过利润表中计算出企业未来的净利润和净现金流量，从而预测出企业的未来收益，这就是基于时间序列下的企业收益预测的方法。如果测算的收益层次和口径与该表有差异，可在该表的基础上进行适当的调整。

② 回归分析法。在统计学中，回归分析法是指研究两种或两种以上变量之间相互关系的统计分析方法。回归分析按照涉及的变量多少，可分为一元回归分析和多元回归分析，按应变量的多少可分为简单回归分析和多重回归分析，按自变量和因变量之间的关系，可分为线性回归分析和非线性回归分析。

一元线性回归分析是回归分析中最简单的预测模型，该模型使用最佳的拟合直线在因变量 Y 和自变量 X 之间建立一种关系，即 $Y=a+bx$。表8-8建立了年份与净利润之间的关系。

表 8-8　2017—2021 年某企业净利润　　　　　　　　　　单位：万元

年份	2017	2018	2019	2020	2021
净利润	523	666	789	856	1 022

图 8-1 建立了净利润和年份之间的关系，净利润为因变量，年份为自变量。

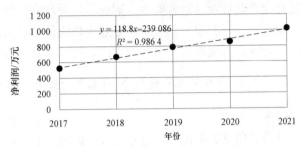

图 8-1　2017—2021 年净利润与年份之间的关系

以净利润和年份构建散点图，说明净利润和年份之间有一定的相关性，可以构建一元线性回归分析模型：$y=118.8-239\,086x$，则可以计算出未来三年的净利润，如表 8-9 所示。

表 8-9　2022—2024 年净利润预测值　　　　　　　　　　　　单位：万元

年份	2017	2018	2019	2020	2021	2022E	2023E	2024E
净利润	523	666	789	856	1 022	1 127.6	1 246.4	1 365.2

2. 折现率的确定

折现率是将未来有限期收益还原或转化为现值的比率。资本化率是将未来非有限期收益转化为现值的比率。资本化率在资产评估业务中有着不同的称谓：资本化率、还原利率等。折现率和资本化率在本质上是相同的，都属于投资报酬率。投资的报酬率由两部分组成：一是无风险报酬率；二是风险投资报酬率。无风险报酬率取决于资本的机会成本。这个机会成本通常以政府发行的国库券利率和银行储蓄利率作为参照依据，而风险报酬率的高低则取决于投资的风险，风险大的投资，要求的风险报酬率就高。折现率与资本化率既可以是完全相等的一个数值，也可以是两个不同的数值。

折现率＝无风险报酬率＋风险报酬率

1）企业价值评估中选择折现率的基本原则

（1）折现率不低于投资的机会成本

在存在正常的资本市场和产权市场的条件下，任何一项投资的回报率不应低于该投资的机会成本。在现实生活中，政府发行的国库券利率和银行储蓄利率可以作为投资者进行其他投资的机会成本。由于国库券的发行主体是政府，几乎没有破产或无力偿付的可能，投资的安全系数大。储蓄也是一种风险极小的投资。因此，国库券利率和银行储蓄利率可以看成是其他投资的机会成本，相当于无风险投资报酬率。

（2）行业基准收益率不宜直接作为折现率，但行业平均收益率可作为确定折现率的重要参数

我国的行业基准收益率是基本建设投资管理部门为筛选建设项目，从拟建项目对国民经

济的净贡献方面，按照行业统一制定的最低收益率标准。只有投资收益率高于行业基准收益率的拟建项目才有可能得到批准。行业基准收益率旨在反映拟建项目对国民经济的净贡献，包括拟建项目可能提供的税收收入和利润，而不是对投资者的净贡献，因此不宜直接将其作为企业产权变动时价值评估的折现率。另外，行业基准收益率的高低也体现了国家的产业政策，在一定时期属于国家鼓励发展的行业，其行业基准收益率可以相对低一些；属于国家控制发展的行业，国家就会调高其行业基准收益率。因此，行业基准收益率不宜直接作为企业价值评估中的折现率。随着我国证券市场的发展，行业平均收益率逐渐成为衡量行业平均盈利能力的重要指标，可作为确定折现率的重要参考指标。其计算公式为

$$行业平均收益率=\left(\sum 行业各企业净利润 / \sum 行业各企业资产平均额\right) \times 100\%$$

（3）贴现率不宜直接作为折现率

贴现率是商业银行对未到期票据提前兑现所扣金额（贴现息）与期票票面金额的比率。贴现率虽然也是将未来值换算成现值的比率，但它通常是银行根据市场利率和贴现票据的信誉程度确定的。从本质上讲，贴现率接近于市场利率，而折现率是针对具体评估对象的风险而生成的期望投资报酬率。从内容上讲，折现率与贴现率并不一致，把银行贴现率直接作为企业评估的折现率是不妥当的。但在有些情况下，如对采矿权评估所使用的贴现现金流量法正是以贴现率折现评估价值的，但即使在这种场合，所使用的贴现率也包括安全利率和风险溢价两部分，与真正意义上的贴现率也不完全一样。

3. 折现率的测算

收益法中折现率的确定，主要有以下 3 种方法。

（1）风险累加法

风险累加法是采用无风险报酬率加风险报酬率的方式确定折现率或资本化率的方法。如果风险报酬率是通过系数法或资本资产定价模型估测出来的，此时累加法测算的折现率或资本化率适用于股权收益的折现或资本化。风险累加法计算折现率的数学表达式为

$$折现率=无风险报酬率+风险报酬率$$

（2）资本资产定价模型

资本资产定价模型（CAPM）是用来测算权益资本折现率的一种工具。资本资产定价模型（capital asset pricing model，CAPM）使用方差来度量不可分散化的风险，并将风险与收益联系起来。考虑到任何资产不可分散化的风险都可用 β 值来描述，并相应地计算出预期收益率，其计算公式为

$$r_e = R_f + \beta(R_m - R_f)$$

其中：r_e 为权益资本成本；R_f 为无风险报酬率；R_m 为股东期望报酬率；β 为风险报酬系数。

风险报酬系数的确定方法通常有以下几种。

① 根据以往同类或类似项目加以确定。根据以往同类项目的投资收益率、标准离差率和无风险收益率等历史资料加以确定。计算公式为

$$\beta = (R - R_F)/V$$

其中：R 为必要报酬率；R_F 为无风险报酬率；V 为标准离差率。

② 根据标准离差率和投资报酬率之间的关系加以确定。根据某公司以往一系列项目的最高报酬率、最低报酬率及相应的标准离差率进行计算。计算公式为

$$\beta = \frac{最高报酬率 - 最低报酬率}{最高报酬率对应的标准离差率 - 最低报酬率对应的标准离差率} \times 100\%$$

③ 由公司领导或公司组织专家确定。在缺乏历史资料的情况下，一般可组织专家根据经验加以确定。

④ 由国家有关部门组织专家确定。国家财政、银行、证券等部门可组织有关方面的专家，根据行业条件和有关因素，确定各行业的风险报酬系数。这种风险报酬系数可由有关部门定期发布。

【例 8-2】 某公司股票的风险报酬系数为 1.5，无风险报酬率为 8%，市场上所有股票的平均报酬率为 10%，则该公司的权益资本成本为多少？

解 $r_e = R_f + \beta(R_m - R_f) = 8\% + 1.5(10\% - 8\%) = 11\%$

（3）加权平均资本成本模型（WACC）

加权平均资本成本是企业不同资产成本的加权平均值，即为资本加权平均报酬率。加权平均资本成本模型是以企业的所有者权益和长期负债所构成的投资成本，以及投资资本所要求的回报率，经加权平均计算来获得企业评估所需折现率的一种数学模型。其计算公式为

$$r = r_d \times (1-T) \times \frac{D}{D+E} + r_e \times \frac{E}{D+E}$$

其中：$E/(D+E)$ 为权益资本占全部资本的权重；$D/(D+E)$ 为债务资本占全部资本的权重；r_e 为权益资本要求的投资回报率（权益资本成本）；r_d 为债务资本要求的回报率（债务资本成本）；T 为被评估企业所适用的所得税税率。

【例 8-3】 某公司共有资金 1 000 万元，其中长期借款 400 万元，普通股 600 万元，债务资本成本为 6%，权益资本成本为 13%，适用的所得税税率为 25%。计算该公司的综合资本成本。

解 $r = r_d \times (1-T) \times \frac{D}{D+E} + r_e \times \frac{E}{D+E} = 6\% \times (1-25\%) \times \frac{400}{1\,000} + 13\% \times \frac{600}{1\,000} = 9.6\%$

4. 未来期数的确定

收益期的确定需考虑企业的固定资产使用年限、主要产品所处的生命周期、经营者的素质、外部环境的影响，如竞争对手的变化、国家投资政策的变化等。收益期的确定方法可以分为以下 3 种。

（1）（约定）年限法

企业整体资产发生产权变动后，合同约定了企业的经营期限时，应该以合同年限作为企

业资产的收益期。比如中外合资企业以合同中规定的期限作为收益期。

（2）永续法

若无特殊情况，企业经营比较正常且没有对足以影响企业继续经营的某项资产的使用年限进行规定，则在测算其收益时，收益期可采用无限年限。

（3）企业整体资产经营寿命法

企业产权发生变动后没有规定经营期限的，按其正常经济寿命测算。企业整体资产的经济寿命的终止往往指这样一个时点：收益主体继续持有该收益资产在经济上不再有利。

8.3.5 收益法的具体评估方法

1. 企业永续经营假设前提下的收益法

（1）年金法

企业价值评估的年金法，是将已处于均衡状态，其未来收益具有充分的稳定性和可预测性的收益进行年金化处理，然后再把已年金化的企业预期收益进行收益还原，估测企业的价值。年金法一般用于未来预期收益相对稳定、所在行业发展相对稳定的企业价值评估。

年金法的计算公式为

$$P = \frac{A}{r}$$

式中：P——企业价值评估值；

A——企业年金收益；

r——折现率或资本化率。

由于企业预期收益并不能表现为年金形式，评估人员如果运用年金法评估企业价值，还需对被评估企业的预期收益进行综合分析，确定被评估企业的预期年金收益。将企业未来若干年的预期收益进行年金化处理进而得到企业年金，是若干种分析预测企业年金收益方法中的一种。如果采用将企业未来若干年的预期收益进行年金化处理而得到企业年金的方法，则年金法的计算公式又可以写成

$$P = \left\{ \sum_{t=1}^{n}[R_t(1+r)^{-t}] \Big/ \sum_{t=1}^{n}[(1+r)^{-t}] \right\} / r$$

式中：$\sum_{t=1}^{n}[R_t(1+r)^{-t}]$——企业前 n 年预期收益折现值之和；

$\sum_{t=1}^{n}[(1+r)^{-t}]$——年金现值系数；

r——折现率或资本化率。

用于企业价值评估的年金法，是将已处于均衡状态、其未来收益具有充分的稳定性和可预测性的企业未来若干年的预测收益进行年金化处理，然后将已年金化的企业预期收益进行收益资本化，以此估算企业的价值。将企业相对稳定的、可预测的未来若干年预期收益进行年金化处理，仅仅是评估人员分析判断未来预期收益的一种方式。如果评估人员并不能确定通过年金化处理而得到这个企业年金可以反映被评估企业的未来预期收益能力和水平，这个企业年金就不可以直接作为企业价值评估的收益额，而需要通过其他方法估测适用于被评估企业的收益额。

【例8-4】 假设某企业永续经营，不改变经营方向、经营模式和管理模式。该企业预计未来5年的预期收益额为80万元、90万元、100万元、90万元、95万元，折现率及资本化率均为10%，试用年金法估测该企业的价值。

解 $P = \left\{ \sum_{t=1}^{n}\left[R_t(1+r)^{-t}\right] \bigg/ \sum_{t=1}^{n}\left[(1+r)^{-t}\right] \right\} / r$

= [（80×0.909 1+90×0.826 4+100×0.751 3+90×0.683 0+95×0.620 9）/
（0.909 1+0.826 4+0.751 3+0.683 0+0.620 9）] /10%

= [（72.728+74.376+75.13+61.47+58.985 5）/3.790 7] /10%

=（342.689 5/3.790 7）/10%

=904.03（万元）

（2）分段法

分段法是将持续经营的企业的收益预测分为前、后两段。将企业的收益预测分为前、后两段的理由是：在企业发展的前一个期间，企业处于不稳定状态，因此企业的收益是不稳定的；而在该期间之后，企业处于均衡状态，其收益是稳定的或按某种规律进行变化。对于前段企业的预期收益采取逐年预测并折现累加的方法。而对于后段的企业收益，则针对企业具体情况并按企业的收益变化规律，对其后段的预期收益进行折现和还原处理。将企业前、后两段收益现值加在一起便构成了企业的收益现值。

假设评估基准日后的第二段收益取得了年金收益形式，则分段法的计算公式可写为

$$P = \sum_{t=1}^{n}\left[R_t(1+r)^{-t}\right] + \frac{R_{n+1}}{r}(1+r)^{-n}$$

假设从 $n+1$ 年后的后段，企业预期年收益将按照某一固定比例 g 增长，则分段法的计算公式可以写为

$$P = \sum_{t=1}^{n}\left[R_t(1+r)^{-t}\right] + \frac{R_n(1+g)}{r-g}(1+r)^{-n}$$

【例9-5】 承例8-4，待估企业预计未来5年的预期收益额分别为80万元、90万元、100万元、90万元、95万元。根据推断，从第六年开始，企业的年收益额将维持在200万元的水平，假设折现率及资本化率均为10%，试用分段法估测该企业的价值。

解 $P = \sum_{t=1}^{n}\left[R_t(1+r)^{-t}\right] + \frac{R_n(1+g)}{r-g}(1+r)^{-n}$

=（80×0.909 1+90×0.826 4+100×0.751 3+90×0.683 0+95×0.620 9）+200/10%×0.620 9

=342.689 5+1 241.8

=1 584.489 5（万元）

2. 企业有限持续经营假设前提下的收益法

（1）关于企业有限持续经营假设的适用

对企业而言，它的价值在于其所具有的持续经营的盈利能力。一般而言，对企业价值的

评估应该在持续经营的前提下进行。只有在特殊的情况下，才能在有限持续经营前提下对企业价值进行评估。

企业有限持续经营假设是从最有利于回收企业投资的角度，争取在不追加资本性投资的前提下，充分利用现有企业的资源，最大限度地获取投资收益，直到企业无法持续经营为止。

（2）有限持续经营前提下企业价值评估收益法的评估思路

对于有限持续经营假设前提下企业价值评估的收益法，其评估思路与分段法类似。首先，将企业在可预期的经营期内的收益加以评估并折现；其次，估算企业在经营期限后的残余资产的价值并进行折现；最后，将两者相加。其计算公式为

$$P = \sum_{t=1}^{n}\left[R_t(1+r)^{-t}\right] + P_n \times (1+r)^{-n}$$

式中：P_n——第 n 年时企业资产的变现值；其他符号含义同前。

在运用收益法进行企业价值评估时，具体的技术方法和思路还有很多，评估人员可以根据收益法的基本原理，结合被评估企业的具体情况采用具体的评估方法。

8.4 市场法在企业价值评估中的应用

8.4.1 市场法概述

1. 市场法的定义

市场法是基于一个经济理论和常识都认同的原则：类似的资产应该有类似的交易价格。该原则的一个假设条件是：如果类似的资产在交易价格上存在较大差异，则在市场上就可能产生套利交易的情况。市场法就是基于该理论而得到应用的。在对企业价值的评估中，市场法充分利用市场及市场中参考企业的成交价格信息，并以此为基础，分析和判断被评估对象的价值。市场法将评估对象与可参考企业或者在市场上已有交易案例的企业、股东权益、证券等权益性资产进行对比以确定评估对象价值，其应用前提是假设在一个完全市场上相似的资产一定会有相似的价格。

2. 市场法的计算公式

企业价值评估中的市场法，是指根据市场上可比企业的价值，通过比较评估对象和可比企业在某一关键指标（销售收入、现金流、账面价值、税后利润等）方面的差异，以确定评估对象价值的评估思路，用公式表示

$$\frac{P_1}{X_1} = \frac{P_2}{X_2}$$

其中：P_1 为被评估企业价值；P_2 为可比企业价值；X_1 为被评估企业与企业价值密切相关的指标；X_2 为可比企业与企业价值密切相关的指标，与 X_1 属于同一种指标，如税后利润。

3. 市场法的前提条件

采用市场法进行企业价值评估需要满足 3 个基本前提条件：一是要有一个活跃的公开市场，公开市场指的是有多个交易主体自愿参与且它们之间进行平等交易的市场，这个市场上

的交易价格代表了交易资产的行情,即可认为是市场的公允价格;二是在这个市场上要有与评估对象相同或者相似的参考企业或者交易案例;三是能够收集到与评估相关的信息资料,同时这些信息资料应具有代表性、合理性和有效性。

4. 市场法的适用范围

市场法最大的优点是简单、直观便于理解、运用灵活。尤其是当目标公司未来的收益难以做出详尽的预测时,运用收益法进行评估显然受到限制,而市场法受到的限制相对较小。此外,站在实务的角度,市场法往往更为常用或通常作为运用其他评估方法所获得评估结果的验证或参考。但是运用市场法评估企业价值也存在一定的局限性:首先,因为评估对象和参考企业所面临的风险与不确定性往往不尽相同,因而要找到与评估对象绝对相同或者类似的可比企业难度较大;其次,对价值比率的调整是运用市场法极为关键的一步,这需要评估人员具有丰富的实践经验和较强的技术能力。

5. 市场法具体评估方法

市场法常用的两种具体方法是上市公司比较法和交易案例比较法。

① 上市公司比较法是指获取并分析可比上市公司的经营和财务数据,计算价值比率,在与被评估对象比较分析的基础上,确定被评估对象价值的具体方法。上市公司比较法中的可比企业应当是公开市场上正常交易的上市公司。在切实可行的情况下,评估结论应当考虑控制权和流动性对评估对象价值的影响。

② 交易案例比较法是指获取并分析可比企业的买卖、收购及合并案例资料,计算价值比率,在与被评估对象比较分析的基础上,确定被评估对象价值的具体方法。控制权及交易数量可能影响交易案例比较法中可比企业的交易价格,在切实可行的情况下,应当考虑被评估对象与交易案例在控制权和流动性方面的差异及其对被评估对象价值的影响,如因客观条件限制无法考虑控制权和流动性对被评估对象价值的影响,应当在资产评估报告中披露其原因及可能造成的影响。

6. 运用市场法评估的缺点

① 企业的个体差异。每一个企业都存在不同的特性,除了所在行业、规模大小等可确认的因素各不相同外,影响企业盈利能力的无形因素更是纷繁复杂。因此,几乎难以找到能与被评估企业直接进行比较的相似企业。

② 企业交易案例的差异。即使存在能与被评估企业进行直接比较的相似企业,要找到能与被评估企业的产权交易相比较的交易案例也相当困难。

目前,我国市场上不存在一个可以共享的企业交易案例资料库,因此评估人员无法以较低的成本获得可以应用的交易案例;即使有渠道获得一定的案例,但这些交易的发生时间、市场条件和宏观环境又各不相同,评估人员对这些影响因素的分析也会存在主观和客观条件上的障碍。因此,运用市场法对企业价值进行评估,不能基于直接比较的简单思路,而要通过间接比较分析影响企业价值的相关因素,对企业价值进行评估。

8.4.2 市场法评估的基本步骤

① 明确被评估企业的基本情况,包括评估对象的范围及其相关情况。

② 恰当选择与被评估对象进行比较的参照企业。参照企业应当与被评估对象在同一行业或受同一经济因素影响,它们已经交易或具有交易价格。参照企业应与被评估对象具有可比性。

③ 将参照企业与被评估对象的财务数据和经济指标进行必要的分析、对比和调整,保证

它们之间在财务报告的编制基础、评估对象范围、重要数据的计算、反映方式等方面具有可比性。

④ 选择并计算恰当的价值比率。价值比率或经济指标通常又称为可比价值倍数,是企业价值指标与相关指标的比值,在选择并计算价值比率的过程中,应注意以下事项:选择的价值比率应当有利于评估对象价值的判断;用于价值比率计算的参照企业的相关数据应当恰当可靠;用于价值比率计算的相关数据的计算方法应当一致;被评估对象与参照企业相关数据的计算方式应当一致。

⑤ 将价值比率应用于被评估对象所对应的财务数据,并考虑适当的调整,得出初步评估结论。

⑥ 根据被评估对象的特点,在考虑了对于缺乏控制权、流动性,以及拥有控制权和流动性等因素可能对被评估对象的评估价值产生影响的基础上,评估人员在进行必要分析的基础上,以恰当的方式进行调整,以形成最终评估结论并在评估报告中明确披露。

8.4.3 市场法的具体运用

1. 参照企业比较法

运用市场法的核心是确定恰当的价值比率,价值比率的测算可用下列公式表示。

$$\frac{P_1}{X_1} = \frac{P_2}{X_2}$$

或

$$P_1 = X_1 \times \frac{P_2}{X_2}$$

式中:P_1——被评估企业价值;

P_2——参照企业价值;

X_1——被评估企业与企业价值相关的可比指标;

X_2——参照企业与企业价值相关的可比指标。

$\frac{P_i}{X_i}$ 通常称为可比价值倍数。式中 X_i 通常选用以下财务变量:利息、折旧和税收前利润,即 EBIDT;无负债净现金流量,即企业自由现金流量;净现金流量,即股权自由现金流量;净利润;销售收入;净资产;账面价值等。

确定价值比率的关键在于以下两点。

(1) 对参照企业的选择

判断企业的可比性有两个标准,首先是行业标准,即处于同一行业的企业存在某种可比性。但在同一行业内选择可比性企业时应注意:目前的行业分类过于宽泛,处于同一行业的企业可能生产和所面临的市场完全不同,在选择时应加以注意。即使是处于同一市场、生产同一产品的企业,由于其在行业中的竞争地位不同、规模不同,相互之间的可比性也不同。因此,在选择时应尽量选择与被评估企业的地位相类似的企业。其次是财务标准。既然企业都可以视为是在生产同一种产品——现金流,那么存在相同盈利能力的企业通常具有相类似的财务结构。因此，可以从对财务指标和财务结构的分析上对企业的可比性进行判断。

（2）对可比指标的选择

对可比指标进行选择时要注意：可比指标应与企业的价值直接相关。由于企业的现金流量和利润直接反映了企业的盈利能力，这两个指标与企业的价值直接相关，因此在企业价值的评估中，现金流量和利润是最主要的候选指标。

2. 交易案例比较法

交易案例比较法是市场法中另外一种常用的具体方法，该方法通过分析同行业或类似行业的并购交易案例，得出合适的价格乘数应用于被评估企业的价值评估中。

（1）并购的定义

并购交易活动是市场经济中企业竞争、发展的必然结果，其实质为产权转让。并购包括企业兼并和企业收购两层意思。

我国《公司法》指出："公司合并可以采取吸收合并或者新设合并。一个公司吸收其他公司为吸收合并，被吸收公司解散。两个以上公司合并并设立为一个新的公司为新设合并，合并各方解散。"企业收购是指一家企业用现金、债券或股票收购另外一家企业的股票或资产，以获得对该企业控制权的行为。其中，购买方称为收购公司、出价公司，另外一方称为被收购公司、目标公司。收购的结果可能是收购目标公司的全部股权或资产，也可能是获得较大一部分股权或资产以实现控制权，还有可能是获得一小部分股权，但对目标公司具有较大影响。

（2）并购交易类型

被评估企业是否上市，对评估人员的信息收集影响很大。根据收购公司和目标公司是否为上市公司，并购交易可以分为以下4种类型。

① 上市公司并购另外一家上市公司，即收购公司和目标公司均为上市公司。由于政府监管部门对上市公司有严格的信息披露要求，所以对于这类并购交易案例，评估人员可以较方便地收集到详细的信息资料，包括交易价格、交易方式、交易双方的财务状况、生产经营状况、管理层的构成等。

② 非上市公司并购上市公司，即收购公司是非上市公司，目标公司是上市公司。由于涉及上市公司控股权变动，因而需要进行详细的信息披露。对于这类并购交易案例，评估人员可以比较方便地收集到有关交易细节及交易对象的详细资料，这些资料基本能够满足评估过程中比较分析的需要。

③ 上市公司并购非上市公司，即收购公司是上市公司，目标公司是非上市公司。在这类并购案例中，上市公司需要公开披露交易方面的信息，包括交易价格、交易方式、交易对象的基本情况等。由于交易对象是非上市公司，所以评估人员难以获得目标公司的详细信息。

④ 非上市公司并购非上市公司，即收购公司和目标公司都是非上市公司。对于非上市公司，信息披露的强制要求非常少，因此评估人员收集信息的难度最大。

（3）运用交易案例比较法的一些要求

交易案例比较法中，被评估企业的价值评估建立在既有交易案例比较分析的基础之上，因此交易案例必须能够提供充足客观的数据和信息用于价格乘数的确定。交易案例中的目标公司与被评估企业之间应该具有投资特点方面的可比性，理想的交易案例是目标公司和被评估企业处于同一行业。但是，如果在同一行业可选的交易案例数量较少，则评估人员就有必要选择其他行业中与被评估企业有着相似投资特性的交易案例，诸如相似的市场、产品、成长性、业务变动周期及其他价值影响因素。

评估人员搜寻和选择并购案例时，应该首先建立相应的标准，以保证所选择并购案例的客观、可信；由于上市公司的信息披露比较详细、充分，所以评估人员可以考虑首先收集涉及上市公司的交易案例。对于所搜集的并购案例，评估人员应尽可能获取并分析并购活动中目标公司的财务与经营数据。如果目标公司与被评估企业的会计政策、会计估计存在较大差异，则评估人员必须设法消除二者之间的差异。非正常项目及非经常项目经分析后也要加以适当调整。

3. 价格乘数法

一般而言，价格乘数按照以下4个步骤来加以运用：首先，界定价格乘数的内涵，明确价格乘数口径的一致及其在可比企业之间、可比企业与被评估企业之间的统一；其次，把握可比企业及整个市场的价格乘数的分布特征；再次，分析价格乘数的决定因素及这些决定因素对价格乘数变化的影响；最后，根据可比企业和被评估企业之间的差异对价格乘数加以调整，并将调整后的价格乘数应用到被评估企业的价值评估中去。

（1）市盈率

市盈率（PE）是运用最为广泛的一个价格乘数，市盈率一般是每股市场价格和每股收益（收益通常取税后净利润）之比。市盈率的定义符合一致性的要求，分子是每股股权的价格，分母是每股收益，衡量的是股权的收益水平。关于市盈率的最大问题就是计算乘数时所用到的每股收益的种种变形，可以按当前每股收益，也可以按追踪每股收益、预期每股收益或是其他形式的每股收益来计算，而根据不同形式的每股收益所得到的市盈率可能会相差很大，这在技术型企业中表现得尤为明显。因为技术型企业具有高成长性，每股收益增长很快，预期每股收益会显著高于追踪每股收益，并且显著高于当前每股收益。

目前运用市场法对企业价值进行评估通常是在证券市场上找到与被评估企业可比的上市公司进行评估，此方法适用于上市公司及一部分非上市公司。市盈率等于上市公司每股股票价格与其盈利的比率，它通常被用来衡量一个企业的盈利能力，以及反映投资者对风险的估计。市盈率越高，表明对公司未来越是看好；反之则说明公司未来前景暗淡。市盈率乘数法是利用市盈率作为基本参考依据，经对上市公司与被评估企业的相关因素进行对比分析后得出被评估企业价值的方法。应用市盈率乘数法的基本程序如下。

① 收集与被评估企业处于同一类或者类似行业的上市公司，且各方面的条件（如行业、生产产品、经营规模等）大体接近。将上市公司的股票价格按照不同口径的收益额计算出不同口径的市盈率，作为被评估企业价值的乘数。可供选择的计算依据主要有：净利润、无负债现金流量、税前无负债净现金流量等。

② 分别按各口径计算被评估企业的各种收益额。

③ 按相同口径用市盈率乘以被评估企业的收益额得到一组被评估企业的整体价格。

④ 对于一组企业整体价格分别给予权重，权重的大小取决于该口径计算的企业收益额及市盈率与企业实际情况的相关程度，然后通过加权计算出企业价值的评估值。

基于成本和便利的原则，目前运用市场法对企业价值进行评估主要是在证券市场上寻找与被评估企业可比的上市公司作为参照企业，即采用参考企业比较法。在运用参考企业比较法时，通常使用市盈率乘数法对企业价值进行评估。市盈率乘数法的思路是将上市公司的股票年收益和被评估企业的利润作为可比指标，首先从证券市场上收集与被评估企业相似的可比企业，按企业的不同收益口径，如利息、折旧、税前收益、息前净现金流量、净利润等，在此基础上计算与之对应的市盈率；然后确定被评估企业不同口径的收益额，以可比企业相应口径的市盈率乘以被评估企业相应口径的收益额，初步确定被评估企业的价值；最后按照不同样本计算的企业价值分别给出权重，加权平均计算出企业价值。

由于企业个体差异的存在，把某一个相似企业的某个关键参数作为比较的唯一标准往往会产生一定的误差。为了降低这种误差，目前通用的是采用多样本、多参数的综合方法。

（2）市销率

市销率（PS）是企业股票价格（投入资本价格）与企业每股销售收入之比。在其他条件相同的情况下，应用于评估对象的市销率乘数越低，所得评估值就越低，而市销率乘数越高，所得评估值就越高。

近年来，市销率乘数正逐渐受到评估人员的欢迎，究其原因主要有以下几个方面：首先，公司只要还在经营，它就会有销售收入，因此市销率乘数几乎在任何时候都可以使用，甚至对于经营出现问题的公司也是适用的，而不会像市盈率乘数那样（当企业利润为负数或为零时，市盈率这一乘数就没有实际意义）。其次，相对于市盈率乘数及后面要讨论的市净率乘数，市销率乘数比较难以被操纵，而市盈率分母中的利润指标和市净率分母中的账面价值指标会因折旧、存货、研发费用及非经常性支出等所采用会计政策的不同而出现很大差异。最后，与利润指标相比，销售收入对经济的变化不是很敏感，所以市销率乘数比收益乘数稳定，在价值评估时比较值得信赖。但市销率乘数也有其不足之处，企业的价值在于企业产生的利润和现金流，而市销率乘数仅仅关注企业的销售收入，并未考虑企业的成本及利润率因素，如果不进行仔细分析，则可能出现评估偏差。

市销率乘数也称为价格销售比，包括两种基本类型，第一种是用来评估股权价值的乘数，即企业股票交易价格与企业每股销售收入的比率；第二种是用来评估投入资本价值的乘数，即企业投入资本价格（包括负债价格和所有者权益价格）和企业全部销售收入之比。实践中，使用较多的是前者，其计算公式为

$$市销率 = \frac{股票市场交易价格}{每股销售收入}$$

（3）市净率

市净率乘数定义为每股交易价格与每股净资产的比率。每股净资产为每股资产的账面价值与债务账面价值之差，即每股权益账面价值。每股净资产虽然反映了其初始成本，但如果股权资本收益能力在资本投入之后有了很大程度的提高或降低，那么权益的账面价值与其市场交易价格之间有可能相差很多。市净率的计算公式为

$$市净率 = \frac{每股交易价格}{每股净资产}$$

【例8-6】为了评估 H 企业的价值，从市场上找到 3 个相似的公司 A、B、C，然后分别计算各自的市场价值与销售额的比率、与账面价值的比率及与净现金流量的比率，这里的比率即为可比价值倍数，得到的结果如表 8-10 所示。

表8-10 参照公司价值比例汇总表

	A公司	B公司	C公司	平均
市场价值/销售额	1.3	0.9	1.1	1.1
市场价值/账面价值	1.7	1.3	1.5	1.5
市场价值/净现金流量	20	15	25	20

把3个样本公司的各项可比价值倍数分别进行平均,就得到了应用于H企业评估的3个倍数。这里要强调的是,计算出来的各个公司的比率或倍数在数值上相对接近是非常重要的。如果它们差别很大,就意味着平均数附近的离差是相对较大的,所选样本公司与目标公司在某项特征上就存在较大的差异性,此时的可比性就会受到影响,需要重新筛选样本公司。

如表8-10所示,得出的数据结果具有较强的可比性。此时假设H企业的年销售额为1亿元,账面价值为6 000万元,净现金流量为500万元,然后用表8-10得到的3个倍数计算H企业的指标价值,再将3个指标进行算术平均,如表8-11所示。

表8-11 H企业的评估价值　　　　　　　　　　　　　　　单位:万元

项目	H企业实际数据	可比公司平均比率	H企业指标价值
销售额	10 000	1.1	11 000
账面价值	6 000	1.5	9 000
净现金流量	500	20	10 000
H企业评估价值			10 000

表8-11中得到的3个可比价值倍数分别是1.1、1.5、20,然后H企业的3个指标10 000万元、6 000万元、500万元分别乘以3个可比价值倍数,得到H企业的3个指标价值11 000万元、9 000万元、10 000万元,将3个指标进行平均得到H企业的评估价值,为10 000万元。

8.5 企业价值评估方法的选择

企业价值评估方法是实现企业价值评估目的的技术路径和手段,评估方法的选择应考虑以下几个方面。

1. 企业价值评估的评估目的

企业价值评估的目的决定了评估价值类型,进而影响评估方法的选择。对于同一企业而言,如果评估目的不同,评估方法的选择也会随之不同。比如,企业股权在产权市场上挂牌转让,为了确定交易价格,可以选择收益法;如果该企业的股票在证券市场上公开交易,投资者为了进行股票投资决策,可以选择市场法;如果该企业被迫进行清算,那么可以选择成本法。

2. 评估方法应用前提是否满足

在评估过程中,采用哪种评估方法,要看该评估条件和环境是否有利于评估的进行,我们需要从是否满足各种评估方法的应用前提,只有在应用前提得到满足的基础上,才能应用此方法。比如收益法的收益法可以对企业整体盈利做出判断,应用前提是要确定可以用货币计量的未来各期的收益额、折现率和未来可用的收益期限，如果三者缺一个条件，就不可以使用收益法进行价值评估。

3. 三种评估方法的对比

企业价值评估常用的三种方法对比具体如表8-12所示。

表8-12 企业价值评估方法比较

项目	收益法	市场法	成本法
假设前提	企业价值是企业整体未来所能获得收益的现值，是未来收益的货币化，风险收益可计量	成熟有效的证券市场为基础，市场规模足够大，数据真实，有参照企业可比指标	企业价值等于所有有形资产和无形资产成本之和，成本资料齐备，有效耗费可计量
使用方法	收益资本化；未来收益能力；未来收益折现	行业相关财务比率；销售收入、净利润等绝对值指标；市盈率/利润率等相对值指标	账面价值；调整后账面价值；重置成本
评估结果	内在价值	市场价值	市场公允价值/清算价值
优点	建立在价值分析的基础上，反映企业整体未来盈利能力	数据来自市场，直接客观	根据财务报表调整计算所得，具有客观性
缺点	三个参数设置的主观性强；评估的准确性很大程度上取决于对企业未来收益参数	很难找到条件一致的可比企业，企业个体和交易案例有差异；证券市场价格波动，影响评估结果的准确性	重视单项资产评估，不考虑企业整体盈利能力；忽略资产组合能力；忽略某些无形资产的价值，价值构成不完整；费时费力
应用情况	收益法作为检验方法较多	较少	作为主要评估方法，使用较多

另外，收益法和成本法着眼于企业自身发展状况。收益法关注企业的盈利潜力，考虑未来收入的时间价值，是立足现在、放眼未来的方法，因此对于处于成长期或成熟期并具有稳定、持久收益的企业较适用。成本法则是考虑企业现有资产和负债，是对企业目前价值的真实评估，所以在涉及一个仅进行投资或仅拥有不动产的控股企业，或所评估的企业为非持续经营时，适宜用成本法进行评估。市场法区别于收益法和成本法，其将评估重点从企业本身转移至行业，完成了评估方法由内及外的转变，市场法较其他两种方法更为简便和易于理解，其本质在于寻求合适的标杆进行横向比较；在目标企业属于发展潜力型企业，同时未来收益又无法确定的情况下，市场法的应用优势就会凸显。

4. 评估方法的最终选择和补充

在实际的评估中，可以采用混合的方法对企业价值进行综合评估，具体方法如下。

① 一种方法的参数选用明显比另一种或两种方法有把握时，直接将该方法确定的评估值作为最终评估结果。比如当成本法的参数选用明显比另外两种方法有把握时，直接将成本法确定的评估值作为最终评估结果。

② 一种方法的参数选用只是比另一种或两种方法略有把握时，分别赋予各种方法适当的权重，将各种方法得出的结果进行加权平均，从而得出最终评估结果。比如，P=收益法所得值×40%+成本法所得值×60%。

③ 一种方法的参数选用与另两种方法相差无几，而且评估结果接近时，采用两种或三种评估结果的算术平均值作为最终评估结果。比如，P=（收益法+成本法）/2，或者 P=（收益法+成本法+市场法）/2。

8.6 企业价值评估的案例分析——收益法

某企业 A 聘请评估机构对该企业进行整体资产评估,评估基准日定于 2021 年 1 月 1 日。该企业属于同行业中的中型骨干企业,经营状况良好,评估人员根据该企业所处的具体环境和经济情况,结合特定的评估目的,确定采用收益法进行评估。

1. 调查研究历史和分析现状

在评估前期,通过企业人员介绍、现场调查、企业提供的前三年至今的财务统计资料等,评估人员熟悉了企业发展情况和目前经营情况,进行了企业经营、财务和获利能力分析,结果如下。

① 该企业成长较快。根据企业提供的财务报表,企业前几年的营业收入、净利润等均为正值,平稳增长且波动范围不大,表明企业的经营活动稳定,企业的资产整体获利能力(根据前三年的情况看)是可以合理预期的。

② 企业盈利除了适当用于提薪、奖励外,主要用于产品开发和技术更新,并开始注意职工培训。

③ 企业已由生产导向转向主动式营销导向,已建立初步的信息管理系统、市场营销系统、技术情报系统。

整体结论:该企业具备较好的获利能力,具有较好的发展前景。

2. 收益预测分析

① 企业连续数年的技术更新改造使企业技术基础已基本达到中等先进水平,处于同行业中上等状态。若能筹措到足够资金,可用两年努力使企业技术追上中等发达国家同行业水平。

② 内部资金结构比较合理,资信等级高,筹资渠道通畅。

③ 产品改型已赢得市场,代理商和直销商的努力已开始产生品牌效应。随着技术组织措施到位和产销规模扩大,有望在半年之内降价、增利。

④ 在今后一段时间里,国家主要经济政策不会有太大的变化,经济继续保持平稳增长。经过多方案预测和综合论证,企业未来发展前景乐观。未来五年的收益预测数据如表 8-13 所示。

表 8-13 某企业未来收益预测

单位:万元

项目	2021	2022	2023	2024	2025
销售收入	6 587	7 098	8 255	10 040	11 480
销售税金	988	1 060	1 240	1 510	1 720
销售成本	3 620	3 900	4 540	5 520	6 310
销售及其他费用	296.4	319.4	346.7	401.6	436.3
产品销售利润	1 682.6	1 818.6	2 128.3	2 608.4	3 013.7
其他销售利润					
营业外收入(+)	100	105	130	170	220
营业外支出(-)	80	82	95	120	155
利润总额	1 702.6	1 841.6	2 163.3	2 658.4	3 078.7
所得税支出(税率25%)	425.7	460.4	540.8	664.6	769.7

续表

项目	2021	2022	2023	2024	2025
净利润	1 276.9	1 381.2	1 622.5	1 993.8	2 309.0
折旧（+）	568	612	660	878	965
追加投资（-）	350	350	150	100	100
净现金流量	1 494.9	1 643.2	2 132.5	2 771.8	3 174.0
折现系数（11%）	0.900 9	0.811 6	0.731 2	0.658 7	0.593 5
净现值	1 346.8	1 333.6	1 559.3	1 825.8	1 883.8

3. 选择模型及参数确定

该企业为了增强发展后劲，在未来头两年进一步加大技术改造投入，到未来第三年基本收尾，然后追加发展投入。从未来发展趋势看，永续期还将保持3%左右的收益增长速度，评估时分析企业的未来发展，选择收益法的分段式收益增长模型。

与外方合资应按国际通行会计信息标准，因此收益值选用净现金流量，所得税税率为25%。

收益折现采用行业平均收益率水平，即以该行业11%的收益率水平确定折现率，它包括以银行利率为参照的安全利率和行业平均风险报酬率。

由于永续期有3%的收益增长，依据收益增长模型，其资本化率按折现率调减3%，即以8%为资本化率。本次评估在预测未来5年收益额的基础上，假定从第6年开始，收益额将以第5年水平的3%的增长率保持增长。

4. 具体测算及评估结果

按照收益法中的分段法评估思路，企业价值评估的具体步骤如下。

① 计算未来5年（2021—2025年）企业净现金流量的折现值之和。

$$1\ 346.8+1\ 333.6+1\ 559.3+1\ 825.8+1\ 883.8=7\ 949.3（万元）$$

② 从未来第5年（2025年）开始，计算永久性现金流量现值。

将未来永久性收益折成未来第5年（2025年）的价值。

$$3\ 174.0×(1+3\%)/(11\%-3\%)=40\ 865.3（万元）$$

按第5年的折现系数，将企业预期第二段收益折成现值。

$$40\ 865.3×0.593\ 5=24\ 253.6（万元）$$

计算企业的评估价值。

$$7\ 949.3+24\ 253.6=32\ 202.9（万元）$$

练 习 题

一、单项选择题

1. 从量的角度讲，企业价值评估与构成企业的单项资产评估加和之间的差异主要表现在（　　）。

　　A. 管理人员才干　　B. 商誉　　　　　C. 企业获利能力　　D. 无形资产

2. 运用收益法进行企业价值评估，其前提条件是（　　）。

A. 企业具有生产能力 B. 企业各项资产完好
C. 企业能够持续经营 D. 企业具有商誉

3. 决定企业价值高低的因素是企业的（   ）。
   A. 生产能力　　B. 生产成本　　C. 整体获利能力　　D. 整体资产

4. 根据投资回报的要求，用于企业价值评估的折现率中的无风险报酬率应以（   ）为宜。
   A. 行业销售利润率 B. 行业平均成本利润率
   C. 行业债券利率 D. 国库券利率

5. 运用市场法评估企业价值应遵循（   ）。
   A. 替代原则 B. 贡献原则
   C. 企业价值最大化原则 D. 配比原则

6. 加权平均资金成本模型是以（   ）所构成的投资成本。
   A. 所有者权益和全部负债 B. 所有者权益和长期负债
   C. 所有者权益和流动负债 D. 长期负债和流动负债

7. 判断企业价值评估预期收益的基础应该是（   ）。
   A. 企业正常收益 B. 企业历史收益
   C. 企业现实收益 D. 企业未来收益

二、多项选择题

1. 整体评估和单项资产评估值简单加和的区别主要包括（   ）。
   A. 评估对象的区别 B. 影响因素的差异
   C. 评估结果的差异 D. 评估目的差异

2. 企业的特点包括（   ）。
   A. 盈利性　　B. 持续经营性　　C. 固定性　　D. 整体性

3. 企业价值评估的一般范围应包括（   ）。
   A. 产权主体自身占用资产 B. 全资子公司资产
   C. 控股子公司资产 D. 债务人的资产

4. 以下关于企业价值评估现金流量折现法的表述中，错误的有（   ）。
   A. 预测基数应为上一年的实际数据，不能对其进行调整
   B. 预测期是指企业增长的不稳定时期，通常在5至7年之间
   C. 实体现金流量应该等于融资现金流量
   D. 后续期的现金流量增长率越高，企业价值越大

5. 下列各项中，属于企业价值特点的有（   ）。
   A. 企业价值是一个整体概念 B. 企业价值受企业可存续期限影响
   C. 企业价值要求企业以盈利为目的 D. 企业价值是企业市值的体现
   E. 企业价值的表现形式具有虚拟性

6. 下列影响企业价值的因素中，属于企业层面的影响因素有（   ）。
   A. 业务和经营战略 B. 资产利用方式
   C. 行业竞争地位 D. 生产能力
   E. 资产利用范围

三、评估题

1. 甲公司是一家省属国有控股的化工企业，拟进行股权转让，委托资产评估机构对其股

东全部权益价值进行评估。评估基准日为2021年12月31日，价值类型为市场价值。经过现场调查等评估程序，评估专业人员发现：

① 甲公司向评估人员提交的专项审计报告为带强调事项段的无保留意见的审计报告。

② 甲公司有一项账外资产，为自创的一项发明专利，专利申请日为2009年1月1日，专利授权日为2010年12月31日。

③ 2021年12月8日，甲公司发生一起事故，导致排放的废水、废气出现环境污染问题。2022年1月5日，当地环保部门下发了要求限期整改的通知书，评估人员预测整改费为1 000万元。

评估人员通过综合分析或具体估算，预测上述发明专利的剩余经济寿命为4年，专利的销售收入分成率为3%，折现率为15%，同时预测甲公司未来的销售收入为：2022年50 000万元、2023年55 000万元、2024年59 000万元、2025年62 000万元、2026年62 000万元，以后年度维持2026年的收入不变。

评估人员采用资产基础法对甲公司企业价值进行评估，表内科目的评估结果如表8-14所示。

表8-14 2021年12月31日资产评估结果统计表　　　　　　　　　　　　单位：万元

项目	账面价值	评估价值	项目	账面价值	评估价值
流动资产	30 000	31 000	流动负债	50 000	50 000
固定资产	48 000	50 000	非流动负债	20 000	20 000
在建工程	32 000	34 000	负债合计	70 000	70 000
土地使用权	10 000	20 000			
资产合计	120 000	135 000			

（1）资产基础法的适用前提是什么？

（2）评估人员需要对审计报告强调事项段披露的重大事项履行什么必要程序？

（3）甲公司的发明专利是否应当纳入评估范围？法律保护期限还剩多少年？收益期限为多少年？

（4）计算甲公司股东全部权益价值。

2. 甲企业预计未来4年的预期股权自由现金流量为100万元、150万元、200万元、200万元，从第5年起股权自由现金流量将在第4年的水平以3%的增长率保持增长，假设权益回报率为10%，平均资本报酬率为12%。

（1）计算甲企业的股权价值。

（2）企业价值评估的对象通常包括哪几种？

3. 甲公司是黑龙江省的一家生产办公家具的上市公司，为了降低经营风险，打算收购T公司。已知T公司预计今年的每股收益是1.2元，利润总额为2 000万元，利息费用为200万元，折旧与摊销为800万元。T公司的流通股数为1 500万股，债务为5 500万元。评估人员认为，同行业内的H公司与T公司在基础业务方面具有可比性，但是H公司没有债务，为全权益公司。H公司的市盈率是15，市销率是8。

（1）分别使用市盈率、市销率，估计T公司股票的价值。

（2）分析说明哪种估值更准确。

第9章 其他资产评估

> **学习目标**
> - 熟悉自然资源的分类和资源资产特性；
> - 熟悉并理解资源资产价值评估分类及评估影响因素；
> - 了解森林资源评估范围和程序；
> - 熟悉并掌握森林评估分类与主要方法；
> - 熟悉矿业权评估三大基本方法及适用范围；
> - 熟悉珠宝首饰评估的基本方法。
>
> **本章关键词**
> 自然资源　自然资源价值　资源资产价值评估　森林资源评估　矿产资源评估　珠宝首饰评估

9.1 资源资产评估概述

9.1.1 资源资产的内涵与分类

资源是人类在其生存与发展过程中所应用的物质。自然资源是人类从事经济活动的基本物质基础。人类的经济活动中，所应用的物质不一定全部来自对自然界的索取，这些生产出来的产品都离不开自然资源的转化。自然资源的分类根据不同的目的有多种不同的划分方式，常见的分类方式有以下两种。

1. 按照其是否可以再生划分

不可再生资源是指经过漫长的地质过程形成的资源，随着人类的开发利用，其数量有明显的减少现象。可再生资源是指在合理开发利用的限度内人类可以永续利用的资源。具体的分类见表 9-1。

表 9-1 按照资源是否可再生划分资源类型

不可再生资源	可再生资源
矿产资源、土地资源、油气资源等	森林资源、水资源、光能资源、风能资源、野生动物资源等

2. 按资源的性质划分

① 环境资源。包括太阳光、地热、空气和天然水等。这类资源比较稳定，一般不会因为人类的开发利用而明显减少，为非耗竭性资源。

② 生物资源。包括森林资源、牧草资源、动物资源和海洋资源等。生物资源吸收太阳能和水资源，消耗土壤的养分。在太阳能量一定及人类合理利用和保护的条件下，生物资源是可以再生的。

③ 土地资源。是由地形、土壤、植被、岩石、水文等因素组成的一个独立的自然综合体。土地一般是指陆地的表面部分，包括滩涂和内陆水域。土地可以划分为农用地、建设用地和未利用地。农用地主要包括耕地、林地、草地、农田水利用地、养殖水面等。

④ 矿产资源。是指经过一定的地质过程形成的，附存于地壳或地壳上的固态、液态或气态物质，包括各种能源和各种矿物等。矿产资源包括陆地矿产资源和海洋矿产资源。陆地矿产资源包括金属矿产资源、能源矿产资源和非金属矿产资源；海洋矿产资源包括滨海砂矿、陆架油气、深海沉积矿床等。

⑤ 景观资源。主要是指自然景观、风景名胜等。景观资源能为人们提供游览、观光、知识、乐趣、度假探险、考察研究等用途，一般以附着在其他资源之上的形式存在。

9.1.2 资源资产的特性

资源资产是一部分自然资源资产化的表现形式。与自然资源相比，物质内涵是一致的，但是除了具有自然资源的基本特性外，根据资产的含义，资源资产还具有经济属性和法律属性。

1. 自然属性

（1）天然性

自然资源是天然形成的，由自然物质组成，最初完全是由自然因素形成的，处于自然形态。随着人类对自然的干预能力的加强，部分资源资产表现为人工投入与天然生长的共生性。

（2）有限性和稀缺性

资源资产的有限性和稀缺性主要表现在 3 个方面：一是资源资产的数量是有限的；二是自然资源和自然条件的贫化、退化和质变；三是自然资源的生态结构、生态平衡被破坏。例如矿产资源随着被开发利用，逐渐被耗尽。

（3）生态性

各种自然资源不是孤立存在的，不同的资源之间互相依存，具有一定的生态平衡规律。如果毫无顾忌地开采和获取资源，使消耗超过再生的速度，就会导致这些资源毁灭。为了人类的可持续发展，必须对资源进行资产化管理和资产评估。

（4）区域性

资源资产在地域上分布不均衡，存在显著的数量或质量上的地域差异。例如在中国，金属矿产资源基本分布在从西部高原到东部山地丘陵的过渡地带。

2. 经济属性

资源资产具有使用价值，是经济发展的基础。自然资源是人类生活资料和生产资料的基础，要获得经济增长和经济发展必然要耗费一定的资源，其相对丰富程度影响着经济发展速度。

（1）资源资产能够用货币计量

这是资源资产可以进行评估的基础。资源资产除了能够用实物单位计量外，还可以用价值量表示。对于无法用货币计量的自然资源（如空气、阳光等），不能成为资产。

(2) 资源资产具有获益性

只有具有经济价值的自然资源才能成为资产；没有经济价值或在当今知识与技术条件下尚不能确定其经济利用价值的资源，不能成为资产。

3. 法律属性

(1) 资源资产能够为特定的产权主体所拥有或控制

资源资产产权在法律上具有独立性。例如空气、阳光等自然资源，一般不能被排他性地占有，所以不能成为资产。

(2) 资源资产的使用权可以依法交易

这是市场经济条件下对资源资产进行评估的基本条件。我国实行资源资产的所有权和使用权相分离的制度，绝大多数资源归国家或集体所有。因此，法律不允许资源资产的所有权转让，但是使用权可以依法交易。

9.1.3 资源资产评估及其特点

资源资产评估是对资源资产价值的估算。资源资产评估不仅为国民经济资源价值核算服务，还可以在资源资产产权的出让、转让、资产经营、抵押等经济活动中，为有关权益各方（包括国家和企业）等提供专业服务。目前在资源资产评估的理论研究中，对土地资源资产、矿产资源资产、森林资源资产和水资源资产评估的研究较为深入。资源资产由于具有独特的自然属性、经济属性和法律属性，因而与其他资产相比，资源资产的评估具有以下特点。

① 资源资产价格是自然资产的使用权价格。我国自然资源大部分属于国家所有，只有一部分属于集体所有。例如，矿产资源属于国家所有，大部分森林资源也属于国家所有，并实行所有权和使用权相分离的制度。通常，法律不允许资源资产的所有权转让，因此资源资产评估的对象主要是资源资产的使用权，是对资源资产权益的价值评估。

② 资源资产价格一般受到资源的区位影响。由于资源的有限性、稀缺性和区域性，资源资产价格通常会受到自然资源所在区位的影响。

③ 资源资产评估必须遵循自然资源形成和变化的客观规律。资源条件包括资源的质量品位、资源的赋存开采条件和产地至销地的运输距离及运输条件（运输工具和地貌等）。资源资产的类别多种多样，不同资产其资源条件、经营方式、市场供求等都不相同。例如，矿产资源是经过一定的地质过程形成的，森林资源是一种生物资源，因此矿山企业对矿产资源的开发利用、对矿业权的经营，森林企业的营林生产过程等都有其自身的客观规律。因此，在资产评估中要充分了解资源资产实体及其使用权的特点，以便合理评估资源资产的价值。

9.2 森林资源资产评估

9.2.1 森林资源概述

1. 森林资源的含义

森林资源是以多年生木本植物为主体，包括以森林环境为生存条件的林内动物、植物和微生物在内的生物群落。

森林资源具体包括生态森林（乔木林和竹林）、林木（树木和竹子）、林地及其依托在森林、林木、林地生存的动物、植物、微生物。其中，森林包括乔木林和竹林；林木包括树木和竹子；林地包括郁闭度 0.2 以上的乔木林地及竹林地、灌木林地、疏林地、采伐迹地、火烧迹地、未成林造林地、苗圃地和县级以上人民政府规划的宜林地。

2. 森林资源资产的含义

森林资源资产是指由特定主体拥有或者控制并能带来经济利益的，用于生产、提供商品和生态服务的森林资源，包括森林、林木、林地、森林景观、森林生态等。其中，林木资产是指林地内所形成的资产。按林木的用途可分为用材林、经济林、薪炭林、防护林、竹木、特种用途林和未成林造林地上的幼树。用材林又分为幼龄林、中龄林、近熟林、成熟林、过熟林等。林地资产是森林成长的承载体，是指依法确认的林业用地。林地包括乔木林地、疏林地、未成林造林地。森林景观资产包括风景林、部分名胜古迹和纪念林等。

9.2.2 森林资源资产评估概述

1. 森林资源资产评估定义

根据资产评估协会 2017 年 10 月 1 日制定的《资产评估执业准则——森林资源资产》，森林资源资产评估是指资产评估机构及其资产评估专业人员遵守法律、行政法规和资产评估准则，根据委托对评估基准日特定目的下的森林资源资产价值进行评定和估算，并出具资产评估报告的专业服务行为。

森林资源资产评估主要是指林木资产、林地资产和森林景观资产的评估。从评估业务范围看，森林资源资产评估业务不仅包括对单独的森林资源资产的评估行为，也包括对企业价值评估或其他评估行为中所涉及的森林资源资产评估行为。

2. 森林资源资产评估特点

森林资源资产评估除了具有资产评估的市场性、公正性、咨询性等特点外，还具有森林资源资产评估的一些独有特点。

（1）森林资源资产评估的专业性

森林资源资产作为一项生物性资产，其评估涉及了林业经济学、森林经理学、测树学、森林生态学、水土保持学等专业学科知识。当评估人员执行森林资源资产评估业务而缺乏相关专业知识和经验时，可聘请专业技术人员或专业机构协助工作，但需对其意见或专业报告的独立性与专业性进行判断后才可恰当引用。

（2）森林资源资产评估的生态价值因素

森林资源资产功能的多样性使得评估人员在进行森林资源资产评估时，需要综合考虑多种因素的影响。除了考虑经济效益外，还需要根据特定的经济行为和评估目的等因素，确定是否评估其生态价值。

（3）森林资源资产评估的复杂性

森林资源资产评估除了要考虑一般资产评估需要注意的事项外，还要特别关注国家林业法律法规和政策，以及森林资源的自然属性、经营特性、使用期限、用途等对资产价值的影响。

（4）森林经营周期长对资产评估结果造成较大影响

森林资源资产经营的周期少则 5~6 年（如南方的桉树短伐期人工林），长则几十年（如杉木、马尾松、木荷等）、上百年（如北方的红松、落叶松、云杉、冷杉等）。经营周期的长短会对评估价值产生较大影响。

(5) 森林资源资产价值的关联性

森林的价值体现在林木、林地、森林景观资产及与森林资源相关的其他资产上。林地的价值体现又与林木、森林景观及与森林资源相关的其他资产密不可分。森林景观资产价值依托于森林、林地、林木等资源资产，森林生态价值的体现更要依托于森林系统整体。因此评估森林资源资产要关注其资产的关联性，确定好评估对象和评估范围，合理划分森林、林木、林地、景观、野生动植物、人工林下经济等的价值。

3. 评估项目实行核准制和备案制

(1) 国有林区森林资源资产评估项目

东北、内蒙古重点国有林区森林资源资产评估项目实行核准制，由国务院林业主管部门核准或授权核准。

其他地区国有森林资源资产评估项目，涉及国家重点公益林的，实行核准制，由国务院林业主管部门核准或授权核准。对其他国有森林资源资产评估项目，实行核准制或备案制，由省级林业主管部门规定。对其中实行核准制的评估项目，由省级林业主管部门核准或授权核准。

(2) 非国有森林资源资产评估项目

非国有森林资源资产评估项目涉及国家重点公益林的，实行核准制，由国务院林业主管部门核准或授权核准。其他评估项目是否实行备案制，由省级林业主管部门决定。

4. 评估范围

根据《中华人民共和国森林法》、《国有资产评估管理办法》（国务院令第91号）及《森林资源资产评估管理暂行规定》等法律法规，国有森林资源资产占有单位有下列情形之一的，应当进行资产评估：

① 森林资源资产转让、置换；
② 森林资源资产出资进行中外合资或者合作；
③ 森林资源资产出资进行股份经营或者联营；
④ 森林资源资产从事租赁经营；
⑤ 森林资源资产抵押贷款、担保或偿还债务；
⑥ 收购非国有森林资源资产；
⑦ 涉及森林资源资产诉讼；
⑧ 法律、法规规定需要进行评估的其他情形。

对于非国有森林资源资产是否进行资产评估，由当事人自行决定，法律、法规另有规定的除外。森林资源资产有下列情形之一的，可根据需要进行评估：

① 因自然灾害造成森林资源资产损失；
② 盗伐、滥伐、乱批滥占林地人为造成森林资源资产损失；
③ 占有单位要求评估。

5. 评估机构和人员

(1) 从事国有森林资源资产评估业务的资产评估机构

从事国有森林资源资产评估业务的资产评估机构，应具有财政部门颁发的资产评估资格，并有2名以上（含2名）森林资源资产评估专家参加，方可开展国有森林资源资产评估业务。

森林资源资产评估专家由国家林业和草原局与中国资产评估协会共同评审认定。经认定的森林资源资产评估专家进入专家库，并向社会公布。

资产评估机构出具的森林资源资产评估报告，须经 2 名注册资产评估师与 2 名森林资源资产评估专家共同签字方能生效。签字的注册资产评估师与森林资源资产评估专家应对森林资源资产评估报告承担相应的责任。

（2）非国有森林资源资产的评估

非国有森林资源资产的评估，按照抵押贷款的有关规定，凡金额在 100 万元以上的银行抵押贷款项目，应委托财政部门颁发资产评估资格的机构进行评估；金额在 100 万元以下的银行抵押贷款项目，可委托财政部门颁发资产评估资格的机构评估或由林业部门管理的具有丙级以上（含丙级）资质的森林资源调查规划设计单位、林业科研教学单位等提供评估咨询服务，出具评估咨询报告。

上述森林资源调查规划设计单位、林业科研教学单位提供评估服务的人员须参加国家林业和草原局与中国资产评估协会共同组织的培训及后续教育。

（3）资产评估机构及人员应遵守的原则

资产评估机构和森林资源资产评估专家从事评估业务应当遵守保密原则，保持独立性。与评估当事人或者相关经济事项有利害关系的，不得参与该项评估业务。

评估机构和评估人员必须自觉遵守中国资产评估协会制定的资产评估行业标准和操作规范，并以我国森林资源资产评估技术规范作为森林资源资产评估操作的基本规范，评估机构和评估人员在实际评估过程中，因为具体情况不同而采用规范之外的或不同的处理方式和方法时，须在资产评估报告书中详细说明。

9.2.3 森林资源资产评估程序与资产核查

1. 森林资源资产评估程序

森林资源资产评估按下列程序进行：评估立项、评估委托、资产核查、资料收集、评定估算、提交评估报告书、验证确认、建立项目档案。

（1）评估立项

森林资源资产占有单位发生森林资源资产产权变动或其他情形需要进行评估时，应按国家有关规定，向有关部门提交森林资源资产评估立项申请书并随附有关资料。

立项申请书的内容主要包括：森林资源资产占有单位名称、地址、隶属关系、评估目的、评估对象与范围、要求评估的时间、评估基准日等。附件主要有：该项经济行为审批机关批准文件、县级以上人民政府颁发的有效的产权证明（林权证等）。

（2）评估委托

森林资源资产评估立项经批准后，资产占有单位方可委托森林资源资产评估机构进行资产评估。评估委托应提交评估委托书、有效的森林资源资产清单和其他有关材料。

① 评估委托书的内容包括：评估目的、评估对象与范围、评估基准日、评估时间、评估要求等。

② 有效的森林资源资产清单，是指以具有相应级别调查设计资格证书的森林资源调查规划设计单位当年调查并经上级林业主管部门批准使用的森林资源规划设计调查（二类调查）、作业设计调查（三类调查）成果，或按林业资源管理部门要求建立并逐年更新至当年，且经补充调查修正的森林资源档案资料编制，并由林业主管部门认定的森林资源资产清单。森林资源资产清单以小班为单位编制。评估有效期内必须将采伐的林木资产清单依据作业设计调查成果编制。

③ 其他有关资料：

- 森林资源资产评估立项审批文件；
- 森林资源资产林权证书；
- 林业基本图、林相图、作业设计调查图；
- 作业设计每木检尺记录；
- 有特殊经济价值的林木种类、数量和质量材料；
- 当地森林培育、森林采伐和基本建设等方面的技术经济指标；
- 林木培育的账面历史成本资料；
- 有关的小班登记表复印件；
- 按照评估目的必须提交的其他材料，如森林景观资产资料等。

评估机构要对委托方所提供的森林资源资产清单的编制依据、资料的完整性和时效性进行核验，核验合格后方可接受委托，并与委托方签署森林资源资产评估业务委托协议。

（3）资产核查

资产评估机构受理委托后，应对委托方提交的资产清单进行核查，核查符合要求方可进行评估。

（4）资料收集

在进行评定估算前，森林资源资产评估机构必须收集掌握当地有关的技术经济指标资料，主要有：

① 营业生产技术标准、定额及有关成本费用资料；
② 木材生产、销售等定额及有关成本费用资料；
③ 评估基准日各种规格的木材、林副产品市场价格及其销售过程中税、费征收标准；
④ 当地及附近地区的林地使用权出让、转让和出租的价格资料；
⑤ 当地及附近地区的林业生产投资收益率；
⑥ 各树种的生产过程表、生产模型、收获预测等资料；
⑦ 使用的立木材积表、原木材积表、材种出材率表、立地指数表等测树经营数表资料；
⑧ 其他与评估有关的资料。

（5）评定估算

在有关资料达到要求的条件下，评估机构对委托单位被评估森林资源资产价值进行评定和估算。

（6）提交评估报告书

资产评估机构对评定估算结果进行分析确定，撰写评估说明，汇集资产评估工作底稿，形成森林资源资产评估报告书，并提交给委托方。

（7）验证确认

委托单位收到评估机构资产评估结果报告后，应报委托单位行政主管部门审查。国有森林资源资产评估结果经林业行政主管部门审查同意后，报同级国有资产管理行政主管部门验证确认。

（8）建立项目档案

评估工作结束后，评估机构应及时将有关文件及资料分类汇总，登记造册，建立项目档案，按国家有关规定和评估机构档案管理制度进行管理。

2. 森林资源资产核查

森林资源资产的实物量是价值量评估的基础，评估机构在森林资源资产价值量评定估算前，必须对委托单位提交的有效森林资源资产清单上所列资产的数量和质量进行认真核查，要求账面、图面、实地三者一致。

森林资源资产数量、质量的核查，必须由具有森林资源调查工作经验的中、高级技术职称的林业专业技术人员负责进行。

1）核查项目

森林资源资产的核查项目，主要包括权属、林地或森林类型的数量、质量和空间位置等内容，具体项目如下。

（1）林地

包括所有权、使用权、地类、面积、立地质量等级、地利等级等。

（2）林木

① 用材林。用材林又分为幼龄林、中龄林和近、成、过熟林三类，核查涉及权属、树种组成、林龄、平均树高、平均胸径、立木蓄积等指标。

② 经济林。包括权属、种类及品种、树种年龄、单位面积产量。

③ 薪炭林。包括权属、林龄、树种组成、单位面积立木蓄积量。

④ 竹林。包括权属、平均胸径、立竹度、均匀度、整齐度、竹种年龄结构、产笋量。

⑤ 防护林。除核查与用材林相应的项目外，还要增加与评估目的有关的项目。

⑥ 特种用途林。除核查与其他林种相应的项目外，还要增加与评估目的有关的项目。

⑦ 未成林造林地上的幼林。包括权属、树种组成、造林时间、平均高、造林成活率、造林保存率。

2）核查方法

森林资源资产的核查分为抽样控制法、小班抽查法和全面核查法。评估机构可按照不同的评估目的、评估种类、具体评估对象的特点和委托方的要求选择使用。

（1）抽样控制法

该方法以评估对象为抽样总体，以95%的可靠性，布设一定数量的样地进行实地调查，要求总体蓄积量抽样精度达到90%以上。林地的核查，首先依据具有法定效力的资料，核对其境界线是否正确，然后在林业基本图或林相图上直接量算或采用成数抽样的办法核查各类土地和森林类型的面积，主要地类的抽样精度要求达到95%以上（可靠性95%）。

若委托方提交的资产清单中各类土地、森林类型的面积和森林蓄积量在估测区间范围内，则按照资产清单所列的实物数量、质量进行评估。若超出估测区间，则该资产清单不符合评估要求，应通知委托方另行提交新的森林资源资产清单。

（2）小班抽查法

该方法采用随机抽样或典型选样的方法分林地及森林类型、林龄等因子，抽出若干比例小班进行核查。核查的小班个数依据评估目的、林分结构等因素来确定。对抽中小班的各项按规定必须进行核查的因子进行实地调查，每个小班中80%的核查项目误差不超出允许值，视为合格。

小班核查因子的允许误差范围采用林业部《森林资源规划设计调查主要技术规定》的A级标准。核查小班合格率低于90%，则该资产清单不能用作资产评估，应通知委托方另行提交资产清单。

（3）全面核查法

该方法对资产清单上的全部小班逐个进行核查。对即将采伐的小班设置一定数量的样地进行实测，必要时进行全林每木检尺。

核查小班内各核查项目的允许误差按小班抽查法的规定执行。对经核查超过允许误差的小班，通知委托方另行提交资产清单。

9.2.4 森林资源资产评估方法

1. 林木资产评估

1）林木资产评估主要方法

森林资源资产评估以总体、森林类型或小班为单位进行评定估算。林木资产评估要根据不同的林种，选择适用的评估方法和林分质量调整系数进行评定估算。评估方法主要有以下几种。

① 市价法。是以被评估森林资源资产现行市价或相同、类似森林资源资产现行市价为基础进行评定估算的评估方法。

② 收益现值法。是通过估算被评估森林资源资产在未来的预期收益，并采用适宜的折现率（一般采用林业行业投资收益率）折算成现值，然后累加求和，得出被评估资产价值的评估方法。

③ 成本法。是以被评估森林资源资产的重置成本为基础进行评定估算的评估方法。

④ 清算价格法。是根据林业企事业单位清算时森林资源资产的变现价格确定评估价的评估方法。

⑤ 其他方法。主要指经林业部、国家国有资产管理局认可的其他评估方法。

林木资产评估应根据评估方法的适用条件、评估对象、评估目的选用一种或几种方法进行，综合确定评估价值。具体方法如表 9-2 所示。

表 9-2 林木资产评估具体方法

方法大类	具体方法
市价法	包括市场价倒算法、现行市价法
收益现值法	包括收益净现值法、收获现值法、年金资本化法
成本法	包括序列需工数法、重置成本法
清算价格法	包括历史成本调整法、清算价格法

各种具体方法详述如下。

（1）市场价倒算法

市场价倒算法是用被评估林木采伐后取得木材的市场销售总收入，扣除木材经营所消耗的成本（含有关税费）及应得的利润后，剩余的部分作为林木资产评估价值。其计算公式为

$$E = W - C - F$$

式中：E——评估值；

W——销售总收入；

C——木材经营成本（包括采运成本、销售费用、管理费用、财务费用及有关税费）；

F——木材经营合理利润。

（2）现行市价法

现行市价法是以相同或类似林木资产的现行市价作为比较基础，估算被评估林木资产评

估价值的方法。其计算公式为

$$E = K \cdot K_b \cdot G \cdot M$$

式中：E——评估值；

K——林分质量调整系数；

K_b——物价指数调整系数；

G——参照物单位蓄积的交易价格（元/m²）；

M——被评估林木资产的蓄积量。

（3）收益净现值法

收益净现值法是将被评估林木资产在未来经营期内各年的净收益按一定的折现率折为现值，然后累计求和得出林木资产评估价值的方法。其计算公式为

$$E_n = \sum_{i=1}^{n} \frac{A_i - C_i}{(1+r)^i}$$

式中：E_n——n年生林木资源资产评估值；

A_i——第i年的收入；

C_i——第i年的年成本支出；

i——经营期；

r——折现率（根据当地营林平均投资收益状况具体确定）；

n——林分年龄。

（4）收获现值法

收获现值法是利用收获表预测被评估林木资产在主伐时纯收益的折现值，扣除评估后到主伐期间所支出的营林生产成本折现值的差额，作为林木资产评估价值的方法。其计算公式为

$$E_n = K \times \frac{A_U + D_a(1+P)^{U-a} + D_b(1+P)^{U-b} + \cdots}{(1+P)^{U-a}} - \frac{\sum_{n=1}^{U} C_i}{(1+P)^{i-n+1}}$$

式中：E_n——n年生林木资源资产评估值；

K——林分质量调整系数；

A_U——标准林分U年主伐时的纯收入（指木材销售收入扣除采运成本、销售费用、管理费用、财务费用、有关税费、木材经营的合理利润后的部分）；

D_a、D_b——标准林分第a、b年的间伐纯收入；

C_i——第i年的营林生产成本；

U——经营期；

n——林分年龄；

P——利率。

（5）年金资本化法

年金资本化法是将被评估的林木资产每年的稳定收益作为资本投资的效益，按适当的投资收益率估算林木资产评估价值的方法。其计算公式为

$$E = \frac{A}{P}$$

式中：E——评估值；

A——年平均纯收益（扣除地租）；

P——投资收益率（根据当地营林平均投资收益状况具体确定）。

（6）序列需工数法

序列需工数法是以现时工日生产费用和林木资产经营中各工序的平均需工数估算林木资产重置价值的方法。其计算公式为

$$E_n = K \times \sum_{i=1}^{n} N_i B(1+P)^{n-i+1} + \frac{R\left[(1+P)^n - 1\right]}{P}$$

式中：E_n——n 年生林木资源资产评估值；

K——林分质量调整系数；

N_i——第 N 年的需工数；

B——评估时以工日为单位计算的生产费用；

P——利率；

R——地租；

n——林分年龄。

（7）重置成本法

重置成本法是按现时工价及生产水平，重新营造一块与被评估林木资产相类似的林分所需的成本费用，作为被评估林木资产评估价值的方法。其计算公式为

$$E_n = K \times \sum_{i=1}^{n} C_i (1+r)^{n-i}$$

式中：E_n——n 年生林木资源资产评估值；

K——林分质量调整系数；

C_i——第 i 年以现时工价及生产水平为标准计算的生产成本，主要包括各年投入的工资、物质消耗、地租等；

n——林分年龄；

r——利率。

（8）历史成本调整法

在会计核算基础较好、账面资料比较齐全时，用账面历史成本调整法。历史成本调整法是以投入时的成本为基础，根据投入时与评估时的物价指数变化情况确定被评估林木资产评估价值的方法。其计算公式为

$$\text{林木资产评估值} = K \times \sum_{i=1}^{n} C_i \frac{B}{B_i} (1+P)^{n-i+1}$$

式中：C_i——第 i 年投入的实际成本；

B——评估时的物价指数；

B_i——投入时的物价指数；

K、n、P 同前标注。

(9) 清算价格法

清算价格法先按现行市价法或其他评估方法进行估算，再按快速变现的原则，根据市场的供需情况确定一个折扣系数，然后确定被评估林木资产的清算价格。该方法适用于企事业单位破产、抵押、停业清理的林木资产评估。其计算公式为

$$林木资产清算价格 = D_0 \times EW$$

式中：D_0——折扣系数；

EW——林木资产评估价值。

2) 各种林木的资产评估

(1) 用材林（含薪炭林）林木资产评估

用材林林木资产评估一般按森林经营类型分龄组进行。幼龄林一般选用现行市价法、重置成本法和序列需工数法。中龄林一般选用现行市价法、收获现值法。在使用收获现值法时必须要有能反映当地生产过程的生长过程表或收获表。在没有这些表时，也可利用当地的调查材料，拟合当地的林木平均生长过程，以取得预测值。近、成、过熟林主要选用现行市价法中的市场价倒算法。

用材林林木资产评估时，要充分注意各龄组评估值之间的衔接。

(2) 经济林林木资产评估

经济林林木资产评估一般选用现行市价法、收益现值法和重置成本法。在选用收益现值法时应考虑经济林经营的经济寿命期、各生长发育阶段的经济林产品的产量和成本的差异、经济寿命期末的林木残值。在选用重置成本法时应以盛产期前为重置期确定重置成本。进入盛产期后，还应根据收获年数确定调整系数（折耗系数）。

(3) 防护林林木资产评估

防护林是以国土保安、防风固沙、改善农业生产条件等防护功能为主要目的的森林。

防护林资产评估包括林木的价值和生态防护效益的评定估算，林木价值评估一般选用市价法、收益现值法和重置成本法。在选用收益现值法进行评估时必须以按在防护林经营时所能获得的实际经济收益为基础。生态防护效益要通过实际调查确定标准和参数。

(4) 竹林林木资产评估

竹林是由各类竹子构成的森林。竹林林木资产由地上立竹和地下竹鞭构成。

竹林林木资产评估一般选用现行市价法、年金资本化法，新造未成熟的竹林可采用重置成本法。在采用年金资本化法时必须考虑大小年对竹材和竹笋产量及经济收入的影响。

(5) 特种用途林林木资产评估

特种用途林是以保存特种资源、保护生态环境、国防、森林旅游、科学实验等为主要经营目的的森林。特种用途林资产主要指能带来经济收益的风景林、实验林、母树林、名胜古迹和革命纪念林等。

① 实验林林木资产评估。实验林是以提供教学或科学研究实验场所为主要目的的森林。实验林资产评估一般选用现行市价法、收获现值法和收益净现值法。在采用收获现值法和收益净现值法时，收益的预测必须在满足原经营目的的条件下进行。

② 母树林林木资产评估。母树林是以培育优良种子为主要目的的森林。母树林林木资产评估一般参照经济林林木资产评估的方法进行。在估算时应充分考虑母树林木材价值较高的

特点。

③ 风景林、名胜古迹和革命纪念林的资产评估按照森林景观资产评估方法进行。

2. 林地资产评估

林地是指国家法律确认的用于林业用途的土地，包括林地、疏林地、未成林造林地、灌木林地、采伐迹地、火烧迹地、苗圃地和国家规划的宜林地。

林地资产评估是对某一时日一定面积林地使用权的价格进行评定估算。当林地使用权发生变动或其他情形需单独确定林地使用权的价格时，应进行林地资产评估。

林地资产评估有以下5种评估方法。

（1）林地现行市价法

现行市价法是以具有相同或类似条件林地的现行市价作为比较基础，估算林地评估值的方法。现行市价法适用于各类林地资产评估。其公式与林木资产现行市价法相同。

（2）年金资本化法

年金资本化法是将被评估林地资产每年相对稳定的地租收益作为资本投资收益，按适当的投资收益率估算林地评估值的方法。年金资本化法适用于林地年租金相对稳定的林地资产评估。其计算公式为

$$E = \frac{A}{P}$$

式中：E——评估值；

A——林地年平均地租收益；

P——投资收益率。

（3）林地使用权转让计算方法

当林地使用权有期限转让时，按以下公式计算林地使用权价格。

$$林地使用权有期限转让价格 = \frac{B_U\left[(1+P)^n - 1\right]}{(1+P)^n}$$

式中：B_U——林地评估值（使用权无期限转让评估值）；

P——利率；

n——林地使用权转让年数。

（4）林地期望价法

林地期望价法以实行永续采伐为前提，从无林地造林开始计算，将无穷多个轮伐期的纯收益全部折为现值累加求和，作为林地的评估值。林地期望价法适用于用材林、薪炭林、防护林、疏林地、未成林造林地、灌木林地、采伐迹地、火烧迹地和国家规定的宜林地资产的评估。

（5）林地费用价法

林地费用价法是以取得林地所需的费用和把林地维持到现在状态所需的费用来估算林地评估值的方法，一般适用于苗圃地等林地资产评估。

3. 森林景观资产评估

森林景观资源是指具有游览、观光、休闲等价值的森林资源。森林景观资产是指通过经营能带来经济收益的森林景观资源，主要包括风景林（含森林公园）、森林游憩地、部分名胜古迹和革命纪念林、古树名木等。

森林景观资产评估主要选择现行市价法、收益现值法（包括年金资本化法、条件价值法）、重置成本法3种方法，并同时结合景区评价等级和相关设施等进行综合评定估算。

（1）现行市价法

现行市价法是以相同或类似森林景观资产的市场价格作为比较基础，使用景观质量调整系数、物价指数调整系数来调整估算评估对象价值的方法。

森林景观质量调整系数需考虑景观等级、景区平均收入、年游客人数等因素综合确定。

（2）年金资本化法

年金资本化法主要适用于有相对稳定收入的森林景观资产的价值评估。其计算公式与林地评估值年金资本化法基本相同。

（3）条件价值法

条件价值法是通过对游客进行森林风景区门票费支付意愿进行调查，从而获得森林景观资产评估值的评估方法。

（4）重置成本法

重置成本法是用现有条件下重新取得与被评估对象相类似的森林景观资产所需的成本费用，作为被评估森林景观资产价值的评估方法。其重置价值主要考虑林木、林地和旅游设施的重置价值。其基本原理与林木资产评估重置成本法相近。

4. 整体林业企事业单位资产评估

整体林业企事业单位资产评估是对独立林业企事业法人单位和其他具有独立经营获利能力的经济实体的全部资产和负债所进行的资产评估。

整体资产评估范围一般应为该林业企事业单位的全部资产。资产包括经营性资产和非经营性资产及森林资源资产。

对整体林业企事业单位资产进行评估时，森林资源资产的评估按上述评估方法进行，非森林资源资产的评估按国家有关规定进行。

9.3 矿产资源资产评估

2008年8月，国土资源部发布实施了《矿业权评估管理办法（试行）》；中国矿业权评估师协会发布了《中国矿业权评估准则》，并于2008年9月1日全面实施，具体包括《矿业权评估技术基本准则》《矿业权评估程序规范》《矿业权评估业务约定书规范》《矿业权评估报告编制规范》《收益途径评估方法规范》《成本途径评估方法规范》《市场途径评估方法规范》《矿业权价款评估应用指南》《确定评估基准日指导意见》九项内容；2008年10月，中国矿业权评估师协会发布了《矿业权评估参数确定指导意见》；2010年11月，发布实施《矿业权评估项目工作底稿规范》《矿业权评估项目档案管理规范》《矿业权转让评估应用指南》《矿业权评估利用矿产资源储量指导意见》《矿业权评估利用地质勘查文件指导意见》《矿业权评估利用后续地质勘查设计文件指导意见》《矿业权评估利用矿山设计文件指导意见》《矿业权评估利用企业财务报告指导意见》；2016年5月3日，中国矿业权评估师协会发布了《中国矿业权评估准则（2016年修订）》（征求意见稿），对上述矿业权评估准则进行了修订。这些系列管理办法、准则、规范的发布实施，标志着我国矿业权评估进入了新的发展阶段。

9.3.1 矿产资源评估定义和分类

1. 矿产资源资产评估

矿产资源资产评估，即矿产资源经济价值评估，是对矿产资源货币价值量的确定。矿产资源的经济价值即矿产资源使用权，是探矿权和采矿权的统称。《矿业权评估技术基本准则》（CMVS00001—2008）将矿业权评估定义为"是指基于委托关系，矿业权评估机构和注册矿业权评估师，按照国家矿业权管理有关法律法规和矿业权评估准则，根据特定评估目的，遵循评估原则，依照相关评估程序，运用恰当的评估方法，对约定评估矿业权在一定时点的价值进行分析、估算并提供专业意见的服务行为和过程"。

2. 矿业权评估分类

按照具体评估对象划分，矿业权评估可分为实物性资产（矿体）评估和权益性资产（矿业权资产）评估。

按照评估资产的存在形态划分，矿业权评估可分为有形资产评估和无形资产评估。有形资产是指实物资产，无形资产包括探矿权和采矿权。

按照评估技术角度划分，矿业权评估可分为技术评估和经济评估。实物性资产以技术评估为主，评估的核心是资源数量、质量和勘查远景；权益性资产以经济评估为主，但是技术评估是基础和前提，其核心是资产使用或交易的现时价值。

按照评估业务角度划分，矿业权评估可分为矿业权价值评估业务和矿业权价值咨询业务。矿业权价值评估业务的评估对象是已查明储量或有潜在开发价值的矿产资源，其中包括探矿权评估业务和采矿权评估业务；矿业权价值咨询业务是指委托方通过矿业权机构对被评估的探矿权或者采矿权进行了解的业务。

3. 矿业权评估目的

我国矿业权评估需求主要有矿政管理、矿业经营活动、金融市场、法律事务及咨询、环境保护等。不同的评估需求产生了不同的评估目的。

（1）以摸清家底为目的

这种评估是为了维护国家对矿产资源所有权的权益，推行和完善矿产资源有偿使用制度，为征收资源补偿费和矿产资源税提供依据。将矿产资源的拥有量和消耗量纳入国民经济统计核算体系，反映国家拥有的矿产资源数量和经济潜力，对矿产资源实行资产化管理，满足对矿产资源开发利用进行的宏观管理。这种评估不是以实现交易价值为评估目的，而是以资产保值、增值为评估目的，是一种非市场行为。

（2）以矿业权出让为目的

矿业权出让是国家作为矿产资源所有者将矿产资源使用权让渡给矿业权人，赋予矿业权人在规定范围内勘查、开采矿产资源的权利和部分收益权。《矿业权出让转让管理暂行规定》第5条规定："各级地质矿产主管部门按照法定管辖权限出让国家出资勘查并已经探明矿产地的矿业权时，应委托具有国务院地质矿产主管部门认定的有矿业权评估资格的评估机构进行矿业权评估。出让矿业权的范围是国家出资勘查并已经探明的矿产地、依法收归国有的矿产地和其他矿业权空白地，凡在一级出让市场出让的矿业权都必须进行评估。此外，《矿产资源开采登记管理办法》《矿产资源勘查区块登记管理办法》规定，出让探矿权或者采矿权时必须委托评估机构进行矿业权价值评估。

(3) 以矿业权转让为目的

矿业权转让是矿业权在二级转让市场上的流转，包括政府行为和企业行为。《矿业权出让转让管理暂行规定》第 8 条规定："矿业权人转让国家出资勘查形成矿产地的矿业权的，应由矿业权人委托评估机构进行矿业权评估。"由中央财政或地方财政以地质勘探费、矿产资源补偿费、各种基金以及专项经费等安排用于矿产资源勘查而形成的矿产地，发生转让时都会产生评估需求；对于资源性企业无偿取得矿业权后的第一次转让，由于包含国家出让应收回的价款，也有评估需求。在这一目的下，矿业权评估是为了给出让方和转让方提供价值参考。

(4) 以矿业经营活动为目的

随着市场经济的不断发展和完善，矿山企业会发生出售、兼并、联营、中外合资或合作、企业重组改制等经济行为，发生采矿权二次转让；地勘单位（或地勘企业）发生合作勘查或开采、作价合资等经济行为，发生探矿权二次转让，在这些经济活动中，交易双方为了维护各自的合法利益，也就产生了矿业权评估需求。

(5) 以矿业权抵押为目的

探矿权人或者采矿权人在向银行进行贷款融资或者其他经济行为（如举债）时，为矿业权设定了抵押权。矿业权人依照有关法律，在不转移占有权能的前提下，将矿业权作为抵押物，向债权人提供担保。《矿业权出让转让管理暂行规定》第 56 条规定："债权人要求抵押人提供抵押物价值的，抵押人应委托评估机构评估抵押物。"这种法律保护是《担保法》给予债权人的，但并不是强制规定，还要根据债权人的意愿决定是否评估。在这个目的下矿业权评估是为拟进行抵押的矿业权人提供矿业权评估价值的参考和建议。

(6) 以矿业权出租为目的

"矿业权人作为出租人将矿业权租赁给承租人，并向承租人收取租金的行为"，称为矿业权出租。矿业权租赁权是在矿业权上设定的他项权利，将部分权利授予租赁者，但不变更矿业权产权主体。《矿业权出让转让管理暂行规定》第 50 条规定："出租国家出资勘查形成的采矿权的，应按照采矿权转让规定进行评估、确认。"通过评估为矿业权租赁协议的签订和收益分配方式的确定提供依据。

(7) 以法律事务或咨询服务为目的

改革开放以来，矿业迅速发展，探矿权人和采矿权人的产权意识也在不断加强，由于越界开采、非法开采等侵权行为带来的矿业权产权纠纷不断发生，付诸法律的事例屡见不鲜，给矿产资源所有者和矿业权人造成了经济损害。《刑法》第 343 条规定，涉及刑事的诉讼案件需要对矿业权价值作出评估以提供参考咨询，这时矿业权评估可为司法实施提供依据。

(8) 以上市融资为目的

西方发达市场经济国家，从事矿业经营活动，无不从矿业资本市场上获取资金，以此来分解矿业（包括地质勘查业）投资大、周期长的经营风险。虽然目前我国矿业资本市场尚未形成，但随着我国市场经济体制的不断完善，矿业经济体制改革的深入，矿业资本市场必然形成，矿山企业和地勘企业就能实现直接上市融资。我们应该借鉴国际矿业资本市场的运行机制，按照国际通行的做法，对矿产资源资产和矿业权进行评估，在招股说明书上对矿业权的获利能力和价值、经营风险程度进行说明，这时必然产生对矿业权评估的需求。

（9）以闭坑为目的

由于规定范围的矿产资源被采完，矿山闭坑，或其他原因使采掘活动终止，需要对残存或剩余资源的价值进行估价，以维护所有者和使用者的利益，并为政府的行政管理和矿业权的处置提供参考依据。

4. 探矿权评估和采矿权评估

（1）探矿权评估

根据《中华人民共和国矿产资源法》的规定，探矿权是指在依法取得勘查许可证规定的范围内，勘查矿产资源的权利。探矿权评估以矿产资源储量报告或与评估有关的其他地质报告为依据。探矿权评估具体包括预查阶段探矿权评估、普查阶段探矿权评估、详查阶段探矿权评估、勘探阶段探矿权评估等。以下是某个探矿权评估的示例。

评估对象：××金矿详查探矿权
矿产资源勘查许可证号：T×××××××；
探矿权人：××有限公司
项目名称：××金矿详查；
勘查面积：××km^2；
有效期限：××××年××月××日至××××年××月××日；
勘查范围：由4个拐点坐标圈成，详见勘查区拐点坐标表（表9-3）；
评估范围：本次评估范围即为上述勘查区范围（已扣除采矿权范围）。

表9-3 勘查区范围拐点坐标表

点号	X坐标（经度）	Y坐标（纬度）	备注
1	122°43′30″	40°23′00″	
2	122°46′00″	40°23′00″	
3	122°46′00″	40°21′30″	
4	122°43′30″	40°21′30″	

其中，在该勘查区内有一个采矿权扣除区，扣除区由4个拐点坐标圈成，扣除区面积为××km^2，详见扣除区拐点坐标表（表9-4）。

表9-4 扣除区拐点坐标表

点号	X坐标（经度）	Y坐标（纬度）	备注
A	122°44′30″	40°22′30″	
B	122°45′00″	40°22′30″	
C	122°45′00″	40°22′00″	
D	122°44′30″	40°22′00″	

（2）采矿权评估

根据《中华人民共和国矿产资源法》的规定，采矿权是指在依法取得采矿许可证规定的开采范围内，开采矿产资源和获得其所开采的矿产品的权利。采矿权评估以矿产资源储量报告或与评估有关的其他地质报告为依据。采矿权评估包括拟建、在建、生产矿山采矿权。以下是某个采矿权评估的示例。

评估对象：××铜矿采矿权

采矿许可证号：C×××××××××××××××××××××××；

采矿权人：××有限公司

矿山名称：××铜矿；

开采矿种：铜；

开采方式：露天；

生产规模：××万吨/年；

矿区面积：×× km²；

有效期限：××年，自××××年××月××日至××××年××月××日；

矿区由10个坐标点圈定（见表9-5），开采深度由255 m至35 m标高。其中一采区是由4个拐点坐标圈定，开采深度由+255 m至+55 m标高；二采区是由6个拐点坐标圈成，开采深度由+220 m至+35 m标高。矿区储量估算评估范围坐标表如表9-6所示。评估范围如图9-1所示。

表9-5　××矿区范围坐标表

点号	X 坐标	Y 坐标	开采标高
1	4 441 490.00	41 607 034.00	+255 m 至+55 m
2	4 441 488.71	41 607 274.82	
3	4 441 267.45	41 607 268.38	
4	4 441 335.63	41 606 965.75	
5	4 441 328.71	41 607 597.56	+220 m 至+35 m
6	4 441 332.59	41 607 846.55	
7	4 441 200.46	41 607 816.72	
8	4 441 223.78	41 608 044.30	
9	4 441 120.14	41 608 023.55	
10	4 441 122.73	41 607 610.53	

表9-6　××矿区储量估算评估范围坐标表（1980西安坐标系）

点号	X 坐标	Y 坐标	开采标高
1	4 441 490.00	41 607 034.00	+200 m 至+60 m
2	4 441 488.71	41 607 274.82	
2-1	4 441 425.15	41 607 214.49	
2-2	4 441 426.62	41 607 078.18	
5	4 441 328.71	41 607 597.56	+180 m 至+45 m
6	4 441 332.59	41 607 846.55	
7	4 441 200.46	41 607 816.72	
7-1	4 441 223.78	41 608 044.30	
10	4 441 122.73	41 607 610.53	

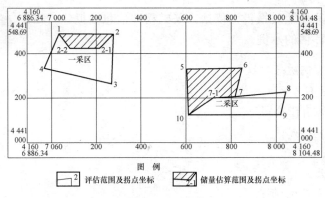

图 9-1 评估范围

5. 矿业权评估特点

（1）矿业权与矿产资源密切关联

《中华人民共和国矿产资源法》规定，矿业权人出让的仅是矿业权，不是矿产资源资产，即只能支配矿产资源所有者的矿产资源。矿产资源和其他资源不同，属于不可再生资源，开采资源等于消耗矿产资源；矿业权和土地使用权不同，开采矿产移动了原有空间位置，破坏了其原有的物质形态和组织结构，随着开采程度的增加，所有者的实务资产也逐渐消失，所有者的所有权随着实物资产的消失而消失，因此采矿权评估必须依托矿产资源实物资产，这是矿业权评估中比较特殊的方面。

（2）矿业权评估受矿产资源储量和勘探不同阶段的成果影响较大

矿业权价值评估与实务（已探明的储量和资源量）评价紧密相关，尤其对于较高精度勘查阶段的矿业权项目，可以说矿业权价值评估在很大程度上取决于资源实务评价结果。地质勘查出来的储量信息是矿业权评估的基本，包括圈定的矿体、矿石品位、储量、开采条件、矿体埋深、矿体的连续性等地质勘查成果。

（3）矿业权评估在不同勘查阶段中的价值不同

① 普查勘探阶段。由于矿产资源埋藏在地下，没有经过人的劳动的作用，或者资源就在露天，没有经过人为的开采和加工，所以不能算为资产，在普查勘探阶段之前矿产资源的价值为零。勘查阶段包括预查、普查、详查、勘探四个阶段，预查勘查阶段和普查勘查阶段所获得的成果和资源信息可信度不高，不能作为价值量计算的评估依据；但经过勘探阶段的地质勘查、探测和分析化验确定矿物组成，完成开采所必须的参数，并做出相应的地质报告；经过人力、物力、财力的核算，在勘探结束时，由资源价格形成的资产、勘探投资、无形资产共同组成了矿床的资产价值。

② 开采设计阶段。在这个阶段，技术人员要付出大量的脑力劳动，同时有可能还需进行小规模的实验室试验，在设计完成后形成一部分无形资产。这个阶段的矿产资源的总价值进一步升高。

③ 基本建设阶段。基本建设阶段需要大量的投资，要完成开拓、提升等各大系统的开采工程，使得矿山具备投产运行的条件，矿山的资本金投入和无形资产达到最高点，同时矿床的储量达到最大，矿山的资源资产达到最高点。

④ 生产阶段。随着对矿山的进一步开采，矿山的储量资源逐渐减少，这时矿山由矿产资源本身提供的资源资产逐渐减少直至为零。但是，这时矿山企业的资产并不是为零。这是因为

资源资产由实物形态转化为货币形态，从而参加到后续的生产经营活动中，实现资产的再生。

（4）受区位因素影响较大

影响开采的外部环境，如水、电、路、科技等基础条件不同的地区，差异越大，对评估值的影响越大。矿产资源赋存在开放的经济发达地区或者欠发达地区，受其投资环境和生产成本差异的影响，反映出经济发达地区的投资额度或生产成本比欠发达地区要少或多。因此，赋存在经济发达地区的矿产资源资产评估值要高于欠发达地区的评估值。例如，安徽的铜陵铜矿与西藏甲马铜矿相比，将它们转换成同等丰度的矿床，即铜陵铜品位为 1.21%，评估值为 5 346.44 万元，当甲马铜品位为 1.21%时，评估值则为 3 985.53 万元。

（5）评估人员的素质比一般资产评估者要求高，对评估质量影响大

虽然一般性资产评估的质量与评估人员的素质有很大关系，但矿产资源资产评估对评估人员素质的要求更高。评估人员不但要具有一般资产评估的能力，同时还要掌握地质、采矿、选矿、冶金等方面的专业知识，还要具有适合矿业权交易的商业、金融、证券等方面的知识，同时要具备在自己不擅长的领域里能很好地接受或善于利用有关专家的评估能力，更要有良好的职业道德。矿产资源资产实体是摸不到、看不见的物体，在评估中有很多要素是依靠科学的预测。如果评估人员不能掌握上述知识，则很难合理预测。

6. 矿产资源评估程序

① 在矿产资源价值评估之前，评估人员应该确定待评估矿产资源的自身特性，进而确定评估的目的、范围、对象等基本事项。

② 在对评估矿产资源进行信息调查时，不仅要进行实地勘查，还要查阅各类相关资料。在进行实地勘查时，要注意对待评估资产的地理位置、储量、成分等进行实地勘测与拍照。此外，评估人员应当对类似参照物的市场情况进行调查，收集待评估资产的现状及相关评审资料。

③ 采用合适的评估方法。根据待评估资产的特性及有关资源开发开采等信息的获取情况，合理采用评估方法。目前在矿产资源评估过程中比较常用的是可比销售法与收益法。这两个方法相对于其他方法而言数据更容易获取，且评估结果也在可接受范围内，因此在实务操作中经常使用。

④ 根据所选取的评估方法，利用获取的各类资料对评估资产进行价值评估。一般在评估过程中采用两种以上的评估方法进行评估，但最终的评估结果不能采用其均值，而是根据各类评估条件所得到的评估值进行系统分析，选择最合适的评估值作为最终的资产价值。

⑤ 撰写报告。在评估过程中，要将各类资料归档为评估底稿，根据所有评估底稿编制价值评估报告，经资产评估师签字认可后，提交委托方或相关委托机构。

9.3.2　矿业权评估方法

根据中国矿业权评估师协会发布的《中国矿业权评估准则》和《矿业权评估指南》，矿业权评估目前普遍采用的评估方法有三大类，具体如表 9-7 所示。

表 9-7　矿业权评估方法分类

主要方法	具体方法
收益途径评估方法	折现现金流量法、折现剩余现金流量法、剩余利润法、折现现金流量风险系数调整法
成本途径评估方法	勘查成本效用法、地质要素评序法
市场途径评估方法	可比销售法、单位面积探矿权价值评判法、资源品级探矿权价值估算法

矿产勘查工作分为预查、普查、详查和勘探4个阶段。详查、勘探阶段，勘查精度高，所获数据参数较为翔实；预查、普查阶段，勘查精度较低，所获信息少，准确度低。应依据矿产勘查精度的高低，选择不同的评估方法。

1. 收益途径评估方法

收益途径是基于预期收益原则和效用原则，通过计算待估矿业权所对应的矿产资源储量开发获得预期收益的现值，估算待估矿业权价值的技术路径。该评估方法包括折现现金流量法、折现剩余现金流量法、剩余利润法和折现现金流量风险系数调整法。

（1）折现现金流量法

折现现金流量法，即 DCF（discounted cash flow）法，通常应用于项目投资分析和资产估值领域。矿业权评估中的折现现金流量法是将矿业权所对应的矿产资源勘查、开发作为现金流量系统，将评估计算年限内各年的净现金流量，以与净现金流量口径相匹配的折现率折现到评估基准日的现值之和，作为矿业权评估价值。

该方法通常适用于精度高的详查及以上勘查阶段的探矿权评估和赋存稳定的沉积型大中型矿床的普查探矿权评估，还适用于拟建、在建、改扩建矿山的采矿权评估，以及具备折现剩余现金流量法适用条件的生产矿山的采矿权评估。其基本计算公式为

$$矿业权评估价值 = \sum_{t=1}^{n} \frac{(CI-CO)_t}{(1+\gamma)^t}$$

式中：CI——年现金流入量；
　　　CO——年现金流出量；
　　　γ——折现率；
　　　t——年序号（t=1，2，…，n）；
　　　n——评估计算年限。

折现现金流量法评估矿业权的基本程序如下。

① 收集分析资料，确定评估基准日。
② 确定截止到基准日的矿床可采储量。
③ 确定矿山合理的生产规模和相应的生产服务年限。
④ 选取合理的评估技术经济参数，尤其是贴现率。
⑤ 评估计算出矿业权的价值。

从程序看，矿业权评估与其他资产评估大同小异，但评估所需参数的选取确定，相对其他资产而言较为复杂。其参数选取主要源自地质勘查报告、矿山可行性研究报告、矿山设计书、矿山企业财务资料及行业有关统计资料等，常用的参数有固定资产投资、固定资产折旧、流动资金投入、矿产资源补偿费、资源税等，以及具有矿山特殊性的参数选取，如矿床可采储量、矿山生产能力、矿山服务年限、矿产品销售收入等。中国矿业权评估师协会已发布最新的《矿业权评估参数确定指导意见》。

（2）折现剩余现金流量法

折现剩余现金流量法，即 DRCF（discounted remained cash flow）法，是将矿业权所对应的矿产资源勘查、开发作为现金流量系统，将评估计算年限内各年的净现金流量逐年扣减与矿产资源开发收益有关的开发投资合理报酬后的剩余净现金流量，以与剩余净现金流量口径相匹配的折现率，折现到评估基准日的现值之和，作为矿业权评估价值。该方法的适用范围

与折现现金流量法相同，其计算公式为

$$矿业权评估价值 = \sum_{t=1}^{n} \frac{(CI-CO-I_p)_t}{(1+\gamma)^t}$$

式中：CI——年现金流入量，一般为销售收入；

　　　CO——年现金流出量，一般为经营成本、资源补偿费、资源税金等；

　　　I_p——与矿产资源开发收益有关的开发投资合理报酬；

　　　γ——折现率；

　　　t——年序号（$t=1,2,\cdots,n$）；

　　　n——评估计算年限。

【例9-1】某矿业权评估机构于2020年10月20日对河北某铁矿的采矿权进行评估。根据该矿山现有的设备和生产条件，预计该矿山企业的收益期为8年。各年的销售收入、生产经营成本与各种税费、合理报酬（销售收入平均利润）如表9-8所示，经评估人员分析判断，销售收入平均利润率为15%，折现率为10%。

表9-8　河北某铁矿采矿权预期销售收入和成本　　　　　　　　　　单位：万元

项目	2021E	2022E	2023E	2024E	2025E	2026E	2027E	2028E
销售收入	2 380	2 440	2 300	2 180	2 000	1 890	1 700	1 680
生产成本与税费	1 860	1 880	1 670	1 580	1 460	1 380	1 360	1 310
销售收入平均利润	357	366	345	327	300	283.5	255	252
毛利润	163	194	285	273	240	226.5	85	118
（P/F, 10%, n）	0.909 1	0.826 4	0.751 3	0.683 0	0.620 9	0.564 5	0.513 2	0.466 5
各期预期值	148.18	160.32	214.12	186.46	149.02	127.86	43.62	55.05

解　该采矿权的价值如下：

P=148.18+160.32+214.12+186.46+149.02+127.86+43.62+55.05
　=1 084.63（万元）

（3）剩余利润法

剩余利润法是通过估算待估矿业权所对应矿产资源开发各年预期利润，扣除开发投资应得利润之后的剩余净利润，按照与其相匹配的折现率，折现到评估基准日的现值之和，作为矿业权评估价值。其计算公式为

$$矿业权评估价值 = \sum_{t=1}^{n} \frac{(E-E_i)_t}{(1+\gamma)^t}$$

式中：E——年净利润（净利润=销售收入－总成本费用－销售税金及附加－企业所得税）；

E_i——开发投资利润（E_i=当年资产净值×投资利润率）；

$(E-E_i)_t$——第 t 年的剩余利润额；

γ——折现率；

t——年序号（$t=1, 2, \cdots, n$）；

n——评估计算年限。

该方法主要适用于正常生产的矿山的采矿权评估，对于勘查程度较高的探矿权评估也可以选用。

（4）折现现金流量风险系数调整法

折现现金流量风险系数调整法是针对地质勘查程度较低的稳定分布的大中型沉积矿产的探矿权价值评估而设定的一种评估方法。首先根据毗邻区矿产勘查开发的情况，采用折现现金流量法或折现剩余现金流量法估算出评估对象的基础价值，然后采用矿产开发地质风险系数进行调整得到探矿权评估价值。

矿产开发地质风险系数是针对地质勘查工作程度不足而设定的，反映因地质勘查工作程度不足所存在的地质可靠性低、开发风险高等情形。该系数一般通过对地质、采矿、选矿等因素进行半定量分析确定。该方法的计算公式为

$$探矿权评估价值 = P_n(1-R)$$

式中：P_n——采用折现现金流量法或折现剩余现金流量法估算的探矿权基础价值；

R——矿产开发地质风险系数。

2. 成本途径评估方法

成本途径是指基于贡献原则和重置成本的原理，即现时成本贡献于价值的原理，以成本反映价值的技术路径。矿业权成本途径评估法是对有关、有效的勘查工作重置成本进行修正或调整，估算矿业权价值的一类评估方法。此方法包括勘查成本效用法和地质要素评序法。

成本途径评估方法适用于矿产资源预查阶段和普查阶段的探矿权评估，但不适用于赋存稳定的沉积型大中型矿床中勘查程度较低的普查阶段的探矿权评估。

（1）勘查成本效用法

勘查成本效用法是采用效用系数对地质勘查重置成本进行修正，估算探矿权价值的方法。

效用系数是为了反映成本对价值的贡献程度，设定的对重置成本进行溢价或折价的修正系数，是勘查工作加权平均质量系数和勘查工作布置合理性系数的乘积。

该方法适用于投入少量地表或浅部地质工作的预查阶段的探矿权评估，或者经一定勘查工作后找矿前景仍不明朗的普查阶段的探矿权评估。

（2）地质要素评序法

地质要素评序法是基于贡献原则的一种间接估算探矿权价值的方法。该方法是将勘查成本效用法估算所得的价值作为基础成本，对其进行调整，得出探矿权价值。调整的根据是评估对象的找矿潜力和矿产资源的开发前景。该方法所需要的各地质要素的价值指数等调整系数一般采用专家协助评判方式获得。

该方法主要用于普查阶段的探矿权评估，也用于能够满足要求的预查阶段的探矿权评估。

3. 市场途径评估方法

市场途径是指根据替代原理，通过分析、比较评估对象与市场上已有矿业权交易案例的异同，间接估算评估对象价值的技术路径。矿业权评估市场途径评估方法包括可比销售法、

单位面积探矿权价值评判法、资源品级探矿权价值估算法。

（1）可比销售法

可比销售法是指基于替代原则，将评估对象与在近期相似交易环境中成交，满足各项可比条件的矿业权的地、采、选等各项技术、经济参数进行对照比较，分析其差异，对相似参照物的成交价格进行调整估算评估对象的价值。可比因素及调整系数通常包括：可采储量、矿石品位（质级）、生产规模、产品价格、矿体赋存开发条件、区位基础设施条件、资源储量、物化探异常、地质环境与矿化类型。其计算公式为

$$P=P_X \cdot A \cdot B \cdot C \cdot D$$

式中：P——评估价值；

P_X——参照物采矿权价格；

A——规模调整系数（被评估矿业权探明储量/参照物矿业权探明储量）；

B——品位调整系数（被评估采矿权精矿平均品位/参照物采矿权精矿平均品位）；

C——价格调整系数（被评估采矿权采用的矿产品价格/参照物采矿权采用的矿产品价格）；

D——差异调整系数（被评估采矿权差异要素评判总值/参照物采矿权差异要素评判总值）。

采矿权差异要素包括矿产资源的交通条件、自然条件、经济环境和地质采选条件等。具体差异要素如表9-9所示。

表9-9 采矿权差异要素参考表

交通条件	公路类型	经济环境	劳动力状况
	距国道距离		供电、供气状况
	距市中心距离		农业状况
	距公共设施距离		地方经济
自然条件	地形环境	地质采选条件	埋藏深度
	水源状况		矿床工业类型
	气候环境		矿石选冶性能
	土地状况		水文、工程地质条件
			开采方式
			采选规模

【例9-2】某铜矿采矿权参照物的成交价格为48 000万元，被估采矿储量为12 000 t，参照物储量为20 000 t，被估采矿权矿产的品位为3.5%，参照物矿石的品位为4%，价格调整系数为0.98，差异调整系数为1.60，请用可比销售法估算被估采矿权的价值。

解 该采矿权的价值如下。

P=48 000×12 000/20 000×3.5%/4%×0.98×1.6=39 513.6（万元）

该方法通常适用于各勘查阶段的探矿权及采矿权价值评估。该方法在矿业权市场发达的国家应用较广泛。由于我国的矿业权交易尚不普遍，该方法的应用受到一定限制。

（2）单位面积探矿权价值评判法

单位面积探矿权价值评判法是探矿权粗估法之一，是在收集国内地质勘查相关统计资料，矿产资源储量动态信息，上市公司公开披露的地质信息报告，招、拍、挂公开披露的地质资料，公开市场类似矿业权交易情况信息，有关部门和组织发布或矿业权评估师掌握的有关信息的基础上，综合分析评估对象实际情况，分析确定单位面积探矿权价值，从而估算评估对象价值的一种方法。其基本计算公式为

$$P = S \cdot P_n$$

式中：P——评估对象的评估价值；

S——评估对象勘查区面积；

P_n——单位面积探矿权价值。

该方法通常适用于勘查程度较低、地质信息较少的探矿权价值评估。

【例 9-3】对某矿山的探矿权进行评估，评估基准日为 2019 年 12 月 31 日，勘查区面积为 20.30 km²。该探矿权勘查程度较低，未提交有关地质报告，地质信息较少。但是该探矿权处于某大型区域成矿带上，周边存在多个探矿权，交易市场较为活跃。评估人员收集了 2019 年周边几个探矿权的交易情况（见表 9-10），并分析对比了各交易实例和目标评估探矿权在地质各方面的差异，确定了合理的修正系数。请用单位面积探矿权价值评判法评估该探矿权的价值。

表 9-10 周边探矿权交易实例和差异修正统计表

序号	探矿权	勘查区面积/km²	交易价格/万元	交易时间	交易类型	地质差异修正系数
1	甲探矿区	30.83	35.00	2019 年 9 月	转让	1.10
2	乙探矿区	50.55	62.00	2019 年 4 月	转让	1.30
3	丙探矿区	14.67	10.00	2019 年 11 月	转让	1.40
4	丁探矿区	25.12	65.00	2019 年 7 月	转让	0.70

解 评估计算如下。

① 计算单位面积平均价值。根据收集的交易实例和确定的地质差异修正系数，计算单位面积平均价值如表 9-11 所示。

表 9-11 计算单位面积探矿平均值

序号	探矿权	勘查区面积/km²	交易价格/万元	单位面积探矿权价值/（万元/km²）	地质差异修正系数	单位面积探矿权价值（修正）
1	甲探矿区	30.83	35.00	1.14	1.10	1.25
2	乙探矿区	50.55	62.00	1.23	1.30	1.59
3	丙探矿区	14.67	10.00	0.68	1.40	0.95
4	丁探矿区	25.12	65.00	2.59	0.70	1.81
			平均值			1.40

② 计算探矿权价值。

探矿权价值=探矿权面积×单位面积探矿权价值=20.30×1.40=28.42（万元）

（3）资源品级探矿权价值估算法

资源品级探矿权价值估算法是探矿权粗估法之一，是在了解勘查区内金属矿产资源的品位和质级数据或有关信息的基础上，与已知矿产地的品位质级价值进行比较，分析确定单位资源品级价值，然后分析并合理确定矿业权价值占资源毛价值的比例，从而估算矿业权价值的一种评估方法。国外称其为"原始价值粗估法"。其计算公式为

$$P = Q_d \cdot \varepsilon \cdot \omega \cdot c$$

式中：P——评估价值；
　　　Q_d——资源储量；
　　　ε——单位资源品级价值；
　　　ω——资源品级；
　　　c——矿业权价值占资源毛价值的比例。

该方法通常适用于勘查程度较低、地质信息较少的金属矿产探矿权价值评估。

【例 9-4】 对某一金矿探矿权进行评估，该探矿权勘查程度较低，地质信息较少，预测勘查区内矿石量为 8 000 万 t，Au 平均品位约 3.2 g/t。经过调查分析，Au99.95 的黄金金价预测值为 400 元/g。经过分析确定当地类似勘查程度和品位的金矿探矿权价值占资源毛价值的比例为 1.2%。请用资源品级探矿权价值估算法评估该探矿权的价值。

解 评估计算过程如下。

① 计算资源毛价值。

资源毛价值=矿石量×矿石品位×单位金属价格
　　　　　=80 000 000×3.2×400
　　　　　=10 240 000（万元）

② 计算探矿权价值。

探矿权价值=资源毛价值×矿产权价值占资源毛价值比例
　　　　　=10 240 000×1.2%
　　　　　=122 880（万元）

9.4　珠宝首饰评估

在美国等市场经济发达国家，珠宝首饰评估业的发展已有 30 多年的历史。在我国，珠宝首饰评估是在珠宝产业快速发展，资产评估行业逐步规范、延伸和开拓的过程中应运而生的，是一个相对年轻的评估实践领域，也是一个极具挑战性的评估实践领域。珠宝首饰作为流通

品，不但涉及生产企业、销售企业和消费者，而且与金融、拍卖、典当、保险、收藏等行业和领域有着密切的联系。珠宝首饰评估在维护珠宝交易市场秩序、保护公众和交易各方利益等方面发挥着不可或缺的作用。

9.4.1 珠宝首饰及其价值评估概述

1. 珠宝首饰及珠宝首饰价值的定义

《资产评估执业准则——珠宝首饰》对珠宝首饰的定义是："本准则所称珠宝首饰，是指珠宝玉石和用于饰品制作的贵金属的原料、半成品及其制成品。"

珠宝首饰是一种贵重的且受人喜欢的人身装饰品或艺术品，而这种装饰品或艺术品所代表的意义与价值，则会因人、因时、因地、因事而有所不同。珠宝首饰是一种有形的存在，具有4个方面的功能：装饰的功能、鉴赏的功能、实用的功能和传达信息的功能，而装饰人体则是珠宝首饰最基本的功能。

2. 珠宝首饰及珠宝玉石的分类

1）珠宝首饰的分类

用于装饰人体的珠宝首饰类型有许多种，可以从珠宝首饰的使用材质及表现形态和珠宝首饰的具体款式来分类。

从使用材质及表现形态来看，珠宝首饰可以划分为以下3种类型。

① 贵重珠宝首饰。使用的材质以贵金属（铂金、黄金、钯金）与贵重宝石（钻石、红宝石、蓝宝石、祖母绿、翡翠等）为主，金工制作精致细腻，镶工与表面处理工艺考究。材料及人工价格均较昂贵，售价相对较高。

② 流行珠宝首饰。流行珠宝首饰以配合服装时尚为主，强调流行性、时尚性，使用的材料突破了传统的贵重材质的限制，凡是可以表达首饰设计师设计的材质均可使用。金工制作相对粗糙，镶工部分大都以黏合剂固定。材料及人工价格均较低廉，售价相对较低。

③ 艺术珠宝首饰。使用材质不限，珠宝首饰只是一种艺术创作的载体，传达和表现着创作者的意念与情感。金属材料与宝石材料仅是这种艺术创作的素材，经由创作者的设计、制作而成为独特的艺术品。

从具体款式来看，珠宝首饰可以划分为戒指、耳环、项链、手镯、挂件、别针、袖钮、发夹、领夹、脚镯、帽花等。

2）珠宝玉石的分类

宝石的饰用历史悠久，其分类各国有所差异，目前主要有矿物学和实用价值两种分类方法。矿物学分类就是沿用矿物学中的族、种、亚种的划分方法进行分类。实用价值分类则是根据宝石的价值和稀有度进行分类，如高档宝石、中低档宝石、稀少宝石。

在《珠宝玉石名称》（GB/T 16552—2017）国家标准中，珠宝玉石是"对天然珠宝玉石和人工珠宝玉石的统称，可简称宝石（gems）。"

珠宝玉石可以分为天然珠宝玉石和人工宝石两大类。

（1）天然珠宝玉石

天然珠宝玉石由自然界产出，具有美观、耐久、稀少性，具有工艺价值，可加工成饰品的矿物或有机物质等，分为天然宝石、天然玉石和天然有机宝石。

① 天然宝石。指由自然界产出，具有美观、耐久、稀少性，可加工成饰品的矿物单晶体（可含双晶）。天然宝石可以直接使用天然宝石的基本名称或其矿物名称，无须加"天然"二

字,如钻石、红宝石、蓝宝石、祖母绿、碧玺、水晶等。

② 天然玉石。指由自然界产出,具有美观、耐久、稀少性,可加工成饰品的矿物集合体,少数为非晶质体。天然玉石可以直接使用天然玉石的基本名称或其矿物(岩石)名称,无须加"天然"二字,天然玻璃除外,如翡翠、软玉(和田玉)、欧泊、绿松石、孔雀石等。

③ 天然有机宝石。指与自然界生物有直接生成关系,部分或全部由有机物质组成,可用作饰品的材料,如琥珀、珊瑚、养殖珍珠(简称珍珠)。

(2) 人工宝石

人工宝石完全或部分由人工生产或制造用作饰品的材料(单纯的金属材料除外),分为合成宝石、人造宝石、拼合宝石和再造宝石。

① 合成宝石。指完全或部分由人工制造且自然界有已知对应物的晶质体、非晶质体或集合体,其物理性质、化学成分和晶体结构与所对应的天然珠宝玉石基本相同。在珠宝玉石表面人工再生长与原材料成分、结构基本相同的薄层,此类宝石也属于合成宝石,又称再生宝石,如合成钻石、合成红宝石、合成祖母绿等。

② 人造宝石。指由人工制造且自然界无已知对应物的晶质体、非晶质体或集合体,如立方氧化锆、人造钇铝榴石、塑料、玻璃等。

③ 拼合宝石。指由两块或两块以上材料经人工拼合而成,且给人以整体印象的珠宝玉石,如拼合欧泊等。

④ 再造宝石。指通过人工方法将天然珠宝玉石的碎块或碎屑熔接或压结成具有整体外观的珠宝玉石,可辅加胶结物质,如再造琥珀、再造绿松石等。

3. 珠宝首饰的特点

珠宝首饰作为高档的耐用消费品,它既具有与一般消费品相同的特征,又具有它本身所特有的特征。归纳起来珠宝首饰产品主要具有以下特点。

(1) 保值性

珍贵的珠宝首饰产品的价值可以说是永恒的,它们不随经济的变化而产生价值的变化。由于珠宝首饰的物理化学性质稳定,其所用资源的不可再生性,在自然条件下,不会随时间的推移、季节的变化而发生质变、破坏。

(2) 艺术性

珠宝首饰产品既是消费品,又是具有艺术价值的艺术品。在我国 7 000 多年的玉文化历史长河中,有许多制作精美、工艺精良的玉器制品和其他珠宝首饰工艺品,都是世界上少有的"国宝"级艺术珍品,具有极高的艺术价值。

(3) 投资性

高档的珠宝首饰产品,不仅是一种装饰品,而且由于它们极为稀少,且价格昂贵,在国际经济大循环中起着硬通货的作用。在经济发达国家和地区,高档的珠宝首饰产品是继房地产、股票之后的第三大投资对象。珠宝首饰产品经数千年人类历史的认知认同,在人们的心目中就是一种财富的象征。中高档珠宝碎钻饰品、艺术品的保值性、增值性和投资性是非常高的。

(4) 文物性

考古发掘表明,在距今 7 000 多年前的我国新石器时代遗址中,就已经出现了玉器制品,因此许多出土的古玉器均具有文物性。而许多现代的珠宝首饰工艺品,由于具有极高的艺术价值,而被作为文物收藏。

(5) 价值的不确定性

"黄金有价，玉无价"，这是珠宝首饰产品价值不确定性的最好注解。天然的珠宝玉石是来自地壳某一特定区域的产物，是在漫长的地球演化过程中，地壳中的化学元素在各种地质作用下形成的，具有特定的形态、物理性质和化学性质。由于在形成过程中受多种因素的影响，因此每颗宝石和玉石都具有其本身的特点，即使同种类型、同样重量的宝石和玉石，由于其本身质量的差异而具有不同的价值。因此，以宝石和玉石为主要原材料的珠宝首饰，其价值也就具有明显的不确定性。

4. 珠宝首饰的价值构成

珠宝首饰产品的价值构成与一般商品一样，也是由三部分构成的：一是生产资料消耗后转移到珠宝首饰产品中去的价值，这部分主要包括贵金属原材料、珠宝玉石原料、宝石加工切磨和首饰制作过程中的辅助材料和动力消耗费用等劳动对象的价值，以及厂房、珠宝加工切磨和首饰制作过程中机器设备等劳动手段的磨损部分的价值；二是在宝石加工切磨和首饰制作过程中，劳动者应得到的以工资形式支付的劳动报酬；三是劳动者为社会创造的价值。一件珠宝首饰产品的价值就是上述三者之和，而产品的成本为前两者之和。

5. 珠宝首饰的价值特征

珠宝首饰的价值是指珠宝首饰对人的效应，即珠宝首饰的存在，对于某些特定人群的需求、利益的作用。虽然这种效应对于不同的人群、不同的需求层次会有所差异，但它确实是客观存在的，在某个特定时期，对某些具有共同认识的人而言，它的价值是一定的，而且可以用货币来度量。随着时间的推移，珠宝首饰的价值也是会发生变化的。所以珠宝首饰的价值特征包括 4 个方面：珠宝玉石材料的价值、珠宝玉石材料切磨的工艺价值、首饰制作的工艺价值和珠宝首饰的历史文化价值。

（1）珠宝玉石材料的价值

天然的珠宝玉石材料具有美丽、耐久和稀有的特点，是稀缺的、不可再生的矿产资源。根据珠宝玉石本身的美丽、耐久和稀有程度、商业价值及在国际珠宝玉石市场上的供求状况，通常把不同种类的珠宝玉石划分为高档、中档、低档三类。根据不同国家（民族）的传统心理和消费习俗，通常把钻石、红宝石、蓝宝石、祖母绿、优质猫眼、变石、黑欧泊和优质翡翠，列属高档宝石，它们的价格异常昂贵，而且价格有增无减，尤其是特大的珍品和具有历史价值的收藏品更是价值连城。

此外，将有色宝石中颜色鲜艳、透明度好，具有一定硬度且质量较好的品种，如金绿宝石、尖晶石、白欧泊、紫晶、黄晶、橄榄石、石榴石、绿柱石、海蓝宝石、碧玺、托帕石、锂辉石、红柱石、坦桑石、锆石、方柱石、月光石、青金石、绿松石、珍珠、软玉（羊脂白玉），以及商业级翡翠等列属中档宝石，它们在珠宝市场上的价格远低于同质量的高档宝石，但极少数稀有优质的中档宝石的售价也较高，如翠榴石、优质珍珠等。一些具有特殊光学效应（星光效应、猫眼效应）的宝石档次，等同于其所属宝石的档次品级。

低档宝石一般产量较大，硬度相对较低，如玛瑙、玉髓、水晶、岫玉、孔雀石、萤石等，由于其产量相对较大，价值相对较低。

（2）珠宝玉石材料切磨的工艺价值

自然开采获得的珠宝玉石材料，绝大多数的形状都是不规则的，把这些材料用于制作珠宝首饰，必须对其进行款式设计和加工切磨。因此，大多数的珠宝玉石材料只有经过款式设计和精细的雕琢加工，才可能制成既有实用和装饰功能，又有很高美学价值和商品价值的产品，并成为人们所珍爱的精美工艺品。

由此可见，珠宝玉石加工切磨过程是一个艺术创作过程，它必须以人们的审美观念和消费心理为基础，注意因材施艺、因材施工，最大限度地体现出珠宝玉石的价值，同时强调款式设计的独特性和新颖性，再经过精雕细琢，使之成为一件完美的工艺品。珠宝玉石切磨的工艺价值包括它的美学价值和商品价值。

在决定珠宝玉石加工切磨工艺价值的多种因素中，除珠宝玉石本身的品质和档次（如颜色、透明度、重量、硬度和光泽感等）之外，珠宝玉石加工切磨的款式和加工工艺精良程度也是重要的因素。在珠宝玉石的款式设计中，应遵循统一与单调、对比与调和、对称与均衡、节奏与韵律等美学原则，以增加珠宝玉石加工切磨后的美学价值，满足人们的审美需要。同时在加工切磨过程中，应充分利用现代加工技术，如机械化和自动化的加工设备，通过提高加工工艺技术水平及质量来增加珠宝玉石加工切磨的工艺价值。

（3）首饰制作的工艺价值

人类使用珠宝首饰的历史可以追溯到很久远的年代。自有人类社会起，就有了对美的向往和追求，于是也就有了对装饰物品的需要。珠宝首饰制作的工艺价值不仅受价格高低和销售商信誉的影响，还受以下因素影响。

① 成色。珠宝首饰制作工艺的价值主要受成色和镶嵌宝石真假的影响，大部分首饰品都打上了成色字印。关于首饰的成色和宝石的真假，可以利用科学的方法进行测试。

② 颜色。除了成色外，颜色也会影响珠宝首饰制作的工艺价值。K金首饰的颜色有黄色、粉红色、白色等各种不同的颜色，对于黄色K金，高成色比低成色更显橙黄色，但丰富的橙黄色可能是表面电镀纯金的反射作用，白金也许看起来很白，但它同样可能是电镀铑的结果，很薄的电镀层迟早会磨掉。因此，颜色可以作为一个指导，但是不能仅从外观方面来下定论。更重要的是颜色的一致性，如同一件首饰上的所有组件颜色是否一致，焊接处是否因为焊料的颜色与基体金属颜色不一致而变色等。颜色和颜色一致性是首饰制作工艺质量优劣的重要方面。

③ 光洁度。一件优质首饰，应做到各个配件配合良好、焊接牢固，没有粗糙的棱边；首饰上应该没有瑕疵，如夹杂物、孔洞、凹坑、裂纹等；整件首饰要抛光亮洁，包括一些隐藏的部位。一般通过表面粗糙度来定量衡量工件的表面光洁程度。同样，通过焊接处的面积、光顺状况等因素量化焊接缝的光洁程度。

④ 使用功能。首饰的使用功能包括佩戴的难易、扣接的顺畅、耐磨损的时间、耳饰链扣弹簧的失效时间、耳针的弯曲、首饰品局部的断裂、由于镶工差引起的宝石丢失、由于焊接不好引起的断链等诸多方面。

（4）珠宝首饰的历史文化价值

珠宝首饰的历史文化价值，可以折射出一个国家的历史发展、社会环境及社会生产力和科学技术的发展水平。因为人类在对珠宝玉石资源的开发利用过程中，经历了从简单到复杂、从低级到高级的发展过程。具有历史价值和传奇色彩的珠宝首饰，在历史上曾对人类直接或间接地产生过重要的影响。这种影响表现在两个方面：一是由于一些珠宝首饰具有某些想象中的神秘特性，而对人类产生过很大的影响；二是一些珠宝首饰具有很高的经济价值，且具有价值高、体积小、便携易存的特点，在某些特殊时刻，可以用作"硬通货"来筹集款项。

6. 珠宝首饰的价值类型

珠宝首饰作为一种有形财产，具有可触摸、可移动的特点，是一种具有典型意义的动产。

在珠宝首饰的价值评估中，常用的价值类型主要包括以下方面。

(1) 市场价值

《国际评估准则》对市场价值定义如下：自愿买方与自愿卖方在评估基准日进行正常的市场营销之后，所达成的公平交易中某项资产应当进行交易的价值的估计数额，当事人双方应当各自精明、谨慎行事，不受任何强迫压制。

它是在买卖双方均谨慎而理智行事，并认为在价格不受不适当因素影响的条件下，珠宝首饰在竞争和公开市场上能获得的最合适的价格，是珠宝首饰价值评估中最常用的价值类型。由于区域及级别不同，市场可分为国内市场、国际市场、批发市场、零售市场等。所以，珠宝首饰的评估存在不同市场级别的市场价值。

(2) 公平市场价值

它是购买者和销售者双方自愿进行交易的价格，所反映的价格和区域市场上的零售价格有一定的相似性。珠宝首饰的公平市场价值，则是指在通常交易点的零售价格，一般为最低的零售价。例如，裸石通常是以批发价销售的，所以裸石的公平市场价值应该就是批发价。在美国，纳税评估采用的价值类型是公平市场价值。公平市场价值通常采用市场法进行评估。

(3) 重置价值

重置价值是指在现实条件下，重新购买或建造与评估对象相同的或相似的珠宝首饰所花费的全部费用。根据重新购买或建造所用的材料、技术的不同，可把重置价值分为复原重置价值和更新重置价值。

① 复原重置价值是指以某珠宝首饰为原形，重新生产一个复制品所需要的费用。对有专利的设计、首饰整体款式、珠宝琢型款式的首饰进行估价时，要考虑需要使用专利许可证的价格。

② 更新重置价值是指有资格的艺术家或工匠使用当前的技术，生产一件设计和材料都与原珠宝首饰相似，并具有相同市场需求的新珠宝首饰所需的费用。

一般情况下，复原重置价值大于更新重置价值。

(4) 清算价值

它是指珠宝首饰在强迫出售或清算时可能获得的现金价格。一般情况下，这种价格会远远低于市场公平价格，是卖方在一定条件及其他约束条件下被迫接受的价格。它可分为以下两种类型。

① 强制清算价值。是指及时兑现价，不考虑相关市场，珠宝首饰可以立即转手售出的价格。

② 有序清算价值。是指在规定的限制条件下，珠宝首饰有序转手的价格。有序清算一般需要进行广告宣传并具有一定限制的时间，一般在3个月内实现兑现的价格。

强制清算价值和有序清算价值均低于市场价值。强制清算价值通常低于有序清算价值，甚至低于成本价。企业破产清算或典当行收当时，常用有序清算价值。

(5) 适销现金价值

它是财产有序销售所得扣除全部销售成本的余额。在拍卖会上，适销现金价值在数量上等于拍卖成交额减去拍卖销售所付出的成本，比如中间人佣金、保险费、宣传费、运输费等。适销现金价值不能代表财产的重置价值，在质押贷款中可用适销现金价值。

(6) 实际现金价值

它是保险术语，指在合理期限内，在合适的相关市场上，用一件年代、品质、来源、外观、大小和状况相似的财产来替代某项财产所需的现金价格。它需要考虑财产的状况,在一件财产的市场价值上加上增值或减去各种形式的贬值。

(7) 残损价值

它是指珠宝首饰在严重破损条件下,最低限度可变现的价值,如破损的贵金属首饰的回收材料价值、可重新切磨的破损宝石的材料价值。

(8) 投资价值

它是指珠宝首饰对于特定投资人所获得的投资收益。珠宝首饰具有明显的投资价值,尤其是高档的珠宝首饰,其价格逐年攀升。

7. 珠宝首饰价值类型的选择

珠宝评估人员应充分考虑评估目的、市场条件及评估对象等因素适当选择价值类型(见表9-12)。而且市场类型的选择也没有唯一性,也会出现选择两种以上价值类型的情况。珠宝首饰评估中最常用的价值类型是市场价值,在选择市场价值时评估人员要考虑到不同市场级别可能会有不同的市场价值,如说批发市场价值和零售市场价值,并说明选择该市场级别的理由。

表 9-12 评估目的及相应的价值类型

评估目的	价值类型
产权变更、资产确认	市场价值、重置价值
财产分割	实际现金价值、有序清算价值
保险理赔	重置价值
投保	实际现金价值、重置价值
质押贷款	适销现金价值、有序清算价值、重置价值
典当	强制清算价值
清算	强制清算价值、有序清算价值

8. 珠宝首饰评估常用的市场级别及级别的选择

珠宝交易市场主要有拍卖市场、批发市场、零售市场、二手货零售市场、即期兑现的变卖市场(评估强制清算价值时考虑的市场)、定期兑现市场(评估有序清算价值时考虑的市场)。

可以根据评估目的选择市场级别。例如评估对象是和田玉挂件,当评估目的为保险理赔时,则选择批发市场;当评估目的为购买建议时,应选择零售市场。还可以根据评估对象来选择市场级别。例如,对于罕见稀少的贵重珠宝可以通过大型拍卖市场寻找相关成交价格资料,常见的中等品质的宝石则可以参考珠宝市场的价格。

不同的市场级别对珠宝首饰价值有明显影响。例如和田玉挂件的保险理赔评估和购买建议评估会有一倍甚至几倍的差异,而且往往没有固定的比例关系,这就要求珠宝评估人员广泛地了解市场及影响市场的各种因素,了解完整销售链的全面信息。表9-13是珠宝首饰的市场级别。

表 9-13 珠宝首饰的市场级别

按货物状态划分	市场级别	货品购买者
新货市场（初级消费市场）	生产厂级市场	各等级市场
	批发市场	分销商、零售商
	各级拍卖市场	消费者、中间商等
	零售市场	消费者
旧货市场（次级消费市场）	二手货市场	中间商、消费者
	定期兑现市场	有序清算（拍卖）市场等，在一定时间内销售给消费者、中间商等
	即期兑现市场	强制清算，短时间销售出去

9.4.2 珠宝首饰评估的目的和意义

1. 珠宝首饰价值评估的目的

珠宝首饰的价值评估是根据市场经济发展的需要，为特定的目的对珠宝首饰进行鉴定、描述、分级，并综合市场信息，独立而公正地确定其价值的行为。同样的珠宝首饰，因为价值评估的目的和价值评估的基准日不同，其评估价值也往往不相同。因此，在对珠宝首饰进行价值评估前，必须了解委托人的评估目的和基准日。明确价值评估目的和评估基准日对于科学地组织价值评估工作，提高价值评估质量具有重要意义。

珠宝首饰价值评估的目的，主要是对被评估的珠宝首饰即将发生的经济行为所衍生的价值提供科学的依据。目前，珠宝首饰价值评估主要有以下几方面的目的。

（1）珠宝首饰作为拍卖或典当物品

拍卖时，对珍贵和高档的珠宝首饰都要有一个参考价；对于无底价拍卖品都要有一个市场指导价，这就要预先对拍卖品进行估价。同样，珠宝首饰典当也需对典当品进行估价。

（2）珠宝首饰作为涉案物品

协助公安、检察和司法等机关，解决涉案珠宝首饰的价值评估问题，判明涉案珠宝首饰的真实价格，为案件的审理提供科学的证据材料。

（3）珠宝首饰作为抵押或保险物品

珠宝首饰作为财产担保或抵押物用于银行贷款时，需对珠宝首饰可变现价值做出科学的评估；珠宝首饰作为保险的标的物，需要对其进行科学的价值评估，以确定保险费、保险范围、理赔依据。

（4）珠宝首饰作为征税物品

为了有效地防止伪报和瞒报珠宝首饰的价格，海关和边检部门在处理征收关税或与珠宝首饰相关的罚没品等事务时，都需要对珠宝首饰进行价值评估。

（5）珠宝首饰作为他人捐赠物品、财产分割物品及遗产物品

珠宝首饰在作为他人捐赠物品或作为个人离婚财产清算或公司合作关系终结而进行的财务分割，以及遗嘱验证和遗产继承税评估时，均需进行价值评估。

（6）珠宝首饰作为核算成本的价格物品

珠宝首饰投资者或生产商通过价值评估，获取珠宝首饰的最低成本价格，据此考虑是否投资生产；珠宝首饰生产商通过价值评估决定其出厂价格；珠宝首饰供应商通过价值评估确

定珠宝首饰的零售价格，即最终消费价格。

（7）珠宝首饰作为珠宝首饰公司的主要资产，对公司进行整体评估

该项评估主要涉及珠宝首饰公司资产转让或公司发生财务纠纷，要以珠宝首饰作为财产担保或抵押物，以及珠宝首饰公司破产，进行财产清算等方面的价值评估。

（8）珠宝首饰作为收藏品

该项评估是为满足人们了解珠宝首饰的收藏价值而进行的价值评估。

2. 珠宝首饰价值评估的意义

从经济学的角度来看，珠宝首饰属于"正常商品"（指随着人们收入的增加，需求量增多的商品）的范畴。因此，随着经济的发展和人民生活的逐步改善，珠宝首饰的需求量将会越来越大。随着社会经济的不断发展，珠宝首饰企业的发展、扩张、兼并、破产等速度会进一步加快，企业的融资需求会进一步加强。因此，珠宝首饰价值评估业务的重要性，也就会进一步凸显。

若仅从产品的重要性来看，珠宝首饰行业只占整个社会经济市场极小的一部分，与其他行业的相关性似乎也很小。然而，随着全球经济一体化进程的加快，珠宝首饰行业与其他行业的联系将会不断深化。在大力发展市场经济的前提下，珠宝首饰行业与其他行业的关系实际上是一种"资产交易"的关系，而这种行业间的关系只有通过"珠宝首饰资产评估"这一手段有效地向外辐射。

3. 珠宝首饰评估实践展望

随着我国市场经济的发展，珠宝首饰市场也得到了长足的发展，珠宝首饰评估的需求不断增加。在我国，与保险有关的珠宝首饰评估业务主要涉及保险理赔时的纠纷处理。随着外资保险公司进入我国，以及我国保险制度的逐步完善，珠宝首饰保险评估将是一个十分广阔的实践领域。在国外，中小企业经常通过将珠宝首饰向银行抵押获得贷款，国内银行珠宝首饰抵押贷款发展前景向好。在经营性文化单位改革发展的新形势下，珠宝首饰评估有助于解决珠宝融资难题。随着珠宝企业规模化发展，上市融资、股权交易等行为日益增多，将会为珠宝首饰评估带来新的发展领域。拍卖公司、典当行对珠宝首饰的评估，往往需要专业的珠宝评估师和评估机构提供服务。随着我国遗产税等税种的开征，纳税评估也将成为珠宝首饰评估的市场需求。

9.4.3 珠宝首饰评估方法

与其他资产相似，珠宝首饰可以通过市场法、成本法、收益法3种方法进行评估。

1. 市场法

市场法是指通过比较被评估珠宝首饰与最近售出类似珠宝首饰的异同，并将类似珠宝首饰的市场价格进行调整，从而确定被评估珠宝首饰价值的评估方法。

1）应用的前提条件和适用范围

（1）需要有一个充分活跃的珠宝首饰市场

在市场经济条件下，珠宝首饰市场交易的珠宝首饰种类越多、越频繁，与被评估的珠宝首饰相类似产品的价格就越容易获得。

（2）参照物及其与被评估珠宝首饰可比较的指标、技术参数等资料是可收集到的

运用市场法进行资产评估，重要的是能够找到与被评估珠宝首饰相同或相类似的参照物。但与被评估珠宝首饰完全相同的参照物是很难找到的，这就要求对类似的珠宝首饰参照物进

行调整。有关调整的指标、技术参数能否获取，是决定市场法运用与否的关键。

（3）选择类比参照物的价值因素明确并可直接量化

运用市场法评估珠宝首饰价值时，需要收集相关的信息和资料，包括销售数量、销售范围、销售时间、珠宝首饰的质量和档次、稀有程度、独特性、设计风格、制作年代、制作者、设计师、制作的工艺质量等，资料收集得越全面，评估得出的结论就越准确。因此，在挑选类比参照物时，应尽可能做到：挑选的珠宝首饰应尽可能多地与被评估物相似；珠宝首饰的销售时间、地点、市场类型应与被评估的珠宝首饰尽可能地接近；应选择尽可能多的类比参照物，在综合分析研究的基础上，得出令人信服的评估依据，支持所做出的评估结论。

市场法适用于任何珠宝首饰的评估，尤其是对古董珠宝首饰、皇家珠宝首饰、历史人物所拥有的珠宝首饰、特定历史时期的珠宝首饰、名家设计制作的珠宝首饰等的评估。由于这些类别的珠宝首饰，其来源比珠宝首饰本身的材料更重要，因此利用成本法很难得出准确的结论。

2）操作步骤

（1）确定待评估的珠宝首饰，鉴定宝石类别并分级评价

接受顾客的委托，了解顾客的要求和评估目的。对评估对象进行清洗、测量和称重，鉴定首饰所使用的宝石类别，并对宝石的质量进行分级评定和描述。

（2）鉴别贵金属的种类和成色

采用必要的科学仪器和鉴定方法，如 X 射线荧光光谱仪等，鉴定首饰所使用的贵金属材料类别和成色。

（3）鉴别首饰的来源、制作工艺和制作年代

根据首饰的样式，判别首饰的制作年代和制作产地，并进一步鉴别首饰的制作工艺，如手工制作或熔模铸造制作等。

（4）选择可比对的参照物

确定合适的市场类型和市场级别并选择参照物是运用市场法进行评估的重要环节。根据评估目的确定合适的市场，同时选择的参照物应具有可比性。可比的珠宝首饰特指在设计、材料类别与成分、品质特征、稀有程度、宝石产地、制作年代、制作工艺、设计者、制作者等方面的相似性，选择的珠宝首饰与被评估的珠宝首饰相似度越高，得出的评估结论就越准确。另外，就是参照物的数量问题。不论参照物与评估对象怎么相似，通常参照物应选择 3 个以上。因为运用市场法评估珠宝首饰价值时，被评估珠宝首饰的评估价值高低取决于参照物成交价格水平，而参照物成交价格不仅仅是参照物功能自身的市场体现，同时还受买卖双方交易地位、交易动机、交易时限等因素的影响。为了避免某个参照物个别交易中的特殊因素和偶然因素对成交价及评估值的影响，运用市场法评估珠宝首饰时应尽量选择多个参照物。

（5）在评估对象与参照物之间进行比较、量化差异

在评估对象与参照物之间进行比较，并将两者的差异进行量化。运用市场法评估珠宝首饰，应收集珠宝首饰市场上相同的珠宝种类、相同颜色、相近质量、相同的交易类型且与评估基准日交易时间接近的最常见成交价作为其评估的主要依据，这也是最重要的、最有效的评估资料。在参照物与被评估珠宝首饰之间存在差异时，应找出具体的差异之处，包括品质、稀有性、美观性、实用性、流通性、工艺性、需求性、交易时间等，并做适当的量化。只有全面掌握和了解影响一件珠宝首饰价值的因素后，才能更准确地把握各种导致珠宝首饰价值升值或贬值的变化因素，才能得出更加符合实际的评估结论。因此，将评估对象与参照物进

行比较，并将其差异数量化、货币化是运用市场途径的重要环节。

（6）综合分析确定评估结果

运用市场法通常应选择 3 个以上参照物，也就是说在通常情况下，运用市场法评估的初评结果也在 3 个以上。按照珠宝首饰价值评估一般惯例的要求，正式的评估结果只能是 1 个，这就需要评估人员对若干初评结果进行综合分析和比较来确定最终的评估结果。在这个环节上没有制度规定，其结果取决于评估人员对参照物的把握和对评估对象的认识，再加上评估经验。当然，假如参照物与评估对象可比性较好，评估过程中没有明显的遗漏或疏忽，则可采用加权平均法、算术平均法或者众数法将初评结果转换成最终评估结果。

3）具体评估方法

（1）直接法

直接法是指能够在市场上找到与被评估珠宝首饰完全相同的参照物，或被评估珠宝首饰的取得时间与评估基准日非常接近且市场价格基本稳定的情况下，直接以参照物的市场交易价格或购置价格作为被评估珠宝首饰评估值的评估方法。

【例 9-5】用直接法评估一颗重量为 1.01 克拉，颜色为 D、切工为 3EX、净度为 VS2 的钻石的市场批发价，基准日为 2021 年 9 月 10 日。

解 评估过程如下：通过国际钻石报价表采集评估基准日的同等品质钻石的报价，该基准日此品质的钻石报价为 10 700 美元/克拉；该日人民币对美元汇率中间报价为 6.46 元；同等品质钻石的批发价折扣率大致为 10%。

该钻石的批发价格（人民币）= $1.01 \times 10\,700 \times 6.46 \times (1-10\%)$ = 62 831.90（元）

这种方法是一种最简单、直观的方法。运用直接法进行评估时，应当注意以下问题。

如果与被评估珠宝首饰相同的参照物在评估基准日同时存在多种交易价格，应当选用价格最低的一种。按照珠宝首饰价值评估的替代性原则，在公开市场条件下，购买者如果能用最低的价格买到，就不会高于这个价格购买。

如果参照物价格变动幅度过大，可在分析参照物价格合理性的基础上加以适当调整。一般情况下，珠宝首饰的市场价格会围绕正常价值上下波动。但是，如果珠宝首饰的价格变化幅度过大，则这种市场价格就失去了公允性，必须对其交易价格进行调整，这样市场价格才可作为被评估珠宝首饰的评估值。

（2）类比法

类比法是指当在公开市场上无法找到与被评估珠宝首饰完全相同的参照物时，可以选择若干个类似珠宝首饰的交易案例作为参考，通过分析比较评估对象与各个参照物的因素差异，并对参照物的价格进行差异调整，以此来确定被评估珠宝首饰价值的方法。这种方法在珠宝首饰交易频繁、市场发育较好的地区得到广泛应用。在珠宝首饰评估过程中，由于天然宝石的特殊性，找到两颗完全相同的宝石是很困难的，再加上首饰制作过程中的工艺因素影响，要找出完全相同的参照物也是十分困难的。因此，只能通过类比和调整来确定被评估珠宝首饰的价值。

类比法的基本计算公式为

$$被评估资产评估值 = 参照物价格 + 调整数额$$

运用类比法的关键是通过严格筛选，找到最合适的参照物，并进行差异调整。通常，参照物的主要差异因素有以下几个方面。

① 时间因素。时间因素是指参照物交易时间与被评估珠宝首饰评估基准日不一致所导致的差异。由于受到国际宝石市场和贵金属市场交易价格波动的影响，在不同时间条件下，珠宝首饰的价格会有所不同，在评估时必须考虑时间差异。一般情况下，应根据参照物价格变动指数将参照物实际成本价格调整为评估基准日交易价格。

② 区域因素。区域因素是指不同区域的珠宝首饰市场，其珠宝首饰的交易价格会有所不同。主要表现在不同地区的消费者对珠宝首饰的审美观念差异所导致的购买偏好不同，从而使相同的珠宝首饰在不同的区域市场，其交易价格不同。因此，在选择参照物时，应尽可能选择相近区域市场价格作为参考价。

③ 功能因素。功能因素是指珠宝首饰与参照物的实用功能不同对价格的影响。例如相同品质的翡翠，制成的耳坠就比单件饰品价格高。

④ 交易因素。交易因素主要包括交易的市场条件和交易条件。市场条件主要是指参照物成交时的市场条件与评估时的市场条件是属于公开市场或非公开市场及市场供求状况。在通常情况下，供不应求时价格偏高，供过于求时价格偏低。市场条件的差异对珠宝首饰价值的影响很大。交易条件主要包括交易批量、动机、时间等。交易批量不同，交易对象的价格就可能不同，交易动机也会对珠宝首饰交易价格产生影响，在不同的时间交易，珠宝首饰的交易价格也会有所不同。

⑤ 工艺因素。工艺因素是指珠宝首饰的制作工艺水平和制作精细程度的差异，也会对珠宝首饰的价格产生影响。知名珠宝首饰品牌、工艺美术大师设计与制作，都会引起珠宝首饰价格的差异。

【例9-6】用市场法评估一枚重量为1.6克拉，颜色为H、切工为3EX、净度为VVS1的18K金钻石戒指的市场价值。基准日为2021年9月10日。

解 评估过程如下：在市场上找到与主钻参数相同的三枚钻石戒指作为参照物进行分析，具体情况如表9-14所示。

表9-14 参照物

项目	待评估钻石戒指	参照物1	参照物2	参照物3
主钻质量	1.6克拉、VVS1、H、3EX、切工	4C参数和待评估钻石相同	4C参数和待评估钻石相同	4C参数和待评估钻石相同
配钻质量与数量	无	无	无	2分8粒
首饰用金属	18 K	18 K	PT900	PT900
首饰质量	4 g	5 g	7 g	7 g
钻石戒指总价格/元	待评估	238 200	248 300	251 800

经调查评估基准日PT900镶嵌报价为550元/g（含损耗），18K金镶嵌报价为310元/g（含损耗），配钻镶嵌价为4 000元/克拉，镶嵌费用为3元/粒。

参照物1：

金价调整：（5-4）×310=310（元）

依照此参照物，待评估戒指的价格应为：原价+调整价=238 200−310=237 890（元）

参照物2：

金价调整：7×550−4×310=2 610（元）

依照此参照物，待评估戒指的价格应为：原价+调整价=248 300−2 610=245 690（元）

参照物3：

金价调整：7×550−4×310=2 610（元）

配钻调整：0.02×8×4 000+8×3=664（元）

依照此参照物，待评估戒指的价格应为：原价+调整价=251 800−2 610−664=248 526（元）

参照物1、2、3取平均值，该评估戒指的价格为：(237 890+245 690+248 526)/3=244 035（元）

2. 成本法

成本法是指通过估算被评估珠宝首饰的重置价值，扣除从珠宝首饰的形成并开始投入使用至评估基准日这段时间内的损耗，从而得到珠宝首饰评估价值的方法。

1) 应用的前提条件和适用范围

应用成本法的前提条件是被评估的珠宝首饰可以复制，可以再生产，或存在年代、品质、来源、状态等方面相似的替代品。成本法是站在购买者的角度，在现行市场条件下重新购买或制作与被评估珠宝首饰相同或相似的全新珠宝首饰所需花费的各种费用。

成本法适用于评估大多数现代珠宝首饰，这类珠宝首饰包括的宝石、玉石、贵金属材料和制作工艺，易于估算成本、仿造和复制。

2) 操作步骤

① 确定并清洗待评估的珠宝首饰。

② 鉴定宝石类别并分级估价。

③ 鉴别贵金属的种类、成分和成色并估价。

④ 分析珠宝首饰的设计成本、制作成本。

⑤ 估算税费和利润。

⑥ 估算珠宝首饰价值评估的重置成本。

⑦ 分析珠宝首饰价值变动的因素。

⑧ 计算并确定珠宝首饰的评估价值。

3) 具体评估方法

利用成本法评估珠宝首饰的价值，主要涉及被评估珠宝首饰的重置成本、实体性贬值、经济性贬值和功能性贬值4个方面。

(1) 重置成本的估算

购买型是以购买的方式重置珠宝首饰，购买价格就是重置成本。自建型是重新制作与评估对象相同的珠宝首饰，所需费用就是重置成本。其计算公式为

重置成本=宝石成本+贵金属材料成本+制作成本+设计费+利润+税费

贵金属饰品的成本=贵金属成本（含提纯费用）+工费

镶嵌首饰的成本=宝石成本+贵金属底托成本+工费

贵金属底托成本=贵金属成本+损耗

例如，PT900底托成本=底托质量×PT900D单价×（1+损耗率）

玉雕制品的成本=玉石原材料成本+设计加工成本+装潢成本（底座等成本）

其中，原材料的成本必须是公认的购买成本；相关税费和合理利润不易直接计算出来，可根据不同类型珠宝首饰、市场级别，换算成直接成本系数进行估算。

通常，基础金价取评估基准日上海黄金交易所的收盘价；钻石成本取值，以评估基准日附近Raparport国际钻石报价表结合上海钻石交易所正常交易价格综合考虑；其他品种宝石成本采用评估基准日附近的宝石批发价格。

镶嵌首饰的工费与款式、类型有关。对于批量生产的镶嵌首饰，设计费和起版费通常都含在工费里，工费也较低；对于特殊设计或单品生产需要考虑设计费和起版费，工费往往也较高。这就需要专业评估人员对首饰生产的工艺、流程及价格有充分的了解并及时了解业界动态。

（2）各种贬值的估算

① 实体性贬值的估算。通过具有专业知识和经验的评估人员，对珠宝首饰进行观察和检测，判断被评估珠宝首饰的成新率，并估算其有形损耗和贬值额。其计算公式为

$$实体性贬值额=重置成本×（1-成新率）$$

成新率是指将被评估的珠宝首饰恢复成全新样式，其中修复费用占该珠宝首饰重置成本的百分率。其计算公式为

$$成新率=（1-修复费用/重置成本）×100\%$$

修复费用是指将被评估的珠宝首饰，修复成全新样式所需的费用。修复费用应低于重置成本。

② 经济性贬值的估算。珠宝首饰的经济性贬值是指外部经济环境的变化所引起的珠宝首饰的贬值。例如新宝石资源的开发使用导致珠宝首饰供求关系改变，款式的陈旧导致消费者的减少等。

对于珠宝玉石资源供应量大增引起的经济性贬值，可依据新资源投入市场前后的数据进行比对；对于款式陈旧发生滞销产生的贬值，可以通过改变款式所产生的费用进行计算。其计算公式为

$$经济性贬值额=珠宝首饰损失额×（1-所得税）/R$$

式中：R为行业投资回报率。

$$经济性贬值率=（经济性贬值额/重置成本）×100\%$$

③ 功能性贬值的估算。珠宝首饰的主要功能是佩戴、投资与鉴赏。除严重损坏珠宝首饰的使用功能、投资价值和艺术鉴赏外，一般情况下珠宝首饰的功能性贬值可以忽略不计。

在珠宝首饰评估实务中，需根据评估对象的具体情况进行分析，不是所有评估对象都存在以上3种贬值。在评估新珠宝首饰时，无实体性贬值和功能性贬值，经济性贬值在计算材料成本时已经考虑，此时评估价值为重置成本。

【例 9-7】 一个蓝宝石戒指,蓝宝石是黄色蓝宝石,重 1.2 克拉,18K 黄金托重 6 g(18K 黄金的含金量为 75%)。已知黄金价格为每克(足金)350 元,试利用成本法估算该戒指的市场价值。

解 评估过程如下。

① 将首饰分为宝石和黄金两个部分,分别计算两部分的重置成本。根据了解,评估基准日 1.2 克拉左右斯里兰卡黄色蓝宝石的批发价为 800 元/克拉,则该戒指全新时的成本为 960 元(800×1.2),而黄金的重置成本为 1 575 元(6×350×75%)。

② 根据一般生产力水平,珠宝首饰镶嵌厂镶嵌戒指的手工费为 50 元/件,而黄金损耗为 10%,则生产过程重置成本为 207.5 元(50+1 575×0.1)。

③ 评估时利息率为 10%,从生产到出厂大约要 1 个月,而黄金税收及宣传等费用平均为 30 元/件,则该过程重置成本为 52.85 元[(960+1 575+207.5)×(10%/12)+30]。

三项相加,重置成本为

$$960+1\ 575+207.5+52.85=2\ 795.35(元)$$

因为戒指总体成新率为 80%,因此根据重置成本评估折现价(含税价)为

$$2\ 795.35\times 0.80=2\ 236(元)$$

4)市场法和成本法相结合

在实际评估工作中,通常会把市场法和成本法结合起来使用。评估人员先确定评估基准日珠宝首饰的成本,然后根据评估目的和价值类型,确定相应市场级别的市场加价率或市场调节系数。其计算公式为

$$市场价值=成本价\times(1+市场加价率)=成本价\times 市场调节系数$$

市场加价率和市场调节系数是根据不同市场级别的平均行业利润率、合理的税金和费用综合推算出来的。不同宝石品种、不同品质级别、不同市场级别的珠宝首饰的市场加价率不同,评估人员需针对不同的评估对象和市场级别推算出相应的市场加价率和市场调节系数。

【例 9-8】 某新婚夫妇欲购买一枚钻石戒指,18K 金镶嵌,钻石重量为 1 克拉,净度为 VS2,颜色为 G 色,切工为 3EX,基准日为 2021 年 9 月 10 日,用成本法和市场法相结合为其评估合理的购买价格。

解 评估过程如下。

① 通过查找基准日附近国际钻石报价表和上海钻石交易所钻石批发价格,可以得到该钻石的报价为 9 000 美元/克拉,汇率为 6.46,批发价折扣为 20%(八折)。

② 评估基准日 18K 金镶嵌价为 310 元/g(含损耗),一枚钻石婚戒所用 18K 金的重量在 3 g 左右。

③ 镶嵌费用及其他费用为 200 元/件。

④ 重置成本为:9 000×1×6.46×0.8+3×310+200=47 642(元)。

⑤ 通过调研,此类钻石戒指的市场加价率为 2.3,该戒指的合理购买价应为:47 642×(1+2.3)=157 218.6(元)。

3. 收益法

收益法是指通过估测被评估珠宝首饰未来预期收入并折算成现值，借以确定被评估资产价值的评估方法。收益法在实际应用中有一定的局限性，在珠宝首饰评估中应用较少。

1）应用的前提条件和适用范围

应用收益法评估珠宝首饰的价值，必须同时具备以下条件。

① 被评估的珠宝首饰是经营性的，且具有连续获利的能力。

② 被评估的珠宝首饰的未来获利能力能用货币衡量。

③ 被评估珠宝首饰的拥有者，获得收入所承担的风险是可以用货币衡量的。

2）操作步骤

① 确定并清洗待评估的珠宝首饰。

① 鉴定、评价珠宝首饰的品级。

② 收集、分析被评估珠宝首饰的相关资料。

③ 估算可能的毛收入。

④ 估算可能的各项支出、损失等，得到估计的净收入。

⑤ 确定收益额、收益期限和折现率。

⑦ 确定被评估珠宝首饰的价值。

3）具体评估方法

利用收益法评估珠宝首饰的价值，必须明确 3 个基本参数，即收益额、收益期限和折现率。

（1）收益额

它是指根据回报的原理，资产在正常情况下能得到的归其产权主体的所得额。资产评估中的收益额有两个比较明显的特点：其一，它是资产未来预期收益额，而不是资产的历史收益额或现实收益额；其二，在一般情况下，用于资产评估的收益额是资产的客观收益或正常收益，而不一定是资产的实际收益。

（2）折现率

从本质而言，折现率是一种期望投资报酬率，是投资者在投资风险一定的情况下，对投资所期望的回报率。折现率是由无风险报酬率和风险报酬率组成的。无风险报酬率一般采用同期国债利率或银行利率确定。风险报酬率是指超过无风险报酬率以上部分的投资回报率，是对风险投资的一种补偿。

此外，资本化率与折现率在本质上是相同的，通常人们将未来有限期预期收益折算成现值的比率称为折现率，而将未来永续性预期收益折算成现值的比率称为资本化率。两者在量上是否相等，主要取决于同一资产在未来长短不同的时期所面临的风险是否相同。

（3）收益期限

它是指资产具有获利能力持续的时间，通常以年为单位。

【例 9-9】 某珠宝首饰租赁公司拥有一贵重珠宝首饰，该珠宝首饰预计将带来永续的收益，综合考虑各因素，该珠宝首饰所带来的年现金流入量为 150 万元，年维护费为 50 万元。请评估该珠宝首饰的价值（贴现率为 5%）。

解　　　　珠宝首饰价值=（150－50）/5%=2 000（万元）

【例9-10】 一件珠宝首饰租出去每年能获得1万元的收入,而银行1年期定期存款利率为8%,所得税税率为25%,物价指数为80%。请用收益法评估该珠宝首饰的价值。

解 该珠宝首饰采用收益法评估的价值=10 000/[8%×(1-25%)]=166 666.67(元)

练 习 题

一、单项选择题

1. 收益途径评估方法中,常用的折现现金流量法适用于( )。
   A. 勘查精度高的详查和勘探阶段矿业权评估
   B. 勘查精度较低的勘查初始阶段矿业权评估
   C. 勘查精度较高的勘查初始阶段矿业权评估
   D. 各勘查阶段的矿业权评估

2. 采用成本途径评估方法评估探矿权价值,通常适用于( )。
   A. 勘查精度较高的详查和勘探阶段矿业权评估
   B. 勘查精度较低的预查和普查阶段矿业权评估
   C. 勘查精度较高的勘查初始阶段矿业权评估
   D. 各勘查阶段的矿业权评估

3. 由于地质勘查技术的原因,导致探矿权所依托的地勘成果质量出现问题,或者由于其他技术原因引起已探明矿产储量损失,这种贬值称为( )。
   A. 经济性贬值   B. 实体性贬值
   C. 技术性贬值   D. 功能性贬值

4. 以下不属于高精度勘查阶段的探矿权的评估方法的是( )。
   A. 约当投资——贴现现金流量法
   B. 重置成本法
   C. 地勘加和法
   D. 地质要素评序法

5. 珠宝首饰作为商品,其特殊性不表现在( )。
   A. 损耗性   B. 投资性   C. 增值性   D. 不可再生性

6. 下列关于珠宝首饰评估实践展望的表述,不正确的是( )。
   A. 我国与保险有关的珠宝评估业务主要涉及保险理赔时的纠纷处理
   B. 珠宝首饰评估不能解决珠宝企业融资难题
   C. 拍卖公司、典当行对珠宝首饰的评估,往往需要借助专业的珠宝评估师和评估机构
   D. 随着我国遗产税等税种的开征,纳税评估也将成为珠宝首饰评估的市场需求

7. 从事国有森林资源资产评估业务的资产评估机构,必须有2名及以上的( )参加,方可开展国有森林资源资产评估业务。
   A. 森林资源资产评估专家
   B. 森林资源资产评估师
   C. 森林资源调查规划设计及林业科研教学单位的评估人员

8. 清算价格法通常用于企事业单位破产、抵押、停业清理的（　　）。
   A. 林木资产评估　　B. 林地资产评估　　C. 森林景观资产评估

二、多项选择题
1. 矿业权包括（　　）。
   A. 探矿权
   B. 采矿权
   C. 地方政府管理部门授予的其他权利
   D. 中央政府管理部门授予的其他权利
2. 矿业权评估常用的评估方法有（　　）。
   A. 收益途径评估方法　　　　　　B. 成本途径评估方法
   C. 市场途径评估方法　　　　　　D. 权益途径评估方法
3. 矿业权市场途径评估方法包括（　　）。
   A. 可比销售法　　　　　　　　　B. 单位面积探矿权价值评判法
   C. 资源品级探矿权价值估算法　　D. 地质要素评序法
4. 以下属于影响矿产资源资产价值的因素有（　　）。
   A. 矿产资源本身的稀缺程度和可替代程度
   B. 矿产品的供求状况
   C. 矿床自然丰度和地理位置
   D. 科技进步
   E. 开发过程中的损失
5. 采矿权差异要素主要包括（　　）。
   A. 交通条件　　B. 自然条件　　C. 经济环境　　D. 矿产品位
   E. 地质采选条件
6. 下列关于珠宝首饰的评估说法正确的有（　　）。
   A. 资本运营是珠宝企业发展的核心和助推器
   B. 珠宝首饰评估的范围仅限于实体部分
   C. 在国外，中小企业经常通过珠宝首饰向银行抵押获得贷款
   D. 金融不良资产处置中的珠宝首饰评估属于典型的评估实践
7. 下列不适合采用成本法进行评估的珠宝首饰为（　　）。
   A. 稀少或唯一的饰品　　　　　　B. 特定历史时期的首饰
   C. 古董文物　　　　　　　　　　D. 自然艺术品
8. 在森林资产评估中采用的利率一般包括（　　）。
   A. 经济利率（纯利率）　　　　　B. 风险率
   C. 通货膨胀率　　　　　　　　　D. 收益率
9. 国有森林资源资产占有单位有下列情形之一的，应当进行资产评估（　　）。
   A. 森林资源资产转让、置换
   B. 森林资源资产出资进行中外合资、合作或者股份经营、联营
   C. 森林资源资产从事租赁经营或者抵押贷款、担保或偿还债务
   D. 涉及森林资源资产诉讼等

附录 A 复利系数表

A.1 1元复利终值表(F/P, r, n)

期数	1%	2%	3%	4%	5%	6%	7%	8%	9%	10%
1	1.010 0	1.020 0	1.030 0	1.040 0	1.050 0	1.060 0	1.070 0	1.080 0	1.090 0	1.100 0
2	1.020 1	1.040 4	1.060 9	1.081 6	1.102 5	1.123 6	1.144 9	1.166 4	1.188 1	1.210 0
3	1.030 3	1.061 2	1.092 7	1.124 9	1.157 6	1.191 0	1.225 0	1.259 7	1.295 0	1.331 0
4	1.040 6	1.082 4	1.125 5	1.169 9	1.215 5	1.262 5	1.310 8	1.360 5	1.411 6	1.464 1
5	1.051 0	1.104 1	1.159 3	1.216 7	1.276 3	1.338 2	1.402 6	1.469 3	1.538 6	1.610 5
6	1.061 5	1.126 2	1.194 1	1.265 3	1.340 1	1.418 5	1.500 7	1.586 9	1.677 1	1.771 6
7	1.072 1	1.148 7	1.229 9	1.315 9	1.407 1	1.503 6	1.605 8	1.713 8	1.828 0	1.948 7
8	1.082 9	1.171 7	1.266 8	1.368 6	1.477 5	1.593 8	1.718 2	1.850 9	1.992 6	2.143 6
9	1.093 7	1.195 1	1.304 8	1.423 3	1.551 3	1.689 5	1.838 5	1.999 0	2.171 9	2.357 9
10	1.104 6	1.219 0	1.343 9	1.480 2	1.628 9	1.790 8	1.967 2	2.158 9	2.367 4	2.593 7
11	1.115 7	1.243 4	1.384 2	1.539 5	1.710 3	1.898 3	2.104 9	2.331 6	2.580 4	2.853 1
12	1.126 8	1.268 2	1.425 8	1.601 0	1.795 9	2.012 2	2.252 2	2.518 2	2.812 7	3.138 4
13	1.138 1	1.293 6	1.468 5	1.665 1	1.885 6	2.132 9	2.409 8	2.719 6	3.065 8	3.452 3
14	1.149 5	1.319 5	1.512 6	1.731 7	1.979 9	2.260 9	2.578 5	2.937 2	3.341 7	3.797 5
15	1.161 0	1.345 9	1.558 0	1.800 9	2.078 9	2.396 6	2.759 0	3.172 2	3.642 5	4.177 2
16	1.172 6	1.372 8	1.604 7	1.873 0	2.182 9	2.540 4	2.952 2	3.425 9	3.970 3	4.595 0
17	1.184 3	1.400 2	1.652 8	1.947 9	2.292 0	2.692 8	3.158 8	3.700 0	4.327 6	5.054 5
18	1.196 1	1.428 2	1.702 4	2.025 8	2.406 6	2.854 3	3.379 9	3.996 0	4.717 1	5.559 9
19	1.208 1	1.456 8	1.753 5	2.106 8	2.527 0	3.025 6	3.616 5	4.315 7	5.141 7	6.115 9
20	1.220 2	1.485 9	1.806 1	2.191 1	2.653 3	3.207 1	3.869 7	4.661 0	5.604 4	6.727 5
21	1.232 4	1.515 7	1.860 3	2.278 8	2.786 0	3.399 6	4.140 6	5.033 8	6.108 8	7.400 2
22	1.244 7	1.546 0	1.916 1	2.369 9	2.925 3	3.603 5	4.430 4	5.436 5	6.658 6	8.140 3
23	1.257 2	1.576 9	1.973 6	2.464 7	3.071 5	3.819 7	4.740 5	5.871 5	7.257 9	8.954 3
24	1.269 7	1.608 4	2.032 8	2.563 3	3.225 1	4.048 9	5.072 4	6.341 2	7.911 1	9.849 7
25	1.282 4	1.640 6	2.093 8	2.665 8	3.386 4	4.291 9	5.427 4	6.848 5	8.623 1	10.834 7
26	1.295 3	1.673 4	2.156 6	2.772 5	3.555 7	4.549 4	5.807 4	7.396 4	9.399 2	11.918 2
27	1.308 2	1.706 9	2.221 3	2.883 4	3.733 5	4.822 3	6.213 9	7.988 1	10.245 1	13.110 0
28	1.321 3	1.741 0	2.287 9	2.998 7	3.920 1	5.111 7	6.648 8	8.627 1	11.167 1	14.421 0
29	1.334 5	1.775 8	2.356 6	3.118 7	4.116 1	5.418 4	7.114 3	9.317 3	12.172 2	15.863 1
30	1.347 8	1.811 4	2.427 3	3.243 4	4.321 9	5.743 5	7.612 3	10.062 7	13.267 7	17.449 4
40	1.488 9	2.208 0	3.262 0	4.801 0	7.040 0	10.285 7	14.974 5	21.724 5	31.409 4	45.259 3
50	1.644 6	2.691 6	4.383 9	7.106 7	11.467 4	18.420 2	29.457 0	46.901 6	74.357 5	117.390 9
60	1.816 7	3.281 0	5.891 6	10.519 6	18.679 2	32.987 7	57.946 4	101.257 1	176.031 3	304.481 6

期数	12%	14%	15%	16%	18%	20%	24%	28%	32%	36%
1	1.120 0	1.140 0	1.150 0	1.160 0	1.180 0	1.200 0	1.240 0	1.280 0	1.320 0	1.360 0
2	1.254 4	1.299 6	1.322 5	1.345 6	1.392 4	1.440 0	1.537 6	1.638 4	1.742 4	1.849 6
3	1.404 9	1.481 5	1.520 9	1.560 9	1.643 0	1.728 0	1.906 6	2.097 2	2.300 0	2.515 5
4	1.573 5	1.689 0	1.749 0	1.810 6	1.938 8	2.073 6	2.364 2	2.684 4	3.036 0	3.421 0
5	1.762 3	1.925 4	2.011 4	2.100 3	2.287 8	2.488 3	2.931 6	3.436 0	4.007 5	4.652 6
6	1.973 8	2.195 0	2.313 1	2.436 4	2.699 6	2.986 0	3.635 2	4.398 0	5.289 9	6.327 5
7	2.210 7	2.502 3	2.660 0	2.826 2	3.185 5	3.583 2	4.507 7	5.629 5	6.982 6	8.605 4
8	2.476 0	2.852 6	3.059 0	3.278 4	3.758 9	4.299 8	5.589 5	7.205 8	9.217 0	11.703 4
9	2.773 1	3.251 9	3.517 9	3.803 0	4.435 5	5.159 8	6.931 0	9.223 4	12.166 5	15.916 6
10	3.105 8	3.707 2	4.045 6	4.411 4	5.233 8	6.191 7	8.594 4	11.805 9	16.059 8	21.646 6
11	3.478 5	4.226 2	4.652 4	5.117 3	6.175 9	7.430 1	10.657 1	15.111 6	21.198 9	29.439 3
12	3.896 0	4.817 9	5.350 3	5.936 0	7.287 6	8.916 1	13.214 8	19.342 8	27.982 5	40.037 5
13	4.363 5	5.492 4	6.152 8	6.885 8	8.599 4	10.699 3	16.386 3	24.758 8	36.937 0	54.451 0
14	4.887 1	6.261 3	7.075 7	7.987 5	10.147 2	12.839 2	20.319 1	31.691 3	48.756 8	74.053 4
15	5.473 6	7.137 9	8.137 1	9.265 5	11.973 7	15.407 0	25.195 6	40.564 8	64.359 0	100.712 6
16	6.130 4	8.137 2	9.357 6	10.748 0	14.129 0	18.488 4	31.242 6	51.923 0	84.953 8	136.969 1
17	6.866 0	9.276 5	10.761 3	12.467 7	16.672 2	22.186 1	38.740 8	66.461 4	112.139 0	186.277 9
18	7.690 0	10.575 2	12.375 5	14.462 5	19.673 3	26.623 3	48.038 6	85.070 6	148.023 5	253.338 0
19	8.612 8	12.055 7	14.231 8	16.776 5	23.214 4	31.948 0	59.567 9	108.890 4	195.391 1	344.539 7
20	9.646 3	13.743 5	16.366 5	19.460 8	27.393 0	38.337 6	73.864 1	139.379 7	257.916 2	468.574 0
21	10.803 8	15.667 6	18.821 5	22.574 5	32.323 8	46.005 1	91.591 5	178.406 0	340.449 4	637.260 6
22	12.100 3	17.861 0	21.644 7	26.186 4	38.142 1	55.206 1	113.573 5	228.359 6	449.393 2	866.674 4
23	13.552 3	20.361 6	24.891 5	30.376 2	45.007 6	66.247 4	140.831 2	292.300 3	593.199 0	1 178.677 2
24	15.178 6	23.212 2	28.625 2	35.236 4	53.109 0	79.496 8	174.630 6	374.144 4	783.022 7	1 603.001 0
25	17.000 1	26.461 9	32.919 0	40.874 2	62.668 6	95.396 2	216.542 0	478.904 9	1 033.590 0	2 180.081 4
26	19.040 1	30.166 6	37.856 8	47.414 1	73.949 0	114.475 5	268.512 1	612.998 2	1 364.338 7	2 964.910 7
27	21.324 9	34.389 9	43.535 3	55.000 4	87.259 8	137.370 6	332.955 0	784.637 7	1 800.927 1	4 032.278 6
28	23.883 9	39.204 5	50.065 6	63.800 4	102.966 5	164.844 7	412.864 2	1 004.336 3	2 377.223 8	5 483.898 8
29	26.749 9	44.693 1	57.575 5	74.008 5	121.500 5	197.813 6	511.951 8	1 285.550 4	3 137.935 4	7 458.102 4
30	29.959 9	50.950 2	66.211 8	85.849 9	143.370 6	237.376 3	634.819 9	1 645.504 6	4 142.074 8	10 143.019 3
40	93.051 0	188.883 5	267.863 5	378.721 2	750.378 3	1 469.771 6	5 455.912 6	19 426.688 9	66 520.767 0	219 561.573 6
50	289.002 2	700.233 0	1 083.657 4	1 670.703 8	3 927.356 9	9 100.438 2	46 890.434 6	229 349.861 6	1 068 308.196 0	4 752 754.902 7
60	897.596 9	2 595.918 7	4 383.998 7	7 370.201 4	20 555.140 0	56 347.514 4	402 996.347 3	2 707 685.248 2	17 156 783.554 3	102 880 840.165 1

A.2 1元复利现值系数表($P/F, r, n$)

期数	1%	2%	3%	4%	5%	6%	7%	8%	9%	10%
1	0.990 1	0.980 4	0.970 9	0.961 5	0.952 4	0.943 4	0.934 6	0.925 9	0.917 4	0.909 1
2	0.980 3	0.961 2	0.942 6	0.924 6	0.907 0	0.890 0	0.873 4	0.857 3	0.841 7	0.826 4
3	0.970 6	0.942 3	0.915 1	0.889 0	0.863 8	0.839 6	0.816 3	0.793 8	0.772 2	0.751 3
4	0.961 0	0.923 8	0.888 5	0.854 8	0.822 7	0.792 1	0.762 9	0.735 0	0.708 4	0.683 0
5	0.951 5	0.905 7	0.862 6	0.821 9	0.783 5	0.747 3	0.713 0	0.680 6	0.649 9	0.620 9
6	0.942 0	0.888 0	0.837 5	0.790 3	0.746 2	0.705 0	0.666 3	0.630 2	0.596 3	0.564 5
7	0.932 7	0.870 6	0.813 1	0.759 9	0.710 7	0.665 1	0.622 7	0.583 5	0.547 0	0.513 2
8	0.923 5	0.853 5	0.789 4	0.730 7	0.676 8	0.627 4	0.582 0	0.540 3	0.501 9	0.466 5
9	0.914 3	0.836 8	0.766 4	0.702 6	0.644 6	0.591 9	0.543 9	0.500 2	0.460 4	0.424 1
10	0.905 3	0.820 3	0.744 1	0.675 6	0.613 9	0.558 4	0.508 3	0.463 2	0.422 4	0.385 5
11	0.896 3	0.804 3	0.722 4	0.649 6	0.584 7	0.526 8	0.475 1	0.428 9	0.387 5	0.350 5
12	0.887 4	0.788 5	0.701 4	0.624 6	0.556 8	0.497 0	0.444 0	0.397 1	0.355 5	0.318 6
13	0.878 7	0.773 0	0.681 0	0.600 6	0.530 3	0.468 8	0.415 0	0.367 7	0.326 2	0.289 7
14	0.870 0	0.757 9	0.661 1	0.577 5	0.505 1	0.442 3	0.387 8	0.340 5	0.299 2	0.263 3
15	0.861 3	0.743 0	0.641 9	0.555 3	0.481 0	0.417 3	0.362 4	0.315 2	0.274 5	0.239 4
16	0.852 8	0.728 4	0.623 2	0.533 9	0.458 1	0.393 6	0.338 7	0.291 9	0.251 9	0.217 6
17	0.844 4	0.714 2	0.605 0	0.513 4	0.436 3	0.371 4	0.316 6	0.270 3	0.231 1	0.197 8
18	0.836 0	0.700 2	0.587 4	0.493 6	0.415 5	0.350 3	0.295 9	0.250 2	0.212 0	0.179 9
19	0.827 7	0.686 4	0.570 3	0.474 6	0.395 7	0.330 5	0.276 5	0.231 7	0.194 5	0.163 5
20	0.819 5	0.673 0	0.553 7	0.456 4	0.376 9	0.311 8	0.258 4	0.214 5	0.178 4	0.148 6
21	0.811 4	0.659 8	0.537 5	0.438 8	0.358 9	0.294 2	0.241 5	0.198 7	0.163 7	0.135 1
22	0.803 4	0.646 8	0.521 9	0.422 0	0.341 8	0.277 5	0.225 7	0.183 9	0.150 2	0.122 8
23	0.795 4	0.634 2	0.506 7	0.405 7	0.325 6	0.261 8	0.210 9	0.170 3	0.137 8	0.111 7
24	0.787 6	0.621 7	0.491 9	0.390 1	0.310 1	0.247 0	0.197 1	0.157 7	0.126 4	0.101 5
25	0.779 8	0.609 5	0.477 6	0.375 1	0.295 3	0.233 0	0.184 2	0.146 0	0.116 0	0.092 3
26	0.772 0	0.597 6	0.463 7	0.360 7	0.281 2	0.219 8	0.172 2	0.135 2	0.106 4	0.083 9
27	0.764 4	0.585 9	0.450 2	0.346 8	0.267 8	0.207 4	0.160 9	0.125 2	0.097 6	0.076 3
28	0.756 8	0.574 4	0.437 1	0.333 5	0.255 1	0.195 6	0.150 4	0.115 9	0.089 5	0.069 3
29	0.749 3	0.563 1	0.424 3	0.320 7	0.242 9	0.184 6	0.140 6	0.107 3	0.082 2	0.063 0
30	0.741 9	0.552 1	0.412 0	0.308 3	0.231 4	0.174 1	0.131 4	0.099 4	0.075 4	0.057 3
35	0.705 9	0.500 0	0.355 4	0.253 4	0.181 3	0.130 1	0.093 7	0.067 6	0.049 0	0.035 6
40	0.671 7	0.452 9	0.306 6	0.208 3	0.142 0	0.097 2	0.066 8	0.046 0	0.031 8	0.022 1
45	0.639 1	0.410 2	0.264 4	0.171 2	0.111 3	0.072 7	0.047 6	0.031 3	0.020 7	0.013 7
50	0.608 0	0.371 5	0.228 1	0.140 7	0.087 2	0.054 3	0.033 9	0.021 3	0.013 4	0.008 5
55	0.578 5	0.336 5	0.196 8	0.115 7	0.068 3	0.040 6	0.024 2	0.014 5	0.008 7	0.005 3

期数	12%	14%	15%	16%	18%	20%	24%	28%	32%	36%
1	0.892 9	0.877 2	0.869 6	0.862 1	0.847 5	0.833 3	0.806 5	0.781 3	0.757 6	0.735 3
2	0.797 2	0.769 5	0.756 1	0.743 2	0.718 2	0.694 4	0.650 4	0.610 4	0.573 9	0.540 7
3	0.711 8	0.675 0	0.657 5	0.640 7	0.608 6	0.578 7	0.524 5	0.476 8	0.434 8	0.397 5
4	0.635 5	0.592 1	0.571 8	0.552 3	0.515 8	0.482 3	0.423 0	0.372 5	0.329 4	0.292 3
5	0.567 4	0.519 4	0.497 2	0.476 1	0.437 1	0.401 9	0.341 1	0.291 0	0.249 5	0.214 9
6	0.506 6	0.455 6	0.432 3	0.410 4	0.370 4	0.334 9	0.275 1	0.227 4	0.189 0	0.158 0
7	0.452 3	0.399 6	0.375 9	0.353 8	0.313 9	0.279 1	0.221 8	0.177 6	0.143 2	0.116 2
8	0.403 9	0.350 6	0.326 9	0.305 0	0.266 0	0.232 6	0.178 9	0.138 8	0.108 5	0.085 4
9	0.360 6	0.307 5	0.284 3	0.263 0	0.225 5	0.193 8	0.144 3	0.108 4	0.082 2	0.062 8
10	0.322 0	0.269 7	0.247 2	0.226 7	0.191 1	0.161 5	0.116 4	0.084 7	0.062 3	0.046 2
11	0.287 5	0.236 6	0.214 9	0.195 4	0.161 9	0.134 6	0.093 8	0.066 2	0.047 2	0.034 0
12	0.256 7	0.207 6	0.186 9	0.168 5	0.137 2	0.112 2	0.075 7	0.051 7	0.035 7	0.025 0
13	0.229 2	0.182 1	0.162 5	0.145 2	0.116 3	0.093 5	0.061 0	0.040 4	0.027 1	0.018 4
14	0.204 6	0.159 7	0.141 3	0.125 2	0.098 5	0.077 9	0.049 2	0.031 6	0.020 5	0.013 5
15	0.182 7	0.140 1	0.122 9	0.107 9	0.083 5	0.064 9	0.039 7	0.024 7	0.015 5	0.009 9
16	0.163 1	0.122 9	0.106 9	0.093 0	0.070 8	0.054 1	0.032 0	0.019 3	0.011 8	0.007 3
17	0.145 6	0.107 8	0.092 9	0.080 2	0.060 0	0.045 1	0.025 8	0.015 0	0.008 9	0.005 4
18	0.130 0	0.094 6	0.080 8	0.069 1	0.050 8	0.037 6	0.020 8	0.011 8	0.006 8	0.003 9
19	0.116 1	0.082 9	0.070 3	0.059 6	0.043 1	0.031 3	0.016 8	0.009 2	0.005 1	0.002 9
20	0.103 7	0.072 8	0.061 1	0.051 4	0.036 5	0.026 1	0.013 5	0.007 2	0.003 9	0.002 1
21	0.092 6	0.063 8	0.053 1	0.044 3	0.030 9	0.021 7	0.010 9	0.005 6	0.002 9	0.001 6
22	0.082 6	0.056 0	0.046 2	0.038 2	0.026 2	0.018 1	0.008 8	0.004 4	0.002 2	0.001 2
23	0.073 8	0.049 1	0.040 2	0.032 9	0.022 2	0.015 1	0.007 1	0.003 4	0.001 7	0.000 8
24	0.065 9	0.043 1	0.034 9	0.028 4	0.018 8	0.012 6	0.005 7	0.002 7	0.001 3	0.000 6
25	0.058 8	0.037 8	0.030 4	0.024 5	0.016 0	0.010 5	0.004 6	0.002 1	0.001 0	0.000 5
26	0.052 5	0.033 1	0.026 4	0.021 1	0.013 5	0.008 7	0.003 7	0.001 6	0.000 7	0.000 3
27	0.046 9	0.029 1	0.023 0	0.018 2	0.011 5	0.007 3	0.003 0	0.001 3	0.000 6	0.000 2
28	0.041 9	0.025 5	0.020 0	0.015 7	0.009 7	0.006 1	0.002 4	0.001 0	0.000 4	0.000 2
29	0.037 4	0.022 4	0.017 4	0.013 5	0.008 2	0.005 1	0.002 0	0.000 8	0.000 3	0.000 1
30	0.033 4	0.019 6	0.015 1	0.011 6	0.007 0	0.004 2	0.001 6	0.000 6	0.000 2	0.000 1
35	0.018 9	0.010 2	0.007 5	0.005 5	0.003 0	0.001 7	0.000 5	0.000 2	0.000 1	0.000 0
40	0.010 7	0.005 3	0.003 7	0.002 6	0.001 3	0.000 7	0.000 2	0.000 1	0.000 0	0.000 0
45	0.006 1	0.002 7	0.001 9	0.001 3	0.000 6	0.000 3	0.000 1	0.000 0	0.000 0	0.000 0
50	0.003 5	0.001 4	0.000 9	0.000 6	0.000 3	0.000 1	0.000 0	0.000 0	0.000 0	0.000 0
55	0.002 0	0.000 7	0.000 5	0.000 3	0.000 1	0.000 0	0.000 0	0.000 0	0.000 0	0.000 0

A.3 1元年金终值系数表(F/A, r, n)

期数	1%	2%	3%	4%	5%	6%	7%	8%	9%	10%
1	1.000 0	1.000 0	1.000 0	1.000 0	1.000 0	1.000 0	1.000 0	1.000 0	1.000 0	1.000 0
2	2.010 0	2.020 0	2.030 0	2.040 0	2.050 0	2.060 0	2.070 0	2.080 0	2.090 0	2.100 0
3	3.030 1	3.060 4	3.090 9	3.121 6	3.152 5	3.183 6	3.214 9	3.246 4	3.278 1	3.310 0
4	4.060 4	4.121 6	4.183 6	4.246 5	4.310 1	4.374 6	4.439 9	4.506 1	4.573 1	4.641 0
5	5.101 0	5.204 0	5.309 1	5.416 3	5.525 6	5.637 1	5.750 7	5.866 6	5.984 7	6.105 1
6	6.152 0	6.308 1	6.468 4	6.633 0	6.801 9	6.975 3	7.153 3	7.335 9	7.523 3	7.715 6
7	7.213 5	7.434 3	7.662 5	7.898 3	8.142 0	8.393 8	8.654 0	8.922 8	9.200 4	9.487 2
8	8.285 7	8.583 0	8.892 3	9.214 2	9.549 1	9.897 5	10.259 8	10.636 6	11.028 5	11.435 9
9	9.368 5	9.754 6	10.159 1	10.582 8	11.026 6	11.491 3	11.978 0	12.487 6	13.021 0	13.579 5
10	10.462 2	10.949 7	11.463 9	12.006 1	12.577 9	13.180 8	13.816 4	14.486 6	15.192 9	15.937 4
11	11.566 8	12.168 7	12.807 8	13.486 4	14.206 8	14.971 6	15.783 6	16.645 5	17.560 3	18.531 2
12	12.682 5	13.412 1	14.192 0	15.025 8	15.917 1	16.869 9	17.888 5	18.977 1	20.140 7	21.384 3
13	13.809 3	14.680 3	15.617 8	16.626 8	17.713 0	18.882 1	20.140 6	21.495 3	22.953 4	24.522 7
14	14.947 4	15.973 9	17.086 3	18.291 9	19.598 6	21.015 1	22.550 5	24.214 9	26.019 2	27.975 0
15	16.096 9	17.293 4	18.598 9	20.023 6	21.578 6	23.276 0	25.129 0	27.152 1	29.360 9	31.772 5
16	17.257 9	18.639 3	20.156 9	21.824 5	23.657 5	25.672 5	27.888 1	30.324 3	33.003 4	35.949 7
17	18.430 4	20.012 1	21.761 6	23.697 5	25.840 4	28.212 9	30.840 2	33.750 2	36.973 7	40.544 7
18	19.614 7	21.412 3	23.414 4	25.645 4	28.132 4	30.905 7	33.999 0	37.450 2	41.301 3	45.599 2
19	20.810 9	22.840 6	25.116 9	27.671 2	30.539 0	33.760 0	37.379 0	41.446 3	46.018 5	51.159 1
20	22.019 0	24.297 4	26.870 4	29.778 1	33.066 0	36.785 6	40.995 5	45.762 0	51.160 1	57.275 0
21	23.239 2	25.783 3	28.676 5	31.969 2	35.719 3	39.992 7	44.865 2	50.422 9	56.764 5	64.002 5
22	24.471 6	27.299 0	30.536 8	34.248 0	38.505 2	43.392 3	49.005 7	55.456 8	62.873 3	71.402 7
23	25.716 3	28.845 0	32.452 9	36.617 9	41.430 5	46.995 8	53.436 1	60.893 3	69.531 9	79.543 0
24	26.973 5	30.421 9	34.426 5	39.082 6	44.502 0	50.815 6	58.176 7	66.764 8	76.789 8	88.497 3
25	28.243 2	32.030 3	36.459 3	41.645 9	47.727 1	54.864 5	63.249 0	73.105 9	84.700 9	98.347 1
26	29.525 6	33.670 9	38.553 0	44.311 7	51.113 5	59.156 4	68.676 5	79.954 4	93.324 0	109.181 8
27	30.820 9	35.344 3	40.709 6	47.084 2	54.669 1	63.705 8	74.483 8	87.350 8	102.723 1	121.099 9
28	32.129 1	37.051 2	42.930 9	49.967 6	58.402 6	68.528 1	80.697 7	95.338 8	112.968 2	134.209 9
29	33.450 4	38.792 2	45.218 9	52.966 3	62.322 7	73.639 8	87.346 5	103.965 9	124.135 4	148.630 9
30	34.784 9	40.568 1	47.575 4	56.084 9	66.438 8	79.058 2	94.460 8	113.283 2	136.307 5	164.494 0
40	48.886 4	60.402 0	75.401 3	95.025 5	120.799 8	154.762 0	199.635 1	259.056 5	337.882 4	442.592 6
50	64.463 2	84.579 4	112.796 9	152.667 1	209.348 0	290.335 9	406.528 9	573.770 2	815.083 6	1 163.908 5
60	81.669 7	114.051 5	163.053 4	237.990 7	353.583 7	533.128 2	813.520 4	1 253.213 3	1 944.792 1	3 034.816 4

期数	12%	14%	15%	16%	18%	20%	24%	28%	32%	36%
1	1.000 0	1.000 0	1.000 0	1.000 0	1.000 0	1.000 0	1.000 0	1.000 0	1.000 0	1.000 0
2	2.120 0	2.140 0	2.150 0	2.160 0	2.180 0	2.200 0	2.240 0	2.280 0	2.320 0	2.360 0
3	3.374 4	3.439 6	3.472 5	3.505 6	3.572 4	3.640 0	3.777 6	3.918 4	4.062 4	4.209 6
4	4.779 3	4.921 1	4.993 4	5.066 5	5.215 4	5.368 0	5.684 2	6.015 6	6.362 4	6.725 1
5	6.352 8	6.610 1	6.742 4	6.877 1	7.154 2	7.441 6	8.048 4	8.699 9	9.398 3	10.146 1
6	8.115 2	8.535 5	8.753 7	8.977 5	9.442 0	9.929 9	10.980 1	12.135 9	13.405 8	14.798 7
7	10.089 0	10.730 5	11.066 8	11.413 9	12.141 5	12.915 9	14.615 3	16.533 9	18.695 6	21.126 2
8	12.299 7	13.232 8	13.726 8	14.240 1	15.327 0	16.499 1	19.122 9	22.163 4	25.678 2	29.731 6
9	14.775 7	16.085 3	16.785 8	17.518 5	19.085 9	20.798 9	24.712 5	29.369 2	34.895 3	41.435 0
10	17.548 7	19.337 3	20.303 7	21.321 5	23.521 3	25.958 7	31.643 4	38.592 6	47.061 8	57.351 6
11	20.654 6	23.044 5	24.349 3	25.732 9	28.755 1	32.150 4	40.237 9	50.398 5	63.121 5	78.998 2
12	24.133 1	27.270 7	29.001 7	30.850 2	34.931 1	39.580 5	50.895 0	65.510 0	84.320 4	108.437 5
13	28.029 1	32.088 7	34.351 9	36.786 2	42.218 7	48.496 6	64.109 7	84.852 9	112.303 0	148.475 0
14	32.392 6	37.581 1	40.504 7	43.672 0	50.818 0	59.195 9	80.496 1	109.611 7	149.239 9	202.926 0
15	37.279 7	43.842 4	47.580 4	51.659 5	60.965 3	72.035 1	100.815 1	141.302 9	197.996 7	276.979 3
16	42.753 3	50.980 4	55.717 5	60.925 0	72.939 0	87.442 1	126.010 8	181.867 7	262.355 7	377.691 9
17	48.883 7	59.117 6	65.075 1	71.673 0	87.068 0	105.930 6	157.253 4	233.790 7	347.309 5	514.661 0
18	55.749 7	68.394 1	75.836 4	84.140 7	103.740 3	128.116 7	195.994 2	300.252 1	459.448 5	700.938 9
19	63.439 7	78.969 2	88.211 8	98.603 2	123.413 5	154.740 0	244.032 8	385.322 7	607.472 1	954.276 9
20	72.052 4	91.024 9	102.443 6	115.379 7	146.628 0	186.688 0	303.600 6	494.213 1	802.863 1	1 298.816 6
21	81.698 7	104.768 4	118.810 1	134.840 5	174.021 0	225.025 6	377.464 8	633.592 7	1 060.779 3	1 767.390 6
22	92.502 6	120.436 0	137.631 6	157.415 0	206.344 8	271.030 7	469.056 3	811.998 7	1 401.228 7	2 404.651 2
23	104.602 9	138.297 0	159.276 4	183.601 4	244.486 8	326.236 9	582.629 8	1 040.358 3	1 850.621 9	3 271.325 6
24	118.155 2	158.658 6	184.167 8	213.977 6	289.494 5	392.484 2	723.461 0	1 332.658 6	2 443.820 9	4 450.002 9
25	133.333 9	181.870 8	212.793 0	249.214 0	342.603 5	471.981 1	898.091 6	1 706.803 1	3 226.843 6	6 053.003 9
26	150.333 9	208.332 7	245.712 0	290.088 3	405.272 1	567.377 3	1 114.633 6	2 185.707 9	4 260.433 6	8 233.085 3
27	169.374 0	238.499 3	283.568 8	337.502 4	479.221 1	681.852 8	1 383.145 7	2 798.706 1	5 624.772 3	11 197.996 0
28	190.698 9	272.889 2	327.104 1	392.502 8	566.480 9	819.223 3	1 716.100 7	3 583.343 8	7 425.699 4	15 230.274 5
29	214.582 8	312.093 7	377.169 7	456.303 2	669.447 5	984.068 0	2 128.964 8	4 587.680 1	9 802.923 3	20 714.173 4
30	241.332 7	356.786 8	434.745 1	530.311 7	790.948 0	1 181.881 6	2 640.916 4	5 873.230 6	12 940.858 7	28 172.275 8
40	767.091 4	1 342.025 1	1 779.090 3	2 360.757 2	4 163.213 0	7 343.857 8	22 728.802 6	69 377.460 4	207 874.271 9	609 890.482 4
50	2 400.018 2	4 994.521 3	7 217.716 3	10 435.648 8	21 813.093 7	45 497.190 8	195 372.644 2	819 103.077 1	3 338 459.987 5	13 202 094.174 1
60	7 471.641 1	18 535.133 3	29 219.991 6	46 057.508 5	114 189.666 5	281 732.571 8	1 679 147.280 2	9 670 300.886 3	53 614 945.482 3	285 780 108.792 0

A.4　1元年金现值系数表(P/A, r, n)

期数	1%	2%	3%	4%	5%	6%	7%	8%	9%	10%
1	0.990 1	0.980 4	0.970 9	0.961 5	0.952 4	0.943 4	0.934 6	0.925 9	0.917 4	0.909 1
2	1.970 4	1.941 6	1.913 5	1.886 1	1.859 4	1.833 4	1.808 0	1.783 3	1.759 1	1.735 5
3	2.941 0	2.883 9	2.828 6	2.775 1	2.723 2	2.673 0	2.624 3	2.577 1	2.531 3	2.486 9
4	3.902 0	3.807 7	3.717 1	3.629 9	3.546 0	3.465 1	3.387 2	3.312 1	3.239 7	3.169 9
5	4.853 4	4.713 5	4.579 7	4.451 8	4.329 5	4.212 4	4.100 2	3.992 7	3.889 7	3.790 8
6	5.795 5	5.601 4	5.417 2	5.242 1	5.075 7	4.917 3	4.766 5	4.622 9	4.485 9	4.355 3
7	6.728 2	6.472 0	6.230 3	6.002 1	5.786 4	5.582 4	5.389 3	5.206 4	5.033 0	4.868 4
8	7.651 7	7.325 5	7.019 7	6.732 7	6.463 2	6.209 8	5.971 3	5.746 6	5.534 8	5.334 9
9	8.566 0	8.162 2	7.786 1	7.435 3	7.107 8	6.801 7	6.515 2	6.246 9	5.995 2	5.759 0
10	9.471 3	8.982 6	8.530 2	8.110 9	7.721 7	7.360 1	7.023 6	6.710 1	6.417 7	6.144 6
11	10.367 6	9.786 8	9.252 6	8.760 5	8.306 4	7.886 9	7.498 7	7.139 0	6.805 2	6.495 1
12	11.255 1	10.575 3	9.954 0	9.385 1	8.863 3	8.383 8	7.942 7	7.536 1	7.160 7	6.813 7
13	12.133 7	11.348 4	10.635 0	9.985 6	9.393 6	8.852 7	8.357 7	7.903 8	7.486 9	7.103 4
14	13.003 7	12.106 2	11.296 1	10.563 1	9.898 6	9.295 0	8.745 5	8.244 2	7.786 2	7.366 7
15	13.865 1	12.849 3	11.937 9	11.118 4	10.379 7	9.712 2	9.107 9	8.559 5	8.060 7	7.606 1
16	14.717 9	13.577 7	12.561 1	11.652 3	10.837 8	10.105 9	9.446 6	8.851 4	8.312 6	7.823 7
17	15.562 3	14.291 9	13.166 1	12.165 7	11.274 1	10.477 3	9.763 2	9.121 6	8.543 6	8.021 6
18	16.398 3	14.992 0	13.753 5	12.659 3	11.689 6	10.827 6	10.059 1	9.371 9	8.755 6	8.201 4
19	17.226 0	15.678 5	14.323 8	13.133 9	12.085 3	11.158 1	10.335 6	9.603 6	8.950 1	8.364 9
20	18.045 6	16.351 4	14.877 5	13.590 3	12.462 2	11.469 9	10.594 0	9.818 1	9.128 5	8.513 6
21	18.857 0	17.011 2	15.415 0	14.029 2	12.821 2	11.764 1	10.835 5	10.016 8	9.292 2	8.648 7
22	19.660 4	17.658 0	15.936 9	14.451 1	13.163 0	12.041 6	11.061 2	10.200 7	9.442 4	8.771 5
23	20.455 8	18.292 2	16.443 6	14.856 8	13.488 6	12.303 4	11.272 2	10.371 1	9.580 2	8.883 2
24	21.243 4	18.913 9	16.935 5	15.247 0	13.798 6	12.550 4	11.469 3	10.528 8	9.706 6	8.984 7
25	22.023 2	19.523 5	17.413 1	15.622 1	14.093 9	12.783 4	11.653 6	10.674 8	9.822 6	9.077 0
26	22.795 2	20.121 0	17.876 8	15.982 8	14.375 2	13.003 2	11.825 8	10.810 0	9.929 0	9.160 9
27	23.559 6	20.706 9	18.327 0	16.329 6	14.643 0	13.210 5	11.986 7	10.935 2	10.026 6	9.237 2
28	24.316 4	21.281 3	18.764 1	16.663 1	14.898 1	13.406 2	12.137 1	11.051 1	10.116 1	9.306 6
29	25.065 8	21.844 4	19.188 5	16.983 7	15.141 1	13.590 7	12.277 7	11.158 4	10.198 3	9.369 6
30	25.807 7	22.396 5	19.600 4	17.292 0	15.372 5	13.764 8	12.409 0	11.257 8	10.273 7	9.426 9
35	29.408 6	24.998 6	21.487 2	18.664 6	16.374 2	14.498 2	12.947 7	11.654 6	10.566 8	9.644 2
40	32.834 7	27.355 5	23.114 8	19.792 8	17.159 1	15.046 3	13.331 7	11.924 6	10.757 4	9.779 1
45	36.094 5	29.490 2	24.518 7	20.720 0	17.774 1	15.455 8	13.605 5	12.108 4	10.881 2	9.862 8
50	39.196 1	31.423 6	25.729 8	21.482 2	18.255 9	15.761 9	13.800 7	12.233 5	10.961 7	9.914 8
55	42.147 2	33.174 8	26.774 4	22.108 6	18.633 5	15.990 5	13.939 9	12.318 6	11.014 0	9.947 1

期数	12%	14%	15%	16%	18%	20%	24%	28%	32%	36%
1	0.892 9	0.877 2	0.869 6	0.862 1	0.847 5	0.833 3	0.806 5	0.781 3	0.757 6	0.735 3
2	1.690 1	1.646 7	1.625 7	1.605 2	1.565 6	1.527 8	1.456 8	1.391 6	1.331 5	1.276 0
3	2.401 8	2.321 6	2.283 2	2.245 9	2.174 3	2.106 5	1.981 3	1.868 4	1.766 3	1.673 5
4	3.037 3	2.913 7	2.855 0	2.798 2	2.690 1	2.588 7	2.404 3	2.241 0	2.095 7	1.965 8
5	3.604 8	3.433 1	3.352 2	3.274 3	3.127 2	2.990 6	2.745 4	2.532 0	2.345 2	2.180 7
6	4.111 4	3.888 7	3.784 5	3.684 7	3.497 6	3.325 5	3.020 5	2.759 4	2.534 2	2.338 8
7	4.563 8	4.288 3	4.160 4	4.038 6	3.811 5	3.604 6	3.242 3	2.937 0	2.677 5	2.455 0
8	4.967 6	4.638 9	4.487 3	4.343 6	4.077 6	3.837 2	3.421 2	3.075 8	2.786 0	2.540 4
9	5.328 2	4.946 4	4.771 6	4.606 5	4.303 0	4.031 0	3.565 5	3.184 2	2.868 1	2.603 3
10	5.650 2	5.216 1	5.018 8	4.833 2	4.494 1	4.192 5	3.681 9	3.268 9	2.930 4	2.649 5
11	5.937 7	5.452 7	5.233 7	5.028 6	4.656 0	4.327 1	3.775 7	3.335 1	2.977 6	2.683 4
12	6.194 4	5.660 3	5.420 6	5.197 1	4.793 2	4.439 2	3.851 4	3.386 8	3.013 3	2.708 4
13	6.423 5	5.842 4	5.583 1	5.342 3	4.909 5	4.532 7	3.912 4	3.427 2	3.040 4	2.726 8
14	6.628 2	6.002 1	5.724 5	5.467 5	5.008 1	4.610 6	3.961 6	3.458 7	3.060 9	2.740 3
15	6.810 9	6.142 2	5.847 4	5.575 5	5.091 6	4.675 5	4.001 3	3.483 4	3.076 4	2.750 2
16	6.974 0	6.265 1	5.954 2	5.668 5	5.162 4	4.729 6	4.033 3	3.502 6	3.088 2	2.757 5
17	7.119 6	6.372 9	6.047 2	5.748 7	5.222 3	4.774 6	4.059 1	3.517 7	3.097 1	2.762 9
18	7.249 7	6.467 4	6.128 0	5.817 8	5.273 2	4.812 2	4.079 9	3.529 4	3.103 9	2.766 8
19	7.365 8	6.550 4	6.198 2	5.877 5	5.316 2	4.843 5	4.096 7	3.538 6	3.109 0	2.769 7
20	7.469 4	6.623 1	6.259 3	5.928 8	5.352 7	4.869 6	4.110 3	3.545 8	3.112 9	2.771 8
21	7.562 0	6.687 0	6.312 5	5.973 1	5.383 7	4.891 3	4.121 2	3.551 4	3.115 8	2.773 4
22	7.644 6	6.742 9	6.358 7	6.011 3	5.409 9	4.909 4	4.130 0	3.555 8	3.118 0	2.774 6
23	7.718 4	6.792 1	6.398 8	6.044 2	5.432 1	4.924 5	4.137 1	3.559 2	3.119 7	2.775 4
24	7.784 3	6.835 1	6.433 8	6.072 6	5.450 9	4.937 1	4.142 8	3.561 9	3.121 0	2.776 0
25	7.843 1	6.872 9	6.464 1	6.097 1	5.466 9	4.947 6	4.147 4	3.564 0	3.122 0	2.776 5
26	7.895 7	6.906 1	6.490 6	6.118 2	5.480 4	4.956 3	4.151 1	3.565 6	3.122 7	2.776 8
27	7.942 6	6.935 2	6.513 5	6.136 4	5.491 9	4.963 6	4.154 2	3.566 9	3.123 3	2.777 1
28	7.984 4	6.960 7	6.533 5	6.152 0	5.501 6	4.969 7	4.156 6	3.567 9	3.123 7	2.777 3
29	8.021 8	6.983 0	6.550 9	6.165 6	5.509 8	4.974 7	4.158 5	3.568 7	3.124 0	2.777 4
30	8.055 2	7.002 7	6.566 0	6.177 2	5.516 8	4.978 9	4.160 1	3.569 3	3.124 2	2.777 5
35	8.175 5	7.070 0	6.616 6	6.215 3	5.538 6	4.991 5	4.164 4	3.570 8	3.124 8	2.777 7
40	8.243 8	7.105 0	6.641 8	6.233 5	5.548 2	4.996 6	4.165 9	3.571 2	3.125 0	2.777 8
45	8.282 5	7.123 2	6.654 3	6.242 1	5.552 3	4.998 6	4.166 4	3.571 4	3.125 0	2.777 8
50	8.304 5	7.132 7	6.660 5	6.246 3	5.554 1	4.999 5	4.166 6	3.571 4	3.125 0	2.777 8
55	8.317 0	7.137 6	6.663 6	6.248 2	5.554 9	4.999 8	4.166 6	3.571 4	3.125 0	2.777 8